本成果受到中国人民大学"中央高校建设世界一流大学（学科）和特色发展引导专项资金"支持，项目批准号：15XNLG09

大国学研究文库

民本与民主

Minben and Democracy
Confucianism and Democracy in
Cross-cultural Perspectives

跨文化视域下的儒学与民主

李晨阳　梁涛◎主编

中国社会科学出版社

图书在版编目（CIP）数据

民本与民主：跨文化视域下的儒学与民主/李晨阳，梁涛主编.
—北京：中国社会科学出版社，2023.10
（大国学研究文库）
ISBN 978 - 7 - 5227 - 2133 - 0

Ⅰ.①民…　Ⅱ.①李…②梁…　Ⅲ.①儒学—关系—民主—研究
Ⅳ.①B222.05②D082

中国国家版本馆 CIP 数据核字（2023）第 118059 号

出 版 人	赵剑英
责任编辑	慈明亮
特约编辑	史慕鸿
责任校对	季　静
责任印制	戴　宽

出　　版	中国社会科学出版社
社　　址	北京鼓楼西大街甲 158 号
邮　　编	100720
网　　址	http://www.csspw.cn
发 行 部	010 - 84083685
门 市 部	010 - 84029450
经　　销	新华书店及其他书店

印　　刷	北京君升印刷有限公司
装　　订	廊坊市广阳区广增装订厂
版　　次	2023 年 10 月第 1 版
印　　次	2023 年 10 月第 1 次印刷

开　　本	710×1000　1/16
印　　张	19.75
插　　页	2
字　　数	336 千字
定　　价	110.00 元

凡购买中国社会科学出版社图书，如有质量问题请与本社营销中心联系调换
电话:010 - 84083683

目　　录

导言　儒家与民主的当代互动

李晨阳　梁　涛

　　儒家传统与民主的关系问题是中国近代以来有关文化争论中最突出、最持久的问题。人们为解决这个至关重要的问题提出了各种方案。20 世纪，有陈序经排斥国学传统的全面西化论，有梁漱溟的文化保守主义，也有牟宗三的知性"坎陷"说。这个问题的复杂性不仅因为人们对儒家传统和民主的态度迥异，所讨论的问题牵涉重要的价值选择，而且因为人们对二者的解读大相径庭。比如，不少儒家学者认为孟子的民本思想就隐含民主思想，或者有发展出民主思想的种子。也有人不同意这种观点。这个问题的持续性不仅仅是因为中国仍在探索自己的民主道路。即使民主政治成为社会现实，儒家与民主关系问题依然有讨论的必要。比如在韩国，虽然政治上已经民主化，儒家与民主的关系仍然是学界争论的问题。如此看来，儒家传统与民主的关系也不是一个可以在近期有结论的问题。

　　在英语学界，过去二十年来（特别是自 2000 年以来）在这方面也有诸多讨论。虽然各种观点大致不出左、中、右，却各有其不同的视角和论证方法。这里，我们向读者奉献一组有代表性的英文学界的有关论文，希望它们能丰富大家在这方面的知识和进一步充实有关思考。

　　李晨阳于 1997 年在美国《价值研究杂志》发表的文章是关于儒家与民主关系问题的哲学讨论中比较早的一篇。他把通常人们对儒家与民主的关系问题上的观点大致分为三类。第一种观点认为，儒家思想传统与自由主义的民主（liberal democracy）传统是互不相容的。二者在一起必然会互相冲突。但是，儒家思想完全可以依靠自己的长处抵制自由主义的民主思想。这种观点可以说是"要儒家而不要民主"。第二种观点认为,儒家思想传统与自由主义的民主传统互相冲突,但是当今世界自由主义的民主潮流势不可当。自由主义的民主思想一定会冲垮儒家思想传统,而广泛流行于世界的每一个角落,包括长期受儒家思想影响的地方。这种观点可以说是"要民主而不要儒家"。第三种观点认为,儒家思想可以跟自由主义的民主思想相结合,产生出一种自由、民主的儒家,或者说"儒家的民主"。李晨阳则就儒家与民主的关系提出第四种观点。按照这种观点,儒家思想体系和自由主义的民主思想体系作为两个不同的思想体系可以肩并肩地存在,各自独立又互相制约。它们可以各自发挥影响,又互相竞争,起互相矫正的作用(见《儒家价值观与民主价值观》)。

何包钢 2010 年发表在《中国哲学杂志》的论文对人们关于儒家与民主的关系问题上的观点做了更加详细的论述。他把这些观点分为四类,即四种范型——矛盾范型、兼容范型、混合范型、批判范型。以亨廷顿为代表的观点属于矛盾范型,认为儒学是中国民主进程的障碍。这种观点强调了儒学中诸如专制的倾向、等级特征、权力的不平等分配等消极因素。相反,有许多学者采用了具有兼容性的途径,指出儒家文化的核心要素就民主而言是积极的。混合范型居于矛盾范型和兼容范型两者中间。它检验复杂的制度实践与行为实践,认为东亚的民主实践总是东西方文化的混合产物。这种混合范型在不同层面上用多种方法描述民主与儒学的混合之处,揭示民主与儒学在实践中的复杂关系。批判范型采用逆向思维。在矛盾范型和兼容范型中,民主是评判标准和终极真理而儒学被视为被动的:它要么为了民主的利益应当被放弃,要么需要被改进从而使其与民主兼容。在批判范型中,其主要立场是儒学观点而非西方视角。儒学被看作政治标准的积极仲裁者而非被动的听命者或受益者。纯选举式民主充满缺陷与瑕疵。批判范型并不是矛盾范型的简化形式,因为它承认并尊重自由民主的核心价值,并且并不排斥民主政治,而是意识到儒学可以被用来修正民主政治的某些问题并对其提出可行建议(见《儒学与民主关系的四种范型》)。

主张儒家传统与民主不相共容的最著名的代表人物当数亨廷顿(Samuel P. Huntington)。1991 年,他在《民主杂志》发表了一篇论述民主的第三浪潮的文章。其中有一节直接讨论儒家与民主的关系问题。他认为，在儒家传统中，集体压倒个人，权威压倒自由，责任压倒权利。在此文中，亨廷顿明确提出，"儒家民主"是一个自相矛盾的说法。① 亨廷顿的观点遭到福山（Francis Fukuyama，1995）的反驳。福山认为，亨廷顿无端地夸大了儒家传统与民主的不兼容性（incompatibility）。福山主张儒家传统与民主可以兼容。首先，传统儒家所推崇的科举体系包含选择精英的某种平等观。其次，儒家特别强调教育本身。在现实社会中，一定的受教育程度是民主体制建设的基础支撑。最后，儒学是包容性相对较强的一个传统。在过去，儒学曾经与其他宗教，如佛教与基督教，形成了很好的共存。相比而言，儒家在这方面有高于伊斯兰教和基督教的优越性（见《儒学与民主》）。

　　事实上，福山和亨廷顿都没有明确地讲清楚所谓"兼容性"（incompatibility）的两层意思。英文的 incompatibility 可以指 "capable of existing or living together in harmony"，即可以互相和平共存；也可以指 "capable of orderly, efficient integration"，即可以实行有序的有效结合。前者是相处共容的外在关系，后者是互相融合的内在关系。亨廷顿主张，由于儒家与民主不能实行有序的有效结合，所以二者也不能和平共存。福山则认为，儒家与民主之间存在实行有序的有效结合的基础，所以二者可以和平共存，甚至有机的结合。其实，这两种关系之间联系不一定那么紧密。还有一种可能性是，儒家与民主之间虽然不能实行有序的有效结合，但是可以在同一个社会里和平共存。李晨阳认为，儒家传统与民主之间存在着不同的价值取向。首先，经典儒家那里没有民主的思想。其次，儒家传统所强调的价值与民主政治所强调的价值不同。二者各有其独特的优先的价值。② ——儒家传统强调的人的道德和社会义务、人们之间的社会分工；民主政治则强调个人权利、个人自由和人人平等。如果硬要把二者"融合"在一起，势必破坏其中一方原有的优先价值。然而，这并不意味着儒家与民主不能在同一个社会里相处共容。在中国的历史环境中，儒家与

----

① Samuel Huntington, "Democracy's Third Wave," *Journal of Democracy* 2.2（1991）: 12 – 34.

② 有关价值优先性的讨论，读者可见李晨阳《文化传统的价值组合配置刍论》，《北京大学学报》2013 年第 2 期，第 32—40 页。

民主可以在保持互相之间的张力的情况下和平共处，甚至互补（见《儒家价值观与民主价值观》）。①

有些学者认为儒家的"民本"理念中有民主因素，甚至强调可以从"民本"中引申出民主。慕唯仁（Viren Murthy, 2000）不同意把儒家的民本思想与民主等同的做法。他以贾谊的思想为例，说明儒家的民本思想重在强调人民的福祉，而不是人民当家做主。儒家的民本思想在现代仍然有着积极的意义。比如，中国当前伴随经济发展而来的贫富两极分化，与儒家民本思想背道而驰。同时，儒家传统的确也有不民主的成分。儒家传统不怎么提倡个人自由，也过于讲究等级观念。这些都有改进的余地。总之，与其说儒家传统与民主相矛盾，不如说二者可以互相补充，彼此加强（见《儒家"民本"思想中的民主意涵》）。杜楷廷（David Elstein, 2010）也不同意把民本与民主混为一谈。他认为，儒家政治思想和共和式的民主形式的一个主要区别是统治者对人民的信任程度。考虑到民众无法真正理解政府治理的问题，儒家让人民相信道德对统治者约束的力量，除此之外，别无其他。他们的目标是建立一个和谐社会，在这个社会中没有统治者与被统治者间的对抗。而民主政府，特别是共和政府的建立，是基于一个前提：人民不相信统治者愿为他们的最大利益而服务，只有实际的人民主权才是确保政府为公众利益而治理又不滥用权力的最好方式。儒家的政治思想是基于完全不同的假设。所以，儒家政治思想的基本特点使它无法成为民主的理想搭档，我们也没有令人信服的理由来尝试将民主与儒学相结合。杜楷廷认同李晨阳的观点，主张儒家政治思想不需要为了变得更有意义和更有价值而去适应现代民主的模型。虽然儒学不能产生民主，这并不意味着它不能影响和塑造民主。只有停止将儒学融入民主的范畴的尝试，我们才可能更好地理解儒学必须为当今政治争论提供些什么（见《为什么早期儒学不能够产生民主？》）。

陈祖为（Joseph Chan, 2007）的研究认为，儒家思想里不包含任何诸如"政治平等"或"主权在民"之类基本的民主价值或原则。尽管在儒家思想中可能存在着倾向民主制的因素，但最受青睐的模式还是精英统治和监护。儒家希望最有德性、最贤能的人能够脱颖而出，接受天命并获

---

① 李晨阳对这个问题的进一步的讨论，可见其《民主的形式和儒家的内容——再论儒家与民主的关系》，《中国哲学与文化》2012 年第 10 期，第 131—146 页。

得人民的认可进行统治。但是，儒家可以把民主制看作在非理想情形之中所能达到的次优的选择，因为它能够比一个无德无能的君主更好地服务于儒家思想。最后，陈祖为提出，今天的儒家已经不再不加犹疑地拥抱民主。儒家怀疑民主和政党是否能够选出最优秀的人，并且这些人是否能够为了公共利益而不只是为党派利益服务。今日儒家思考问题的核心所在是民主怎么样才能够与精英统治相结合以促进公共利益（见《民主与精英统治：面向一种儒家视野》）。①

与上述诸学者不同，也有学者抵制在讨论中把民主理解为有自由主义性质的东西。卡斯滕·J. 斯特鲁尔（Karsten J. Struhl，2007）认为，虽然民主是普适价值，自由主义的民主则不是一种普世价值。斯特鲁尔从全球文化的角度看民主问题。他强调，民主可以是多种多样的。可以有伊斯兰式的民主，也可以有儒家的民主。虽然自由主义的民主不适合儒家社会，但它只是民主的一种。并不说明儒家社会不能有适合自己传统的民主形式（见《什么样的民主是普适性的？》）。拉塞尔·阿本·福克斯（Russell Arben Fox，2001）则直接论证儒家与社群主义的亲和性。在他看来，虽然儒家与自由主义的民主不合拍，但是在诸多方面，儒家跟社群主义则一脉相承。他认为，当今世界上的自由主义的民主已经表现出诸多弊病。社群主义者对自由主义的很多批评是有效的。在这些有效的批评的基础上，儒家可以通过对自身的重构而建立一种新型的民主模式（见《自由主义民主世界中的儒家与社群主义》）。布鲁克·阿克利（Brooke A. Ackerly，2005）也不主张把民主与西方流行的自由主义的民主形式等同的做法。她认为，如果我们不偏执于西方流行的自由主义的民主，儒家完全可以发展自己的民主政治观。对儒家思想进行民主政治的解读可以导致三个结论。第一，所有的人均拥有"为仁"的能力以及由此成为政治生活中潜在贡献者；第二，政治、社会和经济生活制度的适当运作可以帮助人们发展圣人之德行；第三，社会应当提供足够的公共空间以使人们可以讨论领导者和公民有没有尽到其社会职责，以及社会机制是否有效地改进人们的行为。这三个方面可以成为发展一种有儒家特色的民主社会的思想基础（见《自由主义是通向民主的唯一途径吗？——儒学与民主》）。

---

① 陈祖为最近有关儒家与民主关系的思想，可见 Joseph Chan, *Confucian Perfectionism: A Political Philosophy for Modern Times* (Princeton: Princeton University Press, 2013)。

　　李晨阳（2012）则对儒家的平等哲学做不同的解读。借用亚里士多德哲学中"一对一"的平等和"按比例"的平等这两种理念，李晨阳认为，儒家传统中包含了这两种理念。"一对一"的平等是一种大家都一样、不分高低贵贱的平等。"按比例"的平等则强调人们的不同能力和贡献，在此基础上安排人们的社会位置及所得。这两种平等各有其合理性和适用性。夸大了任何一个都会对合理的社会造成负面的影响。相比较而言，荀子更强调甚至夸大了社会上"按比例"的平等。孔子则更有平等（平均）的倾向。李晨阳强调，对儒家平等观的深刻认识，对理顺儒家对当代社会的态度至关重要（见《论儒家思想中的平等与不平等观念》）。

　　对儒家与民主的关系的讨论中一个重要的声音来自杜威的实用主义民主思想。在这个方面，美国学者郝大维（David Hall）和安乐哲（Roger Ames）是最重要的代表。本书收入安乐哲关于新儒家思想家唐君毅以及儒家民主思想的文章（2008）。在文章中，安乐哲发掘唐君毅思想与杜威的实用主义哲学的一致性。他指出，唐君毅的世界万物之间的关联性的宇宙论与杜威强调的个人与社会的紧密联系一脉相承。在杜威看来，人是一种社会化的产物，自由远非脱离社会关系束缚的个人之自主性与独立性，它只有通过与他人的丰富而多样的联系才能发生。安乐哲认为，杜威的民主观和唐君毅的儒家思想，都是基于人、关联性效力和关联性世界的宇宙论假设。即便杜威和唐君毅的思想之间存在不同，在这种相同的基础上，我们可以找到儒家思想在民主化进程中的促进因素（见《唐君毅与儒家民主思想》）。

　　对儒家民主前景做实用主义解读的另外一位有影响的学者是新加坡国立大学的陈素芬教授（Sor-hoon Tan，2011）。陈素芬认为，用杜威式的实用主义对儒家学说进行重新诠释，为我们提供了一个儒家民主的哲学基础。由分析孔子思想中的"好学"和"好古"两个因素入手，她主张，中国的哲学家如果希望看到儒家作为中华文明的积极组成部分再次繁荣起来，就需要从实用主义和民主的层面去感知它。否则这些哲学家就会因为其"好古"而固执于传统，拒绝接纳新的学说与理论，使孔子建立并珍视的"好学"传统遭到破坏。另外，希望渴望民主的中国哲学家，也能够从那些以西化致力于打破旧习的革命者的失败中吸取教训，并认识到不论是出于有意还是无意，忽视儒家传统这一中国历史的重要组成部分，都不可能发展出中国的民主。想要建立中国的民主，最好的契机在于在避免破坏的同时对儒家传统做出改变。渴望学习别人必须与深刻了解自身的过去结合起来，以此将民主融入我们自己的生活方式（见《作为实用主义经验的儒家民主："好学"与"好古"的结合》）。

　　当然，从杜威式的实用主义的角度发掘儒家民主学说的努力也有其批评者。肖恩·奥德怀尔（Shaun O'Dwyer，2003）指出，虽然杜威的实用主义哲学与儒家思想有相近的地方，二者也存在着很大的不同。比如，儒家强调对"君子"和志士仁人的尊敬和服从。而杜威的实用主义哲学则重视公众的意愿，认为通过广泛的社会性的教育，人民大众可以判断社会的正确方向，而不是依赖任何精英人物。奥德怀尔说，从实用主义的观点看，培养和发展一个社会的道德和习惯，并对影响社会和组织的问题进行探究，才是解决社会问题之道。或者说，杜威主张的是人人参与的广泛民主，而儒家可以赞同由精英所代表的民主。所以，用杜威的民主思想解读儒家思想还存在不少难度（见《民主与儒家价值》）。

　　香港大学的陈弘毅教授是法制研究的专家。他在2007年发表的文章中进一步论证，当代儒学学者完全可以自行创建关于中国自由主义的民主法治秩序的政治哲学，并为中国度身定造一种适合它的国情和文化的民主法治模式。他认为，当代新儒学学者所提倡的独立政治领域的概念足以容纳一种自由主义的民主法治秩序。在这样一种秩序下，政府就什么是美、善或好的人生维持"道德中立"，在国家权力的行使方面，权利（right）原则优于关于善（the good）的考虑，国家在社会上存在的"重叠的共识"（overlapping consensus）基础上奉行公义原则。儒家所推广的关于什么是美、善或好的人生的价值理念的工作，应在民间社会或公民社会的层次进行（见《儒学与自由主义法治民主是相容的吗？》）。

　　新加坡南洋理工大学的何包钢教授是研究当代中国协商民主的权威学者。他的研究表明，与西方的协商民主的理论模型不同，中国当代协商民主的实践承袭了儒家的协商性道德规范以及贯穿中国历史上的协商制度的遗产，建立了一种充满活力的模式。他的文章在威权性协商——威权国家运用的协商实践，以改善治理，强化权威——和"西方"理想的民主协商之间进行了一项比较研究，并探究了中国威权性协商模式的起源、发展、道德规范与语言表达及其制度形式和局限，解释了为什么以及如何它可能构成了或至少部分地构成了一种可辩护的规范性价值以及它对政治合法性的贡献。借此，希望为西方的协商民主提供一些重要的历史经验

（见《儒式协商：中国威权性协商的源与流》）。

　　本书所选择的十五篇文章代表了英语学界讨论儒家与民主的关系问题的诸多观点。虽然它们并不囊括人们的所有观点和立场，但是足以给读者一个大概的认识。最后特别值得一提的是，儒家与民主的关系问题不仅仅是一个纯学术的问题。它与社会发展和社会实践紧密相连。儒家思想会继续发展，民主的探索也在继续。学界对儒家与民主的关系问题的讨论会影响民主实践和发展，民主的社会实践和发展也必然会影响当今社会里人们对儒家的认识。我们希望大家多关注有关的问题，为了学术的繁荣，更为了社会的进步。

儒学与民主关系的四种范型[①]

何包钢（Baogang He）

引 言

儒学并不是概念上的单独体，而是具有不同的传统、文本与形式，内容涉及帝王、改革、精英、商业与大众儒家思想等多个层面。正如儒学具有多面性，民主亦具有多个层面，包括自由民主、发展型民主、社会民主、协商民主、共和主义民主等概念。因此，儒学与民主的关系必定具有多样性与复杂性。许多学界的论战源于学者运用了不同的民主概念并对儒家思想做出了不同的解释以支持各自的观点[②]，这导致某个涉及儒学与民主关系的概念不可避免地被狭隘化与片面化并带有残缺性。由此观之，在研究之初只对儒学或民主进行单向定义，难免会将一些内容排除在外，因此需要讨论其他的定义或解释。因为对儒学与民主不同的理解与构思，连同历史环境、文化背景、权力关系、地缘政治都参与了对二者的定义。在建立民主政治的进程中，对儒学的重释与重组起到了重要的作用。

过去关于儒学与民主关系的论战主要集中于二者是矛盾的还是兼容的。在这一点上，亨廷顿（Huntington）与福山（Fukuyama）就儒家思想做出了不同的评估。亨廷顿认为儒家的核心价值无法兼容自由民主[③]；相

---

① 本文转载自《国学学刊》2023 年第 4 期。

② Joseph Chan, "Democracy and Meritocracy: Toward a Confucian Perspective," *Journal of Chinese Philosophy* 34.2（2007）：179 – 193.

③ Samuel P. Huntington, "Will More Countries Become Democratic?" *Political Science Quarterly* 9.2（1984）：193 – 218.

反，福山提出，儒学中的考试制度、教育理念、平等的收入分配、宽以待人的处世态度、针砭时弊的传统以及某种对平等主义的倾向，不但与自由民主契合，还在事实上促进了自由民主的发展①。

　　以上两种理解在相当大的程度上受限于传统观念与现代意识的差异以及东西方差异框架中。本文主张跳出这两种较为常见的理解框架去探索其他可供选择的对儒学与民主关系理解的范型。

　　此种探索来源于现实世界。在过去十年，中国本土的民主化进程、乡村选举制度的发展、争取人权、协商讨论与党内民主，实际上形成了一种中国传统与新型民主相混合的制度。这促使一种对儒学与民主关系进行再思考的混合范式。遗憾的是，在儒学与民主关系的探讨上，主流观点仍局限于矛盾和兼容这两种范式中。1990 年代儒学复兴，后儒学、批判儒学以及新儒学的发展②，伴随着中国崛起的特定背景③，一些中国人对儒家传统较以往更加自信。他们思考并批评了选举民主，在对儒学与民主关系进行反思的同时提出了一种新的批判性的理解范型。

　　一些富有创造力的中国学者背离了传统的理解范型并开拓出新的途径。首先，传统观念中儒学与权威主义的紧密关联被解构了。④ 有学者从制度与政策层面区分政治化儒学与政治儒学，前者通常用来维护历史上的专制统治政治，后者力图通过批评政府来追求社会公正。⑤ 儒学的理想化版本通常被挖掘以便其道德及政治原则能为反思民主提供一种新的标准。其次，重新审视儒学与民主二者的关系往往有多重途径。传统的西方自由民主并不是评判政治体制的终极真理或标准。从直接民主制和代议民主制到社群民主政治和协商民主政治，民主有着不同的形式。民主政治本身有待开发并经历不同文化的评鉴。在此背景下，儒学是对过度的个人主义以及狭窄界定的选举民主的一种平衡和校正。再次，儒学是对传统与现代之

　　① Francis Fukuyama, "Confucianism and Democracy," *Journal of Democracy* 6. 2 (1995):20 – 33.

　　② 关于批判范型，见 Shu-Hsien Liu, "Democratic Idea and Practice: A Critical Reflection," *Journal of Chinese Philosophy* 34. 2 (2007): 257 – 275。

　　③ 见 John Makeham, "Lost Soul: Confucianism," in *Contemporary Chinese Academic Discourse* (Cambridge: the Harvard University Asia Center, 2008)。

　　④ Russell Fox 对作为必要权威手段的儒家思想作出了批判。见他的 "Confucian and Communitarian Responses to Liberal Democracy," *The Review of Politics* 59. 3 (1997): 561 – 592。

　　⑤ Makeham, "Lost Soul: Confacianism," in *Contemporary Chinese Academic Discourse*, p. 265.

间以及西方与东方之间的界限进行超越的一种持续不断的尝试，由此可使儒学的传统价值得到恢复并与现代民主价值相融合。

本文检讨了关于儒学与民主的若干问题，并提出了解答的各种思路和模式。各种解答取决于从政者与学者对儒学的态度、对儒学核心要素的选择以及对儒学与民主概念的不同架构。

儒学与民主的关系有四种范型——矛盾范型、兼容范型、混合范型、批判范型。它们制约了我们对两者关系提出问题并寻找解答。亨廷顿及其他一些学者的观点属于矛盾型，认为儒学阻碍了中国民主进程。这种观点强调了儒学中权威治国之道的趋向、等级制下的行为特征、权力的不平等分配等消极因素。

相反，狄百瑞（de Bary）、黎安友（Nathan）、弗里德曼（Friedman）等学者采用了具有兼容性的途径，指出对民主而言，儒家文化的核心要素是积极的。① 中国学者如梁漱溟、成中英以及林毓生也强调了儒家学说与自由主义的相融之处。②

矛盾范型与兼容范型主要考虑了民主与儒学之间，在观点、信仰、价值等方面存在的矛盾及其调和。混合范型反对矛盾范型和兼容范型，而强调一种中间立场。它考察了复杂的制度实践与行为实践，认为东亚的民主实践总是东西方文化的混合产物。这种范型被用来描述在不同层面上民主与儒学的混合之处。它提出了一个经验上的问题，即每种文化在不同时空下不同比例成分各是什么。它揭示了民主与儒学在实践中的复杂关系，在看似顺利的民主与儒学要素的组合下，二者之间仍有微妙的张力存在。这

---

① William Theodore de Bary, *The Liberal Tradition in China* (Hong Kong: Chinese University Press, 1983); Andrew Nathan, "The Place of Values in Paul Cohen & Merle Goldman Cross-Cultural Studies: The Example of Democracy and China," in Schwartz eds., *Ideas across Cultures: Essays on Chinese Thought in Honor of Benjamin I.* (Cambridge: Harvard University Press, 1990), pp. 293 – 314; Edward Friedman, "Democratization: Generalizing the East Asian Experience," in Edward Friedman ed., *Politics of Democratization: Generalizing the East Asian Experience* (Boulder: Westview Press, 1994), pp. 27 – 28; Baogang He, "Dual Roles of Semi-Civil Society in Chinese Democracy," *Australian Journal of Political Science* 29. 1 (1994): 154 – 171.

② Chung-ying Cheng, "Transforming Confucian Virtues into Human Rights," in William de Bary & Tu Weiming ed., *Confucianism and Human Rights* (New York: Columbia University Press, 1998), pp. 142 – 153; 林毓生：《中国传统的创造性转化》（北京：生活·读书·新知三联书店1988 年版）。

不同于兼容范型对二者相容性的简单假设。

批判范型采用逆向思维并将逻辑颠倒。在矛盾范型和兼容范型中，民主是评判标准和终极真理而儒学被视为被动的：要么为了民主的利益，放弃儒学；要么为了与民主兼容，而改进儒学；然而，在批判范型中，其主要立场是儒学观点而非西方视角。儒学被看作政治标准的积极仲裁者而非被动的听命者。从儒家观点来看，选举民主充满缺陷与瑕疵，而协商民主则是就政府和决策而言更可接受的形式。需要说明的是，批判范型并不是矛盾范型的简化形式，因为它承认并尊重自由民主的核心价值，并且并不排斥民主政治，而是意识到儒学可以被用来修正民主政治的某些问题并对其提出可行建议。每种范型又各有其变种，因此，一种批判范型有许多版本，并且与矛盾范型有着复杂的关系。以下，笔者将依次列举每种范型的优劣。

一　矛盾范型

矛盾范型主张儒学与民主结构是矛盾的。在这种思维范型下，儒学被看作农业社会的产物，它构建出一种政治上的秩序以满足农业社会和经济条件的需要，而自由民主被视为工业社会的上层建筑，它力图满足商业贸易和个人利益增长下的现代化需要。矛盾范型的理论研究者认为孔子原本的观点并不能与当代自由主义观念相调和。

三个来自孔子最初学说的核心概念，"仁"、"礼"、"君子"，表明了一种君子之风盛行的政治秩序，其中以君子责任为核心，政治上的不平等被视作理所当然，道德关怀压倒政治谈判程序，和睦融洽相较于社会冲突更占优势。矛盾范型认为这与法治盛行的民主秩序相抵触，其中以权利为核心，政治上的平等被视作理所当然，政治谈判程序压制道德舆论，社会冲突被视作政治生活必要的正常状态。儒家对圣贤的强调与平等的观念相差十万八千里，其大一统观念削弱了多元性，儒学的和谐观念否认了社会冲突的必要性。儒家"仁"的理想不宽容于功利计算。① 在儒家文化里，政府不能根据社会冲突原则行事，而是必须按照

----

① Guy S. Alitto, *The Last Confucian: Liang Shuming and the Chinese Dilemma of Modernity* (Berkeley: University of California Press, 1979).

和谐的原则，这会导致对异己者的镇压和对道德败坏行为的妥协。儒家认为集体的利益不能被"小人"或个人挑战，这对个体的行为不太有利。儒学认为"权利"是国家授予，而并非人所固有，这又不利于个人权利在制度上的保障。

根据儒家学说，一个政党应当体现道德上的正确性，君子党涉及道德原则和公共利益，而小人党则关心其物质利益［可与爱德蒙·伯克（Edmund Burke）划定小派系与正规党派的看法相比较］。这从道德上解释的政党概念排除了党内竞争的政治活动并有效地禁止了内讧。反对小集团的派系的哲学原因在于政治家应当代表所有共同体的利益，而小集团则设法以广大的普遍利益为代价去实现其狭隘的私利。因此，儒学对竞争的厌恶，使中国的等级制度对派系活动非常不信任。这引起了消除派系活动的考虑，从而导致了对自由的无情摧残。西方的自由主义同样也考虑到了对派系活动的破坏性影响力的控制，但认为不应当依靠道德或宗教所产生的动机来实现一种有效控制，因为这些动机在小集团谋取私利的凶恶意图面前，如同它们在热情高涨的多数党面前一样毫无影响力。早在 1787 年，詹姆斯·麦迪逊（James Madison）总结道，一种既具自由主义又具代表性的政体应当被努力地应用到对小派系或由其引发问题的完全控制上来。① 与上述讨论相关的是反对派的问题。儒家与法家都把统一视为最重要的东西，二者均认为多元化造成了不统一。然而，儒家的"和而不同"的说法允许民众在基础问题上一致的范围内有所异议。这种观念是在政治批评或谏诤的传统和背景下产生的，崇尚道德的文人学士反对腐败的统治者，国家设置监管来劝谏甚至批评统治者的行为。

2003 年 2 月，韩国的东亚民主民调结果证实了矛盾范型。调查结果透露，较之民主，儒学价值观使得反对权威主义制度更加困难。② 东亚的历史也证实了矛盾范型的真确性。1890 年，当谷干城（Tani）和鸟尾小弥太（Torio）认为宪法和帝国议会将在日本引起具有危害性的个人主义，他们转而在道德上崇尚儒家文化。因此，日本议会制度的发展在一定程度

---

① Clinton Rossiter, "Madison's No 10," in Alexander Hamilton, James Madison, and John Jay eds. *The Federalist Papers* (New York: New American Library, 1961).

② Chong-Min Park Shin and Doh Chull, "So Asian Values Deter Popular Support for Democracy in South Korea," *Survey* 46.3 (2006): 341 – 361.

上受到了极端保守态度的限制。① 在近现代中国，袁世凯在 1910 年代利用儒家思想抑制民主运动。蒋介石分别在 1930 年代至 1940 年代的中国大陆和 1970 年代的中国台湾利用儒学控制民主化趋势。韩国的政治精英利用了儒学的两种消极因素——权威治国道路的趋向与集体主义中等级制的行为特征，来维护独裁统治和阻止民主化进程。②

当 1980 年代儒家思想被用来论证亚洲价值观以对抗西方民主时，矛盾范型在新加坡被进一步确立。儒家对权威的尊重被看作不赞成反对运动，而新加坡的反对运动被理解为一次对当局权威破坏的尝试。人们相信，儒学作为一种高于一切的意识形态和一种道德准则的确立，在政治领域的运用规范了政治行为并保证了纪律与忠诚。

二　兼容范型

接受这一范型的学者认为儒学中的一些要素是民主的，抑或与民主观念和民主制度相适应。③ 儒家民本与天人感应思想被看作对民主制度的支持。民本原则可以被用来支持民主思想中的选举、议会、政党等内容。当地绅士阶层的传统可以被理解为一个自治的社区，具有一定的对本地的自治权，甚至可被看作地方民主的一种原始形式。领导者的决策来自地方社区并代表他们，促进了中国地方民主的发展。④ 儒家的学堂制度亦是一种公共论坛，知识精英在学堂里就道德、社会以及政治问题进行探讨和辩论，这种制度可被转变成现代的公民社会。

此外，还有其他儒家政治体制可被转变成支持民主政治发展的制度。儒家文人学士针砭时弊的传统倘若可被赋予真实的政治意义，则可被转变

① Richard Henry P. Mason, *Japan's First General Election* (Cambridge: Cambridge University Press, 1969), pp. 122 – 123.

② Kim Kyong-dong, "Social and Cultural Developments in the Republic of Korea," in Thomas W. Robinson ed., *Democracy and Development in East Asia* (Washington: AEI Press, 1991), pp. 137 – 154.

③ Albert H. Y. Chen, "Is Confucianism Compatible with Liberal Constitutional Democracy?" *Journal of Chinese Philosophy* 34. 2 (2007): 195 – 216.

④ John Fincher, *Chinese Democracy: Statist Reform, the Self-Government Movement and Republican Revolution* (Tokyo: Institute for the Study of Languages and Cultures of Asia and Africa, 1989), p. 231.

成一种正式的反对力量。儒家礼制可相当容易地被现代化为一种政治程序。儒家兼容并包的思想可以促进自由主义的包容性。正如贝淡宁（Daniel Bell）指出①，儒家绅士传统可以重新塑造为一种具有民主意义的贤士院。儒家的平衡机制可被转变成一种现代权力检察系统。这些儒家思想均与自由民主相适应。

儒家思想和自由主义都承认并且尊重自我与尊严。仁作为一种爱的形式和心的本质，是每一个个体内在固有的。如果仁发挥其作用，它将反对苛政并且支持民主政治。仁关注个体及个体在道德价值上的平等性。仁可以作为人权的理论基础。② 正如板垣退助（Itagaki）等日本学者根据新儒学的形式来论证自由。③

狄百瑞注意到存在于儒家传统中的个人主义与自由主义要素，④ 黎安友提出，个人的道德自治、绝对的符合正义的统治者、政府对民享福利的责任、普通民众对国家命运的责任等有着传统根基的中国价值观，所有这些都可要求熊彼特式（Schumpeterian）的民主化。⑤ 中国强调通过公务员考试等方法来选拔政府的行政机构人员，强调对不公正政策表示抗议的职责以及对愚昧政府的反对权，并强调其对所有宗教信仰的开放原则以及对宗教的地方分权，所有这些说明中国已经充满了对民主化有利的传统倾向。⑥ 从儒家道德原则中寻找公正公平是寻求民主政治的首要原则。民主政治被看作民享的公正事业，而权力的获得必须有利于社会公正。

儒家的考试制度可以被发展成为供人平等获得进入公职机会的制度，同时也可以成为确保英才管理的途径。儒家思想允许通过公开的考试制度使生员能获得政治地位的均等机会。

---

① Daniel A. Bell, *Beyond Liberal Democracy*: *Political Thinking for an East Context*（Princeton: Princeton University Press, 2006）.

② Chung-ying Cheng, "Transforming Confucian Virtues into Human Rights," in William de Bary & Tu Weiming ed. , *Confucianism and Human Rights*；林毓生《中国传统的创造性转化》。

③ Richard Henry Mason, *Japan's First General Election*, p. 24.

④ William Theodore de Bary, *The Liberal Tradition in China*.

⑤ Andrew J. Nathan, *China's Crisis*: *Dilemmas of Reform and Prospects for Democracy*（New York: Studies of the East Asian Institute, Columbia University, 1990）, pp. 308 – 311, 384.

⑥ Friedman, "Democratization: Generalizing the East Asian Experience," in *Politics of Democratization*: *Generalizing the East Asian Eexperience*, pp. 11 – 12.

　　对于儒学与民主兼容的问题，有两种不同的比喻。一种相对主观的看法，即儒学与民主兼容的问题如同两种颜色是否匹配。颜色是否匹配的问题受到标准差异和个体差异的支配。前文关于兼容性的论述内容大多属于此类。人们可以轻而易举地确认儒家思想中存在与自由或社会契约相似的内容，从而提出民主政治有其儒学渊源。然而，根据矛盾范型的观点，这种颜色匹配方法忽略了整体结构的冲突。儒家传统的民本思想确实包含了一些民主政治的要素。然而，民本思想缺乏诸如选举制和政党制度等民主政治的制度和手段去表达民众的呼声。民本思想仅仅是对民众福利与安全的考虑，并非由民众参与决策。正如梁启超曾经所言："我先民极知民意之当尊重，惟民意如何而始能实现，则始终未尝当作一问题以从事研究。"① 这显示出儒家思想对政治制度思考的局限性。

　　另一种比喻较为客观，并着眼于制度层面。它把儒学与民主兼容的问题看作这样一个问题：一把钥匙和一把锁是否可以匹配？或一把儒学的"钥匙"能否打开民主这把"锁"？应当说儒家制度较儒家思想而言更难与民主兼容。儒家思想中值得肯定的自由思想已被提及并强调，但是儒家传统缺乏自由的制度化。换言之，相对于抽象概念，自由民主与儒学二者在制度层面存在更多的矛盾与张力。

　　让我们继续使用"钥匙"和"锁"的比喻，要使儒学与民主在制度上融合，有两种途径能够解决这一困境，要么换一把"锁"，要么锻造一把新的"钥匙"。这种考虑导致了以下将要讨论到的儒学转型。

　　至少有三种因素解释了儒学与民主之间具有明显的兼容性。首先，儒学社会已经开始进行转型。现今，韩国超过 40% 的人口是基督徒，他们未必都是儒学的继承者。而在韩国推行民主进程的自由主义知识分子曾在西方接受教育。

　　其次，在某种意义上，儒学已经转型，已经从国家政治生活意识形态中撤退下来。当代儒学在日本、韩国可以与民主和平共处的原因之一是儒学已从公共和政治生活中撤出，儒家的心学在 1980 年代的中国香港和台湾地区有所发展即证明了儒学已经变成私人生活中的一个学说。当儒学的

---

① Liang Chi-Chao, "The Confucian School," in *History of Chinese Political Thoughts*：*During the Early Tsin Period* (London：Kegan Paul, 1930), pp. 150 – 152.

核心价值隐退，儒家的伦理道德和习俗确实帮助了民主制度的建立。这样，儒学与民主并未直接冲突，儒学的转型朝着民主政治的方向融合。这与佛教从扮演泰国政治生活的主要角色上撤退一样。当代儒学和佛教对民主构成的障碍相对于伊斯兰教较少，这是由于前二者从政治中撤出，而后者仍然在政治机构中扮演了重要角色。

最后，中心与边缘的关系开始起作用。相对于中国土生土长的儒学来说，韩国与日本的边缘儒学更容易适应与接受文化上与政治上的转变。这是由于在韩国和日本，儒学可以更为轻易地被放弃或丢弃。儒学起初是从中国引入韩国和日本的，因此这种废弃并不涉及民族自豪感的问题。因此，韩国在东亚国家和地区中最早废弃儒家考试制度并带头整合自由主义与儒学。日本能轻易地从西方引进民主制度，也正因为儒学的一些要素能够被毫无罪恶感地迅速废弃。有别于韩国与日本的边缘儒学，对于中国的正统儒学而言，适应民主制度则更加困难和缓慢。

三　混合范型

单凭儒学或者民主似乎都不能为中国所面临的复杂问题提供一个令人满意的解答。或许在一种混合型政体中结合了儒学与民主中较好的方面能寻找到解决办法，这样便于在维护稳定的同时平衡绝对权力和自由主义，并且有效地应对现代的复杂性。近代以来，中国一直在努力地结合儒学与民主的价值观与制度。[1] 孙中山根据西方三权分立的思想，同时吸收了一定的儒学传统，提出了五权分立的主张，增加了考试院与监察院。考试院对国家的行政系统负责，监察院作为国家最高的监督部门行使弹劾、责问、审计的权力。1920—1940 年代，梁漱溟试图在乡村重建的规划中结合民主政治，并提倡新儒学的民主模式。新儒学民主模式的特点在于，它将西方的权利与自由观念与中国对责任和伦理教育的强调联合起来，又将西方少数服从多数的原则与中国道德的合理性原则相结合，同时批评了西方的个人主义，并且提倡社群主义。[2] 与此类似，在日本，板垣

---

[1] Baogang He, *Rural Democracy in China* (New York: Palgrave, 2007), pp. 222 – 227.

[2] Hung-yok Ip, "Liang Shuming and the Idea of Democracy in Modern China," *Modern China* 17.4 (1991): 481 –487.

退助创造了"爱国者"和"公众"的术语以修正儒家对毫无私欲的公共服务的理想，以便与促进个人野心和谋取局部利益的利己主义行为做斗争。①

通过乡村选举实践将古代的选举原则转变为选举制度，中国民主制度的实体化开始进行。投票选举被视为选拔出好领导或者是有道德有能力的人的方式。相比之下，自由主义对投票选举的解释着重强调它是一种通过周期性选举测验制约行政人员任期的管理手段，而另一种平民主义的解释则强调投票选举是公民直接参与法律制定的手段。②

中国地方协商民主在过去十几年的发展大量运用了儒家公开讨论的传统与西方协商民主的理论以及审议性民意调查的社会科学方法。③ 以浙江省温岭市为例，自 1996 年至 2000 年，共计召开了超过 1190 次的乡村协商会议，190 次城镇协商会议，150 次政府机构、学校及商业部门的协商会议。尤其是温岭市的泽国镇自 2005 年至 2009 年召开了一系列公开的协商会议，利用审议性民调的方法，调查结果被直接运用于乡镇预算的制定。④ 这些会议被称作"恳谈"，意为"恳切地倾心交谈"，带有强烈的儒学的地方特色。推动民主恳谈的温岭市宣传部，同时也大力推动对儒学的学习和宣传。温岭具有浓厚的绅士议事传统。在这种混合式的实践中，西方的协商民主理论与中国的儒学都做出了特有的贡献。这种地方协商民主政治的实践并非纯粹是中国的本土现象，也不仅仅是西方影响下的结果。

四　批判范型

批判范型反对在市场经济背景下出现的政治活动中道德准绳的退化，尤其反对对公益事业关心程度的退化。与矛盾范型中白鲁恂（Lucian Pye）将儒家道德视为实现政治谈判和民主制度障碍的观点相反，新儒学

---

① Richard Henry P. Mason, *Japan's First General Election*, p. 76.

② He, *Rural Democracy in China*.

③ Chen Shengyong, "The Native Resources of Deliberative Politics in China," in Ethan Leib and Baogang He ed. , *The Search for Deliberative Democracy in China* (New York: Palgrave, 2006) .

④ Baogang He, *Deliberative Democracy: Theory, Method and Practice* (Beijing: China's Social Science publishers, 2008) .

和批判儒学试图回归经典儒学的道德原则，寻找一种新型的道德政治以提高民主生活的质量。儒家的政治理想拒绝做政治交易，并试图纠正个人主义极端荒淫的行为，从而寻求完美的道德生活。①

为了寻找一种更为适合的混合型政体，我们有必要就儒学对自由民主哲学基础的评论做一番检验。

（一）儒学对利己主义权利理论的批评

儒学的确承载着权利的思想。互利互惠的思想恰恰暗示着权利的存在。孟子思想里百姓反抗的权利与洛克的"革命"概念相似。拥有合法利益的群体有权使其诉求被倾听，并促进舆论的形成。这种权利并非基于"自然法则"，而是基于儒家"当所有相关各方均被询问，其差异性得到合理化安置时，广泛的舆论才得以形成"的社群主义。②

狄百瑞强调，儒家还有一个很好的自由主义传统。"学而为己"、"发现自我"或者"寻找内心的出路"以及"承担个人责任"是表达"儒家自由主义"的一些核心概念。③ 儒学自由的概念是积极自由，并不由物质情况决定。圣人是拥有最高自由或内心绝对自由的理想化身，他将道德的自主权与幸福和平静关联在一起。与法国和德国类似，中国具有丰富的积极自由传统，但是他们缺少英国人那种消极自由的传统。④ 人们可以运用儒家积极自由的概念发起对利己主义权利理论的批判。

第一种批判针对基于权利的个人主义。根据儒家思想，个人具有社会性并对社区和社会承担责任。个人主义谋取权利的出发点在寻求权利和义务的平衡中引发了严重的问题。例如，对于没有关系的不同个人的权利来说，一个人拥有私有财产的权利、酗酒的权利，乃至在家中看色情文学的权利，恰恰忽略了对他人的责任。例如，东帝汶的自主权就是一种使保护

---

① Joseph Chan, "Legitimacy, Unanimity and Perfectionism," *Philosophy and Public Affairs* 29. 1 (2000): 5 - 42.

② Chua Beng-Huat, *Communitarian Ideology and Democracy in Singapore* (London: Routledge, 1995), p. 197.

③ William Theodore de Bary, *Ch'ien Mu Lectures: The Liberal Tradition in China* (Hong Kong: The Chinese University Press, 1983), p. 9.

④ 如果以赛亚·伯林（Isaiah Berlin）关于消极自由的鼓吹可被接受，那么可以说儒学关于积极自由的观点具有很大的弱点。

他人的责任触礁的薄弱原则。相反，一种康德式的义务，其本身构建了一个支持他人权利的道德基准。国际特赦组织正是促进了一种保护人权的义务实践。

　　第二种批判了以权利先于道德的那种优先权。儒学强调以仁为先，而非权利。① 根据陈祖为（Joseph Chan）的观点，权利被视为一种辅助的东西：当美德不再流行，或者人与人之间的关系被彻底摧毁的时候，权利则是一种候补的辅助机制。② 权利应当促进仁。正如谢幼伟（Hsieh）提出："不管你要何种自由，你不应当触犯自由选择善行的道德原则。"③ 儒家仁和权利的综合能够促进人权事业的发展。

　　第三，利己主义的权利理论包含着有权犯错的观念。沃尔德伦（Jeremy Waldron）清晰地表达了这一点：P 拥有做错事的道德上的权利，P 做 A 事的行为在道德上是错误的，并且任何一个人干涉 P 做 A 事的行为在道德上也都是错误的。④ 当然，沃尔德伦也提出，道德上也允许任何人干涉 P 做 A 事。儒学对于有权犯错的批评基于其道德先于权利的观念。儒家公有社会的理想使秩序和权威成为必要，并且这也替家长制进行了辩护。社群的存在与发展相对于强调有权犯错的个人主义而言具有优先权。有权犯错的观念的问题在于，它强调权利是一种资格，其明显结果是，对是非区别不复重要。

（二）道德政治与儒学对自由主义中立立场的批评

　　在当代自由主义社会中，个体受到严肃认真地对待，道德成为其后的原则。政府无权对个人强加任何特别的道德观。当道德世界以个人主义为基础，则不可避免地缺乏道德的统一性。个人主义制度下的权利导致了道德生活的多样性、零散性和功利性。自由主义中立立场的观念为国家在促进道德生活上的无为做了辩护。在现代自由主义社会中，政府无权强加道

---

① Lin Yu-sheng, "The Evolution of the Pre-Confucian Meaning of Jen and the Confucian Concept of Moral Autonomy," *Monumenta Serica* 31 (1974 – 5)：172 – 204.

② Joseph Chan, "Asian Values and Human Rights：An Alternative View," in Larry Diamond & Marc Plattner eds. , *Democracy in East Asia* (Baltimore：Johns Hopkins University Press, 1998) .

③ Yu-wei Hsieh, "The Status of the Individual in Chinese Ethics," in Charles A. Moore ed. , *The Chinese Mind* (Honolulu：University of Hawaii Press, 1967), p. 313.

④ Jeremy Waldron, "A Right to Do Wrong," *Ethics* 92 (1981)：21 – 39.

德行为。

相反，在古希腊和古中国，道德上的行为与责任息息相关，个人的道德与政治的道德紧密相连。在希腊社会，支持战争的那些人有义务参军。现代生活中，道德上的语言或行为却可以与道德上的责任分离。例如，那些在道德领域支持东帝汶独立的人并没有参加军事行动的道德义务，尽管他们会采取某些行动。也许有人会说，没有道德行为的道德声明就不算声明，而仅仅是空谈。

如果我们仅仅谈论个人权利以及如何爱自己，那么根本没有任何道德可言。基于权利的道德不允许承认道德的本来价值，即美德本身及其对美德的追求。权利只是个人达到其人生目标的一种手段（并非目的）。道德在我们帮助他人时具有意义，在我们做出某种牺牲时更加有意义。道德总是向外指向他人，诸如家庭、当地的社区、国家以及全世界。指向个人本身的自爱或自我主义根本不是道德（当然，许多个人主义思想家也称其为道德）。尽管制度上对个人权利的保护就其对平等观念的认可而言具有一种道德暗示，但个人权利的实现本身与道德并无关系。

作为一种本质的道德原则与道德合理性，儒学中的公平观念提出了对市场主导型社会、资本主义原理及过度的个人主义的强烈批评。它反对工具性的理性观念。根据儒家学说，如果公正道德原则得到了满足，那么政治上的社会或社区也将是公正的。一个公正合理的儒家社会的理想是知识主导型社会，其中道德与知识构在社会地位中为优，权势次之，钱财再次之的社会顺序。社会分配、社会服务受制于知识和道德。儒家社会相对于金钱主导型社会而言是一个更为公正合理的社会，由于知识不能被继承，因此知识主导型社会可以减少由财富的不平等分配所导致的世代相传的不公平。权力主导型社会与金钱主导型社会均不合理。儒学可以限制资本的力量，并为支持穷人及弱势群体对资源进行再分配，同时规范营利活动。

儒家的理论与实践为自由主义提供了一种强有力的、在多个方面独一无二的、社群主义的责任，而不是使人文主义原则从根本上毫无价值。①在强调文化共同体、共和主义精神、民主形式多样化的价值上，儒学共享

---

① Fox, "Confucian and Communitarian Responses to Liberal Democracy," *The Review of Politics* 59. 3 (1997).

了西方的社群主义或共和主义思想。在儒家观点中，国家并不是实现阶级利益或群体利益的工具，国家体现整个共同体的利益。政治家有其道德义务：他们为共和而生。这与君权神授形成对比，君权神授维护上天为民选出的统治者，法制主义者对其的解释是：统治者的绝对权力是避免人们互相残杀的状况所必需的，马克思主义对其的解释则是国家是阶级斗争的工具。

根据儒家思想，政治是实现道德或满足道德原则的一种手段。政治所研究的是如何为政府选出正直且有能力的人才，有道德的人应当管理政治。在儒学传统下，国家建立在家族或扩大化的家族之上，先要齐家，才能治国。齐家的道德原则是孝道，治国的道德原则则是忠诚。现今，平等的原则可应用于家和国。

儒学认为政治是提升道德的工具，而不是用来为个人利益代言的。"放于利而行，多怨"，"君子喻于义，小人喻于利"，"朝闻道，夕死可矣"。政治被视作人能够超越自我的场所。政治意味着不良的政治应当在道德原则的指导下被修正，从而形成一个有秩序的社会。民主被视为实现和提高道德生活的工具，同时也是促进统治者与民众之间交流沟通的手段。

儒学拒绝国家中立立场的观念。在自由主义理论里，国家处于设置条例和规程并惩罚违例者的中间位置。然而，自由主义国家并没有对个人强加某种特殊的道德生活的权力。亚洲国家挑战了国家中立立场的观念，在亚洲国家中，对良好生活的大量考虑是一项道德议题，公平公正则实际是如何组织社会的原则。这一论证允许并证明了介入与支配个人道德生活的权利的正当性。东亚强加道德教育是有其道理的。政治制度能够促使人们拥有更好的道德生活。儒学强调了国家在促进道德生活上的教育任务。国家在知识分子的协助下发挥其提供道德榜样的作用。新加坡教育部为儒家道德准则编写了教材。中国的浙江省出台了一条惩罚在他人生命遭受危险时不愿给予帮助的人的法令。在中国，政治趋向于在大众传媒面前树立典范，例如更多地谈到从业人员如何通过自己的努力找到工作，而较少提及失业率。道德家从政也许会提高政治的质量，但这么做也可能压缩政治的谈判能力，并由此抑制消极自由主义。

儒学反对自由主义的中立立场原则是基于其没有考虑到道德的额外意义。如果绩效显著并且忽略道德的行为并非在道德上是错误的，道德行为将被视为多余。在基于权利的道德框架下，人并没有按照义务的方式行事。正如陈祖为所主张，权利既不构成人类的美德，也不构成有德行的关系。政党在一种健康、亲密的关系中，应最好忽视权利而聚焦于相互关爱的规则。即使在某一关系里存在一些问题，最好的修复办法仍然是唤醒合作伙伴关于相互关怀的承诺，而不是援引权利。[①]

平等主义理想与国家形式之间存在某种关系。如果国家的职能是减少省和地区之间的不平等分配并帮助贫困地区，国家有权对资源进行再分配以帮助穷困地区。在全球化的时代下，儒家人文主义应当蕴含相互关爱的道德祈愿，它一方面关照了疏远的邻国，另一方面促进了生态友好的世界观的形成与发展。[②]

（三）儒家民主政治的蓝图

香港的新儒家学者牟宗三发明了"自生的民主"学说，试图克服儒家表达方式的弱点。根据牟宗三的观点，仁并不直接要求圣人或政治家，而是要首先通过宪法使其自身制度化。这是新儒学运用其内在逻辑促进民主的一种间接方式。[③] 陈素芬（Sor-hoon Tan）将孔子与杜威这两位相距超过2500年的伟大哲学家融合在一起，将杜威的民治政府、人民参与、共同探究等思想注入儒学。陈素芬理想的儒家民主是一个"各个成员贡献、参与并根据其能力和需求获得收益的和谐共同体"。[④] 贝淡宁也提出了一种以士大夫议会与根据选拔考试筛选出的学者组成的机构为特点的现代儒家民主。[⑤] 成中英概括出了儒家的民主化办法，即通过民享实现民主化，其中民众因统治者满足其目的和需要而被统治；并且儒家关于德行的哲学被视作"具有双向性的民主化的动力中介：德行形成权力，权力促

---

① Joseph Chan, "An Alternative View," *Journal of Democracy* 8. 2 (1997): 35 – 48.

② Young-Bae Song, "Crisis of Cultural Identity in East Asia: On the Meaning of Confucian Ethics in the Age of Globalisation," *Asian Philosophy* 12. 2 (2002).

③ 牟宗三:《政道与治道》（台北：台湾学生书局1974年版）。Lin Anwei 批评牟宗三没有说明民主是如何在儒学以外发展。见 Makeham, "Lost Soul: Confucianism," in *Contemporary Chinse Academic Discourse*, p. 179.

④ Sor-hoon Tan, *Confucian Democracy: A Deweyan Reconstruction* (Albany: State University of New York Press, 2003), p. 201.

⑤ Bell, *Beyond Liberal Democracy: Political Thinking for an East Context.*

成德行"①。2009 年，杭州政府启动了一个通过满足民生而促进民主政治的新项目。

现今，中国本土的民主化需要具有批判性的儒家道德来牵制过度的个人主义。今天，地方政府试图运用诸如听证会和协商等民主手段解决地方性争议问题。时常会有一些个人运用权利语言要求高额的补偿，并且拒绝做出贡献。这导致了一些公共工程的延期，甚至造成了处于萌芽阶段的民主制度的寸步难行。在这个背景下，儒家道德被用来与利己主义做斗争，提高民主生活的质量，并在个人与集体、权利与义务之间调和折中。有必要在对自由的需求和对社群的需求之间寻找到一个适当并且稳定的平衡。儒学在这一点上有很多内容能为其所用。

总　结

每一种范型揭示了儒学与民主之间的一种特殊关系。强调一种范型而忽略其他范型将导致片面的观点。从经验上来说，东亚早期的民主进程中，用矛盾范型来概括比兼容范型更为准确。然而，矛盾范型夸大了儒学的消极面并忽视了儒学与民主的兼容面，因此将儒学为民主进程做出贡献的可能性简单带过，同时遮蔽了混合范型的前景。

兼容范型有其优势：它带领我们着眼于儒学中支持民主事业的丰富思想资源，并帮助我们创造儒学的建设性转型。然而，它可能在这个过程中"曲解"西方的民主思想以及中国的本土思想。当兼容范型赞美儒学与民主表面上的一致性时，它将民主作为最终目标的假设视作理所当然，儒家文化最终将聚合于西方民主当中。

混合范型在检讨现实世界中的混合性实践上超越了矛盾范型和兼容范型。它捕捉并反射出了复杂的现实。可是它又缺乏对混合范型中占支配地位要素的明确以及对不同要素在现实中的运作方式的明晰。因此对其复杂性的进一步研究是必要的。

批判范型超越了矛盾范型与兼容范型。它提供了一种新鲜的视域并扭转了对儒学消极作用与次要作用的传统看法，同时重建了儒家民主政治。

---

① Chung-ying Cheng, "Preface: The Inner and the Outer for Democracy and Confucian Tradition," *Journal of Chinese Philosophy* 34.2 (2007): 152, 154.

不过，现实世界中儒家民主政治理想蓝图的实际构建与应用相对于理论建构要复杂得多。一种危险的可能性是，对于批判范型的过分简单化理解可能使其被运用适应权威国家的偏好。这种情况的发生将使矛盾范型的正确性加强。批判范型将如何展开仍有待观察。它是否会发展成为革新的制度取决于中国知识分子的现实努力。他们不应当仅仅谈论儒家的民主政治，而应当致力于诸如儒学传统与审议性民意调查方法相结合的一系列社会实验。对批判范型的最终检验是其能否在支持中国真正的民主进程发展中制度化。

四种范型在民主化进程中扮演了不同角色。矛盾范型的功用在于它强调了儒学与民主之间的张力，这导致了对儒学的抛弃和对民主政治最基本底线的捍卫。其优点是在无妥协和非失真的情况下落实西方民主思想和制度。在兼容范型中，儒学的贡献得到了强调，并尝试在儒家传统中寻找朴素的民主观念。批判范型扮演了双重且不一致的角色：它一方面发展并促进了一个理想型的儒家民主政治，另一方面它可能被狭隘的民族主义所利用，而抑制民主的发展。混合范型以融合儒学与民主的不同要素从而创设出某种适应国情的制度为目的。在这种范型下，参与者常常说明根据国情或地方知识设计并挑选出的民主制度，使之具体化和制度化。这是最富创造力的途径。

翻译：赵依

校对：邹宇欣　何包钢

儒学与民主

弗兰西斯·福山 （Francis Fukuyama）

1993 年，一位名叫 Michael Fay 的美国高中生因破坏公物被新加坡政府处以笞刑，时隔数年，亚洲社会及以美国为首的西方民主国家再次对该事件进行讨论，其焦点并非简单地质疑新加坡作为一个主权国家是否可以用本国法律惩治一位客居的美国公民，而是上升到对民主本质及其相关议题的探讨。实际上，新加坡人在用 Michael Fay 的案例展示他们的集权主义，以此向美国式民主所带来的日渐猖獗的社会问题与普遍失序提出挑战，证明其民主模式不可能为亚洲社会效仿采纳。在这一点上，新加坡前总理李光耀在其执政阶段已然身体力行，指出西方式的民主与儒学民主无法相融，后者对建构一个严密统一、秩序井然的亚洲社会显然比西方个人民主观念①更为切实。而放眼亚洲，其他国家，如日本、泰国，对此深表赞同。一个不容忽视的事实是，美国在亚洲国家中的地位已被动摇：由于美国长期打着优化中国人权的旗号，利用贸易政策长期对其施压，不仅导致自身阵营中的盟友减少，更面临在最惠国待遇问题上撤回其贸易政策的风险。

那么，儒学与西方式民主是否在本质上无法相融？亚洲国家会制定出一套与西方资本主义民主全然不同的政治经济秩序吗？在我看来，西方民主与儒学的不可共融性，无论在亚洲还是西方，显然都被夸大了。战后学者提出的"现代化理论"之内涵完全正确：经济的长期发展直接导致其

---

① 参见 Lee's interview with Fareed Zakaria in *Foreign Affairs* 73 （March-April 1994）：109 – 127。

后的政治自由化。① 基于此，如果近年来亚洲持续的经济增长能够持久，那么国家的民主自由化指日可待，最终的结果是，其所形成的民主轮廓可能与在协调个人权力与群体利益方面困难重重的美国式民主大相径庭。

一　被证实的现代化理论

虽然离所谓的以"政治正确"拥护现代化理论的年代相去甚远，但毫无疑问，这一理论在某种程度上经受住了时间的考验。在 1959 年的一篇开创性文章中，西摩·马本·利普塞特（Seymour Martin Lipset）提出了高水平经济增长与稳定性民主②之间的经验关系式。虽然关于经济增长导致政治自由化的论点仍未盖棺论定，但其在始于 20 世纪 70 年代的民主发展中的重要地位毫无疑问，由此引发的效应更是延至今日。③

无可否认，经济增长与民主发展之间的相互关系在亚洲表现得更为明显。亚洲国家和地区在发展经济的同时，逐步建立起相对稳定的民主体系：始于日本，而后逐步扩展至韩国（于 1992 年首次完成自由选举）。值得参照的是，泰国及缅甸发生过多次失败的民主运动，正是这些案例显示出民主与经济发展密不可分的联系：这些失败的民主运动领导者往往是受到良好教育的人、中产阶级以及那些在持续的经济增长中试图摆脱现有体制的公民。在亚洲民主图景中唯一出现的反常现象是菲律宾——即使作为东南亚非共产主义国家中人均收入最低的国家，仍在 1986 年选举科拉松·阿基诺（Corazon Aquino）后展开了自己的民主进程。然而事实上，

---

　　① 对战后早期现代化理论的论述主要包括 Daniel Lerner 的 *The Passing of Traditional Society* (Glencoe：The Free Press，1958) 和 Talcott Parsons 的 *The Structure of Social Action* (New York：McGraw-Hill，1937)；*Theory of Action* (Cambridge：Harvard University Press，1951)；*The Social System* (Glencoe：The Free Press，1951)。关于这种传统的论述，普林斯顿大学出版社于 1963 年在美国社会科学研究协会 (American Social Science Research Council) 的赞助下出版了 9 卷合集本，其中包括 Lucian Pye 撰写的 *Communications and Political Development* (Princeton：Princeton University Press，1963)；Raymond Grew 的 *Crises of Political Development in Europe and the United States* (Princeton：Princeton University Press，1978)。

　　② Seymour Martin Lipset，"Some Social Requisites of Democracy：Economic Development and Political Legitimacy," *American Political Science Review* 53 (1959)：69 – 105.

　　③ 可参考 Larry Diamond，"Economic Development and Democracy Reconsidered," *American Behavioral Scientist* 15 (March-June 1992)：450 – 499。

民主并未真正光顾过菲律宾，民主实践的体系在这里并不完善，这个国家仍然保持着半封建性质的权力体制且长期出现亚洲其他国家少有的暴乱。因此，如果有一天菲律宾的民主进程戛然而止也并不是什么稀奇事，只是对于韩国和日本来说，局势将更加艰难。

虽然现代化理论从某方面展示出民主与经济发展的相关性，但这种彰显十分模糊。一些支持者，譬如塔尔科特·帕森斯（Talcott Parsons），指出在一个现代的工业化国家，民主相较于独裁主义更具有功能性。[1] 我曾在发表于其他地方的文章中指出这二者之间的准确关系是无法通过经济术语阐释清楚的。[2] 更确切地说，"民主"是"独裁"国家对于民主自由非经济方面自我认同的原始冲动。因此，经济现代化与民主的关系是间接的：经济的发展提高了人们的生活水平与教育水平，使其从对生活水平不稳定的恐惧中解放出来。即使在经济发展早期，它也为人们提供了继续追赶更为远大目标的机会，以及获得生而为人的基本尊严——通过自身参与政治体系获得身份认同的欲求。在菲律宾或萨尔瓦多的国土上，贫穷的农民会被地主招募并轻易胁迫其拿起武器参加敢死队，因为他们根据国家的临时需求被轻而易举地控制，而其自身也对这样的传统政治独裁习以为常。与此相反，政治家们说服受过良好教育的人或中产阶级遵从他们的强权政治仅仅是因为他们穿着工作制服而已。

日本的例子为我所提出的经济发展与民主之间的关系提供了更具深意的内涵。毫无疑问，在被美国占领期间，麦克阿瑟（MacArthur）将军将民主机制引入日本使其从那时起成为典型的民主国家。然而，很多在日本或日本以外的观察者都指出，强调公共争论和个人主义的西方式民主并没有在传统的日本文化中扎稳脚跟；甚至有评论者认为，虽然日本拥有独立民主的司法架构，但其民主本身在根本上与西方式民主背道而驰：这是一个被官僚主义者联盟、自由民主党以及商会大亨共同操纵的温和的独裁主义国家。[3]

1993 年 6 月，自由民主党下野后发生的政治剧变在某种程度上证实

---

[1]　参见 Talcott Parsons, "Evolutionary Universals in Society," *American Sociological Review* 29（June 1964）：339 – 357。

[2]　参见拙著 *The End of History and the Last Man*（New York：The Free Press, 1992）及 "Capitalism and Democracy：The Missing Link," *Journal of Democracy* 3（July 1992）：100 – 110。

[3]　参见 K. V. Wolferen, *The Enigma of Japanese Power*（London：Macmillan, 1989）。

了我们对现代化理论的一些预设。第二次世界大战之后，太平洋战争引发的经济崩溃逐步向国家经济高速发展转变，日本民众开始逐渐遵从官僚主义—自由民主党—商会大亨的三角控制集团。然而同其他独裁体制一样，国民创造力下降、经济缓慢爬行所导致的 1980 年代的经济泡沫以及随之而来的普遍贪腐最终导致这一三角集团无法控制全局。在缺乏公共反馈机制的情况下，这一体系是否会自我修正完全是一个未知数。除此之外，日本民众日益膨胀的钱包使他们对独裁集团的需求日渐减少。虽然我们很难预测日本现今政治斗争的最终结果，但是之前的统治三角看起来已经无法将自己的权力与权威完整地带入之后的日本政治生活中。

现代化理论在 20 世纪六七十年代之交巨大的冲击下诞生，它有两个重要来源。首先，马克思主义批评家声称，资本主义的民主不是政治与经济发展的目标，现代化理论学者则是全球经济秩序不平等性观念的辩护者。其次，另外一批被称作"相对主义者"的批评家则指出现代化理论是欧洲中心主义的，它并未将世界不同文化所导致的差异性结果考虑其中。然而，随着共产主义的逐步瓦解，马克思主义批评家的观点已经不再占有主要地位，取而代之的是相对主义者的强势批评，这使那些认为自由市场民主的发展途径具有广泛正当性的人们感到恐惧。

无可否认，对现代化理论的批评确实具有一定的道理。为了使理论更好地保持生命力，必须根据现实经验对其进行或多或少的改变。正如英国和美国的发展史并不是其他国家发展的唯一尺度，现代化发展也并非是一种单一模式：时代稍后的现代化倡导者遵从的是与前期完全不同的发展途径，即国家在发展的过程中承担主要角色。从本质上说，我们很难找到既能导向政治自由，又可使经济持续发展的普适方法。虽然一些国家，尤其是一些亚洲国家，已经通过权力主义的模式实现了民主的转型，但如果有人提出让东欧在经济的全面自由化之后才实行民主，我认为那是十分荒唐的。① 事实上，有大量的途径可以同时保证资本主义与民主的可执行性。比如日本的机构与劳工市场采取了与美国截然不同的方式，且并不存在必须将美国经验与日本经验聚合的强制性。其结果是，民主稳定与经济发展

① 可参考 Barbara Geddes, "Challenging the Conventional Wisdom," *Journal of Democracy* 5 (October 1994): 104 – 118, 亦可参考 Minxin Pei, "The Puzzle of East Asian Exceptionalism," *Journal of Democracy* 5 (October 1994): 90 – 103。

并立的架构存在已经远超预期的四十年。

持续的经济增长是很难取得的，而民主架构的最终完成更是难上加难。尽管如此，在过去的五十年中，我们还是可以看出经济增长与民主发展的显著关联性。虽然早期的现代化理论家鲜有支持这一观点[①]，但他们当中的大多数也并非固执己见。由此，如果我们广义地定义民主与资本主义，并且不独断地偏执于一种途径，那么亚洲国家的经验就可以成为我们以上理论假设的印证。

二　亚洲的儒学传统

尽管亚洲在过去不久的时间里取得了可以为民主带来原始动力的持续经济发展，但许多观察者仍认为亚洲基本不太可能走上持续的民主化进程，或者说亚洲形成的民主将深深地植根于西方社会完全无法认可的亚洲传统中。

支持亚洲民主途径选择多样化的代表人物是新加坡前总理李光耀先生。在他的领导下，抑制自由言论与政治分歧与将资本主义政治体系与集权主义政治体系相结合共同构成了新加坡较为温和的家长式独裁主义。李光耀强调这种发展模式相较于西方式民主更适宜东亚儒学文化的传统。事实上，他曾指出那种鼓励放任、引发社会动荡与非理性经济决策的西方式民主对新加坡社会是非常有害的。

很多西方民主研究者都赞成这种对儒学与民主关系的认知，例如亨廷顿（Samuel P. Huntington）就曾指出"儒学民主"是一个自相矛盾的术语。他说：

> 学术界内，在传统儒学是民主的还是反民主的问题上并不存有学术争议——传统的中国儒家与其在韩国、越南、新加坡和日本的衍生物都强调将集体置于个人之上、将集权置于自由之上、将义务置于权利之上。儒学社会显然缺少传统的与国家相对的个人权利，即使有个人权利，它也是由国家赋予的。在这些国家，和谐共处与相互协作相

---

① 例外可见 Lucian Pye, "Political Science and the Crisis of Authoritarianism," *American Political Science Review* 84（March 1990）：3 – 17。

较于竞争与争论更为受到推崇。秩序的维持以及对等级制度的服从是这些国家的核心治国理念。观念、群体与政党之间的冲突被看作危险的，甚至是不合法的。最为重要的是，儒学融合了社会与国家，并在国家层面上，为之提供了非法律性质的自发的社会融合架构。①

按照亨廷顿的说法，在 1990 年之前体验过民主生活的亚洲国家只有日本和菲律宾，而导致其率先民主化的主要原因在于，较之其他亚洲国家，它们受儒学的影响较小而又受到过美国的直接影响。

在我看来，亨廷顿和李光耀的观点过度夸大了儒学对西方视角下民主政治体系形成的障碍性。这其中最显著体现民主发展与儒学不可兼容问题的是后者缺乏个人主义的支持和可以凌驾于现存社会关系之上并将个人自觉作为最终来源的超越性法理。尽管二者存在显著的不同，但这并不意味着儒学社会不能创造出可操作、可实践的符合民主基本要求的民主架构。

接下来让我们探讨一下儒学与民主的可兼容性。首先，传统的儒学科举选择精英的体系包含潜在的平等观。在传统中国社会，官员的选拔体系由于复杂的原因并未完全对符合条件的所有人开放（当然哈佛大学和耶鲁大学也是如此）。在现代社会，这样的选拔体系仍然在亚洲的大部分国家广泛施行。在儒家社会相对平等的体制下，它是人们跨入升迁门槛抑或是进入高等教育体系的敲门砖。儒学与民主的兼容性也体现在儒学本身对教育的强调。虽然"受过良好教育的大众"并未被正式地纳入民主建设的必要条件之中，但在现实社会中，一定的受教育程度成为民主体制建设的关键基础。如果没有一定程度的读写能力，民众不可能理解继而参与民主争论。除此之外，如我在上文中所提及的，教育不仅提供了人们变得富有的可能性，更重要的是它使人们更加关心诸如民族认同抑或是政治参与等非经济话题。最后，如大多数亚洲国家的道德系统，儒学是包容性相对较强的一个。在过去，儒学曾经与其他宗教，如佛教与基督教，形成了很好的共存。虽然儒学在包容方面并未达到极致的完美（如中国佛教徒所遭受的周期性迫害），但比起伊斯兰教和基督教它更具有优越性。

儒学与现代民主之间存在着比上述更深的而又没有被注意到的可兼容

①　Samuel P. Huntington, "Democracy's Third Wave," *Journal of Democracy* 2 (Spring 1991): 24.

性。亨廷顿将伊斯兰教与儒教置于可比较的语境中，将之从本质上视为统一政治与社会的教义并认为其使国家权力在社会生活方方面面的表现合法化。但是认为儒学只不过是强化组织与个人，或国家与附属机关之间的对立实际上过于简单化了它的影响。著名的儒学研究者杜维明先生曾对其所提出的"政治儒学"与"儒学个人伦理"做了概念上的区别，认为"政治儒学"主要指维系皇权达到顶点的政治等级体系，而"儒学个人伦理"是指那些针对人民日常生活的有系统的伦理机制。^① 在中国，政治儒学与皇权系统及其领导下的官僚机构结合得相当紧密，这套完整的系统随着1911 年清朝的倾覆全面瓦解，尽管在北京或其他受到中国文化影响的海外政府（例如新加坡）试图将帝国体制合法化，但是本质上政治儒学已经被破坏殆尽。事实上，传统儒学最重要的遗产并不是它的政治训导，而是那些约束日常家庭生活、工作、教育及其他被中国社会重视的家庭元素与个人伦理训诫。中国及海外的经济成功其实正是凭借于此，而非那些有关继承政治权力的儒学传统。

中国传统儒学并不是政治儒学，它更多的是一种在包含与政治机构相关的社会关系中优先考虑家族的强烈的家庭主义。也就是说，儒学在当时的等级制度背景下构筑了一个秩序井然的社会，它强调家族生活中的道德伦理并将其视为社会建设的基石。中国传统中有关家庭的概念或"家"，包含直系亲属及更为庞大的亲属关系。国家或其他政治机构被视为单独家庭的组合体。但是直系集体的纽带联系往往会被放在最优先考虑的级别上，包括对皇帝的责任。在典型的中国儒学中，一个人对父亲的责任优于对警察的责任。在一则有关孔子的故事中就提及了这样的观念，某君主称赞其生活的土地充满美德以至于当一个孩子的父亲偷盗，这个孩子会告发其父亲的罪状。孔子却回答，他所在的国家要比该君王所说的更有美德，因为在他的国家一个儿子永远不可能如此对待自己的父亲。^② 当然，在一个秩序井然的儒家社会里，这样的冲突是不可能出现的。虽然在中国传统戏剧中，这种激烈的责任冲突为个人带来的痛苦被反复描述，但最后都将

---

① Tu Weiming, *Confucian Ethics Today: The Singapore Challenge* (Singapore: Curriculum Development Institute of Singapore, 1984), p. 90.

② Marion J. Levy, *The Rise of the Modern Chinese Business Class* (New York: Institute of Pacific Relations, 1949), p. 1.

家庭的权威置于较为重要的地位。

　　在这方面，传统中国儒学与宋朝（960—1279）末期引入并在日本逐步形成的新儒学有很大不同。日本依据自己的帝国体系对中国儒学的很多方面做了现代化的改良以期获得更广泛的适应性。在中国，即使是皇帝的权威也不是绝对的，非道德的作为会令其丧失"天命"，跨越许多世纪的一系列中国王朝都证实了政治权威的暂时性。与此相反，日本自该国的神话创始之后就形成了一个独立的未曾被破坏过的朝代传统，而且从未出现过"天命"观念下的皇权被任何政治机构侵犯或影响的局面。日本人试图尽量避免儒学的政治命令侵犯天皇与统治阶层的特权，因此，在日本社会，天皇是高于一切父亲的至高统治者，如果日本的儿子遇到前文所述的困境，他对自己父亲的检举将被认为是对国家的忠诚。在日本，家庭永远不可能与政治权威相抗衡。因此，亨廷顿所认为的儒学必然自下层社会集体支持上层国家权力的看法，较中国而言，更适于日本。目前，日本，而不是中国，已经成为一个较为健全的民主国家45年了。

三　花岗岩与散沙

　　中国儒学与日本儒学的分野引起了两国在政治文化上诸多影响深远的差异，这些差异对西方式民主的前景颇具影响。中国传统社会中强烈的家庭结合意识使得不相关的人群之间的纽带相当微弱。也就是说，在中国社会内存有一种程度相当高的对于不相关人群的不信任。中国人可能会被描述为以家庭为导向，然而这并不意味着他们是群体导向的（日本人常常被描述为此种导向）。在西方看来，家庭之间的竞争往往使中国社会呈现出较之日本更多的个人主义倾向。诚如一个著名的说法，如若将日本人比喻成一块坚硬的大理石的话，中国人则好似一盘散沙，而每一粒沙代表着一个独立的家庭单位。

　　由于中国社会高度重视家庭，长久以来，那里的政治权力较之日本更加薄弱，并且政治的不稳定性更加明显。中国的家庭从传统上即对政府持有怀疑态度，即使到现在，许多中国家庭在中国以及境外的（例如南洋）投资生意中往往会以精心的策划侥幸从收税员或其他官员的眼皮底下偷税漏税。中国人对民族主义和民族身份的认同自古以来就比日本人薄弱得多：在中国的传统理念中我们很难发现常常用来概括日本民族性的"我们对抗他们"的心态。在贸易关系甚至政治事务中，对于家庭的忠诚、血统和族群观念总是在中国人那里处于优先地位。公民权在中国的地位常常被认为是以低于其他社会公民权利而存在的。大部分中国人并不认为自己对社会有任何特定的义务，社会中并不存在基督教文化熏陶下产生的那些现象，陌生人之间并不会因为彼此作为人类的一分子而存在任何道德义务。这些现象的发生缘于中国人较日本人而言本能地缺少对自然形成的团结的感知，中国人感到政治的不稳定性是更大的心理威胁。

吊诡的是，中国人对权威的顺从引起了中国社会更需要一个带有权威主义的政治系统。恰恰是因为国家集权主义在中国不受重视，当失去了公开的、压迫性的社会结构时，中国比日本更容易出现社会混乱的危险。对于分裂的惧怕是导致中国统治者不心甘情愿地使政治制度开明化的原因。也许，新加坡及其他一些东南亚国家强调政治集权主义，不是因为社会本身的自律，而是由于欠缺公民自发能力以及担心离开了高压政治会导致社会分裂。与此相反的是，对日本而言，政府并不需要以立法规定来告诫人们诸如"冲厕所"和"不能在墙上乱涂乱画"的道理，因为社会本身已将诸如此类的规则吸收和内化了。

由此我们不难发现儒学与民主的关系实质上比很多评论家所指涉的内容更为复杂。中国的儒学尤其如此，它并不认为顺从一个不给民主社会留有任何发展余地的集权政府值得推崇。如果说中国的市民社会微弱，它并不是因为国家主义的意识形态，更多的是由于中国文化中强烈的家庭主义以及对宗族之外的人们本能地不信任。中国未来民主制度化进程中将要面临的难题不会是文化上根深蒂固的对集权国家的顺从，而是无力构建一种可以唤起人民为国家统一而自发产生的牺牲自我的倾向。在欧洲和拉丁美洲同样强调家庭主义的国家中，会存在一种需求，即将"街道的道德"（morality of the street）发展到与家庭道德相等同的程度。

尽管多年来"反儒学"（anti-Confucian）倾向在中国非常明显，但是共产主义在中国的发展经历对于文化态度的改变微乎其微。如果说有什么区别的话，家庭责任在中国的重要性甚至在过去的几个世代加深了。传统的中国家庭终究是一个在专制的、沉湎于自我幻想的国度中保护自己成员的必要防御机制。虽然一个人可能并不信任地方权力机构，但他一定会相信自己家庭的内部成员。

亨廷顿所坚信的儒学本身的特点——中央集权与群体对集权的态度其

实本质上更适合于日本和日本儒学，这些特点在 20 世纪 30 年代的日本得到了最为明显与充分的发展。在第二次世界大战的灾难性毁灭之后，国家主义与民族主义的合法地位被可以践行的民主取而代之。在战后受控于官僚主义—自由民主党—商会大亨三角控制集团的漫长时间里，对政治权力的恭敬与顺从态度仍然占据主流。正如前文所述，我们无法确定这些态度是否为形成西方民主社会多党竞争的权力结构的参与性树立了难以应对的障碍。

中国和日本儒教文化在形成与应用的方式上都和与个人地位紧密相关的西方民主文化存在显著不同。虽然中国的家庭主义在某些方面看来与个人主义有所相似，但它与在西方文化土壤中根深蒂固的个人主义不同。也就是说，在中国，个人无法在根本意义上拥有反抗其与生俱来的家庭纽带与社会网络的正当性。基督教将超越的神的概念置于权利的最顶端，神的戒律优先于所有责任——记住上帝是要求亚伯拉罕牺牲自己儿子的神——这种在道德上超越性的存在即是使西方社会中个人勇于批判和否定各种社会责任的根基。在现代自由主义中，基督教所倡导的普遍的上帝观念最终被成为权利普适性根基的人类本性所取代。适用于整个人类社会的自由权利就其本身而言，即与基督教中上帝的法则超越其他一切真实社会中存有的社会责任一样。虽然在今日，美国提倡人权的组织——类似于亚洲观察或国际特赦组织——并非将自身描述为基督教的信徒，但是他们共同分享并践行着基督教文化所强调的普适权利，并且个人的良知成为权利的最终来源。也就是说，儒教文化统治的社会并不存在与之相应的配对物，正是亚洲与美洲基于人类权利政策的此种根基性差异导致了当代社会的种种争论。

在对基于儒学主义与自由民主概念不相容性的讨论进行评估的过程中，我们需要牢记的是，学者们一度认为现今的儒学主义是资本主义经济现代化不可克服的障碍。亨廷顿在这个方面展开的论述是较为正确的，他认为现代自由主义是由基督教文化产生的，我们可以清晰地看到民主仅仅产生于一连串的有害于自由宽容与民主争论的基督教典型事件之后。总而言之，儒学文化较之其他文化，并未显示出其在阻碍民主社会方面的特殊性，实际上，较之印度教与伊斯兰教，儒学反而展示了温和的一面。

四　态度的转变

以上结果向我们证明儒学并不必然导致独裁主义的政治系统。在新加坡，现在执政的政府权力机构都在假惺惺地呼吁传统的儒家精神，以期证明一个带有侵入性的以及家长作风的政府系统的合法性。其他的儒学社会，如日本和韩国，较之新加坡，已经能够适应更大程度上的政治参与和个人自由。当然，这些都是建立在保有其自身根基性文化价值而言的。我在这样的进程中并未找出新加坡不走类似道路的任何原因，如果经济现代化确实指向的是对于认同的需求，那么新加坡的下一代人民将成为更多政治参与与更多个人自由的发声者——这并不是因为他们采用了西方的价值观，而是一群受过良好教育的中产阶级的需求得以满足。

另外，如今，没有多少亚洲人相信亚洲社会最终将走向一条趋近于当今美国所代表的自由民主道路，或者说，觉得那种政治体制值得追求。这种现状代表了战后早期阶段之后态度的转变，当时，许多人——并不只在亚洲——都认为美国是现代民主社会的模范，是值得尊敬和仿效的。这种观念的转变可以追溯到后来的两次发展中：第一次是东亚出现惊人的经济增长，很多人将其归因于国家的儒学传统。第二次是美国生活质量的显著下降，这种下降并不是简单地基于人均国内生产总值而言，更多是包括不断上涨的犯罪率、家庭离异的频发、社会礼仪的缺失、种族问题的压力以及非法移民的增多，这些在当时都未出现缓和的迹象。对于大多数亚洲人来说，围绕着美国社会的个人主义呈现了较为猖獗的发展趋势，正是基于此，才出现了较多的社会混乱，最终导致经济与政治上的毁灭性打击。因此，一些人开始强调一个植根于儒学标准的"软"的权利体系，一个由较少的个人自由和较多的社会训诫形成的权利体系。在这种权力体系控制下，国家不仅会呈现更快的经济增长，而且会创造出一个在生活质量各方面满意度更高的社会。

在亚洲社会对这些困扰美国社会的问题的探讨中，真相与大量的夸大之词并存。不得不承认的是，理论上深深植根于美国宪法与法律系统的个人主义在亚洲无法寻求到与之匹配的对应物。美国的政治话语在很大程度上乃是基于冲突的个人权利制定的，而这种现象的发生绝非偶然，正如 Mary Ann Glendon 所指出的，在洛克派与杰弗逊式的传统下，这种"权利争论"对美国而言是本土性的、独一无二的。① 对大多数欧洲国家而言，个人权利的发展在宪法的保护下均较为完善。除此之外，即使在美国传统受到强烈的集体主义社会习惯影响之时，那种内在于法律体系之中的个人主义仍然有其根深蒂固的地位。这种完善程度极高的公共参与最初源于宗教（这里指涉的主要是在美国占据支配地位的新教的宗教仪式），而后源于美国本土民族公共的习惯。托克维尔（Alexis de Tocqueville）在描述1830年代的美国时，曾经指出这个时段的美国在个人的群体化和甘愿为集体使自身的个人主义居于下位的风气非常明显。个人主义与集体主义之间的平衡状态在美国的倾覆仅仅是近期才出现的情形。基于许许多多的历史因素，社群的发展非常缓慢，或者说，国家有意识地在破坏社群的发展。与此形成鲜明对比的是，在美国，信奉个人主义的人群无论在数量与规模上都一直保持着稳定增长的趋势。这种局面的发生，包括改善这种局面的方式，在各个国家学者的讨论中都无法找寻到答案，并且导致了美国现代民主对亚洲国家吸引力的减弱。不仅仅是持有这种观点的亚洲人，美国现代民主对美国人民自身的吸引力也正在减弱，只要看看美国人对于Michael Fay事件在新加坡所表现的惊人的正面反应就足够了。

五　找寻平衡点

对许多亚洲人而言，正在折磨美国社会的各种问题其实都是自由主义民主本身的问题。从这个角度上看，亚洲民主的未来不在于儒家文化与民主原则之间在理论上有没有兼容性，而更在于人们是否希望他们的社会效仿美国的民主方式。

由此，亚洲成为世界民主进程中一个异常有趣的十字路口。关于现代化的各种假设在未来可能都会一个接一个地被现实证实，不断上升的人均国民收入和不断提升的教育水平将会缓慢地衍生出对政治民主化的需求。正如我们在前文所提到的，这正是人类本身寻求一个可以允许其参与政治系统，为自身获取认同与尊严本能的体现。另外，人们总是会被可供选择

---

① Mary Ann Glendon, *Rights Talk*: *The Impoverishment of Political Discourse*（New York: The Free Press, 1992）.

的事物左右。如果东亚仍能够按照现在的速度持续繁荣下去，而美国无法解决自身存在的各种社会问题，那么西方的民主模式将越来越不具吸引力，日本民主进程的现实即说明了这一点。如果日本民众可以将国内经济的不景气归于自由民主党控制下的无效积累，那么对其民主进程来说，将掀起一股政治体系改革的热潮。但是，现在仍然存在着将植根于日本政治系统的集权主义政府作为日本经济发展不景气的"替罪羊"的看法。

无论对于日本本身，抑或整个亚洲而言，我都没有任何针对性的预言。我想在此文中论述的，乃是儒家文化并不会成为受其影响的国家施行民主化改革的障碍，甚至，随着这些国家财富的累积，它们将会走向比西方社会更完善的政治民主化道路。当然，我们也需要对过于强调儒家传统必要性的说法保持警惕。实际上，儒学可能确实会在自由社会中有效运行（正如大多数移民美国的亚洲社群），它可以为一个庞大社会可能出现的分裂提供一种平衡力量。另外，亚洲社会最终所走向的民主化道路与美国的现代化进程势必不同。如果亚洲社会保有的儒学传统可以为其在自由需求与集体社会需求中寻找到二者合适的位置，并可使其保持长时段稳定的平衡，那么亚洲社会最终将会走向和谐的民主发展模式。

翻译：王小莹
校对：邹宇欣

儒家价值观与民主价值观

李晨阳（Chenyang Li）

儒家与民主的关系问题是当前中国文化研究的一个极为重要的问题。在这个问题上，人们有各种各样的观点。我在这里提出一个笔者认为最能体现中国文化传统的特色的观点。这就是儒家和民主作为两种价值观念体系互相独立并存的观点。按照我们的这种观点，自由和民主只是现代社会所追求的众多价值中的一部分。自由和民主不是衡量一切的绝对尺度。人们所追求的各种价值之间存在着紧张关系或者矛盾。这种复杂的矛盾关系不是以简单的取此舍彼的方式所能解决的。

儒家与民主之间的关系问题并不是什么新问题。自从民主的观点在中国受到人们的重视以后，如何解决这二者的关系问题就几乎没有离开人们的注意范围。有些人说，儒家传统本身就是民主的传统，当今要做的不是从西方进口民主思想，而是发挥和改进儒家的民主思想。另一些人说，儒家传统本质上是一个反民主的传统，应该给民主让路。也有人说，中国需要一种与西方世界不同的民主，所以中国不用向西方世界学习民主精神。还有人说，儒家传统可以跟西方的民主传统结合起来，儒家文明社会应该民主化，西方民主社会则应该儒家化。双方互相汲取长处，两全其美。

美国哈佛大学的亨廷顿（Samuel Huntington）曾提出著名的"文明的冲突"的观点。按照亨廷顿的说法，如今我们的世界已经进入了一个"文明的冲突"的时代。这个时代的主要特点是世界的各主要文明传统互相冲突。具体地说，这种冲突发生在民主的西方文明与世界上其他不民主的文明传统之间，后者主要包括儒家文明传统和伊斯兰文明传统。① 亨廷顿认为儒家文明传统是不民主的传统。他为儒家文明地区开了一个处方。他认为，任何文明传统内部都有民主的和不民主的成分。如果儒家文明地区要实现民主，儒家传统内部的民主成分必须压倒不民主的成分。假如儒家文明要走亨廷顿所指出的民主道路，那对儒家文明本身意味着什么呢？除此以外，还有没有其他道路可走呢？

哲学研究的任务当然不是预测未来。社会的发展往往受各种因素制约。甚至许多偶然事件会对历史的发展产生重要影响。哲学研究的目的是通过概念的分析说明什么可能发生，通过价值的和理想的讨论表明什么应该发生。我们下面将在厘清一些有关的基本概念的基础上提出我们对儒家传统和民主价值观之间的关系的设想。

一　什么样的民主

"民主"这个词有很多含义。加拿大著名政治学家麦克伏森（C. B. Macpherson）曾经说："民主这个词对不同的人有不同的意义，已经变得很不清楚。它甚至有看起来彼此相反的意义。"② 在这里，我们不准备全面地研究"民主"的意义。对我们的目的来说，我们可以从"薄"和"厚"两种意义上理解民主。从薄的意义上讲，所谓民主就是一种决定社会问题的程序。这一类的社会问题包括选择政治领导人，制定社会规章法律，等等。约瑟夫·熊彼特（Joseph Schumpeter）在其著名的《资本主义、社会主义和民主》一书中就提出这种最底限度的民主概念。他说：

> 民主的方法是为做政治决定而设置的组织安排。在这种安排中个人有权利通过争取民众选票来做有关决定。③

---

① Samuel Huntington, "The Clash of Civilizations," *Foreign Affairs* 72. 3（Summer 1993）：22–49. 应该指出的是，亨廷顿并不是主张各文明传统之间应该冲突，并不是主张冲突越多越好。

② 关于民主的不同版本，参见 C. B. Macpherson, *The Real World of Democracy*（New York：Oxford University Press, 1972）。

③ Joseph A. Schumpeter, *Capitalism, Socialism, and Democracy*, 2nd edn（New York：Harper, 1947），p. 269.

这里，熊彼特明确地为"民主的方法"下定义，而不是广泛地讨论一般民主社会。对于主张民主仅仅是民主方法或者民主程序的人而言，这种最低限度的民主就足够了。当然，熊彼特对民主的理解并不是"民主"的唯一的意义。著名日裔美国学者弗兰西斯·福山（Francis Fukuyama）就从"厚"的意义上，或者说强化的意义上讨论民主。他说，民主包括下面四个层次：

> 第一是意识形态，即"对于民主体制以及它们所支持的市场体系的是对或者是错的规范性的信念"。
> 第二是社会体制，包括"宪法、法律体系、政党系统、市场机制，等等"。
> 第三是市民社会，即"与政府机构分离开的、作为民主的政治体制的基础的、自发的形成的社会结构方面"。
> 第四是文化，包括"家庭结构、宗教、道德观念、民族意识、文明礼貌和特殊的历史传统，等等"。①

福山不但把文化视为民主的一个部分，而且把它看作民主的"最深层次"的组成部分。主张福山所讲的强化的意义上的民主的人并不是少数。比如，德国学者杜勉（Jürgen Domes）也把民主定义为包括价值观念的政治体系。他认为，除了民主的形式一面，还有内容一面。或者说，既有"硬件"又有"软件"。他认为民主包括三条原则：

> 第一是自由。这包括保证国家内所有居民的人权，并使其制度化；保证国家内所有公民的公民权利，并使其制度化。
> 第二是平等。这包括要以实现国家内所有公民有同样的生活机会为目标，并且不断地为尽可能地实现这个目标而努力。
> 第三是多元化。这包括保证那些代表并为各种政治、经济、社会和文化利益而竞争的组织之存在和正常运转，承认它们的合

---

① Francis Fukuyama, "The Primacy of Culture," *Journal of Democracy* 6.1（January 1995）: 7–14.

法性。①

我们这里把以自由和平等的观念为核心的民主思想称为自由主义的民主或者自由的民主（liberal democracy）。这种民主是现代社会的民主。也是我们应该努力倡导的民主。我们下面的讨论将集中于儒家传统与自由的民主之间的关系。

为什么现代社会应该倡导自由的民主呢？自由意味着人民有随着自己的意愿做选择的权利，有选择自己被管理或统治的方式和选择自己的管理者或统治者的权利。从这个意义上说，没有这种自由就没有真正的民主。进一步讲，这里的自由选择必须由个人进行的选择，而不是由一些人为另一些人作出的选择。所以说，自由，即使是社会的自由，必须通过个人的自由来实现。

> 平等可以被看作实现上面所说的那种自由的条件。法国思想家托克维尔（Alexis de Tocqueville）曾经做过这样的评论，平等的原则使人们互相独立……这个原则使人们以嫉妒的眼光看所有的权威。它及时地向人们提示政治自由的理念，使人们喜爱政治自由的理念。②

自由的民主意味着人们在会影响他们的生活的政治决策中有同样的发言权。也就是说，每一个人的发言权都有同样的分量。这种观念根植于西方政治思想中关于个人是其主宰的信念。每一个人都对自己有同样的主宰权力。西方政治思想家常常把自由与平等连在一起。洛克（John Locke）就把自由理解为政治的平等。他说，平等"意味着每一个人都对自己的自然的自由有平等的权利。这种权利不隶属于任何他人的意志或权威"。③也可以说，离开了平等的基础，也就不可能有自由的民主。

多元化或者多元主义可以被看作民主的逻辑的前提。假如只有一元，

---

① Jürgen Domes, "China's Modernization and the Doctrine of Democracy," in *Sun Yat-Sen's Doctrine in the Modern World*, ed. Chu-yuan Cheng（Boulder, Colo.：Westview Press, 1989）, p. 203.

② Alexis de Tocqueville, *Democracy in America*, vol. 2（New York：Vintage Books, 1945）, p. 304.

③ John Locke, *On Civil Government*（Chicago：Henry Regnery Company, 1955）, pp. 42–43.

那就没有必要实行民主。从另一个方面看，如果一个社会重视和推崇个人的自由和平等，它也就必须为多种声音和倾向提供空间。没有一个多元的社会环境，就不可能有大限度的民主。这里，多元化不仅仅是要容忍不同的观点和声音，而且要珍视能产生不同的观点和声音以及使不同的观点和声音存在的社会条件。

很明显，杜勉关于民主的理解包含着很重的价值取向。这与熊彼特的理解形成鲜明的对照。也可以说，他们二人的民主定义代表了比较"厚"和比较"薄"的两种观点。抽象地说，似乎两个观点不分伯仲，各有所长。但是，我们仔细地看一看，就可以发现，"薄"的民主定义，即认为民主仅仅是一个决策程序或方法的观点，是有问题的。离开了个人自由与平等意识，投票的过程可能导致非常糟糕的后果。假如一个社会的文化传统对统一或者同一有强烈的要求，不为个人自由留下足够的空间，那么该社会就是一个非常压制性的社会。比如说，在一个村庄里，如果某大姓家族里的人，无论如何，都只投自己家族里的候选人的票，这样的民主与不民主没有多少区别。中国传统文化，特别是以儒家思想为特征的文化传统，总的来说是大社会而小个人。社会或者党派占有极大的政治空间。而相比之下，个人几乎没有什么政治空间。这与现代民主社会形成鲜明的对照。在现代民主社会里，虽然大部分人有自己的党派，但是投票时不少人常常超越党派。这就使社会上的政治妥协成为可能。而政治上的妥协是民主政体的主要特征。所以，现代社会的民主应该是包括个人自由与平等的民主，即我们上边说的所谓"厚"的民主。

托克维尔在《美国的民主》一书中这样说：

> 假如一个像美国那样的民主共和国，在一个原来中央政权掌握在一个人手里的国度里建立起来，假如那样的一个人的权势已经深深植根于该国家的人民的生活习惯和行为规范里，那么，我可以毫不犹豫地说，那样一个共和国将产生一个比欧洲任何一个最绝对的王国更难以忍受的专制。或者一点也不夸张地说，比亚洲这一边任何一个最绝对的王国更难以忍受的专制。①

---

① Alexis de Tocqueville, *Democracy in America*, vol. 1 (Stilwell, KS.: A Digireads. com Book, 2007), pp. 192 – 193.

托克维尔的话是 19 世纪的话。现在的世界跟他当时的世界已经大不一样了。但是，他的论点没有过时。一个只有投票程序而没有公民自由平等意识的社会将会是一个很可怕的社会。一个真正的民主社会应该不但有民主的投票程序，而且更重要的是要有公民的自由平等意识。如果公民没有个人自由的意识，他们就不会觉得他们自己有至上的权利做自己的政治选择。民主社会里公民的自由选择不仅仅是说他们在没有外力的胁迫下进行选择，而且更重要的是在基于自己的个人自由的基础上的选择。我们可以设想一个社会，其中对领导人的忠诚是压倒一切的德性，以致他们总是把票投给自己的领导人。这样的民主与专制没有差别。儒家传统文化重统一，重忠义。在受儒家文化传统影响很大的社会，如果没有个人的自由与平等的观念，民主是难以行得通的。

　　我们从价值观念的角度讨论儒家与民主的问题，还有另外一个理由。当我们讨论"文明的冲突"的问题时，我们不能不考虑各种文明的价值取向。儒家过去曾经跟某种社会政体连在一起。那主要是因为它产生并存在于特定的古代社会。中国的传统的社会制度已经不复存在，但是儒家文化继续存在。当我们今天讨论儒家传统时，我们主要是讨论儒家的价值观念。金耀基先生所说的作为社会体制的儒家，即儒家作为社会的"意识形态和组织结构"，早已成为过去。① 或者，至少我们可以说儒家已经不再是一个社会的"组织结构"。在这方面，儒家已经不可能与自由的民主社会组织结构发生冲突。如果说，今天的儒家与自由的民主有任何可能的冲突的话，那只能是二者作为不同的价值观念的冲突。从这个角度看，我们也必须从价值方面考虑问题。

　　下面，在认可民主有其社会组织的表现形式的同时，我们将主要集中在文化层次上讨论自由的民主。在这样的民主价值观中，最重要的价值是个人自由与平等。多元也是其中的一个不可或缺的观念。我们这里并不打算对民主做一个全面的完整的定义。我们只需要说明这里讨论的民主是包含个人自由、平等和多元等价值观念的民主。

---

① 金耀基：《中国社会与文化》（香港：牛津大学出版社 1993 年版），第 110—127 页。

二 中国传统文化里有没有民主

在当代关于民主的讨论中，一个重要的问题是中国传统文化中有没有民主思想。不少学者认为中国传统文化中没有民主思想。但是也有不少学者主张中国传统文化有民主思想。前者一般认为，由于中国传统文化中没有民主思想，中国需要从外边引进民主思想。后者则认为，既然中国传统文化有民主思想，我们只需要从自己的传统文化中发掘和弘扬民主精神，不需要从外边引进。许仕廉（Leonard Shihlien Hsü）在其《儒家政治哲学》一书中，认为儒家有自己的民主哲学。他说，儒家思想里可以找到像"公众舆论"、"人民对被统治的同意权"，甚至"自由"和"平等"之类的思想。① 他在儒家传统哲学中居然找到了这样的思想：

> 政府应该建立在人民同意被统治的基础之上。这是因为人民比政府更知道怎么照料自己，因为公众的意识的判断通常比一个人的意识的判断更好……应该保持自由、平等和公正。国家同等地（equally）属于所有的人。所以，世袭的贵族制、世袭的王国和暴君都令人遗憾。孔子和他的弟子似乎主张一种在君主立宪基础上的选举的（electivemonarchy）王国制。人民应该分享统治者的欢乐。国家应该采取分工制，各个阶级的劳动人民，包括国王在内，都应该平等。②

许先生说的这种体制听起来真像 21 世纪的英国。可是，真不知道他在哪本儒家经典里找到这些民主思想。

儒家哲学真是民主的哲学吗？我们认为，准确的答案只能是否定的。几个后来的儒家学者像明清的李贽、黄宗羲等，确实都表现出民主思想的倾向。可是，儒家思想的主调是由早期古代思想家定下来的。他们的思想主调明显是不民主的。

---

① Leonard Shihlien Hsü, *The Political Philosophy of Confucianism* (New York： Harper & Row, 1975)，第九章"民主与代表制"。

② Leonard Shihlien Hsü, *The Political Philosophy of Confucianism*, pp. 196 – 197.

在所有早期古代的儒家哲学家中，孟子应该是与民主思想最接近的一位。我们这里集中看一看孟子的思想。孟子说，"民为贵，社稷次之，君为轻。"① 他的这种民本思想在当时确实是带有革命性的思想。不少人认为这是孟子的民主思想。孙中山先生就说，

> 两千多年前的孔子孟子，便主张民权。孔子说"大道之行也，天下为公"，便是主张民权的大同世界，又"言必称尧舜，"就是因为尧舜不是家天下。尧舜的政治，名义上虽然是用君权，实际上是在行民权。②

但是，孟子的思想并不是讲民权、讲个人自由与平等的民主思想。首先，孟子的思想是在君权范围之内的思想。君王是唯一的政治决策人。正如刘述先先生所指出的："有一点我们切不可以忘记，就是民本思想并不一定与君主思想互相矛盾。在中国传统政治思想的主流中，民本思想与君主思想反而是互相依存的。"③ 这是因为孟子所要实现的理想是，当君王做决定时，他应该首先想到人民百姓，而不只是他自己。这绝不意味着人民百姓有权做决定。假如有人要孟子在那个时候就主张废除君主制，实行全民普选，那就不现实，就太苛求古人了。可是问题在于，孟子所主张的政府乃林语堂所说的"父母般的政府"（parental government）。④ 这种政府要求君王爱民如子。"子"，无论如何贵重，（在儒家社会）毕竟不是跟父母可以平等的。即使父母在决定事情时把孩子的利益放在首位，但是孩子毕竟没有做决定的权利。父母的决策权当然不是来自孩子。君王的决策权也不来自人民百姓。这里根本就没有个人自由与平等的空间。而个人的自由与平等是当今民主的主要思想内容。孟子的施使仁政的政府最多是"为民（for the people）"，它不"属于人民"（of the people），当然更不是"由人民所掌握的"（by the people）。即使我们可以在孟子那里找到某些与民主社会合拍的思想苗头，他的思想跟民主还相差甚远。

---

① 《孟子·尽心下》。

② 孙中山：《国父遗教》（台北：文化书店 1984 年版），第 70 页。

③ 刘述先：《儒家思想与现代化》（北京：中国广播电视出版社 1992 年版），第 19 页。

④ Lin Yutang, *My Country and My People*（New York：The John Day Company Books, 1939），p. 206.

孟子认为，一旦君王失去了"天命"，人民百姓就可以推翻他。有些人由此推论说，孟子把造反的权利，也就是把决定政府的权力，放在了人民手中。其实，这种说法是不对的。正如约瑟夫·列文森（Joseph Levenson）所说：

> 那个有名的"造反的权利"是一个自相矛盾的概念。人民并不是因为他们有任何理论上的合法权利而造反。他们造反是因为实际的法律安排不给他们留下多少生存的余地。在造反的民众得胜之前，他们根本就没有权利。所谓人民的意志，假如人们要把它表现出来，必须等着上天的决定。①

当然，所谓上天的决定实际上完全取决于造反的成功或失败。即所谓"成者王侯败者贼"。这与民主政体里面说的通过民选的程序改变政府根本是风马牛不相及。

再说，在政府的决策中人民的利益是否能被放在首位与民主没有直接关系。在理论上说，独裁者也可能把人们的利益放在第一位。这当然不是什么民主。就像人们宝贵宠物并不等于他们让宠物自己决定自己的存在方式一样，君王宝贵人民也不意味着人民可以自己决定自己的社会生活。君王是不是把人民的利益放在首位跟人民是否享有自由平等的权利没有直接关系。儒家思想里的政府是"君子政府"和"道德政府"。它由正人君子领导，由道德的力量影响民众。《论语》里记载孔子关于"德风德草"之说："子为政，焉用杀？子欲善，而民善矣！君子之德风，小人之德草，草上之风必偃。"② 孔子认为君王应该做民众的表率。这当然有其可取之处。但它似乎跟现代的民主社会运作相反。现代的民主社会里几乎可以说是"小民之德风，君子之德草"。民众的价值取向影响乃至决定政府的价值取向。儒家的"德风德草"政治哲学与现代民主政体至少在两方面不合拍。第一，即使"君子"们为民众的利益着想，他们也许错误的理解民众的利益，与民众背道而驰。第二，即使他们聪明能干，准确地代表了

---

① Joseph Levenson, *Confucian China and Its Modern Fate: A Trilogy*, Vol 2 (Berkeley and Los Angeles: University of California Press, 1964), p. 12.

② 《论语·颜渊》。

人民的利益，人民也许由于愚昧无知等原因而不能认识自己的真正利益。在第一种情况下，民主政体可以避免政府的违背人民利益的行为。第二种情况虽然表现了儒家政治思想的长处，但是它还是与民主政治格格不入。两种情况皆与民主政治的结果不同。

有些儒家学者也许出于策略的考虑，想把儒家思想打扮成民主的样子。事实上，儒家思想在总体上来说并不民主。即使清朝末年的一些儒家知识分子，像严复、康有为、梁启超、章炳麟、刘师培等，首先欢迎西方的民主思想进入中国，那也不说明儒家思想与民主思想一脉相承。第一，在那个时候的中国，只有儒家的知识分子有能力和机会接触西方的民主思想。他们或者欢迎或者反对民主思想。严复、康有为、梁启超、章炳麟、刘师培等人只不过是对民主思想表示一定程度欢迎的为数不多的儒家知识分子。可以想象，在一个佛教国家或伊斯兰国家里，首先接触甚至欢迎民主思想的大概是佛教或伊斯兰教的知识分子。这本身并不表明佛教或伊斯兰教与民主思想一脉相承。在一开始，一定会有不少佛教或伊斯兰教的知识分子反对民主的思想，就像在一开始在中国有不少儒家知识分子反对民主思想一样。第二，中国早期的知识分子所了解的民主仅仅是形式方面的民主，即公民投票、多党制、议会制，等等。他们并不了解民主思想里的个人自由与平等的思想。

如果孟子的思想不是民主思想，如果 19 世纪末少数儒家知识分子对民主的欢迎不能表明儒家思想是民主思想，我们可以说儒家思想传统不是民主的传统。五四运动时，欢迎民主的"德先生"与"打倒孔家店"的口号是一起喊出来的。这并非偶然。它说明当时的人们清醒地看到了二者之间的矛盾。自由派的知识分子，认为儒家的真正精神必然会导致民主。其实他们完全是一厢情愿。儒家思想两千年来没有从自身导致出民主。它再过两千年也不会导致民主。

三　儒家思想能否与民主思想结合

如果儒家传统文化是不民主的，那么，儒家思想能不能与民主思想结合起来呢？在这个问题上，学者们意见很不一致。被誉为"最后的儒家"的梁漱溟认为，中国文化里没有民主的位置。他说，中国文化的特殊性表明，中国不是还没有进入民主，而是中国不能进入民主。① 梁漱溟认为，中国自己的文化已经为一个好社会提供了一切所需要的材料，不需要从外面引进民主思想。当然，这样一来，儒家也就不用与民主思想结合了。牟宗三先生则持不同的看法。他认为，儒家传统文化并不完善。牟宗三主张，要通过从道德主体向认知主体的转化，使儒家转向民主。② 牟宗三把自由、平等和人权都包括在民主里面。③ 他要转出一个包括自由、平等和人权的民主的儒家。刘述先先生深知将民主嫁接到儒家之不易。他主张把政治与伦理分开。在他看来，民主是政治的问题；儒家思想是伦理道德的问题。④ 以上三种观点各有特点。但是我们认为，这些学者都没有准确掌握儒家思想与民主思想之间的可互容性和不可互容性。

我们认为，一方面，作为两个不同的价值体系，儒家思想和民主思想完全可以在同一块土地上并存，就像儒家思想体系可以与道家和佛家思想体系在同一块土地上并存一样。在这方面，我们不同意梁漱溟先生的观点。另一方面，这两个不同的价值体系推崇不同的，而且互相抵触的价值取向，所以不能把一个价值体系的主要价值嫁接到另一个价值体系之中。在这方面，我们不同意牟宗三先生的观点。虽然各个文化传统中存在着相同或者相近的价值，它们的价值配置可以是不同的。一个文化传统拥有某个价值并不意味着它重视或者推崇此价值。最后，我们认为，价值体系是不分政治与伦理的界限的。它对社会有多方面和多层次的影响。所以，不可能在政治和伦理之间保持一道鸿沟。在这方面，我们不同意刘述先先生的观点。下面，我们就儒家思想和民主思想的关系做具体的分析。

梁漱溟在他的《东西文化及其哲学》第三章说：

中国人的思想是安分，知足，寡欲，摄生，而绝没有提倡要求物质享受的，不论境遇如何，他都可以满足安受，并不定要求改变一个局面。东方文化无征服自然态度而与自然融洽游乐的。⑤

① 梁漱溟：《梁漱溟全集》第三卷（济南：山东人民出版社 1990 年版），第 48 页。

② 郑家栋编：《牟宗三新儒学论著辑要·道德理想主义的重建》（北京：中国广播电视出版社 1992 年版），第 128—132 页．

③ 郑家栋编：《牟宗三新儒学论著辑要·道德理想主义的重建》，第 15 页。

④ 刘述先：《儒家思想与现代化》，第 17—40 页。

⑤ 梁漱溟：《东西文化及其哲学》（北京：商务印书馆 1999 年版），第 72 页。

这里，梁漱溟包括了涉及三种哲学的中国人的生活态度。儒家讲"安分"，佛教讲"寡欲"，不提倡物质享受，道家讲"摄生"，"与自然融洽游乐"。这里，我们丝毫看不到任何自由、平等的痕迹。在梁漱溟所包括的这三种倾向中，佛教主张出世，淡看世间事物。因为民主主要是关于此间尘世之事，佛教与民主似乎占具不同的维度或区间。从这个意义上讲，佛教与民主的冲突或者一致都关系不大。道家有跟佛家相似的淡看社会的方面。与儒家不同，道家对社会事物持超然的态度。但是，道家重视此生今世。所以，跟佛家相比，道家与民主更有关系。道家也讲自由。但是，道家的自由主要是虚心静神、随遇而安那种自由。这种自由与民主思想里面的为个人利益所争取的自由似乎南辕北辙。与民主的价值观直接相关的是儒家思想。可是，儒家价值观与民主价值观相去甚远。

第一，民主价值观重视个人权利。在一个民主的社会里，个人的权利不但要受到保障，而且必须占据中心位置。相比较而言，儒家思想不但在传统上没有个人权利的概念，而且儒家思想体系本身的内在逻辑不允许让个人权利占据主要的位置。儒家主流信奉人性本善。它把社会看作一个扩大了的家庭。在这个大家庭里，善良的人们应该互施仁爱。孔孟以此设想一个好的社会可以靠人的仁心，不必依赖法律。在这样的理想社会里，个人权利似乎是不必要的。这与大多数西方思想家的思路不同。梁启超曾经说过这样的话：

> 权利观念，可谓为欧美政治思想中之唯一原素。——乃至最简单最密切的父子夫妇互相之关系，皆以此观念行之。此种观念入到吾侪中国人脑中，直是无从理解。父子夫妇间何故有彼我权利之可言？吾侪真不能领略此中妙谛。①

当然，从权利哲学的角度看，权利观念不但可以而且必须在父子夫妇之间起作用。在当代社会里，有些夫妇为了保护各自的利益，在正式结婚前甚至要签关于婚后如何处理双边财产的合同书。在儒家看来，父子夫妇之间讲各自的权利本身就已经显示了家庭的理想的失败。在儒家眼中，好丈夫

---

① 梁启超：《先秦政治思想史》，转引自梁漱溟《梁漱溟全集》第三卷，第248页。

应该好好对待妻子；好妻子应该好好对待丈夫。两人应该把生命结合在一起。当两个人依靠各自的权利时，家庭的理想已经破灭了。从这方面看，在儒家的理想的社会里，父慈子孝，夫妇恩爱，邻里和睦，根本就没有讲个人权利的必要。或者可以说，即使今天看来有用得着个人权利的地方和时候，它也不是强调的重点。《孔子家语》记载，孔子在鲁为大司寇时，"设法而不用，无奸民"。① 虽然有法律，但是根本用不着，因为伦理道德的力量就足以使社会安定了。这个故事的可靠性当然可以质疑。但是，它准确地反映了儒家思想的特点。

第二，儒家伦理思想的主要着眼点是人们互相之间的义务，而不是个人的自由。孔子讲"克己复礼为仁"。② 只有克己，才能复礼，才能为仁。这与讲追求个人的自由和幸福所强调的完全是不同的方向。在以家庭为模式的社会里，每一个人的社会义务压倒个人自由。一个好的儒家丈夫或者妻子，即使婚姻不够美满，为了对家庭对孩子的义务，往往比讲究个人自由的丈夫或者妻子更可能维持婚姻，而不离婚。这主要是因为，一般说来，儒家强调人对家庭和社会的义务。对一个人的道德评价主要是基于这个人有没有很好地履行他的义务。

在儒家思想里，与义务的观念紧密联系在一起的是"忠"的观念。孔子主张"君使臣以礼，臣事君以忠"。③ 其实，忠绝不只是臣对君的义务。忠的观念也适用于一般人。《论语》中记载，当樊迟向孔子问仁的时候，孔子回答说："居处恭，执事敬，与人忠；虽之夷狄，不可弃也。"④ 与人要忠，这是儒家的重要信条。从广义上说，子女对父母的孝，夫妇之间的恩爱，朋友之间的可信赖性，等等，都是忠的延伸和表现。在儒家思想传统中，忠常常跟义连在一起用，即忠义。表现儒家忠义的一个最好的例子之一，大概要算《三国演义》里的故事了。关羽被迫降曹操，但他约法三章。第一是降汉不降曹。表现了关云长对君之忠义。第二保护刘备的甘糜二夫人。第三，一旦其兄刘备有信儿，则立刻去寻刘备。后两条表现了关羽对朋友的忠义。儒家这种重视忠义的程度常常使西方人吃惊。

---

① 《孔子家语》卷一。
② 《论语·颜渊》。也可以说，儒家强调的是另一种自由。见 Chenyang Li, "The Confucian Conception of Freedom," *Philosophy East and West* 64.4（2014）。
③ 《论语·八佾》。
④ 《论语·子路》。

1948 年，当蒋介石被迫下野，副总统李宗仁代行总统之职时，蒋的许多老部下继续以蒋的旨意行事，李宗仁身为代总统，却无法指挥仍然对蒋忠心耿耿的老部下。与此相比，当代西方的社会则把这种忠的观念看得比儒家淡得多。选民们不一定投本党候选人的票，议员们也常常投超党派票。所以，在台上的人不能指望选民的忠诚票。

儒家的忠义的义务是一种道德责任。有这种强烈的道德责任的人不允许自己其他的自由选择。也许有人会说，只要是一个人自己选择走忠义之路，这个人就是自由的。其实，这是一种偷换概念的说法。一个人可以自己选择去当奴隶。这并不说明做奴役和自由是一致的。忠义的义务要求人们放弃自由的选择，去履行忠的责任。所以，强调忠义的道德责任的哲学，不会把个人自由放在重要位置。这是因为忠义的道德义务使人们对人产生一种期望。一个有道德义务感的人会时时感觉到这种期望的压力，从而放弃其他可能的选择来履行忠义的责任。

第三，当代民主社会的一个重要价值是人人平等。在儒家思想里，一个人跟他在社会里角色不能分开。人们在社会里的角色总是不平等的，所以人与人的关系总的说来是不平等的。儒家的"做人"哲学把人的一生看作一个不断进步的过程。这种进步包括道德的进步和知识与能力的进步。不同的个人在不同时候在"做人"的路上所取得的成就不一样，所以对社会有不同的贡献，对社会有不同的价值。从很宽泛的意义上说，儒家也不是没有平等的观念。比如说，儒家认为人人可以成为尧舜。但那只是潜能性的平等，不是现实的平等。孔子主张"有教无类"。① 但是又讲"朽木不可雕也"。② 就是说，人在实际上还是有优有劣。西方学者孟旦（Donald Munro）把儒家这种平等说成是"描述性的"（descriptive）和"自然的"（natural）平等，以区别于西方基督教里面的"评价性的"（evaluative）平等。③ 前者指人人都有生而具有一定的潜力，日后都可以成才。后者则是说，人人都有同样的价值。在儒家眼里，成就高的人就是比没有成就的人有更大的价值。"君子"跟"小人"就是不一样。哥伦比

① 《论语·卫灵公》。关于儒家的平等观，见 Chenyang Li，"Equality and Inequality in Confucianism，" *Dao: A Journal of Comparative Philosophy* 11. 3（2012）：295 – 313.

② 《论语·公冶长》。

③ Donald Munro，*The Concept of Man in Early China*（Stanford CA：Stanford University Press，1969），p. 2.

亚大学的狄百瑞（Wm. Theodore de Bary）教授认为儒家所重视的是公正（equity）而不是平等（equality）。他说：

> 儒家接受社会上的差别为生活中一个不可避免的事实。儒家相信，如果要在不平等的人中间实现公正，就必须考虑人们在年龄、性别、社会地位和政治地位的不同。①

公正（equity）与平等（equality）不一样。平等是说大家都一样，都一般高。谁也不比谁强。大家平起平坐。公正则不一样。公正是要恰如其分，各得其所，有点儿像亚里士多德所说的，对同样的人要同样地对待，对不同样的人则不同样对待。② 儒家思想的内在逻辑要求我们不但给道德修养好的知识丰富的人比一般人更多的发言权，而且承认这些人比一般民众更可贵，更重要。这与主张人人平等，一人一票的自由的民主思想大相径庭。

与这种君子理想直接有联系的是儒家关于"家长式统治"或曰能者照管其他人的利益的思想（paternalism）。这种思想可以说是儒家重公正轻平等的思想的自然延续。我们前面讲过，孔子主张"君子之德风，小民之德草"。君子之德为小人之德导向。孟子讲"或劳心，或劳力；劳心者治人，劳力者治于人；治于人者食人，治人者食于人，天下之通义也"。③ "劳心者治人"，就是说有头脑有知识有能力的要治理社会。孟子又讲仁政，或曰仁治。仁者治理天下，不但要为民众着想，而且要为民众拿主意。这跟现代民主社会的要求不一样。现代民主社会里，人人平等，一人一票。谁也不比谁高明。谁也不需要谁来照管。谁也没有照管其他人的义务和责任。用美国政治哲学家麦克尔·瓦尔泽尔（Michael Walzer）话说，就是"不仅人民有立法的程序权利。在民主的观点看，人民立法本身就是对的，即使当他们立错误的法律的时候也是如此。（It is not on-

---

① Wm. Theodore de Bary, "Neo-Confucianism and Human Rights," in *Human Rights and the World's Religions*, ed. Leroy S. Rouner（Notre Dame, Ind.：University of Notre Dame Press, 1988），p. 186. 此外还有 Wm. Theodore de Barry, *The Liberal Tradition in China*（Hong Kong：The Chinese University Press and New York：Columbia University Press, 1983）。

② 见亚里士多德《尼各马可伦理学》（*The Nicomachean Ethics*），第五卷。

③ 《孟子·滕文公上》。

ly the case that the people have a procedural right to make the laws。On the democratic view，it is right that they make the laws—even if they make them wrongly.)"① 相比之下，儒家则更关心立正确的法，做正确的事。有时候，那些有头脑有知识有能力的人应该为社会里的其他人拿主意，做决定。儒家这种关于能者照管其他人的利益的思想与现代民主哲学中的个人自由和人人平等的思想的紧张关系是显而易见的。

第四，就多元主义方面来说，儒家传统里面似乎存在着两条线索。一方面，就像我们在第一章和第六章所讲过的一样，儒家有倾向于多元的一面。孔子思想中的多元倾向尤其明显。但是孔子以后的儒家思想则不乏大一统的倾向。从孟子、荀子，到后来的朱熹，都带有很强的一统倾向。所谓大一统包括政治的和地域的统一。孟子就已经主张天下"定于一"。②《荀子》推崇"壹天下"。③《中庸》推崇"天下车同轨，书同文，行同伦"。④ 公羊派儒家则把"大一统"的理想当作明道的唯一途径。⑤

多元主义虽然不一定反对所有的统一或者同一，它的主要方向是让个人有自己的自由选择，尽量扩大个人的空间。这跟用统一的尺度禁锢个人多元取向的大一统思想所走的是相反的方向。从自由民主的观点看来，只有在个人自由得到充分发挥的前提下，统一才值得维护。离开了个人的自由，统一没有自身的价值。在儒家传统中，统一本身是一件好事。尽管儒家的大一统理想对维护和保持中国历史上的统一发挥了重要的作用，它跟今天的自由民主思想并不合拍。

从上面四个方面的分析，我们可以看出在儒家思想与自由民主思想之间存在着明显的不同。这并不是说在儒家思想传统内部不可能找到与自由民主思想相近甚至相同的思想，也绝不是说不可能把西方的自由民主思想引入儒家思想传统中。在儒家两千多年的历史长河中，不但众多儒家思想家表述了各种各样的思想倾向，即使在儒家的最初的几位创始人那里，同

---

① Michael Walzer, "Philosophy and Democracy," *Political Theory* 9. 3（August 1981）：386.

② 《孟子·梁惠王上》。

③ 《荀子·非十二子篇》。

④ 《中庸》第 28 章。

⑤ 在这个问题上，有兴趣的读者可以读杨向奎著《大一统与儒家思想》（北京：中国友谊出版公司 1989 年版）。

一个人也往往包容了不同的思想。其中当然有一些与自由民主合拍的思想。退一步说，即使儒家思想传统里没有任何自由民主思想，那也不是不可能嫁接进去一些自由民主思想。我们的观点是，作为两种价值思想体系，儒家思想和自由民主思想不能完美地结合在一起。

为什么呢？英国哲学家以赛亚·伯林（Isaiah Berlin）说，

> 不同的价值之间会冲突——这就是为什么各种文明之间不相般配（incompatible）。这种不相般配性存在于不同文化之间，或者同一文化内的不同人群之间，或者你跟我之间。你相信一个人无论在什么情况下都要永远说真话。我则不这么想。我相信说真话有时候可能会导致太多的苦难，会有太大的破坏性。①

我们可以从文化价值体系的性质讨论这个问题。任何文化，任何社会，都有自己所宝贵的一些道德伦理和社会价值。这种价值是多种多样的，包括勤劳，勇敢，聪明，智慧，轻松，愉快，自由，平等，幸福，创造性，奉公守法，等等。这些宝贵的价值在所有的社会里几乎都可以找到。但是，这并不是说各个社会的价值观念体系都一样。不同的价值之间往往存在着一种张力，甚至存在着矛盾和冲突。比如，奉公守法跟个人自由之间就存在一种紧张关系。再比如说，在家庭内部，维护家庭和睦跟推崇个人自由之间也存在着一种紧张关系。强调其中的一个，就意味着相对地轻视另外一个。从另一角度说，一种价值代表一种理想。有很多人生的理想是不可能同时追求的。想要进少林寺习武功的人就很难成为芭蕾舞演员。想当一名勇武的军人恐怕就当不了整天吃斋念佛的善人。也就是说，即使在好的价值和好的理想之间也存在着冲突。一个文化的价值体系把各种各样的价值安排在一个系统里面。在有冲突或矛盾的价值之间，价值体系必须给它们安排出顺序，或者说给它们排一个大体的"名次"。不同的文化价值体系有不同的价值安排。比如说，在敬神与孝敬父母之间，儒家显然把孝敬父母排得更高，而基督教文化显然把敬神排得更高。与道家相比，儒家更重视辛劳努力，锲而不舍。相比之下，道家则更推崇顺其自然。虽然有时

---

① Isaiah Berlin, *The Crooked Timber of Humanity: Chapters in the History of Ideas*, Henry Hardy（ed.）（New York: Alfred A. Knopf, 1991）, p. 12.

候在一个体系里，可能会为了一个价值而全部牺牲另一个跟它有碍的价值。比如在尼采自己建立的价值体系里，个人的自由和追求卓越可以完全取消谦卑无我的价值。但是在实际社会生活中，价值体系一般都保留各种各样的价值，包括彼此矛盾的价值。作为价值系统，文化思想体系要给各种价值定位。当各种价值相互矛盾时，价值体系要给它们排一个大体的"座次"。我们说，这种"座次"是一个"大体"的，就是说它不是精确的量化的"座次"。但是，这种排列必须清楚到能给人指示行动方向的程度。

儒家并不是说一点儿也不要个人自由。但是，在牺牲个人自由与牺牲家庭和睦之间，跟自由主义比起来，儒家更倾向于前者。自由主义也不是不要家庭。但是在牺牲个人自由与牺牲家庭之间，跟儒家比起来，自由主义更倾向于牺牲家庭，或者说，更不倾向于牺牲个人自由。我们可以把价值体系的这种特征叫作"价值组合"（value configuration）。这种价值组合包括为不同的价值排列大体的顺序，并大体地标示不同价值重要性之间的差距。我们也可以说，在价值体系内部，一个价值有点儿像一个矢量，它既有一定的方向又有一定的力量或强度。在同一个价值体系中，各种不同的价值可以指向相同或者不同的，甚至相反的方向。在不同的价值体系内，同一个价值与其他价值相比可以有不同的力量或强度。价值体系之间的不同，除了它们的价值在不同的社会里有不同的体现，主要表现为它们价值组合方面的不同。因为任何价值体系都必须对其内部的价值作出自己的价值组合，因为在一个价值体系内部的某些价值之间有此消彼长的必然联系，任何的价值组合都要有所取舍。所以，不可能存在一个十全十美的价值组合，不可能存在一个十全十美的价值体系。[1]

儒家思想体系是一个价值思想体系。它跟自由的民主价值体系有很不同的价值组合。儒家的价值组合把家庭、义务、忠诚、公正（equity）、统一性、团体性、安定团结等放在很重要的位置。自由的民主的价值体系则把个人幸福、权利、自由、平等、活力等放在重要位置。由于这两组价值之间存在着直接的紧张关系或者冲突，在同一

---

① 有关论述，见李晨阳《文化传统的价值组合配置刍论》，《北京大学学报》2013 年第 2 期，第 32—40 页。

个价值体系内部提高一个价值就意味着降低另外一个相应的价值的地位。用伯林的话说，就是要吃鸡蛋饼就得打破鸡蛋，不打破鸡蛋就吃不着鸡蛋饼。① 当然，你可以只打破一半儿鸡蛋，而把另一半儿而煎到鸡蛋饼里。但是，这并不一定是一件好事。这不如或者打破鸡蛋做鸡蛋饼，或者不打破鸡蛋，吃整个煮鸡蛋。只打破一半儿而留下另一半，听起来似乎两全其美，面面俱到，其实不伦不类，两不得好。这里，我们并不是无的放矢，只说说而已。有不少人正是要把儒家思想体系跟自由的民主价值体系结合起来。他们认为，应该把自由的民主的价值体系里面的个人幸福、权利、自由、平等、活力等价值移植到儒家思想体系里面，或者从儒家思想传统内部发掘这些价值，使儒家在自己的体系里提高这些价值的位置。在他们看来，这样一来，儒家思想体系就面面俱到了。其实，这是一种误解。我们前面说过，儒家思想传统里也不能说就一点儿也没有这些价值。只是儒家在自己的体系里不给它们重要的位置。这是因为儒家强调那一组跟它们有张力的价值。这两组价值之间有一种此起彼伏的逻辑联系。儒家思想传统的特点或者说特长，恰恰在于它突出家庭、义务、忠诚、公正、统一性、团体性、安定团结等这一组价值。自由的民主的价值体系的特点或者说特长，恰恰在于它把个人幸福、权利、自由、平等、活力价值等放在重要位置。把这两组价值硬是放在同样的位置，必然会使这两个价值体系都失去它们的特长，结果只能是一个不伦不类的平庸的价值体系。这样的价值体系是没有活力的。

四 二者作为相互独立相互制约的思想体系

今天，受儒家思想传统影响的社会需要民主，也需要保持儒家的优良传统。这里，我们来看一看儒家和民主思想体系之间的几种可能的关系。总的来说，在这个问题上存在着四种观点。第一种观点认为，儒家思想传统与自由的民主传统是互不相容的，二者在一起必然会互相冲突，但是，儒家思想完全可以依靠自己的长处抵制自由的民主思想。这种观点可以说

---

① Isaiah Berlin, *The Power of Ideas*, ed. Henry Hardy (Princeton: Princeton University Press, 2000), p. 14.

是"要儒家而不要民主"。梁漱溟和美国学者罗思文（Henry Rosemont Jr.）可以说是这种思想的代表。罗思文认为，把人看作自由的以权利为主要依托的个体，是西方文化的特点，不具有普遍性。[①] 他认为，儒家思想不把人看作自由的以权利为主要依托的个体，而是看作具有社会责任的集体内部的成员，儒家的"自由"乃是人在社会里面的成就。（至少在中国）儒家思想完全可以代替西方的以个人自由和权利为主要依托的文化。[②] 还有一些人虽然不明确地支持这种观点，但是他们主张的在儒家思想占主导地位的前提下实现低程度的民主，实际上与这种观点相去不远。

第二种观点认为，儒家思想传统与自由的民主传统互相冲突，但是当今世界自由的民主潮流势不可当，自由的民主思想一定会冲垮儒家思想传统，而广泛流行于世界的每一个角落，包括长期受儒家思想影响的地方。从五四运动以来，从事民主运动的人，和主张"西化"的人，大都持这种观点。比如，陈序经先生就可以算其中的一个。他说：

> 所以今日所努力来解决的问题，并非中国是否应当西化，而是中国能否赶紧去做彻底和全面西化。我们可以说复返固有文化的办法，和主张折衷的调和办法，已为理论上和事实上的陈迹，而再没有问题，再没有研究讨论的价值。我们也可以说彻底和全面的西化，也是理论上所已达而趋势所必然的。不过这个彻底和全面的西化，究竟是要在很短的时间，或是很长的时间，能够实现；究竟是由了我们自己去做，还是由了人家来压迫我们去做，而使其实现，那是要问问吾们自己，不然就要候时间的证明罢。[③]

在陈序经先生看来，当今西方的文化绝不仅仅是西方文化，而是人类的共同文化。他甚至认为，文化是一个整体，无论是政治、经济，或者宗教，

[①] Henry Rosemont Jr., *A Chinese Mirror: Moral Reflections on Political Economy and Society* (La Salle, Ⅲ.: Open Court, 1991), p. 60.

[②] Henry Rosemont Jr., "Human Rights: A Bill of Worries," in Wm. Theodore de Bary and Tu Weiming, eds., *Confucianism and Human Rights* (New York: Columbia University Press, 1998), pp. 63 – 64.

[③] 陈序经：《走出东方——陈序经文化论著辑要》，杨深编（北京：中国广播电视出版社1995 年版），第 194 页。

都是文化的一个有机部分，不可以分割开来。所以，如果中国要向西方学习，就不能仅仅学习经济一个方面，而必须全面学习全面推广西方文化。这当然包括自由的民主思想和实践。

陈序经先生所代表的思想受到了强烈的反对。抽象地说，儒家在中国，在东亚，在世界上消失也不是不可能的。古玛雅文化，古巴比伦文化不是已经消失了吗？但是，具体地说，根据儒家的实际影响规模而言，这种可能性很小。我们有理由相信，儒家文化传统会继续存在，继续发挥其影响。问题在于发挥什么样的影响。

第三种观点认为，儒家思想可以跟自由的民主思想相结合，产生出一种自由民主的儒家，或者说儒家的民主。所谓的自由主义的新儒家徐复观大体上持这种观点。他认为，传统的儒家思想和西方的自由的民主思想各自有其长处和短处。只有把二者结合起来，才可能有一种完善的思想体系。所以，徐复观主张把自由的民主思想结合到儒家思想中来。① 最近，西方学者亨廷顿也基本持这种观点。亨廷顿认为，我们的时代是一个文明的冲突的时代。但是，儒家思想传统可以改变自己，从而避免或者减轻冲突的程度。他说：

> 像伊斯兰教和儒家这样的伟大的文化传统有着非常复杂的观念、信念、教条、假设、著作和行为方式。任何一个主要文化，即使像儒家这样的主要文化，都包含与民主相合的因素。这就像基督教新教和天主教里也明显地有不民主的因素一样。"儒家民主"也许是一个自相矛盾的词儿。但是儒家社会里的民主不一定自相矛盾。问题在于，伊斯兰教和儒家里面哪些因素是对民主有利的？在什么情况下，这些文化传统里面于民主有利的因素能压倒不民主的因素呢？②

很明显，亨廷顿在这里用的是一种"是西风压倒东风，还是东风压倒西风"的思维方式。在他看来，如果要民主，那就必须在儒家思想内部实

---

① 关于徐复观的有关思想，参见 Ni Peimin, "Pratical Humanism of Xu Fuguan," in *Contemporary Chinese Philosophy*, eds. Chung-ying Cheng and Nicolas Bunnin (Blackwell Publishers, 2002), pp. 281 – 304.

② Samuel Huntington, *The Third Wave: Democratization in the Late Twentieth Century* (Norman, Okla.: University of Oklahoma Press, 1991), p. 310.

行某种"革命",即用民主因素压倒不民主的因素。

当然,这种可能性并不是不存在。问题在于,这是不是在儒家社会里实现民主的唯一途径? 是不是最好的途径? 我们认为亨廷顿的办法不是一个好办法。儒家里当然有不民主的因素。可是,不民主的因素不一定就是不好的因素。不民主的因素可以包括各种各样,独裁暴力当然是不民主的,应当压制。可是像孝、忠义、以家庭为重、求同存异等因素也往往跟民主自由相矛盾,也可以是不民主的。但是我们没有必要压制或清除它们。我们认为,一旦儒家把个人的自由和平等放到像自由主义思想体系把个人的自由和平等放地那么高的地位,儒家也就失掉了自己。儒家也就不再是儒家了。

西方学者阿拉斯戴·麦金太尔(Alasdair MacIntyre)曾经这样说过,

　　　　儒家似乎面临着一个不断出现的两难局面:它或者保持自己的高度具体的品格,把自己跟中国特有的传统的社会关系联系在一起,即使不必然地笼统地不让批判某些具体的社会关系形式,仍然跟这些现在急剧变化的具体的社会关系形式捆在一起;或者把自己说成只跟一些[普遍的]社会秩序形态有关,尽管属于这些社会秩序形态的具体社会关系形式不存在或者已经不存在了。这样一来,只用贫乏的抽象的语言表述自己的道德信条,使自己的道德信条贬值,从而把自己变成没有具体道德内容的空壳。①

也就是说,如果儒家使自己仅仅立足于曾经产生它的那种具体的社会形态上,那种社会形态今天已经(几乎)不存在了;如果儒家使自己立足于某种普遍的社会形态上,它又会使自己变成抽象而又没有实质内容的空洞教条。麦金太尔在这里把话说得过了头;跟儒家相联系的社会关系形态今天当然仍然存在。但是他所指出的另一方面的危险对今天的儒家思想家来说却是真的,即把儒家打扮成一个普遍适用的万能的价值体系只会把儒家变成贫乏的抽象哲学。不幸的是,今天许多新儒家的思想家正是像麦金太

---

① Alasdair MacIntyre, "Incommensurability, Truth, and the Conversation between Confucians and Aristotlians about the Vitures," in ed. Eliot Deutsch, *Culture and Modernity: East-West Philosophic Perspective* (Honolulu: University of Hawaii Press, 1991), p. 120.

尔所预言的那样。他们在把儒家思想体系民主化自由化的过程中，把儒家说成什么都是的万金油，既民主，又自由，又"传统"。这就使儒家失去了自己的特色和特长，失去了自己。这不是儒家应该走的路。

我们不是说自由的民主思想是坏思想，或者说儒家价值思想体系不好。它们只是不同的思想体系。二者各有所长，不可互相取代。我们可以借佛家的出世态度和儒家的入世态度的对比例子说明这层意思。应该说儒家与佛家二者各有所长一样。其实，就像我们前面讲过的一样，佛家也不是一点儿也不讲入世（特别是大乘佛教），儒家也不是一点儿不为出世留余地。问题在于，佛教把出世看得远远高于入世，儒家则把入世看得远远高于出世。假如有人在同一个思想体系里把这两种态度放在一起，把二者看得一样重要，这样一个思想体系就既没有儒家的入世的特色，也没有佛家的出世的特色，就是一个不伦不类的没有活力的杂货铺子。

基于以上几个方面的分析，我们就儒家与民主的关系提出第四种观点。按照这种观点，儒家思想体系和自由的民主思想体系作为两个不同的思想体系可以肩并肩地存在，各自独立又互相制约。它们可以各自发挥影响，又互相竞争，起互相矫正的作用。也就是说，儒家不把自由的民主思想请到自己家里来，跟它合为一家。而是二者继续保持独立，但是又彼此成为同一个社区的邻居。具体地说，在一个多元的社会里存在着各种各样的人，他们追求不同的理想生活，需要不同的价值体系。有些人在自由的民主思想里找到了理想，也有人在儒家思想里找到了归宿，就像在中国历史上有的人把自己寄托于儒家，有的人把自己寄托于道家或佛家一样。有的时候，社会里的一个倾向可能会走得过头。这时候就需要另一种思想倾向把它扳回来。就像古时候，当儒家的科举理想把一大批人搞得要死要活时，道家的超然自在或者佛家的看破红尘给人们一个喘息的空间。当佛家的出世思想危及社会上的积极进取的程度时，儒家的努力则有助于社会的振作向上。同样道理，在一个儒家思想体系和自由的民主思想体系并存的社会里，假如自由的民主思想体系过盛，人人过于强调自由平等时，多讲一讲儒家思想的传统观念有助于社会的尊老爱幼、克己奉公。反之，假如儒家思想的在社会里过盛，对人们产生太多的压力，人们失去太多的个人自由的空间，多讲一讲自由的民主思想，也会有助于社会的健康发展。

在一个儒家和自由的民主思想体系同时存在的社会里，同一个人可以像陶渊明那样兼顾二者。在一个人的不同生活阶段，他也许有时候更倾向于儒家价值思想体系，有时候更倾向于自由的民主的价值思想体系。当一个人做生活中的重大决定时，他也许会听到两种不同的声音。比如说，当一个人在对家庭的责任和个人的自由奋斗之间做一个困难的决定时，一个声音召唤他对家庭负责，另一个声音则召唤他追求个人的自由。这里，前一个声音更可能来自儒家，后一个声音则更可能来自自由的民主的价值观。抽象地说，很难讲哪一个对哪一个错。正确与错位往往要根据具体情况而定。但是，作为价值取向，一个多元的社会两个都需要。

　　当然，这种和平共处的前提是民主的政治组织机制。在儒家看来，这并不是说民主政体是十全十美的最理想的政体。但是，在儒家没有办法产生出可以实施仁政的所谓君子式的人物时，民主政体大概是退而求其次的最好办法了。英国保守政治思想家约翰·格瑞（John Gray）在讨论文明社会里不同的思想体系的关系时说：

　　　　在一个文明的社会（civial society）里，多种彼此之间不相融合的，也许不可相比的世界观和人生理想可以处在一种和平共处的 *modus vivendi* 的状态。[1]

所谓"*modus vivendi*"指一种在没有更好的解决办法之前维持现状的状态。从儒家的角度看，接受民主政体是一种 *modus vivendi*。对现代社会而言，这也许是最好的政治安排。[2]

　　作为第二代新儒家的代表人物之一，刘述先先生清楚地看到牟宗三在关于民主问题的思想上的不足。刘述先先生清醒地认识到儒家与民主的一个根本问题是多元主义的问题。这是他对当代儒家思想的重要贡献。刘述先重新解释宋明理学的"理一分殊"的命题。他强调，中国文化（包括儒家、道家、佛教传统）的一个有深远意义的方面，在于它认识到庄子的"两行"思想的价值。但是，刘述先强调，过去对"两行"的解释过度注重同一而忽视了差别。他重新解释"两行"，认为"两行"代表"理

---

[1]　John Gray, *Post-liberalism: Studies in Political Thought* (London and New York: Routledge 1993), pp. 314-315.

[2]　有关讨论，请见李晨阳《民主的形式和儒家的内容——再论儒家与民主的关系》，《中国哲学与文化》2012 年，第 131—146 页。

一"与"分殊"。按照刘述先这个新的解释,"两行"在于保持"理一"与"分殊"之间的平衡。也就是说,一方面我们要追求包容一切,贯穿一切的道;另一方面,我们必须意识到这个道有多种多样的表现,这些表现归根于一。刘述先认为,这种对"理一分殊"的新解释为多元主义打下了理论基础。按照这种观点,儒家可以说,虽然仁的理想只有一个,可是它的表现却是多种多样的。按照这个道理,在同一原则之下,可以有不同的观点和实践方式。①

　　刘述先先生的这个思想非常重要。他无疑深知民主和多元不可分离这个道理,试图在儒家思想传统之内开拓多元主义的途径。这比牟宗三又进了一大步。刘述先就民主的挑战问题指出了新的方向,开拓了新的路子。可是,刘述先的解决方法有可以商榷的地方。他没有明确解释儒家思想传统到底怎样解决多元化的问题。我们认为,作为一个价值体系,儒家必须回答两个层次的问题。在一个层面上,它要回答儒家是否允许和认可社会上在同一个问题或事物的不同的观点同时存在。儒家应该容许不同的观点百花齐放。"罢黜百家,独尊儒术"的路子再也走不通了。在另外一个层面上,儒家要回答它自己在一个具体问题上持什么样的观点。儒家不可能在同一问题上面赞成所有百家的观点。也就是说,赞成百家的观点之存在并不等于赞成百家的观点。刘述先先生在儒家与民主的问题上的贡献是他就第一层面的问题给出了肯定的答案,体现了当代儒家的宽阔胸怀。通过对"理一分殊"的新解释,儒家放弃它长期所持的"大一统"的思想,而转向多元主义,承认多种观点之存在的必要性与合理性。这是民主社会的必要前提。可是,我们不能忘记儒家本身是一个价值体系。作为一个价值体系,儒家必须确定在其体系之内的各种价值之间的关系;它必须确定哪些价值重要,哪些不重要,哪些必须反对。就一个具体的问题,儒家思想传统必须按照其自身的价值观念作出价值判断。这是我上面所说的第二个层面的问题。比如说,在个人自由这个价值和重视家庭这个价值之间有一定的矛盾关系。儒家思想传统倾向于后者,自由的民主思想体系倾向于前者。在人人平等的价值与君子为优者的价值之间,儒家思想传统倾向于后者,而自由民主传统则倾向于前者。儒家思想的现代化是不是意味着它

──────────

　　①　刘述先的这些思想可见于景海峰编《儒家思想与现代化:刘述先新儒学论着辑要》(北京:中国广播电视出版社 1992 年版)。

要抛弃其传统上对家庭的重视，对君子理想的偏爱呢？我们认为不是的。因为一旦儒家价值思想体系抛弃了这一类的传统的价值，它也就不再是儒家思想了。所以说，儒家思想传统不应该在其自身内部一味地推行多元主义。它当然应该允许不同观点的内部争论，但是这种争论的目的是搞清楚儒家在某些问题上的立场，而不是要保持多种观点本身。在具体问题上，儒家必须坚持自己的立场和观点。

如此看来，儒家面临着两种多元主义。一个是内在多元主义。另一个是外在多元主义。内在多元主义主张儒家应该在其内部不但保留而且强调不同的价值，包括相反的互相冲突的价值。比如说，一方面它要推行重视家庭的价值观念，另一方面，它也应该推行个人自由的价值观念；一方面它应该推行君子为优的价值观念，另一方面，它也要推行人人平等的价值观念。内在多元主义是一种五花八门、百花齐放的主义。外在多元主义则主张，虽然儒家思想内部有各种各样的价值，但是，相对于自由民主的价值体系而言，儒家更倾向于它自身的"传统"价值，比如重视家庭价值，君子之优的价值观念，等等。我们前面说过，价值体系之为价值体系，就在于它在其内部确定不同的价值的重要性。一个具体的价值理论体系与其他价值理论体系的不同，首先在于它对各种价值的估价与其他价值理论体系对各种价值的估价不一样。外在多元主义不承认十全十美的价值理论体系。它承认鱼和熊掌不可兼得；它承认价值体系自身的不完美性和不可完美性；它承认不同的价值理论体系各有千秋。所以外在多元主义认可其他价值理论体系存在的必要性。

我们认为，如果儒家思想传统接受内在多元主义，让相反的和互相冲突的价值在它的体系之内"百花争艳"，儒家必定会丧失自己的特点，变得不伦不类。儒家思想传统应该走外在多元主义的路。不幸的是，当代许多新儒家学者没有意识到这两种多元主义的重要区别，没有意识到内在多元主义对儒家思想传统的不可避免的危害。他们以为，只要把所有的好价值都装进儒家这个"袋子"里面，就可以完事大吉。其实，在儒家思想传统里面并不是没有这些"好价值"或者相似的价值。只是由于它们跟儒家思想传统的核心价值有抵触或冲突的一面，所以它们在儒家思想内部不可能得到跟儒家核心价值平等的对待，更不用说高度推崇了。我们必须意识到，儒家作为一个思想传统不可能推崇所有的"好的"价值。不然，它就会失去它作为一个特定的思想传统之特色。所以，儒家的内在多元主义的路子是走不通的。我们认为，只有用外在多元主义的办法才能解决儒家与民主的问题。

我在其他地方已经讨论了在中国历史上儒道释如何在同一块土地上共存互补。① 如果我们的理解正确的话，现在就不难想象儒家思想跟自由的民主思想体系并存互补。也许有人会说，自由的民主思想体系跟儒道释三家不是一回事儿。儒道释三家是宗教，自由的民主思想体系则不是宗教，所以它不可能跟儒家思想在同一块土地上共存互补。持这种说法的人没有理解我们在第六章里所做的论述。无论怎么看，儒家是一个价值思想体系。作为价值思想体系，儒家与其他价值思想体系，无论是道家，佛家，或者自由的民主思想体系，都有一个如何在同一块土地上如何存在的问题。我们认为，它们之间最好的存在方式是共存互补。

在某些西方社会，特别是美国社会，传统思想体系，比如基督教，曾经过于迁就自由的民主思想体系，急于表明自己也是既自由也民主的，以至于不能起到对自由的民主思想体系的制衡作用，导致社会过于个人主义的种种不良倾向。儒家思想传统不应该走它们的老路。儒家必须保持住自己，保持住自己的传统。只有这样，儒家思想传统才能作为一个有特色有生命力的思想体系继续发扬光大，在世界上施展自己的影响。

翻译：李晨阳

---

① 关于个人如何兼收不同的价值的详细论述，see my "How can one be a Taoist-Buddhist-Confucian?," *International Review of Chinese Religion and Philosophy* 1 (March 1996): 29–66。

儒家"民本"思想中的民主意涵

慕唯仁 （Viren Murthy）

导　论

近来，学界对儒家哲学思想在多大程度上与民主概念相一致这一问题展开了诸多讨论。[①] 当代新自由派主张，儒家思想与中国传统价值观念扼杀了个体自由，所以与民主思想不相容。而儒家思想的捍卫者则声称孔子率先提出了一种极端的或者说是共产主义社会的民主思想，这种思想远优于自由主义的民主。[②] 参照这些论述，在这篇文章中，我主张在这两种极端思想中持中间立场，即强调儒家思想有助于民主思想的发展而不是成为民主的绊脚石。

Democracy 译为中文，即是"民主"。"民"意为人民；"主"指称统治或统治者。尽管这是一个现代术语，但与它相关的另一个词"民本"则至少在汉代就已经出现。这一思想由孔子（公元前 551—前 479 年）提出，经由孟子（公元前 372—前 289 年）[③] 提炼与发展，后由贾谊（公元

---

① 这一领域的文献特别多。近期编收的文献中，很多著名的汉学家将儒学与人权和民主相联系进行讨论。See De Bary & Tu Weiming ed. , *Confucianism and Human Rights* （New York：Columbia University Press, 1998）.

② See Roger T. Ames & David L. Hall, *The Democracy of the Dead：Dewey, Confucious and the Hope for Democracy in China* （Chicago, Lasalle, 1999）. 此书试图将孔子理解为社群主义式的民主主义者。

③ 关于孟子出生与去世的具体日期，学者们并未给出确切的答案，所以以上日期采用的是大致说法。关于此讨论可参看 D. C. Lau ed. and trans. , *Mencius* （London：Penguin Group, 1970），pp. 8 – 11。

前201—前168年）对之进行了系统的表述。然而当代有关儒家民主思想的讨论很少涉及贾谊，尽管他最有可能是第一个使用"民本"概念的人。① 因此，在对孔子的民本思想做简要介绍后，我会对孟子与贾谊的民本观念进行更为详细的讨论。

新自由派声称，中国步入现代化需要摒弃儒家哲学。与之不同，我想证明对"民本"思想的强调与对儒家民主思想的当代讨论密切相关。因为"民本"阐明了那些经常被忽略的政治学上的物质方面的意涵，有关"民本"的讨论将会使我们对经典儒家政治哲学中"民"的双重角色有更清晰的了解。"民本"思想的基本原则为，统治者、官员和政府应该确保民众的生活，但同时，"民本"描绘的民众是消极的，因为从这一术语的现代意义上看，民众不能进行自我统治。所以，正如我们所看到的，对那些早期儒者来说，所谓为人民的政府实际上阻碍了由人民行使的统治与管理权利。

孔子和"民本"

孔子有言，统治者必须为人民的利益服务。尽管孔子常被称为理想主义者，但其"惠民"思想以确保物质条件为前提（《论语·子路》）：②

> 子适卫，冉有仆。子曰："庶矣哉！"冉有曰："既庶矣，又何加焉？"曰："富之。"曰："既富之，又何加焉？"曰："教之。"

这段话表达了孔子主张统治者和官员应该首先使人民富裕，然后再对之进行教育的观念。在他看来，与那些即使在逆境下也会"志于道"（《里仁》）的士不同，民众在没有基本物质条件（如食物、居所和衣服）前，

---

① 严格地讲，第一个提到"民"与"本"的是《尚书·五子之歌》："民惟邦本，本固邦宁。"但是，关于此书是否是伪书尚有争论。可参看屈万里1956年出版的《尚书释义》，此书是对《尚书》的注释（台北：台北出版公司1956年版），第171页。屈认为这一短语的首次使用应归于《淮南子》，此书编纂于贾谊死后。

② 对于孔子与孟子的引用将会给出章节号码，所以读者可以参看原文或其译本。孔子与孟子的中文版，我用的是由刘俊田、林松和禹克坤注译的《四书全译》（贵州人民出版社1990年版）。

是不会遵守礼制的。

孔子为关心民众这一思想提供了主要的伦理动机，但他也意识到这一政策更实用的方面，即在一个有良好秩序的社会里，人民是比较容易满足的；不满足的民众则有可能造反。他探讨了几种可以使政府赢得人民信任的方法（《颜渊》）：

> 子曰："足食。足兵。民信之矣。"

大部分民众都是比较单纯的，所以只要以"仁"① 对待他们并且令其物质充足，他们就会很忠诚。这意味着政府只要致力于促进民众的利益，民众就会爱好和平，安于做各自的工作。

上述讨论表明，有两点对民本思想至关重要：第一，父母和孩子之间的关系可以与统治者和民众之间的关系相类比；第二，民众在政治上是消极被动的。与家庭关系类似，好的统治者会培养父亲和母亲般的性情，将自身塑造成慈爱的父母形象。于是在"民本"思想中，政府的角色类似于父母。

孟子民本思想的发展

孟子扩展了孔子"民"之思想的两个方面，并且和孔子一样，在肯定民众为统治管理之根本的同时将其排除在直接的政治决策制定行为以外。不过，孟子为孔子的思想架构带来了新的维度，他将民本理想与生产消费联系起来。将脑力劳动和体力劳动的区别，作为区分统治者和被统治者的工具。"民"执行较卑微的生产任务以满足杰出人物的需求：

> 有大人之事，有小人之事。且一人之身，而百工之所为备。如必自为而后用之，是率天下而路也。故曰：或劳心，或劳力；劳心者治

---

① "仁"通常被翻译为"humanity"或"benevolence"，但是我采用的是 Ames 的"authoritative humanity"的译法。因为它除了能捕捉到这一概念利他性的一面，还能表明行为具有仁性的人是他人的榜样。正是从这个意义上讲，他们才具有"权威性"。关于此讨论，参看 Roger T. Ames & David L. Hall, *Thinking Through Confucius* (Albany: State University of New York, 1987), pp. 110 – 127.

人，劳力者治于人；治于人者食人，治人者食于人。（《孟子·滕文公上》）

与孔子一样，孟子的这一观点指出民众，主要是农民，靠力量劳动而不会关心统治。但是他的构想也表明权威人士和官员依赖于民，如果民不生产，"大"人物就没什么可吃。所以，除了民本思想背后的伦理动机，还有两个实用主义动机，即愤怒的人民可能会造反，满足的民众会为他们的上级工作并供养他们。

进一步而言，孟子"民本"民主式思想的经典构想强调了伦理与实用的两个方面：

孟子曰："民为贵，社稷次之，君为轻。是故得乎丘民而为天子，得乎天子为诸侯，得乎诸侯为大夫。"（《孟子·尽心下》）

孟子思想所传达的实用主义信息非常明显：一个人如果想要称王，就必须赢得民众的心。然而，孟子的语句也表达了一定的伦理含义："贵"这个字，首译为"重要的"，也有"贵族的、高尚的"意思。"贱"与之相对，意为"卑鄙的、低劣的"。尽管有人指出孟子在《滕文公下》第4小节中用意为卑劣之人的"小人"描述民众，但事实上孟子声称民众是尊贵、高尚的。

以上构想也发展出民与天之间的关系。天子，用来形容王，字面意思为"天之子"，暗示统治者与天密切关联。但是以上引用表明，孟子认为一个人能否成为王，即天之子，取决于他是否被民众接受，因为天的作用是使人民受益。

由此可见，孟子比孔子更深入地描述了建立在民本思想基础上的政府详情。冯天瑜注意到，从统治者的角度看，孟子民本理想包含三个基本要素：（1）统治者应该减少惩罚措施并保证民众有足够的粮食吃。（2）统治者应该与民同乐。（3）统治者应该听取民意。[1] 接下来我会对每一点进行简单的讨论。

---

① 冯天瑜：《明清文化史散论》（武汉：华中工学院出版社 1984 年版），第 244—247 页。

1. 统治者应该减少惩罚措施，并且保证民众有足够的粮食吃

使民足食是王者的义务，孟子比孔子更强调应力劝统治者和官员确保民众的基本生活。和孔子一样，其关于民的政策建立在士与民的重要区别基础上（《孟子·梁惠王上》）：

> 无恒产而有恒心者，惟士为能。若民，则无恒产，因无恒心。苟无恒心，放辟，邪侈，无不为已。及陷于罪，然后从而刑之，是罔民也。焉有仁人在位，罔民而可为也？是故明君制民之产，必使仰足以事父母，俯足以畜妻子，乐岁终身饱，凶年免于死亡。然后驱而之善，故民之从之也轻。

没有物质，士也能够维持其恒常心志，而民则做不到。孟子坚称，如果民众在贫困情况下犯罪，那么他可以不为此负责。士与统治者有义务抚养民众，并且如果一些人生活的富裕而民众则是贫困的，那么士与统治者应该受到责备：

> 狗彘食人食而不知检，涂有饿莩而不知发；人死，则曰："非我也，岁也。"是何异于刺人而杀之，曰："非我也，兵也。"王无罪岁，斯天下之民至焉。（《孟子·梁惠王上》）

孟子清楚地指出君主不应该让饿死人这种事出现，他应该致力政治和经济制度以确保人民能够富裕地生活。为达到这一目标，孟子反复主张减税和减刑。

此外，孟子反对过多的刑罚，这是对孔子重礼轻法思想的发展。他同意孔子的看法，声称一个管理良好的社会建立在非正式机制的优势基础上而不是正式的法律结构。同时孟子也推断一定数量的物质财富是此种非正式机制发挥作用的必要条件。

2. 统治者应该与民同乐

如孟子所说，统治者应该体恤人民，他相信统治者只有与民同乐才能感受到真正的快乐幸福，称"古之人与民偕乐，故能乐也"（《孟子·梁

惠王上》)。孟子同情并爱人民的观点是对孔子"仁"思想的延伸发展。

对于"仁",孟子认为:

> 仁言,不如仁声之入人深也。善政,不如善教之得民也。善政民
> 畏之,善教民爱之。(《孟子·尽心上》)

孟子对"仁声"的强调巧妙地引出王者应该同情民众的观点。"声"与"圣"同根,二者是同音异形异义字。《白虎通》对"圣"的定义如下:

> 圣者,通也,道也,声也。道无所不通,明无所不照,闻声知
> 情,与天地合德,日月合明,四时合序,鬼神合吉凶。[1]

中国传统中,圣人被认为是正直善良的沟通者,擅长各种沟通艺术,包括演讲、阅读、书写以及聆听。在上面的章节中,孟子强调圣人感知沟通的能力,如聆听和理解,而这是常被人忽视的方面。"闻声知情",因为圣人了解在特定的情况下,应在何时、如何行动或讲话。

在人与人的关系中,圣人尤其强调难以捉摸的"仁声"。这种声音会使人进入一种超越正式语言和法律条文的情绪模式。联系以上章节,孟子强调沟通中那种非正式的微妙模式而非直接的方式。接下来的章节则进一步延伸引用孔子对礼的践行与对教育的重视,反对正式的管理方式。政府通过使礼与仁成为人的一部分来赢得民心,因为品行是不能够强加于人的,只有能够感知民众的统治者才能建立使民自新的制度机构。

3. 统治者应该听取民意

如果能够听取民众的意见,统治者同情民众的程度就会大大提高。孟子将民众比作天:"《太誓》曰:天视自我民视;天听自我民听。"(《孟子·万章上》)此句描述的民众拥有一种普遍的力量,这表明统治者的兴趣点应该是更实际的方面。孟子明确地将民意与评断标准联系起来:

---

[1]　冯天瑜:《明清文化史散论》,第258页。

> 左右皆曰贤，未可也；诸大夫皆曰贤，未可也；国人皆曰贤，然
> 后察之；见贤焉，然后用之。……左右皆曰可杀……国人皆曰可杀，
> 然后察之；见可杀焉，然后杀之。故曰，国人杀之也。如此，然后可
> 以为民父母。（《孟子·梁惠王下》）

以上引用暗示其中包含了孔子思想中民主观点的痕迹。孟子主张做重大政
治决策，如挑选官员前，应该考虑民众的意见。事实上，"国人皆曰贤
（可杀），然后察之"似乎表明一个特定的议案在没有得到民众同意前，
是不用去审察的。

然而，谈到审察时，孟子的平民主义冲动让步于精英主义。他最终还
是承认统治者在政策上必须拥有最终决断权，所以这也逐渐破坏了引言中
暗示的民主活力。比如在决定判一个人死刑前，辨别此人是否真的应该被
处死是非常关键的。这意味着好像统治者能获得常人所没有的知识或信
息，所以他在这样的事情上必须做最终的判断。

这些观点与统治者必须是民之父母的观点十分一致。通过将家庭作为
政府的模型，孔子与孟子肯定了等级权利关系，而此权利关系时常破坏了
他们民本思想中较为民主化的倾向。尽管慈父应该听取孩子的意见，但是
孩子却被认为太不成熟以至于不能担起做关键决定的责任。①

对于实现民本理想的社会，孟子有相当具体的设想。尽管其中包含和
谐社会的建立，但这并不意味着民众参与政策决断。许倬云对孟子理想国
家的概念总结如下：

> 人民应该居住在一个基础社区中，这种社区十分注重稳定性，人
> 们是不会搬走的。国家应该保证农民有同量的土地去耕种，同时国家
> 税收将会在劳力贡献中扣除。每个家庭都是一个经济单元，生产生活
> 必需品，例如食物和衣服。国家于民无求，所以农耕可以顺应时节。

---

① 确实还是有儒家家庭的另外一个方面，即根据孝原则，孩子成年后必须赡养父母。但
是，在上文中我所关注的是，出现在君臣关系中的有关决策权的矛盾之处，多少是可以与父子关
系相类比的。统治者必须为国内人民的生活做出规划，就像父母必定为孩子的人生做出规划一
样。随着孩子长大成人，他们在家庭中会有更多决断权，可以决定什么对父母是最好的，但是在
王宫中这样的类比转变不会发生。只要统治者还冠有其头衔，他就还有决断权。

将不干涉的相同原则进一步延伸，则是要避免滥用和消耗国家资源。①

这一设想无疑是社会主义的，甚至是无政府主义的，但不是民主的。原因在于孟子相信这样一种模式会达到政府的基本目标，换句话说，能抚养和教育人民。然而这一组织系统有益于政府的民主形式，因为当地农民被赋予一定的自治权，基本的生活必需品得以被提供。在一种互助的氛围中，统治者是存在的，但是他做的事情不多——人民与之分担，从而国家得到良好的管理。孟子明确地指出，如果君主态度正确，治国就是一件易事。

贾谊对民本思想的系统阐述

贾谊②明确地表达了孔子的民本原则，强调统治者抚养民众的义务。他在《新书·大政上》章开篇写道：

> 闻之于政也，民无不为本也。国以为本，君以为本，吏以为本。故国以民为安危，君以民为威侮，吏以民为贵贱。此之谓民无不为本也。③

这一陈述用更具条理性的方式表达了孟子民本思想中的基本观点：人民在各方面都是统治者绩效的衡量标准，并且所有政府高层的合法性也来源于人民：

> 闻之于政也，民无不为命也。国以为命，君以为命，吏以为命，故国以民为存亡，君以民为盲明，吏以民为贤不肖。此之谓民无不为命也。闻之于政也，民无不为功也。故国以为功，君以为功，吏以为功。国以民为兴坏，君以民为强弱，吏以民为能不能。此之谓民无不

---

① Hus Chuoyun, "Comparisons of Idealized Societies in Chinese History", in Ching Julia & R. W. L. Guisso ed., *Sages and Filial Sons* (Hong Kong: CUHK, 1991), p. 144.

② 贾谊著，夏汉宁译注：《贾谊文赋全译》(南昌：百花洲文艺出版社 1996 年版)。

③ 贾谊著，夏汉宁译注：《贾谊文赋全译》，第 245 页。

为功也。闻之于政也，民无不为力也。故国以为力，君以为力，吏以为力。①

将"民"等同于"命"的看法还需进一步解释说明，因为"民"的意涵与转化后使用的字的意义并不完全相同。"命"这个字有宇宙论的意味，在传统儒学思想中与"天"合用组成"天命"的概念，宽泛地讲，即为天的命令。承续孟子，贾谊将天与民相连，意味着天的命令实际上就是民的命令。在《新书·道德说》中，贾谊明确地将"命"的伦理道德部分与宇宙论结合起来：

> 命者，物皆得道德之施以生，则泽、润、性、气、神、明，及形体之位分、数度，各有极量指奏矣。此皆所受其道德，非以嗜欲取舍然也。其受此具也，矕然有定矣，不可得辞也，故曰命。命者，不得毋生，生则有形，形而道、德、性、神、明因载于物形，故曰"矕坚谓之命"，"命生形，通之以定"。②

通过断定民常常是"命"，贾谊赋予人民上面所说的宇宙论和道德上的特征。在言及政治的章节中，贾谊所用的隐喻都必须在政治范围内理解：帝王代表着宇宙，人民是这一宇宙的道德目标，也是支持或破坏它某些结构的力量。在《大政上》中，贾谊明显赋予民比天更多的权力：

> 故率民而守，而民不欲存，则莫能以存矣；故率民而攻，民不欲得，则莫能以得矣；……故其民之为其上也，接敌而喜，进而不可止，敌人必骇，战由此胜也。故夫灾与福也，非粹在天也，又在士民也。呜呼，戒之！戒之！夫士民之志，不可不要也。③

贾谊对民之集体性的赞扬如此之高，超过了对天的赞扬：天似乎会被民统

---

① 贾谊著，夏汉宁译注：《贾谊文赋全译》，第245页。参见郭豫庆（Daniel Kwok）《贾谊与民本思想》，1993年，未出版手稿，第11页。
② 贾谊著，夏汉宁译注：《贾谊文赋全译》，第241页。
③ 贾谊著，夏汉宁译注：《贾谊文赋全译》，第245页。

治。但紧接这段，贾谊用传统的天之命令的观点——认为人与天是不可分离的——与以上言论进行调和：

> 行之善也，粹以为福己矣；行之恶也，粹以为灾己矣。故受天之福者，天不攻焉；被天之灾，则亦毋怨天矣，行自为取之也。①

这段文字的主语是统治者的行为，所以"你"（you）和"个人"（one）在这里都指向政府中的较高阶层而不是普通民众。接着，他又解释了以民众为对象的行为的善与恶：

> 天有常福，必与有德；天有常灾，必与夺民时。故夫民者，至贱而不可简也，至愚而不可欺也。故自古至于今，与民为仇者，有迟有速，而民必胜之。②

理论上而言，民众是一种不可忽视的宇宙力量。安乐哲（Ames）③提醒我们，在儒家传统中，"天命"指明的是诸多对人们生活的限制。在政治领域，此类限制主要归因于民众的反应。某种意义上讲，贾谊比密尔（J. S. Mill）和边沁（J. Bentham）④更早提出了民众是衡量统治者是否有善治的最好判断者。通过声称民众不可欺，贾谊暗示当统治者治理良好时，民众是能够对之进行辨别的，这只需调查人民的生活是否美好，如果人民生活在贫困与恐惧中，那么这就是统治者的失误造成的。

然而贾谊并未从这一民众观中推论出人民应该选择其统治者，这实际上还是基于儒家式的建立在家庭模式基础上的等级政治结构。《大政下》中，他写道：

> 事君之道，不过于事父，故不肖者之事父也，不可以事君；事长

---

① 贾谊著，夏汉宁译注：《贾谊文赋全译》，第 245 页。

② 贾谊著，夏汉宁译注：《贾谊文赋全译》，第 247 页。

③ 参看 *Thinking Through Confucius*, pp. 195 - 249。

④ 参看 J. S. Mill, *Utilitarianism*, *Liberty and Representative Government* (London: Dent, 1951); J. Bentham, *The Constitutional Code*, in J. Browning ed., *The Works of Jeremy Bentham*, Vol. IX (Edinburgh, W. Tait)。

之道，不过于事兄，故不肖者之事兄也，不可以事长；……慈民之
道，不过于爱其子，故不肖者之爱其子，不可以慈民。①

相比孔子与孟子，贾谊对家庭与政府作出了更清楚的类比。但如孟子一样，在他设想的政体中，权力被下放到统治者之下的官员手中。贾谊告诉我们，统治者不仅要爱民，还应该尊重那些负责掌管抚养并教育民众的学者。不同于民，士受过高等教育，在辅助统治者的管理中起着关键作用。通过这些士，统治者了解到帝王统治并且依靠他们的计划和策略。由于士受过教育，所以他们不能如民众那样轻易被说服。对于士，除了提供物质上的舒适以外，或许更重要的是统治者必须给予尊重。如果士得不到尊重，就会拒绝为统治者效力。

　　贾谊是一位曾被放逐边疆要塞的士，其有关士的观点或许源于这一体验。必须尊士是因为在理论上，士维持帝王统治的和谐是超出他们个人利益的，因此贾谊声称士易致而难留，因为他们发自内心地关心国家命运，认为自己的观点是非常重要的。假如他们将国家置于自身之前，就不会有所畏惧或向贪婪妥协。

　　由于国家太大以至于一个人很难管理，所以在满足民众利益与教育民众方面，士非常重要，他们负责在统治者与民众之间进行调和。为了成功发挥这一功能，在某种程度上，他们必须响应于民。贾谊主张统治者在挑选官员时，可以通过听取民众建议来推进这种响应：

　　　故夫民者虽愚也，明上选吏焉，必使民与焉。故士民誉之，则明
　　上察之，见归而举之；故士民苦之，则明上察之，见非而去之。故王
　　者取吏不忘，必使民唱，然后和之。②

　　尽管贾谊的论题是挑选吏，不是卿相，但是这段文字与孟子《梁惠王上》章中的第 7 小节有很大的相似性。贾谊将孟子的民主思想进一步推进，在如何推行以上观点方面给出了具体的建议：

①　贾谊著，夏汉宁译注：《贾谊文赋全译》，第 261 页。
②　贾谊著，夏汉宁译注：《贾谊文赋全译》，第 259 页。

> 故夫民者，吏之程也。察吏于民，然后随之。夫民至卑也，使之取吏焉，必取而爱焉。故十人爱之有归，则十人之吏也；百人爱之有归，则百人之吏也；……万人爱之有归，则万人之吏也。故万人之吏，选卿相焉。①

贾谊的观点有益于地方自治，他声称官吏应在自身被当地人民所拥护的地方任职。这种方法可以确保在特定行政区域内，官吏可以满足人民的要求。以上章节表达的姿态似乎与边沁有相似之处，可以解释为对某种地方选举的赞同。所以，尽管贾谊不支持人民对涉及他们的事情可以做决定的那种意义上的民主，但也近乎拥护一种官吏要代表并满足民众利益的政权。

贾谊相信，通常意义上讲民众是愚钝的，所以他将满足民众要求的重担放在了统治者与官吏的身上。正如我们所看到的，贾谊将民众或描述为孩子，或描述为宇宙力量的类似物。依其所言，统治的艺术离不开维持帝王统治和谐与确保民众不会反抗这两点。达到并维持国家和谐的目标高于留心民意，尽管人民是这一和谐的基础部分，但是他们通常被认为不能做决定以确保社会秩序。

儒家传统中，尤其是在贾谊看来，有秩序（治）是与乱相对的。贾谊认为秦始皇使政权变得混乱。然而贾谊对秦王朝的评价不全是负面的，他赞扬秦使中国走向统一，而这一点对他的和谐观念非常重要。他又提出，如果秦始皇在征服帝国后能实行民本原则会取得更大成功，促进民众的繁荣昌盛，人民自然会支持秦帝国。通过考察其对于秦统治者在统一后应当如何作为的观点，可以对贾谊的民本理想有更全面的认识：

> 今秦二世立，天下莫不引领而观其政，夫寒者利裋褐而饥者甘糟糠，天下嚣嚣，新主之资也。此言劳民之易为仁也。向使二世有庸主之行而任忠贤，臣主一心而忧海内之患，缟素而正先帝之过。（《新书·过秦论下》）②

---

① 贾谊著，夏汉宁译注：《贾谊文赋全译》，第259页。
② 贾谊著，夏汉宁译注：《贾谊文赋全译》，第17页。

此处指出了秦王朝的命运并不是不可避免的，如果采用不同的统治策略，国家就会繁荣昌盛，事情就会是另一番样子了。贾谊继而详细列出了一些秦统治者为保国应做的事情：

> 裂地分民以封功臣之后，建国立君以礼天下；虚囹圄而免刑戮，去收帑污秽之罪，使各反其乡里；发仓廪，散财币，以赈孤独穷困之士；轻赋少事，以佐百姓之急。①

在贾谊看来，如果秦统治者遵循以上原则，国家就会安定、和谐。这些建议都来源于孟子的民本思想，例如，轻赋、少刑。但是贾谊对孔子的民众观和他们在政权中的地位解释得更加全面，声称统治者应该创造这样一种氛围：

> 各慎其身；塞万民之望，而以盛德与天下，天下息矣。即四海之内，皆欢然各自安乐其处，唯恐有变。虽有狡害之民，无离上之心，则不轨之臣无以饰其智。②

在贾谊的理想中，民众满足而不动乱，喜治而厌乱。此外，如果统治者可以为一国带来安定、和谐和秩序（治），民众就会服从于他的权威，对其尽忠，心也自然倾向于接受这个统治者。

但是统治者如果像秦始皇那样，在取得政权后不施行礼教，而是以力治国，就会制造出混乱，失去民众的支持。秦始皇是实行民主原则的反面教材，因为他几乎违背了民主所有的原则：征收重税，刑罚人民，待士残忍并使民众的生活贫困。贾谊认为正是由于秦的政策，导致由陈胜领导的农民起义几乎是不可避免的。整个帝国，从高层官吏到农民，常常生活在恐惧中，除了反抗别无他法。

秦朝的命运佐证了贾谊的观点：民众是一股不可忽视的宇宙力量。不过十年之间，作为一个没有受过良好教育农民的陈胜，聚集民众，在没有

---

① 贾谊著，夏汉宁译注：《贾谊文赋全译》，第18页。
② 贾谊著，夏汉宁译注：《贾谊文赋全译》，第18页。

精良武器帮助的情况下，推翻了强大的秦帝国。在贾谊看来，秦王朝倒塌的关键原因在于忽视了儒家保证人民生活富裕的这一原则。在《大政下》章中，贾谊从秦中总结出了重要的经验教训：

> 夫民者，诸侯之本也。教者，政之本也；道者，教之本也。有道，然后教也；有教，然后政治也；政治，然后民劝之；民劝之，然后国丰富也。故国丰且富，然后君乐也。忠，[1] 臣之功也；臣之忠者，君之明也。臣忠君明，此之谓政之纲也。故国也者行政之纲，然后国臧也。[2]

贾谊所关心的是要确保国家的粮食丰富。他肯定了推动物质丰富的优先性与教育的重要性，并将之作为达到国丰且富的方法。论及秦，贾谊认为对教育措施的毁坏使得秦始皇不能维持和谐的秩序以形成健康的经济。相反，这会给人民的幸福带来有害的影响，从而激发他们叛乱。

按照贾谊的说法，教育、礼制和等级制都是和农业生产这一具体过程联系在一起的。贾谊担心的是民之所产少于民之消费，认为礼教对这种情况会有所纠正。在《瑰玮》章中，他提出好淫侈与忽视农业都是源于礼制的缺失。[3] 社会中，人各有其职，礼制使得特定的社会阶层在文化上得以合法化。如果人民开始忽视由传统而来的这种顺从模式，就会推翻社会结构，破坏生产关系顺畅的持续性。在这段文字中，贾谊将披着帝国外衣的平民与饥荒问题相连，反过来，后者则是由疲软的农业引起的。农民应安于工作，不越其职，不会被城市的淫侈所诱惑。如果过多的农民离开了

---

① 安乐哲（Ames）和刘殿爵（Lau）将"忠"译为"doing one's best"（尽力而为）。如今看来，这为早期的"loyalty"增加新的解释维度的同时，也在这篇文章中让人有所误解。安引用了《说文》，将"忠"按以下方式解释："是因为 exhausting oneself"（尽己），这意味着"忠""having integrity"（有诚）的重要含义（参看 Roger T. Ames & David L. Hall, *The Democracy of the Dead: Dewey, Confucious and the Hope for Democracy in China*，第 285 页）。这一翻译使得"忠"陷入等级结构而变得含糊不清。大臣经常被定义为是"忠"的，但是统治者不是。"忠"与国家相关，为地位较高的人提供服务。所以，最好将之译为"doing one's best in serving some-one above you"（尽力服务于在你之上的人）。这样就与文章的其余部分一致了：将为统治者服务与为父母服务做对比。

② 贾谊著，夏汉宁译注：《贾谊文赋全译》，第 245 页。

③ 贾谊著，夏汉宁译注：《贾谊文赋全译》，第 93—94 页。

土地，国家就会失去秩序，导致粮食短缺。

所以贾谊赞同的教育是让农民接受农业生产义务。在《论积贮疏》中，他批评汉朝没有给予农业足够的重视：

> 古之治天下，至孅至悉也，故其畜积足恃。今背本而趋末，食者甚众，是天下之大残也。……生之者甚少而靡之者甚众，天下财产何得不蹶？①

贾谊的基本观点是如果他所注意到的这一趋势不改变的话，国家将会没有资源来对抗干旱。他总结道，不只人民是根本，农业也是国之根基。他力劝民应归农：

> 今殴民而归之农，皆著于本，则天下各食于力。……行恭俭蓄积而人乐其所矣。②

这段话表明贾谊对民本思想的具体方面是很敏感的。他对自足思想的强调与孟子理想国家的一些因素相应和，他们都意识到政府有责任去抚养人民，然而由于政府并不从事生产，所以必须依靠农业部门达到此目的。贾谊的政策——允许农民保留他们所生产出来的大部分产品——通过力劝政府减税得以强化。

但是，关于贾谊的政治秩序观还有另外一条线，其中表达了他对孟子理想中类似无政府主义方面的不满。在《治安策》章中，贾谊突出强调了维持礼仪等级制的另一原因：王权的稳定。他十分赞赏秦始皇能够一统天下，却又认为这一帝国常处于瓦解的危险中。另外，他担心如果诸侯过于强大就会试图篡权，所以建议帝王削减诸王的权力以保护自身的王权。

贾谊将帝国与人的身体做对比，说明王权的危险境况：

> 天下之势，方病大肿。一胫之大几如要，一指之大几如股，平居

---

① 贾谊著，夏汉宁译注：《贾谊文赋全译》，第 131 页。
② 贾谊著，夏汉宁译注：《贾谊文赋全译》，第 133 页。

不可屈信,一二指搐,身虑亡聊。失今不治,必为锢疾。①

此身体之喻,与家庭之喻相同,暗示有等级秩序。如果身体的一部分变得不合比例的大,行动就会很困难。在帝国统治中,统治者是最重要的,政府系统中的其他部分必然不许发展的比例失衡。

贾谊自比医生,为帝国的形势开方诊治。这一类比表明,不同于古希腊传统,贾谊并未将自然与政治界分开;他相信二者都需要由和谐的力量构成。在实现和谐时,民众和士扮演着重要的角色:士要保证人民的利益,民众要生产基本的生活必需品。儒家传统关注建立和谐的政治秩序,因此在理解民本思想时必须与此主要目标联系在一起。而贾谊维持帝国统治下的和谐的观点为此原则带来了新的主题,即在更大的政治舞台中,通过削弱潜在篡权者的自治权以维持稳定。②

结论 评价新自由派对儒家思想的批评

以上关于早期儒者的讨论表明,我不相信他们是其所处时代的民主主义者。然而,我也确实赞同他们的某些主张,特别是民本思想中对物质状况的强调有助于建立一种社会秩序类型,而此种社会秩序比自由派对民主概念的解释要真切得多。新自由派主张儒家思想的主要问题是不允许个体自由,在集体幸福中牺牲了个人的幸福。多数情况下,新自由派强调消极自由,忽视积极自由。正如我的分析表明,自由主义者挑剔儒家思想中忽视个体的消极因素并没有错,因为儒者确实对社会的等级观予以肯定。

至于儒家民主的希望则在于整合儒家哲学中的资源,例如对人民幸福的关切,更具平等性的民众及其参与政治的概念。如果存在可以让民众仔细考虑与其生活密切相关政策的多种渠道,政府就可以很好地为其服务。在儒家哲学中,这不曾是一个目标。但是以强有力的形式达此目标的途径

---

① 贾谊著,夏汉宁译注:《贾谊文赋全译》,第45页。

② 在之后的朝代中,关于政治权力分散的争论常常将后汉的地方自治政策与周朝做对比。在中国帝国晚期,早期儒者和周朝,在通常意义上与地方自治开始有关联起来(自治,意为"自我管理");最终在晚清与民主关联。晚清革新派的基本主张是,在周之后,帝王过度关心维持王朝的稳定,尤其是他们高高在上的王位,导致其忽视了民众的利益。相反,周朝则是一个和谐的社会,人民轻松地扮演着各种各样的角色。

中包含满足人民的需求，而这正是民本思想的基本原则。此外，假使某地人民的需求没有得到满足，那么使他们参与决定如何满足其需求或许也是正确的步向。贫困的农民常常比政府官员或企业家更好地知道如何增加生产量和解决问题。与某些保守派——不管是自由派还是中央集权论者——的观点相反，社会福利的理想并不与民主主义冲突，而是二者彼此加强。

翻译：李记芬
校对：邹宇欣

为什么早期儒学不能够产生民主？

杜楷廷（David Elstein）

导言

在进入研究生院学习的前几年，我参加了一个由狄百瑞（Wm. Theodore de Bary）主讲的讲座，主题即是关于人权和儒学。狄百瑞教授讨论了在中国传统思想中各种不同权利的表述，包括人民推翻一个腐朽政府的权利。[①] 这次讲座让我对早期儒家政治思想及其对民主制度的支持有了全新的认识。如今我年岁渐长，虽然不见得变得更加明智，至少我在重新解读古代哲学并试图使它们适应现代观念的问题上态度更加严谨。毫无疑问，如果任何传统思想仍想在当今发挥作用，它必须适用于现代而不只是两千年前的社会。从古至今，无论是个人还是社会，他们面临的很多根本性问题并没有改变，但我相信，正如其他传统一样，许多儒家思想家早已洞见了这些问题。儒学很可能会对当代政治理论做出独特的贡献，但在它的价值被肯定之前，我们或许需要暂时将儒家思想是否民主这个问题先放到一边。在我看来，儒家思想并不需要适应现代民主观念才能发挥作用。

近期的学术研究显示很多人并不赞成我的观点，大量有关儒家民主的观念也在近几年被提出。为什么这个问题引起了如此多的关注呢？很显然，一个主要原因是由于中国——这个儒家思想的发源地——是世界上人

[①] 因为这大约是十五年前的事，我对狄百瑞教授讲座细节的回忆可能有误。

口最多的国家，并且也将很快成为世界上最大的经济实体。① 不过许多思想家通过研究发现儒学和民主二者都有价值，于是试图进一步探讨找到让它们能够共存的方式。

　　这篇论文的目的是阐明围绕儒学、民主而产生的多方观点，并对其中某一类，即儒学自身会对民主统治提供理论支持并且产生民主的价值观，提出它的根本问题。因而文章的开始我将对目前仍有歧义的争论进行描述，然后介绍那些我所知道的重要的及至今还未解决的关于解释儒家政治民主思想的问题，并且探讨前人对这个问题的看法和我认为他们理解上的偏差。本文在内容上多具有批判性，但我希望它能有利于重新关注有关儒家哲学的讨论并将现代政治理论引向一条更具有建设性的道路。

争论的问题

　　在本节中，我将集中讨论三个问题：如何定义"儒家思想"和"民主"以及如何理解"儒家民主"。学者对儒学是否能够支持民主这个问题各持己见，很难达成任何共识。这主要是因为，尽管有理智的人们可以在一定范围内对这个问题的诠释和理解持不同看法，但若对基本概念缺乏共识，双方不禁会疑惑，我们是否在讨论同一个问题，如果不是（通常情况下如此），有意义的对话将变得非常困难。因而使这个问题变得清晰化的第一步是理解学者们对于儒家思想和民主的看法。

　　众多先例表明，我们很难对民主下一个被普遍认可的定义。张世强和张世泽相信，对何谓真正的民主、何谓真正的儒家传统很难达成共识，因此二者是否兼容的问题永远无法得到解决。② 这也许是正确的，然而，即使很难在这些术语定义上达成共识，探讨儒家思想能否支持民主的学者仍

---

① 在地方政府的层级已经出现过有限的民主选举试验，但人们对选举是否公平，意见并不统一，到目前为止，选举还被局限于乡村 [Kevin J. O'Brien and LI Lianjiang, "Accommodating 'Democracy' in a One-Party State: Introducing Village Elections in China," *The China Quarterly* 162 (June 2000): 465 – 489; John James Kennedy, "The Face of 'Grassroots Democracy' in Rural China: Real versus Cosmetic Elections," *Asian Survey* 42.3 (2002): 456 – 482; David Zweig, and FUNG Chung Siu, "Elections, Democratic Values, and Economic Development in Rural China," *Journal of Contemporary China* 16.50 (February 2007): 25 – 45].

② 张世强、张世泽：《儒家传统与民主政治之批判性省察：一个后现代的观点》，《孔孟学报》总第 84 期，2006 年，第 10 页。

然必须对民主下明确的定义。一个模棱两可、定义不明的民主概念，意味着它可以与几乎任何概念兼容。① 然而，许多学者未曾定义民主。② 纵使一些学者已经对民主下了定义，但结果也千差万别。贝淡宁（Daniel Bell）就政治体制来定义民主："一个民主制度至少必须包括基于普选的定期选举。"③ 胡少华（Hu Shaohua）的定义更加广泛，但仍着重政治和法律层面。一方面，他将民主归结于人民有权参与政府；另一方面则是人民有权摆脱政府的不正当干预，正如他所说，民主即是"人民主权和个人自由"。④ 李晨阳提出，最重要的是民主价值观，因为失去了它，选举和其他民主体制将形同虚设。他将民主定义为一种价值结构，其中包含了自由、平等（平等本身也需要定义）和多元化。⑤ 因为这些价值观并不需要特别的政治体制，我们能够推测民主体制也是十分重要的。

　　许多学者特别重视民主自由的问题，并期望能够用儒学加以替代。布鲁克·阿克利（Brooke Ackerly）却认为西方自由民主中最大的问题是"一个拥有独立自主权利分担的公民的假设"。正如许多把"西方自由主义传统"看作一个单一体的作者，阿克利似乎更想表达的是自由主义的美国版本："作为一种追求自身利益的体现，资本主义和消费主义都拥有自主权，但这却威胁到了社会凝聚力。"⑥ 这似乎是一种偏向美式的价值观，而欧洲大陆的价值观更重视社会福利。在其看来，民主强调"统治与政治平等保持一致，而这种政治平等不是形式上的，而是可实现的"。因为在形式上，法律上的平等可以被不平等的社会、经济制度所破坏，所

　　① Hu Shaohua, "Confucianism and Western Democracy," in *China and Democracy*: *The Prospect for a Democratic China*, ed. by Zhao Suisheng (New York: Routledge, 2000), p. 55.

　　② 例如: Viren Murthy, "The Democratic Potential of Confucian Minben Thought," *Asian Philosophy* 10. 1 (2000): 33 – 47; Wang Enbao and Regina F. Titunik, "Democracy in China: The Theory and Practice of Minben," in *China and Democracy*: *The Prospect for a Democratic China*, ed. by Zhao Suisheng。

　　③ Daniel Bell, "Democracy with Chinese Characteristics: A Political Proposal for the Post-Communist Era," *Philosophy East and West* 49. 4 (1999): 452.

　　④ Hu Shaohua, "Confucianism and Western Democracy," in *China and Democracy*: *The Prospect for a Democratic China*, ed. by Zhao Suisheng, p. 57.

　　⑤ Li Chenyang, "Confucian Value and Democratic Value," *Journal of Value Inquiry* 31 (1997): 184.

　　⑥ Brooke Ackerly, "Is Liberalism the Only Way toward Democracy? Confucianism and Democracy," *Political Theory* 33. 4 (2005): 548.

以她更关注可实现的平等。尽管对自由主义作为民主的唯一基础提出质疑，但阿克利所列举的基本民主机构却相当普遍：选举产生实行问责机制的代议政府、新闻自由、独立的司法机构和公民社会。①

那些支持实用主义民主的学者可能会在某些方面与阿克利的理解达成一致，因为他们也认为能够用儒家民主与杜威式的民主来彰显自由主义的缺陷。郝大维和安乐哲（David Hall & Roger Ames）通过《先贤的民主》一书将儒家民主可能性的讨论提升到如今日益显著地位。陈素芬（Sorhoon Tan）受杜威哲学的启发，在几部作品，尤其是《儒家式的民主：一种杜威式的重构》中提出了对儒家民主的实用主义理解。上述学者均对民主提出颇激进的解读，因为根据郝大维和安乐哲的描述，杜威民主并非真的与政府机构或政治实践相关。民主的内涵只是拥有一个相互了解、互相合作并致力于解决共同问题的社群，即"交流的社群"。② 从这方面看，这些思想家与阿克利的想法背道而驰，因为阿克利在质疑自由主义的同时，仍持有政治性的民主概念。

问题由此产生，有些论者将民主理解为选举出来的代议政府；有些论者则将其理解为致力于可实现的权利和价值观，这些权利和价值观最好能够被民主政治体制加以保护；有些学者拒绝把自由主义作为民主的唯一理论基础，但与此同时又要维护民主政府制度；而另一些学者则明确拒绝基于普选的投票，推崇经典的自由主义价值观，如不受政府干预（至少某些人）和法制约束的个人自由。③ 对大多数学者而言，民主本质上是一种政府的哲学，而实用主义者将其定义为一个特定的社群，这种民主的社群，似乎能和任何形式的政府兼容。如此繁多的定义意味着人们在谈论民主时，很有可能并不是在讨论同一件事。正因为如此，他们在争论中无法达成共识便不足为奇。因此，在讨论儒学是否可以支持民主之前，我们首

---

① Brooke Ackerly, "Is Liberalism the Only Way toward Democracy? Confucianism and Democracy," *Political Theory* 33. 4（2005）: 550 - 551.

② David Hall and Roger Ames, *The Democracy of the Dead*（Chicago: Open Court, 1999）, pp. 124 - 126. 因为本文讨论的主题是儒家民主而不是杜威哲学，我不会考虑这是否是一个准确解释杜威的观点。郝大维和安乐哲主张这是受杜威哲学启发的对民主的理解，这对我来说是重点。而在某些领域中，郝大维和安乐哲对杜威的理解有问题，参考 Erin Cline, "Autonomy or Appropriateness? Contrasting Selves in The Democracy of the Dead," *Southwest Philosophy Review* 19. 1（2003）: 179 - 187.

③ 白彤东：《一个儒家版本的有限民主》，《原道》（第十四辑）2007 年，第 200—217 页。

先需要了解民主是什么。

其次，我们还必须知道儒学是什么。胡少华指出，争论的双方都挑选儒学中那些支持他们论据的部分。概括地说，哲学家和历史学家主要关注两个领域："创建者"孔子（前551—前479）和孟子（前372—前289）①，以及普遍为大家所熟知的儒家思想在宋、明、清三朝的再次兴起，如黄宗羲（1610—1695）就是其中一个特别突出的人物。政治理论家和社会学家往往关注当代文化价值观与儒学的联系，却时常忘记追根溯源。② 正如胡少华指出的，"儒学"可以参照三个有所区别也有重叠的领域：（1）孔子、孟子和荀子的思想；（2）一个主导中国两千多年的国家意识形态；（3）中国文化的代名词，尤其是19世纪前的中国文化。③ 遗憾的是，他忽略了宋明清儒学这个领域，但这个描述仍然是有价值的。这意味着我仅仅部分地同意胡少华的观点，在我看来，用儒学文化代表中国文化这最后一点，是错误的和有偏见的。它忽略了道教、佛教和其他思想对中国文化同样具有相当大的影响。另外，这一观点的缺陷在于，它将中国文化看成一成不变的。④

和"民主"一样，对不同的人来说儒学有不同的含义。即使，如我所冀望，人们停止将"儒学"作为中国文化的代名词，然而被列入"儒学"之列的观念与思想家仍极为广泛（从公元前5世纪的，孔子至当代新儒家⑤）。宋明清儒学的区别也帮助我们了解到，这些哲学思想和战国儒家的思想并不完全相同。但这些区别经常被忽视，导致儒学常常被人们

---

① 第三个早期的历史人物，荀子，通常被忽视，因为他对后世中国思想的影响较小，同时他思想中有利于民主的成分更少。更多关于荀子的讨论，参见 Eric Hutton, "Un-Democratic Values in Plato and Xunzi," in *Polishing the Chinese Mirror: Essays in Honor of Henry Rosemont, Jr*, ed. by Marthe Chandler and Ronnie Littlejohn（New York: Global Scholarly Publications, 2008）。

② Gilbert Rozman, "The East Asian Region in Comparative Perspective," in *The East Asian Region: Confucian Heritage and its Modern Adaptation*, ed. By Gilbert Rozman（Princeton: Princeton University Press, 1991）；显然，这种概括并没有包含写过这个主题的所有人。

③ Hu Shaohua, "Confucianism and Western Democracy," in *China and Democracy: The Prospect for a Democratic China*, ed. by Zhao Suisheng, pp. 56 – 57.

④ 参见 David Hall and Roger Ames, *The Democracy of the Dead*, p. 31。

⑤ 关于新儒学，参见 Liu Shu-hsien, *Essentials of Contemporary Neo-Confucian Philosophy*（Westport, CT: Praeger, 2003）; John Makeham, ed, *New Confucianism: A Critical Examination*（New York: Palgrave Macmillan, 2000）。

认为是一成不变的。其实事实并非如此。① 和任何传统一样，儒学也随着历史的发展不断演变，早期的哲学思想往往与后来思想家的见解有很大不同。因此，我认为，要讨论儒学是否支持民主，就必须清楚地知道正在讨论的是什么样的民主和什么样的儒学。

儒家传统的本质和传统本身也衍生了一个问题，即在保持传统的基础上，何种程度上的修订和重新阐释是可行的。据我所知，没有人认为任何前现代的中国思想家曾经提倡一种民主的形式，当然，也没有人曾有意识地反对民主。所以问题在于，能否通过讨论儒家思想是否支持民主来解读儒家哲学家的思想，很大程度上取决于人们诠释的自由。于是，不论是忽略或是大幅度修改哲学家们的核心信念和价值观的诠释，都应该被质疑。在这一前提下，本文的目的就在于揭示儒家民主的支持者们如何忽略和修改儒家思想的核心信仰和价值观。

陈素芬经常提出这种诠释，比如当她承认儒学主张政府是为人民服务而不是民主的时候，又会补充说"儒学可以并且必须被重新建构来支持民主政府"。② 于是问题就变成了如何做到这一点。陈素芬的论点主要来自杜威的理论——民主政府对确保政府为人民服务是必要的。③ 如果基本概念来自传统外，但仍然可以提供一个对儒家思想清晰明了、连贯一致的解释，我会对这个概念表示赞同。然而，稍后我会详细分析这个解释并且说明它似乎并没有与孔子和孟子的思想保持一致。如此看来，如果要做出一个具有说服力的哲学论证来证明儒学可以产生民主，就必须先证明某些儒家价值观可以为民主观念提供依据，而这些价值观至少对于一些儒家传统来说是具有根本意义的——并且其他主要的价值观不与其产生冲突——而那些相冲突的，比如支持世袭制，并不属于本质上的观念。

我们不能仅仅将不与民主冲突作为标准，因为不冲突的方法之一是二者毫无关联。如果儒家的核心价值观与民主根本无关，我认为不能说儒学

---

① Philip J. Ivanhoe, *Confucian Moral Self Cultivation* (Indianapolis: Hackett, 2000); Philip J. Ivanhoe, *Ethics in the Confucian Tradition: The Thought of Mengzi and WANG Yangming* (Indianapolis: Hackett, 2002).

② Tan Sor-hoon, *Confucian Democracy: A Deweyan Reconstruction* (Albany: SUNY Press, 2004), p. 145.

③ 蔡仁厚发表了类似言论，但他将民主定义为一种政治体系，而不是从实用主义的角度定义。蔡仁厚：《儒家思想的现代意义》（台北：文津出版社 1987 年版），第 13—14 页。

是支持民主还是反对民主。① 我们需要找到一些可以隐含民主政治结构的核心价值观，同时解释其他价值观不与民主冲突或可被合理地认为它们的重要性低于那些支持民主的价值观。一些学者，如陈素芬和徐克谦正试图论证这点，但我认为他们最终会失败，关于这一点我会在之后说明。

　　换言之，我将"儒家民主"理解为（1）一种基于儒家价值观的民主治理，而不是（2）把儒家价值观作为民主政体的工具而非基础。这样理解基于三个原因：第一，那些持有与我在本文中相反观点的构建儒家民主的作者也采用了相似的理解。例如，陈素芬在一篇文章中将她的课题视为发展"儒家民主的哲学基础"，以此为"民主以及其他相关的思想，如自由、平等或权利，在多大程度上可以从中国的传统文化中产生"这个问题提供一个积极的答案。② 同样，徐克谦问道，"中国应不应该从自身的传统文化中找到一些能够为现代民主合理辩护的资源？"随后他明确表示这个问题的答案是肯定的。③ 第二，我们必须认识到，儒学是否支持民主不仅仅是一个抽象的哲学问题，它的兴起很大程度上是回应某些国家的实际社会政治环境，而在这些国家中，儒学都占有重要地位。尽管我不能在此详细阐明，但忽略这个问题也是错误的。④ 人们捍卫儒家民主的一个重要目的是保留民主与传统儒家的联系⑤，如果民主价值观本身有其他来源，这种联系就会被削弱。第三，因为本身就不清楚"儒家民主"是否指的是以上的（1）或（2），我认为把（1）理解为"儒家民主"和把

---

　　① 我认为这是对胡少华立场的准确描述。

　　② Sor-hoon Tan, "Confucian Democracy as Pragmatic Experiment: Uniting Love of Learning and Love of Antiquity," *Asian Philosophy* 17. 2 (July 2007): 141 – 166.

　　③ 该文章的副标题"民主在现在中国中的潜在理论基础"也表明了这样的观点。Xu Keqian, "Early Confucian Principles: The Potential Theoretic Foundation of Democracy in Modern China," *Asian Philosophy* 16. 2 (July 2006): 135 – 148.

　　④ 我计划在未来进行更详尽的探究。但此时我只举一个例子：新加坡的李光耀最早提出"亚洲价值观"。他认为民主与亚洲传统价值观相冲突，这是反对民主的理由。见 Fareed Zakaria, "Culture Is Destiny: A Conversation with Lee Kuan Yew," *Foreign Affairs* (March/April 1994)。作为回应，一些学者试图展示儒学是民主的基础，以此表明传统的亚洲价值观实际上是支持民主的。

　　⑤ 例如：Tan Sor-hoon, *Confucian Democracy: A Deweyan Reconstruction*, p. 133; Sor-hoon Tan, "Confucian Democracy as Pragmatic Experiment: Uniting Love of Learning and Love of Antiquity," *Asian Philosophy* 17. 2 (July 2007)；徐克谦《论儒学基本原理与民主政治的兼容与接轨》，《孔子研究》2004 年第 6 期。

（2）理解为"儒家思想启发了民主"是一个有用的消除分歧的方法。本文将重点关注这样理解儒家民主带来的问题，但是受儒家思想启发的民主仍然是一个可行的选择。①

总而言之，我认为关于儒学是否支持民主的有效讨论首先必须定义民主和儒学，并且考虑到儒家传统的动态本质。当我说"支持"，不仅仅是指二者共存的可能性。儒学和民主是两个完全独立的价值体系，它们可以共存于同一社会，彼此间也几乎没有影响；在这样一种情况下，儒学就会被大范围转移到个人道德价值层面，对政治的影响也微乎其微。根据我的理解，这不是儒家民主所指。所谓"支持"，是指用儒家价值观主张民主是可能的，正如将儒家价值观运用到儒家哲学中一样。② 谈到儒家民主时，我的意思是儒学就是以这种方式支持着民主。对于那些争辩儒学是否可以产生民主的学者，他们面临的挑战是解释为什么儒家思想中不民主的元素却使儒家民主成为可能。在第四部分，我将探究其中一些不民主的元素以及对于它们的回应。

定义民主和儒学

首先我会定义在本文中使用到的儒学和民主概念。本文研究的儒学是指与孔子相关的《论语》中的思想，以及体现孟子思想的《孟子》。③ 当提到孔子和孟子时，我指的是书中的哲学思想，而不是任何具体的历史人物。我将重点放在孔子和孟子思想有两个原因。第一，他们已经成为中国历史上最具影响力的儒家哲学家，以致后来的儒家思想家将自己的原创思想看作对孔孟思想的阐释与评述。第二，之前大多数主张儒家民主的作者都采用了孔子和孟子的思想。特别是孟子，至少到明朝，通常被认定为是

---

① 例如：Brooke Ackerly, "Is Liberalism the Only Way toward Democracy? Confucianism and Democracy," *Political Theory* 33. 4 (2005); Yang Guorong, "Mengzi and Democracy: Dual Implications," *Journal of Chinese Philosophy* 31. 1 (2004)。

② 这种对支持民主的理解，同样见于 Xu Keqian, "Early Confucian Principles: The Potential Theoretic Foundation of Democracy in Modern China," *Asian Philosophy* 16. 2 (July 2006): 137。在他的中文文章中，他谈到兼容，但也指出儒家思想"可以作为民主政府的理论前提"（徐克谦：《论儒学基本原理与民主政治的兼容与接轨》，《孔子研究》2004 年第 6 期，第 5 页），所以意思在本质上似乎是相同的。

③ 我指的是书而不是思想家自己，因为这两本书不是孔子和孟子写的。

最民主的儒家哲学家，所以如果我可以证明儒家民主最好的代表都面临着巨大的挑战，就不必深究大家普遍认为不那么民主的思想家。这意味着新儒家思想不在本篇文章的讨论范围之内。

而民主则是一个更难定义的概念。回溯到希腊语词根，民主的意思是"人民的统治"，但随着历史的发展，"人民"所指的对象有着显著的变化。在早期希腊民主中，少数公民统治多数没有政治权利的民众，这样的情况在当今被称为寡头政治而不是民主。美国的历史具有扩充"人民"包含范围的特征，从财产到普通白人男性、女性、有色人种，最后扩及到任何年满十八岁的人。公民权到底需要多广泛才能称为民主? 人们的观点并不统一。

更多的疑惑来自将"民主"与"共和"当成同义词对待。美国的开国元勋希望建立一个共和政体，它能限制政府权力。[①] 共和主义政治哲学的本质有时被描述为摆脱专制权力，包括多数人的专制行为。[②] 换句话说，一个民主政体，是为大多数人意愿所统治。大多数人或其中的代表可以制定任何他们希望的法律。然而，正如威廉·艾夫代尔（William Everdell）所说："'民主'这个词的含义被过度膨胀，它已经吸收了几乎所有'共和政体'的替代含义。"[③] 许多人在中国提倡民主，是因为他们想限制政府的权力，这是共和政治的普遍特征。这个术语理解的混乱令人遗憾，却深入人心。

在我看来，对民主理解的共同特征是有效的人民主权论：无论是直接行使还是通过选举产生的代表行使，人民均具有如何运行他们的政府的真正决策权。有效的权力可能包括对于自由、平等、权利的某些假设，但这些不需在此深究。这一宽泛的定义包括共和政体，但二者在规定大多数人拥有的权限上有所不同。我建议将有效的人民主权论作为民主最基本的定义，它抓住了这个术语的普遍理解，同时可能与其他大部分我之前提到的定义相关联。值得注意的是，这将排除实用主义者对民主的理解——民主不是政治哲学，所以我并不打算反驳实用主义的儒家民主观念。实用主义

① William Everdell, *The End of Kings: A History of Republics and Republicans* (New York: The Free Press, 1983), pp. 2 – 7.

② Cecile Laborde and John Maynor, eds, *Republicanism and Political Theory* (Malden, MA: Blackwell, 2008), p. 3.

③ William Everdell, *The End of Kings: A History of Republics and Republicans*, p. 7.

者的民主相当特殊，可以说几乎没有体现多数人心中的民主，以致实用主义者的儒家民主可能被非实用主义者认为不那么民主。有鉴于此，实用主义者的民主和儒学之间的联系超出了本文的范围，本文将专注于把民主作为一种政治哲学。不过，因为他们的确关注到了统治的问题，我仍然会与实用主义者有一定程度上的交流（尤其是陈素芬）。

在我看来，决策权对民主至关重要，因为人民仅表达意见是不够的，他们必须有权力通过政府来实现其想法才合乎民主。许多学者争论早期的儒家政治理论指明政府是为人民服务的①，我认为完全正确。不过，一个仁慈的独裁君主即使为人民而统治国家（我想这是孔子和孟子的本义）也不能称为民主②，因为人民必须参与决定如何治理国家，而不只是为统治者提供意见。此外，决策权必须得到保护，而不是简单地被统治者随意地授予或解除。

在继续解读儒家政治思想之前，我认为还应该谈谈儒学和权利。显然，在人权和民主的讨论上有相当大的重叠，尽管在原则上许多权利与政府的模式没有必然的相关。对此，李晨阳指出，民主需要权利，但反之却不一定成立。③ 一个非民主政体不能保证选举权，但它能保证言论自由的权利。因为我的话题是民主而不是人权，有关儒学和人权的问题就不会考虑太多，除非它直接关系到民主。④ 这意味着我将侧重于政治参与的可能性，而不是与之不相关的权利保护。

我对儒家思想的解读

我对儒家政治思想和民主关系的理解与李晨阳和胡少华最为接近。李

---

① 例如 David Hall and Roger Ames, *The Democracy of the Dead*, p. 219。

② Li Chenyang, "Confucian Value and Democratic Value," *Journal of Value Inquiry* 31 (1997)：186；李泽厚：《论语今读》（合肥：安徽文艺出版社 1998 年版），第 205 页。

③ Li Chenyang, "Confucian Value and Democratic Value," *Journal of Value Inquiry* 31 (1997)：187.

④ 关于权利，参考 Wm. Theodore de Bary and Tu Weiming, eds, *Confucianism and Human Rights* (New York：Columbia University Press, 1998)；Stephen Angle, *Human Rights and Chinese Thought：A Cross-Cultural Inquiry* (Cambridge：Cambridge University Press, 2002)；Joanne Bauer and Daniel Bell, *The East Asian Challenge for Human Rights* (Cambridge：Cambridge University Press, 2002)。

晨阳认为虽然儒学和民主价值观可以以不同的结构体系并存，但二者之间的本质冲突使他们无法融合为一。① 而胡少华总结道，儒学不是民主，但也不一定反对民主。② 对此，我的立场更加消极：我同意儒学不是民主，且从其政治哲学来讲，它是反对民主的。当然，儒学中有某些元素与民主相容，但没有进一步的论证，这不意味着儒学本身就是民主。我们说儒学与民主相容，意味着将儒学自身的政治理论打折扣，而哪些是在可以被改变的同时仍保持"儒家"的本质是一个有争议的问题，并可能会收到截然不同的回应。我个人的观点是，为了迎合民主而让儒学剧变，会产生一个与孔孟思想有着本质冲突的政治哲学，而这样的哲学或许是受到了儒家的启发但毫无疑问是早期儒学的修改版。

早期儒家的政治理论与约翰·亚当斯的名言相反，认为政府是人治而不是法治的。孔子与孟子并不是主张建立法规去约束一个暴君的行为，而是努力试图说服统治者实行善政。在本章余下的部分，我将首先探究孔子的政治观点给民主解释带来困难的部分：对法治的不信任和对人民有能力做出好的决策缺乏信心。接着我将探究孟子思想中能为民主提供基础的一些最好的例证，而这些例子，儒家民主的支持者也经常指出。最后我将阐述这些例证引导出的不同结论。

孔子认为，一个国家是否能治理得好，关键在于统治者。因而《论语》中几乎看不到对法律和制度化管理的信心。好的治理需要道德来引导和感化人民，法律却做不到这一点："道之以政，齐之以刑，民免而无耻。"③ "道之以德，齐之以礼，有耻且格。"（《论语·为政》）④《论语》中几乎没有谈论到政府的实质，比如应该制定什么样的法律，如何组织政府，如何防止腐败，等等。孔子对这些并不感兴趣，因为他将政府统治的好坏全部归结于统治者道德品质的高低。在一位贤良统治者的统治下，官

---

① Li Chenyang, "Confucian Value and Democratic Value," *Journal of Value Inquiry* 31 (1997): 190.

② Hu Shaohua, "Confucianism and Western Democracy," in *China and Democracy: The Prospect for a Democratic China*, ed. by Zhao Suisheng, p. 61.

③ 这句话从语法上指逃避法律或惩罚中的任何一个。

④ 关于礼的重要性，参见 Roger Ames, "Rites as Rights: The Confucian Alternative," in *Human Rights and the World's Religions*, ed. by Leroy S. Rouner (South Bend: University of Notre Dame Press, 1988)。

员必不会贪污，人民也会生活美好。如果不贤良的君主当政，制度的约束对改善统治也没有太多帮助。季康子曾经建议处决那些无道之人以推行道德，孔子回答说："子为政，焉用杀？子欲善而民善矣。君子之德，风，小人之德，草，草上之风，必偃。"（《论语·颜渊》）这章里没有迹象表明任何政府机构可以阻止统治者影响人民，无论这影响是消极的还是积极的。

注重统治者的道德给孔子思想与民主相容带来了问题。《论语》中包含一个严格的自上而下的等级统治。的确，孔子谈论到关怀人民并赢得他们的信任时说道，让百姓信任你比使国家粮食丰足、武器充实更重要（《论语·颜渊》）。[1] 但是，关怀人民、取信于民和让人民在政府中拥有决策权是完全不同的。《论语》中没有证据表明孔子认为给民众决策权是一个好主意。民主可能是试图确保政府关怀人民以及取信于民的方式之一，纵使关怀人民以及取信于民是成功的民主的必要条件，但是显然是不够的。一个政府可以关心人民并取得他们的信任，但它可能并不是民主的。

而《论语》几乎不信任大多数人的能力。孔子认为人民所了解的不足以被委托用来进行积极的参政。在我看来，《论语》中有力反驳民主的篇目是《泰伯》篇第九章："民可使由之，不可使知之。"[2] 它被大多数相信儒学可以支持民主的学者忽略了。肖恩·奥德怀尔（Shaun O'Dwyer）是为数不多的几个提到此篇的作者之一，并指出它的含义与任何可能凭借人民主权的有效政府相悖。[3] 然而，他似乎也忽略了其所暗示的关于不可能拥有一个"有表达力的公众"来领导他们自己的组织，而这种有表达力的公众在实用主义的民主论是必要的。应该说，奥德怀尔不是试图忠实

---

[1]　Hu Shaohua, "Confucianism and Western Democracy," in *China and Democracy: The Prospect for a Democratic China*, ed. by Zhao Suisheng, p. 58.

[2]　关于人民可以遵循什么却不了解其所以，有各种各样的解释，在我看来，没有哪一个具有说服力。另一种诠释此章的方法是，"一个人可以使百姓遵循他，但不让百姓知道为什么"，这使其具有指定性而非描述性。上述任何一种解释都对以民主思想解读孔子造成了问题。对此章如何诠释给后世许多儒学家带来了困扰，他们常常试图这样解读它：人民不一定是无知的。对于这样的解释，参见 Huang Yong, "Neo-Confucian Hermeneutics at Work: CHENG Yi's Philosophical Interpretation of Analects 8.9 and 17.3," *Harvard Theological Review* 101.2 (2008): 169–201。

[3]　Shaun O'Dwyer, "Democracy and Confucian Values," *Philosophy East and West* 53.1 (January 2003): 44.

解读孔子的思想，而是更自由地去改变它。① 或许，根据实用主义者对民主的认识，民主管理的非政府组织有一定的生存空间，但是公众不可能了解政府会不利于民主的参与。

《论语》还显示了对多数人意见的不信任，这也表明它反对民主，特别是直接的民主方式如全民表决。当学生请教孔子如何看待一个全乡都喜欢的人或者全乡都讨厌的人，孔子回答不应将众人的喜恶作为判定的标准，而提出"不如善者好之，不善者恶之"（《论语·子路》）。同样，他也指出，即使众人都喜欢或者讨厌某人，我们也必须亲自调查这个人的为人。② 这说明，孔子认为多数票决并不是选择统治者的好方法，因为事实上，大多数人的选择也不一定是正确的。

相较之下，孟子思想通常被认为是儒家民主的最好例子。例如，徐克谦认为传统儒学支持民主的理论根据主要来源于孟子，尤其是民意的重要性和民贵君轻的观点③；这两种观点为普遍政治理论的一部分，也经常在儒家民主的讨论中提到，通常被认为是"人民是国家的基础"（民本）。④ 一些人认为这是孟子思想中政治平等的证据，可能会发展成民主理论。另外一些学者则认为孟子的民主色彩在于他对"正义革命"的支持，即对推翻暴君的合理化。⑤ 然而，当我们更深入研究这些观点时，会发现孟子主张的是为人民统治（为他们的利益），而非被人民统治。

在一个经常引用的篇章中，孟子确实说，民意是决定谁是统治者的重要因素。在此关于传说中圣君的篇章中，孟子解释说，尧推荐舜，实际上是上天给了君位于舜，而不是尧。"尧荐舜于天，而天受之；暴之于民，

① Shaun O'Dwyer, "Democracy and Confucian Values," *Philosophy East and West* 53. 1 (January 2003)：47.

② 这可能是针对统治者而言，在选择官员时，统治者不应该只信赖多数人的意见。同样的思想在孟子中也出现。

③ Xu Keqian, "Early Confucian Principles：The Potential Theoretic Foundation of Democracy in Modern China," *Asian Philosophy* 16. 2 （July 2006）：138 – 139.

④ 例如 Viren Murthy, "The Democratic Potential of Confucian Minben Thought," *Asian Philosophy* 10. 1 （2000）；Wang Enbao and Regina F. Titunik, "Democracy in China：The Theory and Practice of Minben," in *China and Democracy：The Prospect for a Democratic China*, ed. by Zhao Suisheng；李锦全《孔子的发展理念与现代化的路径选择：从民本思想向民主理念的现代转化》，《孔子研究》2006 年第 4 期。

⑤ Tu Weiming, *Way, Learning, and Politics* （Albany：SUNY Press, 1993）, p. 6；白彤东：《一个儒家版本的有限民主》，《原道》（第十四辑）2007 年，第 206 页。

而民受之",孟子这么说的意思是人民接受了舜作为君主。然而,我认为这不应该被理解为一种选举,因为人民接受舜并不是任何类型的投票,而是"使之主事而事治,百姓安之,是民受之也"(《孟子·万章上》)。这种被动的接受不足以被称为实质性的人民主权的实行,如果这就是民主的标准,那么则意味着只要人民对政府满意,这个国家就是民主的。此章还提到,相对尧的儿子,公众更喜欢舜,考虑到他是尧选定的继承人以及他二十八年来协助尧的工作已经令其为公众所熟知,我们就不觉得惊讶了。这篇文章还有另一个方面很少被提及,根据孟子对历史的理解,尧选择舜作为继承人,舜选择禹,后来禹确立了世袭制的原则,建立了第一个封建王朝。从那时起,人民接受已不再重要[1],被人民接受似乎只在一个王朝尚未建立,或当王朝已经十分腐败以至于被替换时才显得重要。可见无论孟子还是其他早期儒家学者都没有挑战世袭制的原则。[2]

还有一种表达人民意愿的方式看起来似乎是民主的,但也经常被夸大,即统治者在任用和罢免官员及处决时需要征求公众的意见。在这两种情况下,孟子都告诫统治者不能只听信周围人的意见。只有当国人认为某人值得统治者任用时才任用,也只有当国人都认为某人应该被统治者罢免时才罢免。[3] 处决也如此。对此,成中英指出,"只有人民的判断才具有决定性"。[4] 但是,仔细阅读原文并没能证实这一点。孟子并没有说任用任何公民认为值得的人;他认为当公众说某人值得被任用,统治者应该

---

[1] Wang Enbao and Regina F. Titunik, "Democracy in China: The Theory and Practice of Minben," in *China and Democracy: The Prospect for a Democratic China*, ed. by Zhao Suisheng, p. 79.

[2] 儒家思想家没有挑战世袭制度,但战国时期的其他思想家对世袭制提出了挑战,尽管他们的大多数著作没能流传于世〔Yuri Pines, "Subversion Unearthed: Criticism of Hereditary Succession in the Newly Discovered Manuscripts," *Oriens Extremus* 45 (2005–2006)〕。这些思想家并未考虑民主,而是主张统治者在选择一位优秀的继任者后退位让贤。Li Chenyang, "Confucian Value and Democratic Value," *Journal of Value Inquiry* 31 (1997): 185.

[3] 有人说,这意味着每个处于国家里的人的意见都会被采纳,我认为这是不可能的。第一,收集所有人的意见,甚至只是大多数人的意见都将面临巨大的实际操作难题。第二,尽管在现代白话文,"国"的意思确实是国家,但在孟子那个时代,它的本义是一个有围墙的城市,尤其是指国家的首都。那么对这句话更加切近的解读是,孟子是指听取首都人民的意见。

[4] Cheng Chung-ying, "Transforming Confucian Virtues into Human Rights: A Study of Human Agency and Potency in Confucian Ethics," in Wm. Theodore de Bary and Tu Weiming, eds, *Confucianism and Human Rights*, p. 151.

"察之，见贤焉，然后用之"（《孟子·梁惠王下》）。这同样适用于罢免官员和处决罪犯。在听取公众意见之后，统治者还必须自己进行调查，并且判断公众意见是否正确后才能做决定。这意味着统治者应当听取公众的意见，但统治者仍拥有最终的决策权。[①]

事实上，我们应当重视孟子使用的比喻，比如当谈论统治时，孟子常将统治者比喻为人民的父母（《孟子·梁惠王上》第四章、《孟子·梁惠王下》第七章、《孟子·滕文公上》第三章）。我并不认为这句话意味着统治者对人民拥有无条件的控制权，在我看来，其重点是鼓励统治者为人民的利益而行动，正如父母为子女谋最大的利益一样，统治者应该为人民谋最大利益。[②]但同时，国家又建立一个严格的等级制度，不可能实现真正的政治平等。[③]正如父母与子女之间是不可能互换角色的，孟子和其他中国思想家同样觉得由人民决定谁是统治者违反常态。值得注意的是，在父母这个例子中，这种状态可能会缓和，因为子女也最终会成为父母，生命的进展意味着一个人并不会总处在下级。[④]虽然这对父母和子女的关系而言是真实的，但事实上孔子和孟子对政府的理解却并非如此，因为臣民不能变成统治者。统治者绝对应该为了人民的利益而治理国家，甚至在某些情况下征求他们的意见。然而，一个能被大众决议取代的统治者，其实并不符合民之父母的形象。

孟子在与另一位哲学家的弟子讨论时进一步论证了等级制度。孟子认为为了统治的需要，一个人不能同时担任好几个职务，这就是为什么劳动分工十分必要。引用可能是当时的一句格言，孟子说道，"'或劳心，或劳力。劳心者治人；劳力者治于人'……天下之通义也"（《孟子·滕文公上》）。更清楚地说，统治者与被统治者，他们是不同的群体。孟子几乎在暗示，这些阶级在出生时就确定了（当然统治者也是），虽然我认为

---

① Viren Murthy, "The Democratic Potential of Confucian Minben Thought," *Asian Philosophy* 10. 1（2000）：37；白彤东：《一个儒家版本的有限民主》，《原道》（第十四辑）2007 年，第 208 页。

② Chang Wejen, "Confucian Theory of Norms and Human Rights," in Wm. Theodore de Bary and Tu Weiming, eds, *Confucianism and Human Rights*, pp. 129 – 130.

③ 人们通常认为这对民主是不利的，参见阿克利和李晨阳的定义。

④ David Hall and Roger Ames, "A Pragmatist Understanding of Confucian Democracy," in *Confucianism for the Modern World*, ed. by Daniel Bell and Hahm Chaibong（Cambridge：Cambridge University Press, 2003），p. 140.

不一定要这样解读孟子，这可能更多是在指社会环境和机遇问题。某人出生在一个自给自足的农民家庭，他可能发现自己并不能花大量时间去学习那些孟子认为成为政府官员的必修课，但这并不意味着这个人是不能学习的。①

许多学者发现孟子的这种思想有悖于他的平等主义观点，后者被认为更加重要。② 与张伟仁（Chang Wejen）所言相反，这种差异不仅仅是不同工作有不同的奖励。③ 当孟子表达统治者与被统治者，他意味着有本质上的差异。然而，孟子说，"圣人与我同类者"，也说道德原则不限于贤人而是"人皆有之"（《孟子·告子上》第七章、第十章）我们应当如何理解他的话？我想这不难解释。它的区别是拥有潜在的平等还是实际的平等。孟子及后来的荀子把人皆可成为理论上的圣人的超乐观主义和人们是否可以尽其所能去发展潜力的深切悲观主义相结合。荀子这样说："涂之人可以为禹，则然；涂之人能为禹，则未必然也。"（《荀子·性恶篇》）孟子和荀子讨论的都是"拥有潜力去做"和"能否实现它"的区别。每个人都有潜力成为圣人，但是大多数人永远不会实现。④ 全民教育并不能解决问题，因为它不能保证人们会做出必要的努力。在另一篇文章中，孟子声明政府只应该被委托给那些经过专业训练，知道如何管理一个国家的人（《孟子·梁惠王下》第九章）。他认为众庶之人没有能力了解"道"（《孟子·告子上》第五章）。这意味着他不承认平等的潜力会成为普遍政治参与的理由，正如说，"我有潜力参加马拉松比赛"，这并不代表我就能在奥运会上占有一席之地。事实上，能否"发挥"自己的潜力才是决定能否参与的关键。

人们可能同意这个看法，但同时又争论这仍与多数人的角色是投票选

---

① 《孟子·梁惠王下》第九章；Wm. Theodore de Bary, "Introduction," in Wm. Theodore de Bary and Tu Weiming, eds, *Confucianism and Human Rights*, p. 8。

② 例如：Xu Keqian, "Early Confucian Principles：The Potential Theoretic Foundation of Democracy in Modern China," *Asian Philosophy* 16. 2 （July 2006）：140 – 141；白彤东《一个儒家版本的有限民主》，《原道》（第十四辑）2007 年，第 206 页。

③ Chang Wejen, "Confucian Theory of Norms and Human Rights," in Wm. Theodore de Bary and Tu Weiming, eds, *Confucianism and Human Rights*, p. 124.

④ Hutton 在荀子哲学中进一步说明了这一点。Eric Hutton, "Un-Democratic Values in Plato and Xunzi," in *Polishing the Chinese Mirror：Essays in Honor of Henry Rosemont, Jr*, ed. by Marthe Chandler and Ronnie Littlejohn, pp. 318 – 319.

举出实际上操控政府的人的代议民主相符合，如果公众仅仅从那些有资格担任公职的候选人（可能受到候选人的相关条件限制）中进行选择，这可以保证只有有资格的人才担任公职同时仍然允许民主选举。这个建议有一些优点，但也面临着一系列的问题：既然孟子提出公众无法理解管理国家的方法，他们能确定哪个候选人可以最好的实现它吗？恐怕很难做到。或者，如果将参与选举的人限制在那些懂得管理国家的候选人上（然而这表明候选人已被提前决定），选民在选举过程中还有实质性作用吗？看起来民众没有真正的选择权，因为任何候选人从本质上需要满足儒家任职资格的标准，因此真正拥有权利的似乎是有那些控制提名过程的人。于是，当选民的选择如此受限，这种制度的不民主便开始初现端倪。

孟子假定的"革命的权利"是我们最后需要探讨的论点。如果孟子支持这一权利或一些类似的观点（很多人指出古代中国没有"权利"这个术语[1]），这明显与约翰·洛克的主张相同，他的思想在英国和美国民主发展的过程中影响巨大。但我更赞同狄百瑞（Wm. Theodore de Bary）和田史丹（Justin Tiwald）的看法，认为孟子的思想实际上与洛克明显不同。[2] 我们来做个比较。洛克说道：

> 当立法者图谋夺取和破坏人民的财产或贬低他们的地位使其处于专断权力下的奴役状态时，立法者们就使自己与人民处于战争状态，人民因此就无需再予服从……所以立法机关一旦侵犯了社会的这个基本准则，并……力图使自己握有或给予任何其他人以一种绝对的权力，来支配人民的生命、权利和产业时，他们就由于这种背弃委托的行为而丧失了人民为了极不相同的目的曾给予他们的权力。这一权力便归属人民，人民享有恢复他们原来的自由的权利，并通过建立他们

---

① 也许对中文"权利"这个术语的发展的最完整的描述是 Stephen Angle, *Human Rights and Chinese Thought: A Cross-Cultural Inquiry*, pp. 101 – 139。

② Wm. Theodore de Bary, "Introduction," in Wm. Theodore de Bary and Tu Weiming, eds, *Confucianism and Human Rights*, p. 8; Justin Tiwald, "A Right of Rebellion in the Mengzi?" *Dao* 7 (Fall 2008).

认为合适的新立法机关以谋求他们的安全和保障。①

应该注意的是，洛克明确谈到人民是政府机构的最初来源，如果旧政府违反了人民的委托，人民有权利去建立一个新政府。如果依据某一种权利的观念——权利就是能受法律保护的利益或权利，这样一来，革命权利本身即有问题。正如皮文睿（Randall Peerenboom）指出的："对大多数人而言，对权利定义的特性之一是它们能被合法执行。"② 这当然不是对权利的唯一理解，但的确是一个普遍的认识。③ 然而革命的权利怎样才能得到合法的保护呢？这是不可能的：革命是人民对缺乏民主却找不到其他途径来实现他们的意愿时的反应。④

不过，或许我们不应该太过纠结一些语义问题以及如何确切定义"权利"。更重要的问题是，孟子谈论权利的方式与洛克大相径庭。

> 齐宣王问曰："汤放桀，武王伐纣，有诸？"
> 孟子对曰："于传有之。"
> 曰："臣弑其君，可乎？"
> 曰："贼仁者谓之贼，贼义者谓之残，残贼之人谓之一夫。闻诛一夫纣矣，未闻弑君也。"（《孟子·梁惠王下》）

这是一个经常被引用的章节，其目的是表明人民可以推翻一个暴君而不

---

① 斜体部分是原文中就有的。John Locke, *Second Treatise of Government* (Indianapolis: Hackett, 1980), sec. 222.

② Randall Peerenboom, "Confucian Harmony and Freedom of Thought: The Right to Think Versus Right Thinking," in Wm. Theodore de Bary and Tu Weiming, eds, *Confucianism and Human Rights*, p. 259. 同样参见 Sumner Twiss, "A Constructive Framework for Discussing Confucianism and Human Rights," in Wm. Theodore de Bary and Tu Weiming, eds, *Confucianism and Human Rights*, p. 28; Julia Ching, "Human Rights: A Valid Chinese Concept?" in Wm. Theodore de Bary and Tu Weiming, eds, *Confucianism and Human Rights*, p. 68。

③ 在现代权利理论中，这种观点受到了阿兰·葛维慈（Alan Gewirth）的深刻影响。Alan Gewirth, *Reason and Morality* (Chicago, University of Chicago Press, 1978), p. 72; Alan Gewirth, *The Community of Rights* (Chicago: University of Chicago Press, 1996), pp. 4-5.

④ Wang Enbao and Regina F. Titunik, "Democracy in China: The Theory and Practice of Minben," in *China and Democracy: The Prospect for a Democratic China*, ed. by Zhao Suisheng, p. 88; Sor-hoon Tan, *Confucian Democracy: A Deweyan Reconstruction*, p. 140.

被认为是弑君。① 然而，我们需要仔细研究孟子所说的话并考虑他所谈
论的历史。孟子在文中没有谈论"人民"，商汤和武王的做法是正确
的，但他们都已是贵族，并非平民，他们也是圣人。上述引文必须结合
《孟子·万章下》第九章以进行理解，而大多数学者却忽略了这点。②
在第九章中，孟子区分了两种卿：与皇室有血缘关系的"贵戚之卿"
和没有血缘关系的"异姓之卿"。在同样面对暴君时，他们的反应却不
相同。"异姓之卿"首先劝谏国君，若不被采纳，就自己离开。"贵戚
之卿"首先也对国君劝谏，但如果反复劝谏也不听取，就另立新主，所
以不是人民而是亲属决定是否取代一个不贤明的国君。普通人民和官员
可以选择离开，而孟子也认为他们会离开（《孟子·梁惠王上》第六
章）。这就是为何仁慈的君主能够吸引人民去他的国家。人民没有"权
利"去推翻一个暴君。③

　　简言之，我们在孔孟思想中发现极少能支持民主的理论，在很多
方面，他们的政治观点是反对民主的。人民主权的概念是有限的，只
有在世袭制度未完全建立或朝代更替时才有所作用。孔子和孟子希望
政府为人民的利益而治理，但他们的政治观点如同父母照顾子女，认
为统治者应该同样照顾人民，有时甚至会听取他们的意见，但人民却
没有最终的决策权。④ 这意味着被很多人认为是民主基础的政治平等，
在这里完全缺失了。世袭制度只有通过暴力推翻，除此之外，统治者
永远不会成为平民，平民也永远无法成为统治者。将统治者和被统治
者区分开来的社会等级制度被明确拥护，并且没有迹象表明民众能够
决定政府的管理。

---

① 例如：Hu Shaohua, "Confucianism and Western Democracy," in *China and Democracy*: *The Prospect for a Democratic China*, ed. by Zhao Suisheng, p. 59; Wang Enbao and Regina F. Titunik, "Democracy in China: The Theory and Practice of Minben," in *China and Democracy*: *The Prospect for a Democratic China*, ed. by Zhao Suisheng, pp. 82, 85; Yang Guorong, "Mengzi and Democracy: Dual Implications," *Journal of Chinese Philosophy* 31. 1 (2004): 90。

② 我所知道的把它考虑在内的学者只有安靖如和狄百瑞。参见 Stephen Angle, *Human Rights and Chinese Thought*: *A Cross-Cultural Inquiry*, p. 125; Wm. Theodore de Bary, "Introduction," in Wm. Theodore de Bary and Tu Weiming, eds, *Confucianism and Human Rights*, p. 8。

③ 参见 Justin Tiwald, "A Right of Rebellion in the Mengzi?" *Dao* 7 (Fall 2008)。

④ Justin Tiwald, "A Right of Rebellion in the Mengzi?" *Dao* 7 (Fall 2008): 279 – 280.

总　结

我在本文试图说明，《论语》和《孟子》的思想中包含了通往民主或共和理想的重大阻碍。早期儒家思想从来没有认真考虑过人民主权的持久性，尽管我们必须承认儒家思想也没有反对它。在最好的情况下，孟子允许人们在一个王朝建立前有参与政府管理的权利，但建立之后，这一权利也随之消失。如果这就是充分的民主，那霍布斯（Thomas Hobbes）也成为一个民主主义者了。另外，孔子和孟子也并不重视政治平等，他们相信政府应该处于特定人群的掌控之下。在这篇文章中我所研究的哲学家，他们反对基于平等的潜能性上的政治平等。正如我所讨论的，孔子和孟子都相信大多数人没有能力参与政府管理。虽然学者如陈素芬和蔡仁厚主张民主是确保政府能保护公众利益的最好方法，但我认为这个论证不成立，因为孔子和孟子并不认为公众知道什么是符合他们的最佳利益以及政府应该做什么。普及教育可能会提升人民的能力，增加参与政治的人数，但不能保证每个人都能掌握这些方法从而成为有资格的一员。其中的主要问题不是人民缺乏能力，而是人民缺乏坚定的努力（《论语·雍也》第十二章，《论语·季氏》第九章；《孟子·告子上》第七章，第十五章）。

有人可能会认为，孔子和孟子的观点并不正确，普及教育将能使人民获得必要的知识储备，以便在政治事务上有所了解。鉴于一些教育成果，特别是在美国，这样的论点仍然面临着巨大的问题。比如根据一项研究，大多数 18—24 岁（在这个阶段大部分人已经完成了正规教育）的青年无法在地图上定位伊拉克和阿富汗，尽管美国已经和这两国交战多年。① 普及仍然导致了很高程度的无知，在儒家看来，这种无知与好的政府是相矛盾的。这表明，由人民治理不一定是实现为人民服务的最好方式。如果是这样的话，我看不出儒家思想可以怎样与民主相容。

再者，儒家政治思想和共和民主形式的一个主要区别是人民对统治者的信任程度。考虑到民众无法理解政府治理的问题，儒学希望人民相信统治者，除此之外，别无其他。他们的目标是建立一个和谐社会，在这个社

---

① 研究指出，"这些结果表明，美国的年轻人——最近一代教育制度的毕业生——尚未准备好去面对日益全球化的未来"（《国家地理》2006 年第 7 期）。

会中没有统治者与被统治者间的对抗，这个对抗在欧洲引发了天赋人权和共和政府的概念。① 民主政府，特别是共和政府，是基于这样一种前提：人民不相信统治者为他们的最大利益服务，实际的人民主权才是确保政府为公众利益而治理又不滥用权力的最好方式，而儒家的政治思想却是基于完全不同的假设。

　　综上所述，在忠实于最常见的民主思想和孔孟思想原貌的基础上，我列举了我所看到的融合儒学和民主的主要障碍。虽然我认为儒家政治思想的基本特点使它无法成为民主的理想搭档，更进一步说，我认为没有令人信服的理由来尝试将民主与儒学相结合。儒家政治思想不需要符合现代民主的模型才有意义和价值。尽管我已经解释了为什么我认为"儒家民主"不是描述这种情况的最好术语，但假使儒学不能产生民主也不意味着它不能影响和塑造民主。② 如果停止尝试将儒学融入预想的范畴，我们可能会更好地理解儒学能够为当今政治争论提供什么样的贡献。

翻译：刁冰洁
校对：何　繁　邹宇欣

---

① Randall Peerenboom, "Confucian Harmony and Freedom of Thought: The Right to Think Versus Right Thinking," in Wm. Theodore de Bary and Tu Weiming, eds, *Confucianism and Human Rights*, pp. 239 – 244.

② 参见 Joseph Chan, "Democracy and Meritocracy: Toward a Confucian Perspective," *Journal of Chinese Philosophy* 34. 2 (2007): 179 – 193。

民主与精英统治：面向一种儒家视野[①]

陈祖为 （Joseph Chan）

引　言

自 19 世纪末，西方民主概念引入中国以来，民主与儒学的关系一直是一个颇具争议性的话题。时至今日，这一问题依然没有达成共识。有学者认为，民主的概念不仅与儒学相适应，而且蕴含其中；也有学者认为，儒家认可的是基于天命的君主制，因此并不赞同民主；[②] 还有学者认为，儒学是一种"民主的"[③]，可以与任何政治体制共存的个人伦理。[④] 诸多争论起因于他们使用不同的民主概念并对儒家做出不同的阐释支持各自的立场。由此可见，任何对民主与儒家相容性问题的审慎分析，都需要在一开始就对民主做出明晰的定义并指出其既能够充分处理相容性问题的原因，而又避免对儒家进行选择性的阐释。在这一前提下，本文志在提供一种能够满足上述要求的，对于相容性问题的分析。

一　作为政治制度的民主

在讨论儒家与民主的相容性时，区分作为正当的道德原则或价值的民

---

① 本文转载自《国学学刊》2023 年第 4 期。

② 孙广德：《中国政治思想专题研究集》（台北：桂冠图书股份有限公司 1999 年版），第 159—211 页。

③ Hu Shaohua, "Confucianism and Western Democracy," in Suisheng Zhao ed. , *China and Democracy：The Prospect for a Democratic China* (London：Routledge, 2000), p. 62.

④ Francis Fukuyama, "Confucianism and Democracy," *Journal of Democracy* 6 (1995)：20 - 33.

主(如人民主权或政治平等的概念)和作为一种政治制度的民主(如对普选和竞选的理解)是一项重要的工作。因为在某种情形下,儒学可能接受作为政治制度的民主,即使它并不认可人民主权或政治平等的原则。

有些文献会声称因为儒学中不存在民主价值,因此也不可能接纳民主的政治制度,从而把对民主价值的认可和对民主制度的认可混淆在一起。这是一种错误的认识,因为它忽视了这样一种可能,即存在各种不同的理由去接纳民主制度,而民主的原则或价值不过其一。另一种则是工具性理由,即如果一种理由是从对社会产生积极效果的角度评价民主,它就是工具性的。在讨论民主的文献中,存在着理论家们常常诉求的两种常见影响:

> 直接影响:1. 在满足人们需求和解决社会问题方面,民主具有相当能力产生正确结果。2. 相比其他政治制度,民主反对暴政并更好地防止权力被滥用。间接影响:民主提高了人的自尊、公民责任感、政府管理能力和对社会的归属感等等。

一个思想传统,可以被民主的工具价值所说服,尽管它可能不接受人民主权或政治平等的内在价值。以儒学为例,我们看到的是,19 世纪末20 世纪初,许多重要的儒家知识精英在宣扬民主时,都以民主的工具价值为依据。

第二个区分针对的是民主和自由民主。一些学者在讨论儒学与民主的相容性时,采用了一种我称作"兼容式民主"的概念。① 对其而言,民主不仅包含了决策制定和某种政治权力分配的程序,还包括一系列促进诸如个人权利和自由、个人主义、个人自主性等自由价值的法律体系与公共政策。就此而言,"民主"等同于"自由民主"。但这或许并不是处理相容性问题的良方,如果我们使用这种无所不包的定义,只是通过论证儒学在本质上不认可自由主义价值,就会轻易得出结论认为儒学与民主不相容。换言之,要想说明儒家与民主相容,就需表明儒家不仅接受某一套政治制度,并且也接受一系列的核心自由价值。但也有可能的是儒学只与某一套

---

① 例如,李晨阳 (Li Chenyang), "Confucian Value and Democratic Value," *The Journal of Value Inquiry* 31 (1997): 183 – 193。

特定的原则相适应，譬如它可能会认可一种非自由主义的民主形式。

在政治思想史中，民主和自由的概念是顺着两种不同的问题意识发展而来的。"民主"是一个与政治权力来源与分配相关的概念，而"自由"主要是关于政治权力的范围与界限（因此也是个人自由的范围与界限）。如果采用这种无所不包的观点，我们的注意力会从权力分配——这是本文关注的重点——转向人权和公民自由的问题，而这些问题具有独立的重要性，并且是可以在概念上与民主相分离的。儒家与自由的关系则另当别论。

我并不是说民主在概念上与个人自由和权利没有关系，实际上二者是有关联的，但最好不要将其理解为两套概念的偶然结合，而是作为将民主看作一套特定的决策制定权力与程序的结果。沿着戴维·比瑟姆（David Beetham）的思路，我把民主定义为一种为人民所控制的共同规约与政策的决策制定模式。① 事实上，对民主最常见的定义之一——民主即"人民统治"——是从程序上定义的。"统治"的概念被理解为制定官方决策的行为（比如法律和政策），而"人民统治"则意味着人民作为一个整体被赋予了制定权威决策的权力。

作为程序上的概念，民主关心的是如何达成共同决策，而非是什么构成了这些决策的适当内容，除非这些决策本身关乎民主的程序。正如布来恩·拜利（Brian Barry）指出的："'民主'包含了对决策内容的不加限制，比如尊重人权，对个人自由的保护，法律的规定，对于公共福利的关心或者经济平等，但唯独除了那些民主本身所必须的作为程序的东西。"②

所以民主程序这一观念，在概念上预设了程序的参与者具有某些对程序本身来说最基本的权利或自由。参与共同决策制定的权利预设了形成、表达与集合政治倾向的权利，反过来这一权利又预设了公民自由表达、交流和结社的权利。但还有其他的个人权利或自由也为自由主义者所珍视，比如对于婚姻、职业、旅行的自由选择，但这就不是在概念上被预设的或为民主程序这一观念所必需。

第三个也是最后一个区分，是要区别民主的组成成分与使得民主良好

① David Beetham, "Liberal Democracy and the Limits of Democratization," in David Held ed. , *Prospects for Democracy* (Stanford, CA: Stanford University Press, 1993), p. 55.

② Brian Barry, *Democracy*, *Power and Justice* (Oxford: Clarendon Press, 1989), p. 25.

运作的条件。在将民主定义为一套决策制定的程序或机制时，我没有把使这套机制运作的社会、经济、道德和文化条件考虑在内。诚然，就民主制度的影响而言，我不是说这些条件不重要。事实上，当代政治学文献赞成某些条件是有助于民主稳固的，比如一种宽容的文化、公民道德与公民责任、一个充满活力的公民社会、一种参与式的文化、公共理性与思考、发达的官僚机构、政治中立的军队、深层社会分裂的消除、独立的媒体，等等。① 但无论这些条件多么重要，它们只是民主的条件，不是构成民主定义的成分。即便一个政治社会具备了所有这些条件，如果它的政治体制不允许公民参加政府竞选，就不是一个民主社会。一个参与式的社会与一个协商的政府并不能实现民主，这一点对本文的研究目的至关重要，因为按照某些解释，儒学的确认可协商、宽容、文明，甚至一个参与式的社会，但这些解释即便为真，依旧远不能证明儒家会认可一种作为政治制度的民主。

　　本文将民主定义为一种政治制度，而不是一套价值，一种生活方式，或一系列的社会条件，因为自从 19 世纪末开始，宪法设计的问题就已经成为民主与儒学相容性争论的焦点。最初激起这场争论的核心问题有关于当代中国政治改革的走向：何种宪政体制适用于中国？应该由谁来统治？公民是否有权参与政治？如果民主是解决这些问题的答案，那么儒家是否应该拥护民主？儒家是应该对民主政体做出批判还是发展？直到今天，这些关于政治改革的问题还活跃在中国，因此在任何有关儒学与民主的讨论中，这些问题都需要特别凸显出来。为此，任何对于民主的定义如果偏离了这些问题都是不适当的。

二　儒学宣扬的民主观念

　　在对民主的定义进行厘清后，我现在要来探讨儒学的方面。有一种对儒学与民主之间积极关系的论点是，儒学所包含的民主观念与价值能够采纳一种作为政治制度的民主。一些评论者认为，儒家的政治权威理论尽管不是一个完全成熟的民主理论，但还是包含了基本的民主思想。或许对这

---

① See Larry Diamond, *Developing Democracy: Toward Consolidation* (Baltimore: Johns Hopkins University Press, 1999).

一立场最著名的声明表现在"为中国文化敬告世界人士宣言"中，这一宣言在1958年由四位著名的中国儒家学者共同拟定：张君劢、唐君毅、徐复观和牟宗三。他们认为传统中国思想，特别是儒家思想中，包含了"民主思想之种子"，能够发展出对政治民主明确无误的要求。这四位德高望重的思想家影响了台湾地区与香港地区的几代学者，而下文是基于他们以及后来沿袭了这一思路的学者们的主要观点所做出的分析。

1. "天下为公"

在讨论儒家思想包含民主观念时，包括上述四人在内的许多学者提倡中国传统政治文本中常见的两个观念："天下为公"和"天下非一人之天下也，天下之天下也"。但是这些观念在何种程度上是民主的？有人认为它们表现了主权在民的观念，果真如此吗？让我们先来检视这两个观念以及与其相关的文本。"天下为公"出现在儒家关于理想社会秩序理论——大同——的著名文献《礼记》中。孔子曰：

> 大道之行也，天下为公。选贤与能……故人不独亲其亲，不独子其子，使老有所终……矜寡孤独废疾者，皆有所养……货恶其弃于地也，不必藏于己……是故谋闭而不兴，盗窃乱贼而不作，故外户而不闭，是谓大同。[①]

在这里，"天下为公"意味着什么？我认为，《礼记》的译者理雅各（Jame Legge）把它翻译成"一种公共和共同的精神统治天下"时，很好地把握住了它的意思。这篇文字只字未提统治权在哪里或者谁拥有它，而是描述了理想社会的模样。在孔子看来，理想社会中的人民依照一种"公共精神"行动来增进共同利益。他们不仅在乎自己的家人，也顾及他人；不仅追求实现个人利益的权力和机遇，也公平地选择贤能来管理公共事务，从而人人得益。这一"公"的观念没有告诉我们谁拥有理想社会的统治权，只强调公共利益与公平性的理想。

---

①　James Legge, trans., *Book VII*: *The Liyun*, sec. I, p. 2, *The Liji*, vol. 27, p. 365, in *Sacred Books of the East*, vols, 27 – 28（Delhi Varanasi Patna Madras：Motilal Banarsidass, 1964）.

2. 天下非一人之天下也，天下之天下也

"天下非一人之天下也，天下之天下也"又如何呢？这不是表达了某种公共所有权或者主权在民的概念吗？这句话载于《吕氏春秋》，一本融合了早期儒家、法家、道家和墨家思想的经典文本。其中卷一的第四篇《贵公》，经常为后代的中国学者所引用，节录如下：

> 天下，非一人之天下也，天下之天下也。阴阳之和，不长一类；甘露时雨，不私一物，万民之主，不阿一人……
>
> 天地大矣，生而弗子，成而弗有，万物皆被其泽，得其利，而莫知其所由始。此三皇五帝之德也。……
>
> 桓公行公去私恶，用管子而为五伯长；行私阿所爱，用竖刀而虫出于户。①

文意十分清楚：阴和阳不偏向某一个个人或群体，而是对世间万物施予福泽。与之类似，政治也应该通过促进每一个人的利益，不加偏见或歧视，来施行公正无私和公益精神。然而与此理想形成对照的是后一篇关于政治偏私与不公的主题"贵私"，和《礼记》中的内容一样，这篇文字也完全没有提及主权在民，而是关于政治治理中"公"的重要性。无论是民主制还是君主制，公平的统治都可以与之一致的。一个君主可以同一个民选的统治者一样公正和热心公益。

3. 天意通过人民的认可来体现

在儒家思想看来，政治权力究竟在谁的手中？政治权威的终极来源在何处？在我看来，答案即是天。一个合法的统治者是从"天"那里获得了天命之人，然而即使是最明确赞成天命论的孟子也认为，天命是通过人民的接纳认可来显现的。

> 万章曰："尧以天下与舜，有诸？"孟子曰："否，天子不能以天

---

① John Knoblock & Jeffery Riegel, trans., chap. 4, Book 1, in *The Annals of Lu Buwei* (Stanford, CA: Stanford University Press, 2000), pp. 71 – 73.

下与人。""然则舜有天下也，孰与之?"曰:"天与之。""天与之
者，谆谆然命之乎?"曰:"否。天不言，以行与事示之而已矣。"
曰:"以行与事示之者如之何?"……昔者尧荐舜于天而天受之，暴
之于民而民受之……曰:"敢问荐之于天而天受之，暴之于民而民受
之，如何?"曰:"使之主祭而百神享之，是天受之;使之主事而事
治，百姓安之，是民受之也。"(《孟子·万章上》)①

　　在这段话中，孟子说天是通过神灵（通过宗教祭祀）和人民对话的，天
对一个统治者的认可能够从人民和神灵的认可中体现出来（后者通过祭
祀过程中的异常情况显现出来）。随后孟子进一步说:"天视自我民视，
天听自我民听。"② 有学者认为，这种对于人民接纳与意见的高度重视，
并以之为天命和合法统治的基础，反映了一种民主的价值或原则。

　　在另一篇中，孟子也说人民的认可是政治成功的基础:

　　　　孟子曰:"桀纣之失天下也，失其民也;失其民者，失其心也。
得天下有道:得其民，斯得天下矣;得其民有道:得其心，斯得民
矣;得其心有道:所欲与之聚之，所恶勿施尔也。民之归仁也，犹水
之就下、兽之走圹也。"(《孟子·离娄上》)③

　　因此，对孟子而言，天蕴其选择于民。任何想要长治久安的统治者都
要赢得民心，人民的同意与接纳对于统治者的政治合法性来说是必需的。
在目前所考察的所有儒家思想观念中，这一观念与民主最为接近。但是
"同意"与"民主"并不等同，这可以从如下两方面来考量:第一，一种
政治体制获得了人民的同意并不意味着它就是民主的。例如，有可能只要
一个君主的表现让人民满意，人民就会同意君主制。第二，如果同意对于
政治合法性而言是必需的，那么假使一些人或许多人并不同意，即便是民
主政治也未必是合法的。所以，"人民同意"似乎与民主制之间并无概念
上的关联，而且其与主权在民或政治平等的概念也毫无联系。后两个观念

　　① D. C. Lau, trans., Book V, A: 5, in *Mencius* (London: Penguin Books, 1970), p. 143.
　　② Ibid., p. 144.
　　③ *Mencius*, Book IV, A: 9, pp. 121 – 122.

指的是个人参与公共事务的政策决定中的权利，这种权力必须通过特定的机构或程序来表现，例如选举。人民对于政权自愿的同意并不是主权在民或政治平等的制度化表达。①

这就引出了另一种可以表现儒家的同意和民主之间差距的方式。在孟子看来，如果统治者仁爱、正直，并且能够为人民提供基本服务的话，人民就会把他看作合法的统治者。政治合法性最终是通过结果而不是过程来判定的。孟子看到了一个统一的道与人民的意愿，如果统治者依道行政，就会赢得民心和人民自愿的归顺。对孟子和其他古代先儒来说，人民的意愿就像是人类客观生存需要一样明确和稳定，任何仁爱的统治者必须把它放在首位。人民需要足够的生存物资，对私人地产的保护，轻税收，能够满足基本人际关系需要的休闲时间，和一个可以作为人民道德楷模的有德的领导者。对于儒家而言，问题不在于获知人民的需求，而在于实际上统治者往往不将这些需求放在首位。但儒家相信如果一个统治者能够为人民提供物质并满足他们的需要，那么人民的同意就是自然而然的了："民之归仁也，犹水之就下、兽之走圹也。"一个仁爱有德的君主会自然获得人民的同意，因此同意与君主制可以是一致的，尽管在君主制中人民没有权利参加政治。如果这一讨论至此是正确的话，我们或许可以得出这样的结论：儒家思想并没有表达出诸如主权在民或政治平等之类的民主观念与原则。

三　民主还是监护？

在本文开头，我们讨论说即使儒学中并不包含民主观念，也不排除儒学会接受一种作为政治制度的民主。比如，如果儒学相信民主可以有助于促进儒家价值与目标，那么它就可能会接受民主。现在我们必须考虑这样一个问题：在儒家思想中是否含有可能认可民主制的观念资源？让我们来考察一些可能含有这种倾向的观点。

1. 政治统治是建立在造福人民的基础之上的。经典文献中大量的篇章（《孟子》《荀子》《左传》）都指出上天为了人民的利益建立政治，而

---

① 相似地，政府定期向人民征求意见的事实并不意味着人民具有参与公共事务政策制定的权利。

不是相反。《荀子》云："天之生民，非为君也；天之立君，以为民也。"① 我们称其为"权威的服务观"。② 统治者最主要的任务是保护人民免受来自国内外的侵袭，并且给他们创造一种良好生活和道德生活的条件，还需要公正无私地关心人民。

2. 统治者并不一定具有道德权威。对于儒家而言，道德权威在得道且依道行德的"君子"那里。实际中的统治者未必是君子，反之亦然。如果统治者不依照道来施行治理，便会失去其政权合法性。

3. 政治批评是合法的。古代先儒们都认为，良性的政治需要统治者听取大臣与君子的意见。

4. 民意是重要的。传统儒家并不都同意这一点。孔子和荀子似乎就不认为民意有多重要，然而孟子在这一点上就把人民提升到超过大臣的地位。

5. 人民的反抗。孟子明确指出人民会推翻暴虐他们的统治者。

但这些观念必然导致对民主政治的拥护吗？答案是否定的。尽管这些观念共同构成了民主的强大性，但它们不一定需要民主，因为民主不是实现这些目标的唯一途径。儒家对一个正直、仁爱、渊博、智慧和富有才干的统治者的治理有着强烈的信念，他们相信贤人政治——政治权力应该根据才能来分配，而才能是通过上述个人素质来评判的。如果真有这样的人存在，并且也愿意从事政治治理，他就会关心人民并且聆听他们的意见和批评，因而也就不会有反叛的必要。

传统的儒家理论是一种监护，认为一个政治共同体应该想办法培养和挑选最优秀的人来担任政治职务。最佳的统治方案不是民主，因为民主支持每一个人的意见，而不是道德精英的意见。在历史上，传统的中国臣子往往是通过公开的竞争考试选拔出来的。而对于统治者的选择，在儒家看来是一桩极为重大与神圣的事件，因而无法程序化和制度化。然而他们相信，最佳人选是会从众人中脱颖而出或者被现任统治者识别出来，并将他举荐于天以接任。

---

① *Xunzi*, Book 27, p.72.

② 这一术语引自 Joseph Raz, *The Morality of Freedom*（Oxford：Clarendon Press, 1986），p.56。

四　作为次优解决方案的民主

我们可以商榷说虽然监护理论可能比较有吸引力，但是并不现实。传统儒家本身也意识到要找到一个优秀的人来承担政治领导的困难性。孔子和荀子承认，任何人想要成为君子都是困难的（孟子则对于人的道德潜力和实际道德能力持更加平等的看法，但他仍接受监护并赞成君子的治理）。但即便是找到了这样一个合适的君子，也难以保证他不会在这种监护的政治制度下被败坏。在不那么理想的情况下，儒家似乎会倾向于把民主当作次优的解决方案，因为民主看起来能更好地服务于儒家所关心的问题。民主是一种防止专政和权力滥用的机制，它允许并保护政治表达与政治批评的自由，并且通过一种制度化的途径来让人们接受其统治者。在民主制中，人民的意见自然十分重要，而统治者也就在制度上被要求服务于他们的利益。总而言之，在一个经济与社会发展水平都已十分先进的国家，民主的表现是不坏的。如果一个民选政府表现不佳，在政治决策和治理方面出现失误，在下一届选举中就会被投票出局。

儒家可能因此接受一个具有工具价值的民主，因为在现实中，民主在促进儒家政治价值和关切方面似乎颇有成效。要注意的是，把民主看作次优的选择并不等同于把民主当作权宜之计。在一个具备了有利于民主存在的基本社会，民主比监护更好地促进了儒家价值，在这个意义上，作为次优选择的民主是一个现实的理想，而一个权宜之计则只是处于权力而非出于理性与价值的平衡。① 实际上这种工具性的态度构成了许多现代儒家学者对民主思考的基础。e 有学者指出，在 19 世纪末 20 世纪初，许多儒家学者和中国知识精英已经做好了接纳民主的准备。他说："中国的精英文化充满矛盾地证明了它更乐于接受民主观念，而不是拒斥。"② 这可能是因为"在传统中国精英文化中，儒家教育也常常用公正、社会责任、人类平等、富民和其他观念来循循善诱青年，而这些观念接近于西方'公

---

① 见 John Rawls, *The Law of Peoples* (Cambridge, MA: Harvard University Press, 1999), pp. 44 – 45。

② Yu Ying-shih, "The Idea of Democracy and the Twilight of the Elite Culture in Modern China," in Ron Bontekoe & Marietta Stepaniants ed. , *Justice and Democracy: Cross-cultural Perspectives* (Honolulu: University of Hawaii Press, 1997), p. 207.

民美德’观念”。①

在我看来，在中国的传统精英文化中，这位学者所引用的儒家学者的著作表明，他们对民主的接受在很大程度上是相信西方民主制能够比传统君主制更有效地促进他们的价值和关切。其中一篇文章就是来自理雅各的中国助手王韬（1828—1897），在19世纪60年代后期游历了英伦三岛与欧洲两年后，他对英国政府和人民做出了如下描述：

> 英国的力量在于统治者和被统治者之间有一种深刻的理解，他们之间有一种紧密的联系……我觉得英国日常的国家政治生活实际上体现了我们上古黄金时代的传统理想。官员的任用采用荐举的方法，候选者上任前须被充分了解，必须有良好的品德和功绩……英国百姓均有公共意识和守法精神：法律和规则高高在上，没有人敢违背它。②

类似地，1890—1894年任中国驻英、法、意、比大臣的薛福成（1838—1894），将这种对英国民主的赞誉推至美国，说“美利坚犹中国之虞、夏也”。③他评论道：“十分明显，王韬和薛福成各自分别将英国和美国表述为中国古史上的黄金时代，似乎是把民主的西方看成儒家黄金时代的再现，这确实已是传统的儒家精英对民主观念所能给予的最高褒奖了。”④

这种高度正面的评价显示了早期儒家学者对西方民主的反应。随着中国知识分子更多地接触并了解西方民主，他们也开始更多地注意到民主的缺陷和不足。孙中山（1844—1925），现代中国的创建者，同时也是民主制的大力倡导者，就对他所认为的民主制度性缺陷十分警觉。几十年后，唐君毅（1909—1978），前文提及的四位儒家学者之一，则对西方民主批判更甚。这两位和许多其他的思想家一样，主要是考虑到民主制中的领导人问题。孙中山担心的是，民主制是否能够产生出有能力的领导人并对他们进行有效的无党派监督。唐君毅则考虑领导人的道德与政治素质——民

① Yu Ying-shih, "The Idea of Democracy and the Twilight of the Elite Culture in Modern China," in Ron Bontekoe & Marietta Stepaniants ed. , *Justice and Democracy*: *Cross-cultural Perspectives* (Honolulu: University of Hawaii Press, 1997), pp. 206 - 207.

② Ibid. , p. 201.

③ Ibid.

④ Ibid. , p. 202.

主制是否能够选出那些能够把公共利益置于其党派利益之上的领导人。①

　　这两种考虑——政治领导人的个人素质和他们对于公共利益的承诺——是儒家思想的核心。它们反映出长期以来儒家思想中的精英统治观念,统治者必须能干、正直、公平、仁爱并且愿意为公共利益服务。尽管今天许多儒家知识分子相信民主制可以比君主制更好地服务于儒家价值,但他们不会完全放弃精英统治的观念以及把公共利益看作衡量民主制的领导人、制度和程序的重要标准。如何把民主与精英统治相结合,对于今天的儒家而言是一个最有意味也是最具挑战的问题之一。②

　　作为结论,或许有必要有对本文提出的几个主要看法做一总结。第一,和某些著名的当代儒家学者的观点不同,儒家思想里不包含任何诸如政治平等或主权在民之类基本的民主价值或原则。第二,尽管在儒家思想中可能存在着倾向民主制的因素,但最受青睐的模式还是精英统治和监护。儒家希望最有德、最贤能的人能够脱颖而出,接受天命并获得人民的认可进行统治。第三,儒家思想把民主制看作在非理想情形之中所能达到的次优的选择,因为它能够比一个无德无能的君主更好地服务于儒家思想。第四,今天的儒家已经不再不加犹疑地拥抱民主。儒家怀疑民主和政党是否能够选出最优秀的人,并且这些人是否能够为了公共利益而不只是为党派利益服务。民主怎么样才能够与精英统治相结合以促进公共利益,是今日儒家思考问题的核心所在。

翻译: 皮迷迷

校对: 邹宇欣　陈祖为

---

　　① 唐君毅:《中国人文与当今世界》(下)(香港:新亚研究所,1955年),第500—539页。

　　② Daniel A. Bell, *Beyond Liberal Democracy*: *Political Thinking for an East Asian Context* (Princeton, NJ: Princeton University Press, 2006), pp. 152 – 179.

什么样的民主是普适性的?

卡斯滕·J. 斯特鲁尔 (Karsten J. Struhl)

在一篇为《纽约时报》(2004 年 3 月 17 日) 撰写的社论里,伊恩·布鲁玛 (Ian Buruma) 写道:"一年后,大部分入侵伊拉克的冠冕堂皇理由已名誉扫地。但鼓吹战争的主张背后仍然极力强调着这样一种观点:我们的军队并非意图向对方强行植入美国价值观或者说西方价值观,而是为着推广一种普适价值。这一观点实际上暗示着美国才是这些普适价值的代表。"在美国美其名曰为"政权更迭"背后的普适价值是"民主"。对美国而言,"民主"更是被清晰地阐释为"自由主义的民主",一种自由主义和民主的特殊混合物。关于此,后文还会详谈。我在这篇文章里首先将考量这种语境下的民主是否是一种普适性的。然后,我将把"自由主义的民主"作为一个披着普适性外衣的特殊竞争者来讨论。最后,我会回归到关于输出或者说强加民主是否合理的问题上。

民主普适性观念所面临的挑战

塞缪尔·亨廷顿 (Samuel Huntington) 指出,由于冷战已经结束,文化取代意识形态及经济成为全球主要的冲突。如其所言,文化的最高层面是文明,因此世界的主要冲突将集中于不同文明,特别是西方文明与儒家、伊斯兰文明之间。① 由于这些文明自身具有一连串独特的价值,西方应该"放弃普适性的错觉",采取一些必要措施提升自身的利益和独特价

---

① Samuel P. Huntington, "The Clash of Civilizations," *Foreign Affairs* 7. 3 (1993): 22 – 44.

值。因此,"西方领导人的主要责任并不是试图用西方的形象去重塑其他文明……而是对西方文明的独特品质进行维护和更新"。①

亨廷顿关于西方价值观念独特性的主张,在亚洲和伊斯兰世界引起了共鸣。比如"亚洲价值观论"提出儒家价值观是不符合民主理念的,因此民主不适合亚洲社会。类似的问题也存在于伊斯兰社会,由于伊斯兰只承认阿拉真神的最高统治,因此不能接受以人的主权为核心的人民主权。这些言论导致的结果是民主成为西方文明特有的价值观,它在亚洲和伊斯兰社会均不适用。这意味着民主作为一种价值观并不具有普适意义。

亚洲价值观论

为了更明确深入地阐述我的观点,我将首先介绍一下亚洲价值观论。1993年4月,中国、马来西亚、印度尼西亚以及新加坡签署了《曼谷协定》。《协定》强调亚洲价值观及其具体的历史环境为理解亚洲的人权和民主提供了一种有别于西方的方式。新加坡前总理李光耀是这一主张的强力支持者②,他指出虽然目前并不存在这样一种亚洲模式,但是相较于其他社会模式,亚洲社会(李明确表示他所特别提及的是东亚社会)具有明显不同的特质。比如其所一直尊崇的儒家文化淡化个人权利和民主,倾向群体和社会的稳定。而站在实际的角度,李光耀将他极力提倡的"软模式"或者说"家长式独裁政府"在新加坡大力推广,并认为此模式可以更好地促进东亚社会的经济发展。毫无疑问,李光耀将儒家文化与集权社会这两个截然不同的观念有效地结合在一起。我不是说他否认民主对促进西方经济发展方面的助益,而是认为在考虑到东亚社会的儒家传统和经济需求等前提下,西方世界所理解的民主在李光耀的理论视域中是不合时宜的。

然而1998年的诺贝尔经济学奖获得者阿马蒂亚·森(Amartya Sen)

---

① Samuel P. Huntington, "The West Unique, Not Universal," *Foreign Affairs* 7.6 (Nov/Dec. 1996): 46.

② Fareed Zakaria, "A Conversation with Lee Kuan Yew," *Foreign Affairs* 73.2 (March/April 1994).

挑战了李光耀的经济学假说。① 森认为，系统实验研究并没有明确显示经济增长与民主之间有任何形式的因果联系，而且导致经济增长的主要因素与民主之间也不甚相连。更重要的是，由于只有民主才可以迫使当权者考虑公众需求，因此经济福利会被民主加以保护和加强，举例来说，民主国家没有发生过实质性的饥荒。另外，森也对儒家价值观和文化与民主格格不入的观点提出反驳。首先，儒家价值观并非唯一的价值观，日本、中国和韩国社会同样受到佛教价值观的浸濡。其次，儒家并不提倡去崇拜自由之上的秩序或者对国家的愚忠。最后，西方哲学经典中也有专制独裁的主题，而这并没有阻止民主在西方国家的发展。

　　然而比起上述争论，有一些亟待解决的问题。首先，儒家价值观与民主之间的距离究竟达到怎样的程度？其次，儒家价值观在亚洲社会中究竟起着怎样的主导作用？再次，其他亚洲价值观，比如佛教和道教，与民主可以兼容到什么程度？最后，即使亚洲价值观和民主之间有一些出入，民主能否在亚洲社会取得重要的地位？碍于篇幅的限制，本文实难对上述问题作面面俱到的讨论，在下文中，我将提出一些概述性的见解。

　　无可否认，儒家思想确实包含了一些可以被解读为反民主的理念。比如李晨阳从中国文化语境出发，以孟子为例，认为儒家的家长式政权几乎没有给自由和平等的价值观留有任何余地。儒家思想所表达的对个人的关注，实际上更多是在强调责任而非权利，甚至可以说全无个人权利的概念。此外，李晨阳认为儒家强调一种个体与他者紧密相连的忠诚感，而民主政治则是呼吁尽量避免将这种情感直接投射到某个特定的官员身上。由此可见，这种忠诚感与深藏于民主理想中的自治观背道而驰。最后，李晨阳还指出儒家思想认为人因其不同的社会角色而不相平等，并高度重视一致性，而民主却致力于平等和多元化。②

　　这种对儒家反民主观念的阐释已经受到一些学者的质疑。弗兰西斯·福山（Francis Fukayama）提出了一些让儒家思想与民主观念相融合的方式。首先，选贤任能的观念和对教育的强调有平等的含义在里面，因为它

① See Amartya Sen, "Democracy as a Universal Value," *Journal of Democracy* 10. 3 (July 1999): 3–17.

② See Chenyang Li, *The Tao Encounters the West* (New York: SUNY Press, 1999), chapter 7.

考虑到了机会平等。其次，作为个人伦理观的儒家思想赋予家庭高于其他社会关系的优先权，如此便有余地提供一个与国家权力相抗衡的堡垒。① 郝大维（David Hall）和安乐哲（Roger Ames）认为中国的儒家传统是对一种共产主义形式的民主趋势的修正。这种民主也许与传统构想下的自由主义民主并不相符，但这并不意味着它与民主本身大相径庭。② 关于这个问题，我在后文还会进一步说明。

　　有趣的是，李晨阳认为即使儒家思想与民主价值观不符，它们之间也可以并立。中和认定民主与儒家思想有冲突的看法（这意味着二者只能取其一）以及那些试图用消除不民主因素的方式修正儒家思想的观点，他提议对中国来说最好的选择就是允许民主与儒家思想作为两个独立的价值观体系并存于世。换言之，儒家思想和民主只有在我们试图将其纳入同一个体系时才会不相容，因此只要将其严格区分开来，就没问题了。就像是儒、释、道可以在中国并行，甚至是在同一个人的内心并存一样，民主价值观也可以与另三者（儒、释、道）和平共处。③ 其目的是允许各个体系在与其他体系交流时保持自身的完整性。"在一个儒家思想与民主各自作为独立价值体系共存的社会里，一个既赞同儒家思想又提倡民主的人会听到这两种声音。"④ 有时这些声音会反对对方，这使得各个价值体系可以调和对方的越矩之处。有时它们是相辅相成的，纵然彼此之间偶尔会出现紧张局面，但这恰恰是富有创造力的表现，而不是充满无可挽救的毁灭性。

　　我不认为需要通过判定李晨阳关于儒家思想和民主的兼容性的阐释是否正确来回答"民主是否是一种普适价值"。其关于不同价值体系并存问题的分析表明任何一种文化都是复杂的，它为某些价值体系建设性地共存提供了空间和可能。尤为明确的是，即使儒家思想与民主价值观不符，也不会成为民主在亚洲社会存在发展的终极障碍。然而，从另一个角度来看，也意味着这种发展模式也许会与其在西方社会的境况大相径庭。不止

① Francis Fukayama, "Confucianism and Democracy," *Journal of Democracy* 6.2 (1995): 20–33.

② David L. Hall and Roger T. Ames, *The Democracy of the Dead: Dewey, Confucius, and the Hope for Democracy in China* (Chicago: Open Court, 1999).

③ 在李晨阳看来，佛教与道教也与民主价值观不符。

④ Chenyang Li, *The Tao Encounters the West*, p. 188.

于此，东西方价值观的二元对立，最多算是一种误导。用爱德华·弗里德曼（Edward Friedman）的话来说，"昂山素季（Aung San Suu Kyi）、金大中（Kim Dae Jung）等亚洲民主人士早就指出，所有的文化都是可以织成民主华袍的缕缕丝线。比起希腊基督教文化，佛教和儒家文化可能具有更多的民主元素"。①

那么亚洲社会的其他价值观体系呢？举例来说，道教有一个非常明确的反独裁立场，一位无政府主义者曾指出"《老子》是最伟大的无政府主义经典之一"。② 而昂山素季受佛教启发，在缅甸这样一个普遍信仰佛教的社会里领导了一场鼓舞民心的民主斗争。她写道："当民主与人权被认为与非西方文化背道而驰的时候，这种文化通常被狭义界定并显得非常单一……全世界的人类都需要自由和安全，以此保障他们的潜能能够得到充分的发挥。"③

实际上，我们在亚洲文化里所见到的是独裁和民主倾向的冲突。例如推崇儒家思想的韩国，就曾掀起颠覆独裁统治的民主运动。如同金大中所宣称的："（对民主）最大的阻碍不是其（亚洲）文化传统，而是来自独裁者及其辩护者的阻力。"④ 亚洲价值观论，在这些辩护者的口中被描述为一种服务于权力阶层利益的意识形态。套用昂山素季的话："独裁政府常以文化完整性、社会稳定以及国家安全的名义，抵制基于人权的民主改革。"⑤ 在后文我将重述关于意识形态的问题。

伊斯兰式的民主有可能存在吗？

现在我要来谈的是民主作为一种普适价值面临的第二个挑战——来自伊斯兰世界的挑战。这个挑战由一大批在 20 世纪试图以宗教观对抗民主

① Edward Friedman, "On Alien Western democracy," in *Globalization and Democratization in Asia*, edited by Catarina Kinnvall and Kristina Jonsson（New Yrok：Routledge, 2002）, pp. 53 – 72.

② John Clark, *The Anarchist Moment*（Buffalo, NY：University of Toronto Press, 1984）.

③ Aung San Suu Kyi, "Freedom, Development, and Human Worth," *Journal of Democracy* 6. 2（1995）：15.

④ Edward Friedman, "On Alien Western democracy," in *Globalization and Democratization in Asia*, p. 60.

⑤ Aung San Suu Kyi, "Freedom, Development, and Human Worth," *Journal of Democracy* 6. 2（1995）：14.

的穆斯林思想家提出,例如,埃及的赛义德·库特卜(Sayyid Qutb)和伊朗的阿亚图拉·鲁霍拉·霍梅尼(Ayotallah Ruhollah Khomeini)。这些观点背后有这样一些假想:比如当民主坚称人类是独立自主的时,伊斯兰却认为只有真主才是主宰;又如穆罕默德·伊尔哈其米(Mohamed El-hachmi)所说,"没有一个伊斯兰国家可以在不服从伊斯兰教主要教规的情况下让其民众认可其合法性"[1];再如无论一个国家是如何构成的,宗教的权威性一定具有最终否决权;等等。

在近期的一场讨论中,哈立德·阿布·埃法德(Kaled Abou El Fadl)从伊斯兰传统内部出发对这些假想提出了质疑。[2] 在讨论"只有真主才是主宰"这个假想时,埃法德认为,就伊斯兰而言,我们不能完全获悉神的意旨,因而也就没有理由假设真主想要规定人类的一切互动。与此同时,埃法德针对柏拉图在《游叙弗伦》(Euthypron)篇中提出的难题发表了自己的看法:"到底是神法在界定正义,还是正义定义了神法。如果是前者,那么只要是在神法范围内的就是正义;如果是后者,则正义所要求的,实际上就是神所要求的。"[3] 然而,由于无法完全掌握神法,我们必须把正义作为首要的准则。这样一来,按照埃法德的阐释,伊斯兰教有促进正义的义务,并且民主本身可以从正义观中显现出来。至于伊斯兰教规,由于建立在人类的解释性行为之上,因此其重要经文所衍生出的含义往往会被加以阐释。问题在于,该由谁来诠释?对此,埃法德给出的答案是信众。此外,他还认为民主是伊斯兰教关注每一个人利益的必然结果:"民主对伊斯兰教而言是一个恰当的观念体系,因为它传达出了人类的特殊价值……与此同时,它把最终权力赋予人民而非乌理玛委员会(ulema),以此为这个国家撤去神学的幌子。"[4]

哈立德·阿布·埃法德的言论吸引了一批评论家。其中,M. a. 马特达·汗(M. a. Muqtedar Khan)问到由谁来决定什么样的"民主通过的法

---

[1] Mohamed Elhachmi Hamdi, "The Limits of the Western Model," *Journal of Democracy* 7. 2 (1996): 83.

[2] Khaled Abou El Fadl, edited by Joshua Cohen and Deborah Chasman, *Islam and the Challenge of Democracy* (Princeton, NJ: Princeton University Press, 2004). 这本书中有一些埃法德的回答。

[3] Ibid. , p. 21.

[4] Ibid. , p. 36.

律"违反伊斯兰教规？如果是穆斯林法学家，那么我们所拥有的就是一个法学家的专政。这个问题是伊朗改革派和伊玛目保守派之间斗争的焦点。但值得注意的是，改革派仍然致力于伊斯兰民主的理念。他们声称只是想将监护委员会限制在其法学职能范畴内，这意味着它不应该干涉竞选。然而，这些改革者心中仍然存有一丝隐忧，因为如果监护委员会可以否决某些与伊斯兰教相悖的法律，我们仍会有可能面临法学家专政的局面。

这一切的结果是，如同其他一切宗教以及儒家思想一样，伊斯兰教具有可以支持多种解读的多重元素。就像哈立德·阿布·埃法德观点的评论家之一纳德·A. 哈什米（Nader A. Hashemi）所强调的："真正的重点不在于伊斯兰教是什么，而在于穆斯林们想要什么。如果穆斯林们真的想要建立一个民主社会……那么就该由他们来提出必要的论据……并参与到解读其宗教信仰的实践中去。"[①]

民主是一种普适价值吗？

从对亚洲价值观论和伊斯兰民主的可能性的讨论中，我们可以得出一个结论，即没有一个具体的障碍阻挡民主成为一种普适价值。然而，"没有必然的阻碍"并不意味着民主可以被定义为一种想当然的价值观。现在所需的是可以论证民主有普适性的论据。事实上，人们想要知道的是，一种具有普适价值的观念究竟意味着什么。关于这点始终莫衷一是，因为各个价值观之间很难有共通之处。阿马蒂亚·森给出了如下定义："所谓普适价值是指全天下的人们都认可其是有价值的……照这样理解，所有关于普适价值的说法都有一些悖论——尤其是，人们是否能从还没有被他们深入思考过的说法中看到其价值。"[②] 接着森表示，对于民主来说，这个标准意味着只要它成为现实，人们就会赞成它。然而，这里含有一连串的问题。首先，许多具有民主形式的国家恰恰对民主不再抱有幻想。例如，

---

① Khaled Abou El Fadl, edited by Joshua Cohen and Deborah Chasman, *Islam and the Challenge of Democracy* (Princeton, NJ: Princeton University Press, 2004), p. 52.

② Amartya Sen, "Democracy as a Universal Value," *Journal of Democracy* 10. 3 (July 1999): 12.

根据《纽约时报》（2004 年 4 月 22 日）的一篇文章，在拉丁美洲"接受民意调查的人群中，有百分之五十五的民众表示他们会支持独裁政府代替民主政府"。其次，无法明确如何把价值观建立在一种悖论之上。关于民主普适性的实验表明这一论题是否成立在于拥有民主的人是否真正拥护它。同时，在一个怎样的实证基础之上，我们才能判定不享有民主的人会拥护民主。最后，这种标准听起来像一个可疑的循环论证。只有在假设民众应该拥有这种价值观的前提下，我们才可以说欣赏民主的人会赞同它。但这只意味着民众将有理由去发现其价值，而一般人是否会接受这样的理由还需进一步论证。然而，森的理论还可以被修正得更合理一些，即如果确有一些实证性的证据或者令人信服的理由证明民主是有价值的，我们也许可以说如果民众获悉了这些依据充分的论证，就会发现民主是有价值的。

论据之一是我曾在前面提到森对李光耀的批判时所讲的——民主国家从没发生过饥荒，因为民主敦促权力阶层致力于社会需求。这个观点可以被进一步扩展为约翰·斯图亚特·密尔（John Stuart Mill）的经典理论。[①]例如，英国的工人阶级被排斥在普选之外，密尔认为即使雇主对工人们满怀好意，也不可能从工人的角度看问题。由此他推断出一个更具普遍意识的结论，即只有人们参与选举议员的流程，才能保护自己的利益。

民主的另一论据诉诸人性，认为民主参与对于发展人的才能必不可少。约翰·杜威（John Dewey）等理论家们对这一观点极为支持。[②]它回应了古典民主理论所建立的假说，正如彼得·巴卡拉克（Peter Bachrach）指出的："古典理论……基于这样的一种假设，一个人的尊严及其作为一个有用且有责任感的个体，在自由社会的成长和发展取决于其积极参与决策的机会，这会对他有显著影响。"[③]

虽然我对这两个论据给予关注，遗憾的是，它们与哲学家和社会学家普遍接受的观点相距甚远，并且都基于一些还没有得到明确证实的假设。

---

① John Stuart Mill, *Considerations on Representative Government* (New York: E. P. Dutton, 1951), chapters 3 and 5.

② See John Dewey, *The Public and its Problems* (Denver, CO: Alan Swallow, n. d. originally published 1927). 杜威认为参与民主政府本身就是具有教育意义的。

③ Peter Bachrach, *The Theory of Democratic Elitism: A Critique* (Boston, MA: Little Brown, 1967), p. 100.

在这个历史性的时刻，可以说的是，如果这些假设是正确的，这两个观点将成为民主具有价值的理由。在此基础上，我们可以认为如果人们理性地获悉了这些论据，就会发现民主是有价值的。

事实上，还有 C. 道格拉斯·拉米斯（C. Douglas Lummis）所提出的观点可以作为第三种论据来讨论。① 拉米斯认为在某种意义上，民众应该被看作政治权力的来源，至少没有他们的默契合作，政治权力将不会生效。但是，这并不意味着民众拥有权力，而实际上对他们来说，权力才是民主的实质。为了解释这种差别，拉米斯借用马克思的劳动价值论打了个比方。工人阶层是所有经济价值的来源，但这并不意味着他们控制了社会的财富。因此对马克思而言，工人阶层也许会想要控制他们创造的财富，同样地，对拉米斯来说，那些作为政治权力来源的人也会要求他们的权力。从这一点出发，民主不需要任何理由。它是一种最自然的状态和一个永恒的可能性。因此，在每一种文化里，民众都会要求民主。"有关民主的论述，"拉米斯写道，"根植于这样一种理念之上，即每种文化都会涵括一个带有其自身特色的民主模式。"② 在此论述基础之上，可以认定民主并不仅仅具有使用价值，它还有具有其内在价值。

纵然拉米斯的分析很吸引人，但我并不认为其足以让民主的普遍性观点站稳脚跟。虽然从古至今，民众常会反抗掌权者，但是直到近几个世纪，这种抵抗才以要求民主的名义发生。换句话说，也许每一种文化都会涵括带有自身特色的民主模式，但是直到现代，民主才作为一种历史运动被提上议程，这其中不乏西欧因素的影响。而将民主作为一种全球性的历史运动是建构在全球化及对全球化进行抵抗的基础上，关于这一点我在后文还会有进一步论述。

我想指出的是，如同所有价值观一样，民主价值观需要以历史的眼光去看待。民主没有永恒的价值，但它可以有普适价值，然而从另一个角度看，它的普适价值要视乎其所处的历史阶段的发展而定。于是，从某种意义上说，我的论述目的在于让森关于普适价值的标准起死回生。如果大家普遍能够认识到一种事物的价值，那么它就会有普适价值。但是多数情况下，人们对一种事物价值的确认依据并不是令

---

① C. Douglas Lummis, *Radical Democracy* (Ithaca, NY: Cornell University Press, 1996).
② Ibid., p. 43.

人信服的实证性或哲学论据，而是其历史和政治的进程。于是民主的普适性由此变为一种推论而不是假设，它从一个政治的有利地位突出和证实了某些历史趋势。所谓民主斗争是全球斗争的一部分，换句话说，它是意识形态的一种形式。

马克思在《德意志意识形态》中说道："每一个新的、把自己摆在被统治地位的阶层，只是为了贯彻落实其宗旨，而被迫将自己的利益描述成公共利益……（他们将这种描述）用一种很理想的形式表达出来：不得不给它的理念披上普适的外衣……"① 我们可以将马克思所观察到的概括为一般所说的政治斗争。当民主力量在南非、菲律宾、苏联以及东欧、韩国、缅甸、伊朗、巴西、危地马拉、墨西哥等国家成为对抗压迫政权的力量时，也即是为自己的斗争赋予了普遍意义。在全球化的世界里，这些抗争被表述为全球民主斗争的一部分。同样地，另一种全球化形式的运动利用许多国家民众的力量，将自己的斗争表述为具有普遍意义的底层斗争，也就是说，这是一场草根阶层的民主斗争。把这种斗争说成具有普遍意义是意识形态层面的表达，这并不是要否认其正确性，而是要把它放到历史的大环境中进行考量。那种认为民主是普适价值的论调必须被置于对斗争的期望，甚至是信仰中来看待。② 事实上，世界上的民主力量，包括为自己国家而战和为让全世界更民主而战，有助于对民主普适性的塑造。这意味着如果抗争成功，民主就会变成一种普适价值，因此，可以认为这种普适性目前正处于逐步形成的过程中。

与此同时，在意识形态分界线的另一端，西方力量将其模式化的民主描述为普适的，并且以此为由输出他们的民主模式。问题是，自由主义的民主是否也是一种正在形成中的普适价值？对此，有很多充分的理由可以进行否定。事实上，我们有理由认为，那些把自由主义的民主当成普适价值的意识形态与民主是普适价值的说法背道而驰。

---

① Karl Marx and Frederick Engels, *The German Ideology* (New York：International Publishers，1970)，pp. 65 – 66.

② 拉米斯认为民主需要一种信仰，不是一个宗教信仰，或是对进步的必然性的信仰，而是对现实存在的人的信仰。这个信仰基于这样一种可能，就是大家会互相信任并创造一个民主社会。"民主信仰是决定去相信一个充满民主信任的世界是可能的，因为我们某些时候可以在每个人身上找到这一点。这信仰是决定去相信人们可以保持住某些时候表现出来的品质而成为一个拥有这种品质的人。"C. Douglas Lummis, *Radical Democracy*, p. 153。

自由主义的民主是普适价值吗？

　　广泛意义上的民主是人民统治。我将其定义为在任何一种情况下，民众都拥有超越影响其社会状况的集中权力。它本身先于体制，因此也就不能等同于任何一个特有的政治体制。同时，它也存在于政治体制之外，比如民权社会、教育、专业团体、工作场所等等。具体的政治体制在某些情况下也许会促进民主，但在另一些情况下也可能对其产生阻碍。

　　相反的，自由主义的民主则是一套特殊的体制，比如代表大会、多党轮流选举制、全民普选、言论和结社自由、个人权利保障、分权而治、区分公有与私有、限制国家权力等等。自由主义的民主中的自由主义元素总是制约着民主成分，例如从历史角度来看，当古典自由主义者谈到民主管理时，所指涉的对象只是拥有财产的人，女性则完全被排除在公民权利之外。总的来说，自由主义元素经常被用来保护私有财产、不受平等需求干扰的市场关系以及家庭中的父权。针对限制政府的自由主义的民主概念，从实践的角度出发，则意味着大量的社会和经济议题无法实行。从自由主义和民主派的社会议题之间的争论来看，自由主义将会赢得最终胜利。因为在西方社会所理解的"自由主义的民主"中，自由主义才是主导因素。

　　彼丘·帕雷克（Bhikhu Parekh）曾指出没有一个原则性的理由规定自由和民主非得结合在一起。[1] 例如，可以给予这两个元素同等的重要性，或者让民主占主导地位而自由居于从属。同时帕雷克也描述了两种政体，在其之下自由主义的民主的意义是很有限的。一种是有强烈社群感和凝聚力的社会，比如中东和非洲（我在这里补充的是，许多亚洲社会也存在类似的状况）；另一种是多元社群社会，比如印度。在有凝聚力的社会里，社会共同感十分强烈，个体不会轻易从他们的家庭及其他社会组织中抽离出来。简言之，这样的社会"不会将渺小的自由个体看作社会的基本单位"。[2] 因此，由于这种社会环境下的民众被与西方社会不同的方式个体化，他们的平等、权利、公正等观念也会随之不同。比方说，为了

　　[1]　Bhikhu Parekh, "The Cultural Particularity of Liberal Democracy," in *Prospects for Democracy*, edited by David Held (Stanford, CA: Stanford University Press, 1993), pp. 156 – 175.

　　[2]　Ibid. , p. 168.

维护社会团结和基础公共道德，财产和贸易权也许会受到更多限制；言论自由并不意味着可以嘲弄宗教经典和仪式。而在多元社群社会里同时会有一些紧密团结的派别，其中的每一个都想要维护自己的传统实践。在这样的社会里，派别和个人一样拥有权利。因此，以印度为例，虽然刑法是统一的，但每一个派别都另有不同形式的民法加以管理。由此，帕雷克总结说，没有充分的理由去否认非西方社会有权力发展他们自己的政体。"硬要坚持自由主义的民主的普适性就是否认西方自己的历史经验，是在背叛相互尊重的自由原则和对文化多样性的热爱。"①

自由主义的民主是民主在西方社会的某个历史时期内产生的一种历史特定的形式。这种形式也许对其他社会类型并不适用，因此，认为民主是普适价值的观点并不是在暗示自由主义的民主同样也具有普适的性质。回想一下，对拉米斯而言，民主具有普适价值这一观点是如何演变成了"每一种文化都会涵括一个带有自身特色的民主模式"的？而接下来的问题是，"民主具有普适价值"与"民主的模式"两种说法并不相同。发展中的民主模式将受到其所处的文化中的需求和价值观的改造。吊诡的是，民主具有普适价值恰恰是因为它可以有各种各样的不普适的模式。回到亚洲价值观的讨论上来，由儒家主导的文化中的民主必然与西方式的自由主义的民主不一样；同样地，那些扎根于伊斯兰文化中的民主也是如此。基于这些事实，可以预见这世上将会有许多不同形式的民主，即使是在亨廷顿所谓的"文明的共同体"中也是一样。用昂山素季的话来说，"西方民主不存在单一类型……随着民主在东欧的传播，政府民主将会呈现多样化的趋势；在每一个国家，民主体系将会发展出符合其社会、文化和经济需求的特性来"。②

民主能被输出吗？

几个月前，伊拉克占领军的最高行政长官保罗·布莱默（Paul Brem-

---

① Bhikhu Parekh, "The Cultural Particularity of Liberal Democracy," in *Prospects for Democracy*, pp. 167 – 168.

② Aung San Suu Kyi, "Freedom, Development, and Human Worth," *Journal of Democracy* 6. 2 (1995): 18.

mer）陷入了一个很重大的窘境。占全国人口 60% 的什叶派（The Shiites）要求直接选举起草宪法的行政机构。同时他们也压倒性地赞成伊斯兰式的民主。布莱默明白一旦实行直接选举，伊斯兰式的民主很有可能会获得多数票。当被问及这一前景时，布莱默回应道："那不是我概念中的民主。"

　　布莱默的评价意在说明如果伊拉克人民不遵循美国自由主义的民主的理念，那么美国将不会允许他们选择自己政府的形式。其深层的问题并不是民主被当成普适价值，而是把作为普适价值的民主和自由主义的民主混为一谈了。正是这种混为一谈，从意识形态的角度，把试图输出自由主义的民主的行为变得合理化了。

　　我在这篇论文的开头提到伊拉克侵略战争的拥护者们声称，他们并没有试图强加美国或者西方价值观，而是强调一种普适价值。这种说法的谬误之处现在理应明确了，如果是真正的民主，必须反映其所根植文化的价值观。那些想要输出强加的特定民主形式的做法，实际上恰恰是在否认民主的普适意义。具体而言，对美国来说，试图将自己的民主形式输出或强加给别的文化，其本质正是在反民主。

翻译：余舒丹
校对：邹宇欣

自由主义民主世界中的儒家与社群主义

拉塞尔·阿本·福克斯（Russell Arben Fox）

导　言

约二十年前，约翰·杜恩（John Dunn）曾说："民主理论是现代社会公开的伪善之言。"时至今日，"民主已经成为每个国家理应选择的道路"。① 这一点从各种标题中就能看出。即便不去读福山（Francis Fukuyama）和亨廷顿（Samuel Huntington）的著作，人们仍能明显地意识到，随着集体主义势力的彻底崩溃，虽然民主实践有待发展，但至少民主理念已经占据了绝对优势，上述两位学者的著作则更能说明这一点。② 达梅尔（Fred Dallmayr）说过："一个世纪以前，只有托克维尔（Tocqueville）对民主有一些模糊的认识，然而现在，民主这个'天之骄子'似乎已经完成了它的使命并在世界范围内得以实现。"③

几乎无所不在的民主言论以及全世界对民主的热切期望究竟有多大意义？在政治学理论的王国里，这个问题引发了更多的讨论。比如大卫·荷德（David Held）提出："对自由主义民主不加批评的认可，必然导致对

---

① John Dunn, *Western Political Theory in the Face of the Future* (Cambridge: Cambridge University Press, 1979), p. 11.

② 例如 Francis Fukuyama, *The End of History and the Last Man* (New York: Free Press, 1992); Samuel Huntington, "Democracy's Third Wave," *Journal of Democracy* 2.2 (1991)。

③ Fred Dallmayr, "Justice and Global Democracy," in Ron Bontekoe & Marietta Stepaniants ed., *Justice and Democracy: Cross-Cultural Perspectives* (Honolulu: University of Hawaii Press, 1997), p. 443.

民主意义及变化分析的缺失。"① 世界各族人民在宗教、文化、语言、历史等方面存在的巨大差异能否被平等地接受？不得已时，这些差异能否屈从于郝大维（David L. Hall）所定义的"现代时期"（Modern Age）②，即"自由主义民主体系、自由资本主义以及理性技术的普及"？或者，这些差异会不会使世人对史华兹（Benjamin Schwartz）所说的"无可救药的西方"等现代民主社会的阴暗面③心生怨恨，进而导致新一轮国家间、文明间的冲突？④

运用非西方的哲学模式来思考政治问题的努力刚刚开始，但这一尝试对解决上述问题有着重大意义。本文将以当代民主思想——社群主义为主线，将之寓于东亚儒家思想遗产之中。近年来，太多的人随意地将社群主义与儒家学说相结合或作对比，这对二者都不利，而他们的共同点其实才是值得我们去深究的：一方面因为二者互补，另一方面因为社群主义与儒家学说可以共同为民主进程做出重大贡献。

孔子是一名社群主义者吗？

当我们把经典的儒家学说⑤与社群主义摆在一起时，看到的人主要有两种反应：一种认为这是很自然的事情；另一种则表示这太荒谬了。一方

① David Held ed. , *Prospects for Democracy*: *North*, *South*, *East*, *West* (Cambridge, MA: Polity Press, 1993), p. 14.

② David L. Hall, "Modern China and the Postmodern West," in Eliot Deutsch ed. , *Culture and Modernity*: *East-West Philosophic Perspective* (Honolulu: University of Hawaii Press, 1991), p. 50.

③ Benjamin Schwartz, "Culture, Modernity and Nationalism—Further Reflections," *Daedalus* (Summer 1993): 207.

④ Samuel Huntington, "The Clash of Civilizations?" *Foreign Affairs* 72. 3 (Summer 1993): 23 – 49.

⑤ 本文中"经典的儒家学说"是指《论语》和《孟子》中提到的原则。除特殊说明以外，本文对《论语》和《孟子》的引述都来自 D. C. Lau 翻译的版本。之所以要加上"经典"二字，主要是因为数百年来，人们发展出了多种对儒家学说的解读，其中甚至包括儒学与新儒学两种竞争性的学派，而本文将努力忠于孔子与孟子的原意。之所以引入孟子的观点，是因为其与孔子原著中的观点高度一致，而且《论语》和《孟子》都位列"四书"之中成为正统儒学教育的基础。见 Tu Weiming, "Towards a Third Epoch of Confucian Humanism," in *Way*, *Learning*, *and Politics*: *Essays on the Confucian Intellectual* (Albany: State University of New York Press, 1993), pp. 141 – 159。

面，很多人认为，"儒家亚洲"[①] 的社会所秉承的一系列基础价值观与西方价值观完全对立。比如，"社群主义"这个词就曾在五年前发生在《外交政策》（*Foreign Policy*）期刊上的论战中屡被提及。彼拉哈里·考斯甘（Bilahari Kausikan）指出，在政权组织形式上，"亚洲的社群主义传统"比"西方的对抗体制"更加优越。阿耶·乃尔（Aryeh Neier）则反驳说，考斯甘所谓的社群主义实际上是一种"一致的强权"，是用来伪装"集权制政府"的假面具而已。[②] 这场争论最后以这样一句结论告终：在许多人看来，一种通俗的、儒家式的社群主义，往往打着"软集权主义"的旗号存在，而这正是东亚民主化的主要障碍。[③]

另一方面，将儒学等同于当代社群主义确实有一点荒唐。孔子不会去与一个强调个人主义的守法政府做斗争，也不会与一种实利主义、强调社会分散化的文化相对抗。他所处的社会是 2500 年前日渐衰落的东周王朝，是一个国内秩序几乎完全崩溃、诸侯之间战争频仍的时代。借用社群主义分析自由公民的话语体系来说，孔子学说的受众并不是处于社会边缘的、对现状不满的人，而是一小部分希图在战火纷飞的岁月中保护并提升现有文明水平的知识分子阶层。

为了避免对儒家和社群主义政治学说造成极端化或历史抽象化的解读，我们有必要先来谈一谈超现实的政权运作形式。在这方面，韩国前总统金大中的选举就是一个很好的例子。金大中的选举无疑是民主在深受儒家思想浸淫的亚洲的一次重大胜利。长期作为社会活动家的金大中经常抨击与集权主义紧密结合的亚洲文化，他指出，韩国所处的财政困境很大程

---

① 中国大陆和台湾地区以及朝鲜、韩国、新加坡、日本、越南都不同程度地受到儒家的影响，因此统称"儒家亚洲"。见 Tu Weiming ed., *Confucian Traditions in East Asian Modernity*（Cambridge, MA: Harvard University Press, 1996）; Gilbert Rozman ed., *The East Asian Region: Confucian Heritage and Its Modern Adaptation*（Princeton: Princeton University Press, 1991）; Peter Moody, Jr., *Political Opposition in Post-Confucian Societies*（New York: Praeger, 1988）。

② Bilahari Kausikan, "Asia's Different Standar," 以及 "Aryeh Neier, Asia's Unacceptable Standard," 两篇文章均来自 *Foreign Policy* 92（Fall 1993）: 35, 43。

③ Daniel Bell, "A Communitarian Critique of Authoritarianism: The Case of Singapore," *Political Theory* 25（February 1997）: 6 - 32.

度上是前几任领导人腐败的"亚洲式民主"①造成的。虽然十分推崇并曾长期流亡美国，他仍会倡导一些与西式民主不同的公益活动，比如"公共城市节约"等等。②金大中及其他民主人士在儒家的亚洲所传播的东西代表着一种趋向新的政权形式的努力，这种政权形式既是对简单的"经典现代化理论"中自由主义的挑战，也是对大胆激进的李光耀式集权主义的挑战。

　　上述政权形式说明东亚国家开始努力适应"现代时期"的政治现代化趋势，但这并不意味着他们将走向自由民主之路。相反，他们正在发展一种"非自由"的民主结构来保护并提升"社群主义"的生活方式，尤其是保护那些经济资源与城市资源，在保证人民能够进行正常而活跃的家庭生活同时，支持道德的集权主义。③有观点认为东亚的儒家思想指向的是一种特定的社群主义民主理论，这一观点其实并不十分清晰透彻。可以肯定的是，最基本的儒家著述中几乎不会直接探讨政治问题，提及民主的部分则更少，但孔子确实提出了一些简略的、社群主义者用以批判自由民主的基础理论。在杜维明（Tu Weiming）看来，"儒家社群主义，与其说是一种浪漫的乌托邦构想，不如说是一种建立在人类社会自然秩序基础之上的理论与实践的集合，这些自然秩序包括家庭、邻里、亲缘、宗族、国家和世界"。④当今社群主义者著述的核心都是在强调，无论是一个家庭、一个部落、一个城市、一个阶级、一个国家还是一个民族，这种社群主义的本质力量对人类社会都是自然而且重要的。⑤

　　所以问题不是"孔子是不是一个社群主义者"，而是在这个日益现代

---

①　Kevin Sullivan, "South Korea's Kim Blames 'Lies' For Turmoil," *The Washington Post*, 9 January 1998, A1, A26; Kim Dae Jung, "Is Culture Destiny? The Myth of Asia's Anti-Democratic Values," *Foreign Affairs* 73.6 (November/December 1994): 189 – 194.

②　Kim Dae Jung, "Korea and the Future of the Pacific Basin," speech delivered at The Georgetown University School of Foreign Service, April 8, 1997, photocopy in possession of author.

③　Daniel Bell, David Brown, Kanishka Jayasuriya, David Martin Jones, *Towards Illiberal Democracy in Pacific Asia* (New York: St. Martin's Press, 1995), pp. 1 – 16, 36 – 40.

④　Tu Weiming, "Embodying the Universe: A Note on Confucian Self-Realization," in Roger T. Ames, Wimal Dissanayake, and Thomas P. Kasulis ed., *Self as Person in Asian Theory and Practice* (Albany: State University of New York Press, 1994), p. 181.

⑤　Michael Sandel, *Liberalism and the Limits of Justice* (Cambridge: Cambridge University Press, 1982), p. 174.

化与民主化的世界中，传统儒学能够以何种方式服务于社群主义者的需求。这一问题不光对那些一直在与自由现代化的诱惑做斗争的亚洲思想家们有利，儒学本身对西方社群主义思想的完善也有帮助。十年前，约翰·华来池（John Wallach）就曾抱怨，"社群主义者的著述中尽管广泛涉及政治问题，但实际上，他们什么都没说"，关于当今自由民主社会的分析"是他们最迫切需要的东西，但也是他们愚蠢地忽视掉了的部分"。① 在这一观点上，华来池确实是有预见性的。一般来说，社群主义者擅长对自由主义历史以及对社会形成基础的理论分析，但恰恰不擅长讨论现代社会应如何建构的问题，这也就是为什么学界往往将社群主义者对自由主义的批判视作纯理论而没有实际的意义。②

　　传统儒家思想刚好可以提供一套塑造社会的理论与实践体系。制度儒学固然已经成为历史，但儒学对政治的意义不应局限于这一种形式。正如殷陆君（Yin Lujun）所说，儒家的话语体系必须经历一次"哲学的重构"，因为儒学文化在当今世界的存在"要依赖于我们对它的创造性解读"。③ 将儒家学说的某些方面与当代社群主义对自由主义的批判进行比较，不难看出儒家学说的解释力度能够超越其所诞生的那个传统的君主制时代，而且这种解释力度有助于亚洲更好地去协调与自由民主的关系，同时也为社群主义者提供了一个很好的例子来支持他们阻滞民主的传播与

---

① John R. Wallach, "Liberals, Communitarians and the Tasks of Political Theory," *Political Theory* 15（November 1987）：593.

② 社群主义一直以来都被指责为怀旧和不合时宜的，某种程度上来说，这是不可避免的。正如麦克尔·瓦尔泽尔（Michael Walzer）所言，现在社群主义最大的作用在于对现在这个时代的修正，指出现代化消极的一面并努力加强其积极的一面，所以社群主义者不能（也不想）去提出一种替代性的社会生活方式。见 Michael Walzer, "The Communitarian Critique of Liberalism," in Amitai Etzioni ed., *New Communitarian Thinking: Persons, Virtues, Institutions, and Communities*（Charlottesville: University Press of Virginia, 1995）, pp. 52 – 70。但也有一些作者设想了具有鼓舞性的替代方式，比如 Michael Sandel 的 *Democracy's Discontent: America in Search of a Public Philosophy*（Cambridge, MA: Harvard University Press, 1996），这本书站在一个更为客观的角度对现代社会的共和视角进行诠释，描绘出美国经济及律政历史被忽视的方方面面。一个更好的例子在于 Alan Ehrenhalt 的 *The Lost City: Discovering the Forgotten Virtues of Community in the Chicago of the 1950s*（New York: Basic Books, 1995），这本书平实地建构出一种更为社群主义的生活方式的要求，即对权威的更加尊重，更多的公民参与，以及接受较少物质和社会选择的意愿。

③ Lujun Yin, "The Crisis of Hermeneutical Consciousness in Modern China," *Journal of Chinese Philosophy* 17. 2（May 1990）：420, 423.

扩散。

社群主义对自由主义的批判

当代社群主义理论具有多个不同的理论来源，比如亚里士多德的"城邦国家"、卢梭的"公共意志"、黑格尔的"伦理"、阿伦特的"积极生活"等。有些社群主义思想主要关注自治问题，其他则关注人类道德或宗教团体的重要性。无论理论路径如何，社群主义的主要观点还是"自由社会的失败终将在其公民中培养起一种社群认同感"。哈利·赫施（H. N. Hirsch）是社群主义的主要批判者之一，他将社群主义的观点视为"对实利政治的厌倦"导致人们去追寻一种"仁爱政治"①，认为大部分社群主义者只是在追寻仁爱的说法其实有点过分，至少社群主义者对社会中人们追逐个人利益造成的负面影响的担忧是不容置疑的。

批判自利政治最有利的观点是：自利政治的社会需要一个中立的权威。这一点在哲学上是完全说不通的，如果说 A 和 B 两个人都在追求他们认为符合自己最大利益的事情，而对他们的限制仅仅是不许他们因对自身利益的追求而妨碍到他人对利益的追求，这就意味着人对个体利益的追求超越其他所有价值，甚至超越了一些规范性价值，因为这些价值往往要求人们限制或放弃某方面的利益诉求或者给予他人更多的关注。当然，要权衡"利益应服从其内在规范"和"利益至上"的政治理念是非常困难的。自由主义（至少是其理论框架）永远无法证明其中立性，而只会在各个方面上维护自利原则，不会捍卫任何大于个体的诉求，而这种大于个体的东西就是深受诟病的"集体"，这也是自利政治的社会有意忽视的。②

与哲学上的争论相比，关于人民的现实探讨更加重要：自由主义证明不了自己的中立性，那么支撑人们选择的就只有虚弱的功利主义，这种支持远远不能使人们保持友爱的关系、维系共同目标、做出个人牺牲或奉献等人类有时会迫切需要的素质。社群主义者强调，主张无论如何都不要相

---

① H. N. Hirsch, "The Threnody of Liberalism," *Political Theory* 14. 3（August 1986）: 423.

② Michael Sandel, *Liberalism and the Limits of Justice*, esp. Chapter 3.

信任何集体期望和集体共同性①的观点是彻头彻尾的还原论，它否认人类对集体观念的需求或是将集体观念描述成仅仅是个体行为的集合而已。②这种对人类社会的分化认知使人们无法考虑自己应担任的角色和应承担的责任，也使个人和社会无法认清人类存在需要的一些基础性原则。最终，一个纯粹的自由主义政体中无法组织和培养起维系自由与自治观念所必需的活动与情操。③

　　要想超越自利并将"公共愿望"的概念转向积极层面，我们需要重新开始重视集体的存在。查尔斯·泰勒（Charles Taylor）从语言的角度触及这一问题：比如 A 与 B 两个人在对话，这种对话将两人带入了一种利益关系。这种利益并不是由某个人单独创造出来的，而是两个人集体创造的公共利益。语言活动不仅促进人与人之间的沟通，还使人们能够从各种不同的角度理解过去或现在某种思想或观点的形成过程。当我们在选择接近某主体的路径时，单向思维肯定是不行的，个体的意义终将变成集体的意义，而关于个人与集体的争论则将成为最重要的问题。这样，构建一种不仅仅是利益集合体的集体概念成为可能，这种集体就是在自利社会简单的偏好中引入公共力量与道德力量的结果。泰勒写道："从'你和我'的观念向'我们'观念的进步，实际上是一种人类迈向'公共'这一领域的进步，这是语言带给我们的最重要的贡献之一，而语言学研究在其中起了重要作用。"④

----

①　当然，人们有很多理由可以不去信任"大于个体的诉求"，有些理由确实是伟大而发人深省的，但其他的则是可恨的、残忍的。自由主义思想起源于西方，部分原因在于深切的道德与人文关怀、宗教信仰、对君主的信任以及个人的智慧等等，鉴于此，自由民主思想在今天更有号召力，这一点并不过分。其号召力同时也来自一种残酷的恐惧，即害怕掌握过多权力的人对人民恣意杀戮或侵害。见 Judith Shklar, "The Liberalism of Fear," in Nancy L Rosenblum, ed., *Liberalism and the Moral Life* (Cambridge, MA: Harvard University Press, 1989), pp. 21 – 38。

②　Amitai Etzioni, "A Moderate Communitarian Proposal," *Polital Theory* 24. 2 (May 1996): 168.

③　关于民主对公共生活及公共福利提出比现代自由中立性的许可更多要求的观点已经从各个角度诠释。一个关于建立能够并且愿意将自身置于寻求公共福利的公民社会的简明例子，参见 Jean Bethke Elshtain, *Democracy on Trial* (New York: Basic Books, 1995)。

④　Charles Taylor, "Cross-Purposes: The Liberal-Communitarian Debate," in *Liberalism and the Moral Life*, pp. 167 – 168. 另见 Taylor, *Human Agency and Language: Philosophical Papers I* (Cambridge: Cambridge University Press, 1985)。

当然，单纯强调一种共同语言会导致对其他语言的贬低，但一个多元化的社会中必然存在多种不同的话语体系，那么自由主义者会说，不要限制那些不专业的、排他的、自利的声音，这样才能保证每个人都有说话的权利，这样不是更好吗？这涉及如下两个问题：首先，在多种文化并存的社会中，有各种各样的声音、语言、标准，自由主义的价值观（大部分社群主义者受到西方文化熏染，也会赞同这些价值观）认为个人与社会之间必须存在一定的距离，才能防止极端压迫的出现。简单地说，社会准则应该承认一种"包罗万象的价值观"①，对于那些支持重视公共利益的政治体制的人来说，最大的挑战是如何表达并证明这些社会准则。要想建立一种能够包容社会多元性的基础价值标准，就引出了第二个问题，即社会建设。即便是针对一些比较普适的社会准则，应该怎样建构社会才能使这些准则得到清晰的表达？

大多数关于社会结构的理论都在两个极端之间呈波谱状分布。粗略地说，集体的联系源于多个个体与公共权力之间的相互认可或是部分个体在公共活动中的多边参与，抑或二者兼有。上述两种情况下，个体都倾向于保有一种共同的价值观，这种共同价值观或者是权威的文本与权威的个人，或者是像宗教团体具有的那种共同思想体系，再或者是由历史发展而来的一套实践经验，比如城市组织的形成等等。② 许多社会结构中都包含有上述两种因素，但从理论上说，认为所有社会都是围绕着"权威"与"活动"组织起来的观点并没有错。当代思想界，与社群主义有关的思想家们可以定位在这两个极端之间，比如麦克尔·瓦尔泽尔（Michael Walzer）、本杰明·巴伯（Benjamin Barber）、谢尔顿·沃林（Sheldon Wolin）和汉娜·阿伦特（Hannah Arendt）等人强调有力、直接、深入的社会活动，而其他一些人，比如阿拉斯戴·麦金太尔（Alasdair MacIntyre）、威廉·伽斯通（William Galston）、查理·泰勒和米切尔·桑德尔（Michael

---

① 见 Etzioni, "A Moderate Communitarian Proposal," *Political Theory* 24.2（May 1996）: 163.

② 术语 tending 转引自 Sheldon S. Wolin, "Tending and Intending a Constitution," in *The Presence of the Past*（Baltimore: Johns Hopkins University, 1989）.

Sandel)等人则更重视让社会在权威性、基础性的传统以及公共目标下运转。① 当然，这两类社会秩序都被自由主义者视为极端社群主义，乔治·凯特布（George Kateb）害怕社群主义者对社会活动的追求会使顺从取代民主，进而演化为法西斯主义。同时，威尔·凯姆利卡（Will Kymlicka）也指出，任何有权威的公共利益、公共话语的发展都会造成对边缘人群的不民主。②

至于经典儒家学说，令人惊讶的是，孔子早期的思想中就已经发展出一套能融合两种极端的社会秩序。儒家讲的礼制为权威与活动划分了不同标准，这与一般的西方经验迥然不同。探索这种礼制社会的理论意义是一项比较新的研究，但其实已经有许多哲学家为了发展道德与正义的理论率先触及了传统的儒家思想，这就为我们提供了上文提到的建立社会所需要的道德基础，但目前几乎没有人对儒家社会自身的理论与实践进行彻底的思考③，而这将成为本文的重点。

儒家模式的社会秩序

为了理解权威与活动如何共同运作才能缔造出一个儒家社会，我们必须首先了解一些理论。郝大维与安乐哲（Roger Ames）列出了以下几个构成儒学政治理论的要素：个人修养、礼、法、社会角色与社会机制、称谓序列、官员的表率作用等等。至少，这些要素为我们呈现了一种与西方

① 至少桑德尔、麦金太尔、泰勒，以及瓦尔泽尔经常被标识为社群主义者，尽管他们都在不同的场合对这一词语本身提出质疑。特别是麦金太尔、沃林以及巴伯与社群主义理论之间呈现更为边缘化的关系。另外，伽斯通长期与各种自述性的社群主义著作、宣言以及机构密切关联。毫无疑问的是，阿伦特自然而然地宣称自己是一个社群主义者，她于 1975 年逝世，离这一词语演化为现代意义还有一段时间。有些人视阿伦特为社群主义的忠实追随者，而另一些人却利用她来批评像桑德尔等社群主义代表人物。见 Bruce Frohnen, *The New Communitarians and the Crisis of Modern Liberalism* (Lawrence：University Press of Kansas, 1996), p. 201; Bonnie Honig, *Political Theory and the Displacement of Politics* (Ithaca：Cornell University Press, 1993), pp. 162 - 199。

② George Kateb, *The Inner Ocean：Individualism and Democratic Culture* (Ithaca：Cornell University Press, 1992), pp. 229 - 232; Will Kymlicka, *Liberalism, Community and Culture* (Oxford：Clarendon Press, 1989), pp. 82 - 87.

③ David L. Hall, Roger T. Ames, *Thinking Through Confucius* (Albany：State University of New York Press, 1987).

传统完全不同的政治形态。① 本文不会涉及以上所有要素，而只会选取三点进行讨论。第一点，礼、法、秩序间的关系。第二点，历史所赋予的社会责任的重要性。第三点，个人修养。通过对这些要素的解释与重构，笔者希望证明以下两个问题，即儒家社会秩序中活动与权威的关系；这种关系怎样支撑起一种强大而特殊的社群主义：既能应和社群主义对现代社会的不满，又能避免走向非民主的极端。

不同的本体论

审判与刑罚应以礼制实践而非成文的法律为前提，这一观点本身在西方人看来就是非常奇怪的，当这一见解被用于探讨民主问题时，则更令人讶异。自然法和公共契约以及独立的司法制度才是西方人熟悉的基本民主思想，但这种法律正义恰恰是传统儒学所没有的。② 孔子并不信任所谓的"道之以政，齐之以刑"（意思是以具体的法律作为社会秩序的基础），因为法律并不能满足对"德"的需求。但这并不能说明孔子是一个完全反对法治的道德纯粹主义者，实际上，孔子只是在善意地比较那些"尊重法律"的人和总是谋求"特殊待遇"的人。孟子将孔子的观点加以扩展，认为："徒善不足以为政，徒法不能以自行。"大体来说，孔子认为德政应该建立在道德说服力和社会羞耻心之上，而非全面的、应用型的惩罚性法律。③ 这里说的"德"实际上是一种"围绕着'道'的存在"，而"道"则是一种古代东亚社会普遍接受的道德标准。

关于"道"，陈荣捷（Wing-tsit Chan）这样写道："人们倾向于将之描述为一种绝对的、超自然的、具有实体性的存在，但事实并非如此。中国人所说的'道'是一种存在的'道'，即存在的过程。我们不能把它分成主体与客体，因为它本身就是主体。这是一种内在的哲学，事物之道其实就是事物中蕴含的道。有时我们会用二分法划出超然与内在组成的维度，但中国'道'的思想无法划入这个维度之内，因为中国人不会去分

---

① Hall and Ames, *Thinking Through Confucius*, p. 131.

② Daniel Bell *et al.*, *Towards Illiberal Democracy*, p. 75.

③ Roger T. Ames, *The Art of Relership*: *A Study in Ancient Chinese Political Thought* (Albany: State University of New York Press, 1994), pp. 115 – 120.

辨'人'的与'非人'的领域。"①

陈荣捷所谓的不区分"人与非人"看起来令人困惑。如果要西方人理解，孔子一定是个"泛神论者"。但任何神学都与孔子在《论语》里的思想相去甚远（未能事人，焉能事鬼？）。对于"非人"的另一种解释是，这种"道"在词义上是指"天"之下所有东西的集合，是既有的，而不是人创造出来的。商周时期，中国最早的宗教信仰发展出一种对世界的认识，即认为世界是预定的、不断发生着的、永恒的。中国人没有"无中生有"的概念，也没有末世论的观点。② 道是一种超宇宙的存在，是宇宙运行的永久内在进程。③ 中国人既不将自己视作宇宙中的过客，也不认为自己是宇宙的核心，只是简单地认为自己是宇宙活动的普通参与者。

然而，作为参与者，就应该知道宇宙中有一种更高级、更道德的存在方式，而这种方式需要依靠礼仪活动来证明。这些"礼"包括了各种不同的艺术形式，比如音乐、诗歌等等，还有多种多样的礼节标准以及表达尊敬和礼节的动作，这些礼在孔子时期就已经有几百年的历史了。④ 根据每个人所扮演的不同社会角色（比如父子、君臣等），都会有一套对应的礼仪与之相适应。但孔子并不仅仅将这些礼仪视作表达尊敬或孝道的仪式，更多的是一种连接人的行为与事物内在运行秩序的媒介，这种运行秩序就是"天"，即"至高道德意愿"。尽管"天"并没有正式制定这些礼仪规范，但天仍是礼仪力量的来源。在史华兹看来，"完整意义的'礼'，既包含了人类的活动，又具有宗教性质"。⑤

这些由历史传统演化而来的古礼，代表着世界上不同的存在方式，用

---

① Wing-tsit Chan, "Influence of Taoist Classics on Chinese Philosophy," in Neal Lambert ed., *Literature on Belief: Sred Scripture and Religious Experience* (Provo, UT: Brigham Young University Press, 1981), p. 143.

② Robert C. Neville, "From Nothing to Being: The Notion of Creation in Chinese and Western Thought," *Philosophy East and West* 30 (January 1980): 21 - 34.

③ Chung-Ying Cheng, "Chinese Metaphysics as Non-metaphysics: Confucian and Taosit Insights into the Nature of Reality," in Robert E. Allinson ed., *Understanding the Chinese Mind: The Philosophical Roots* (Oxford: Oxford University Press, 1989), p. 175.

④ 这些祭祀仪式、丧葬典礼以及其他语言、行为等社会互动的礼仪规范都是商朝和周朝初期创造并确立下来的，但直到孔子时期，才将这些礼制推广到中国社会的各个阶层。有关这些活动与传统的基本文献称为"五经"，包括《周易》《尚书》《诗经》《礼记》《春秋》。

⑤ Benjamin I. Schwartz, *The World of Thought in Ancient China* (Cambridge, MA: Harvard University Press, 1985), pp. 48 - 50, 67.

孔子的话来说，是"有魔力的"。礼具有一种转变的力量，这与查理·泰勒笔下的对话改变道德观念的观点没什么不同。礼注重那种明确、周详的大型仪式（这也是一种社会交流的形式），并将之转化为人内在道德世界的一部分。① 即便没有客观的道德标准做基础，正确的礼仪活动本身也就变成了道德。这样的生活方式不需要严格的自我定义与自我分析，特殊化的个人逐渐消退，一种内在的社会性，而非统治者个人，才是事物的根源。但这并不意味着"个人"作为一个自利的、敢于反抗的个体在儒家思想中没有地位，孟子曾说："自反而缩，虽千万人吾往矣。"（《孟子·公孙丑上》）。但孔子也认为能够积极承认个人的时机并不多。服从在《论语》中是一个重要的德行，因为孔子害怕过多地强调个人会导致人们忘记自己通过"礼"而与"天"形成的关系。实际上这是一种对传统的服从，这种服从能使人从一开始就真正地参与世界的内在秩序，而非仅仅对之做出反应。孔子曾考虑放弃言说，当他的弟子劝阻时，他回答道："天何言哉？四时行焉，百物生焉。天何言哉？"神的力量是通过人的行为显现出来的，所以正统的儒家才会说："天生德于予。"

人的角色与人的统治

但是这种道德的本体论对于法律和政治有什么意义呢？这是否意味着儒家社会中的个人只有依靠这种"神德"来保护自己免于被遭到滥用的权力所侵害？人们往往会有这样的担忧，"礼也许可以保持一种社会意识，但礼不会为反对多数主义服务，也不会保护个人或少数人受到多数人、社会乃至国家的侵害"。② 事实也许如此，但并不全面。首先，儒家

① 芬格莱特（Herbert Fingarette）认为，儒家"有魔力"之处在于"一个人只要直接通过礼仪去祈祷就可以不劳而获，使用魔法的人不需要任何策略或是工具，也不需要花力气，只要简单地照着礼制的要求去祈祷就可以实现目标"［Fingarette, *The Secular as Sacred* (New York：Harper & Row, 1972) pp. 3, 20］。这并不是说孔子真的有什么魔力，只是强调儒家思想中没有通过礼来获得优势、实现社会成就的考虑。礼只是人与世界的基础性关系，做该做的事，该来的总会来。

② Randall Peerenboom, "Confucian Harmony and Freedom of Thought：The Right to Think Versus Right Thinking," in Wm. Theodore de Bary & Tu Weiming ed., *Confucianism and Human Rights* (New York：Columbia University Press, 1998), pp. 249－250.

学说与人权显然并不是不相容的，现实的问题其实更复杂。① 其次，也是更重要的一点，这种担忧并没有考虑到在儒家社会中政权的特性。孔子认为任何政权都不应建立在法律架构之上，而应建立在"德"之上，这种"德"是与人的社会性以及人通过礼与天形成的关系共存的。礼不仅将个人与天联系起来，更在社会成员之间建立了联系，赋予了每个人按照道德秩序彼此尊重的义务。这种认为世界正显现出一种全民参与其中的道德秩序的观点在古代的西方世界就存在，但这一观点未能传承到现代化的今天。另一方面，"礼"中还有一种"公之于众"的意识，忽略礼仪重要性的人将会"不学礼，无以立"。"立"具有公共性，这并不只是一种私人的、内在的行为，还是一种社会意义的创造。这就能使人们将个人生活与公共生活结合起来，也就成了一种赖蕴慧（Karyn Lai）所说的"礼制下的社会人"。② 在孔子看来，"礼，与其说是祭祀活动的方式，不如说是人与人之间关系的范式"③，这种范式要求每个人都需要依靠其他人来"合理地履行由其所处社会结构中的特定地位决定的责任"。④ 这时政权的统治就需要所有人的共同合作。

儒学的这一方面可以称为"人民的自治道德感"，在儒家社会结构中，每个处于礼制之中的人都有着平等的责任。⑤ 而这是否意味着孔子认为人人平等呢？恐怕不然。孔子更有可能将普适的平等视作一种疯狂的想法。但这种社会结构中的个体之间存在一种"均衡"，如斯迪文·沃克（Steven Walker）所言，"儒家讲的平等，是一种基于社会角色与家庭角色的、具有充分相对性的关系"⑥，这种相对性在《论语》中起着重要作用，并有助人们理解儒家的这种"均衡"。当然，并不是所有角色都是平等的，比如正统儒家中的"五伦"（即父子、兄弟、君臣、夫妇、友人）

---

① 相关文献见 Summer B. Twiss, Julia Ching, Chung-ying Cheng 及其他学者被收入 *Confucianism and Human Rights* 的论文。

② Karyn L. Lai, "Confucian Moral Thinking," *Philosophy East and West* 45 (April 1995)：255.

③ Robert M. Gimello, "The Civil Status of *Li* in Classical Confucianism," *Philosophy East and West* 22 (1972)：204.

④ Lai, "Confucian Moral Thinking," *Philosophy East and West* 45 (April 1995)：253.

⑤ Schwartz, *The World of Thought in Ancient China*, p. 107.

⑥ Steven Walker, "Confucianism in America," *Journal of Chinese Philosophy* 20.4 (1993)：499, 2.

之中除了最后一伦，其他全是不平等的。但这种不平等无法成为儒家学说中的主导思想，因为还有一条儒家的"黄金法则"就是"己所不欲，勿施于人"，而且，这些不平等关系随着时间的推移是可以互相转化的，子终将为父，学生会成为老师，女孩也会成为母亲……这些责任使人们践行并遵从权威的活动，但其对应的社会角色会因时空变化而转移。在包括儒家在内的许多古代东亚思想体系中，都存在一种"阴阳观"，即用阴和阳来表达一种终极的平衡或者均衡，这种均衡同样反映在社会角色的互相转化之中。社会角色之间的分界线永远不是固定不变的，而是一种"对称关系"，在这种关系中，"儒家学说中的一部分永远有可能转变成另一部分"。① 简单地说，统治权力会逐渐变得分散，并最终归于儒家社会，这就赋予了一种"道德均衡"。

当然，这种社会角色间的均衡是潜在的、发展的，但并不意味着当儒家社会中的人们受到迫害时只能选择忍受。孟子就认为，有时抗议甚至革命是谋求正义者的责任②，而且，前面提到的统治的分散并不是一个井然有序的过程，更不是符合审美观的过程，统治的兴起完全是自发的，不是对社会结构的微调，更不会通过什么礼仪活动。"其身正，不令而行"，在儒家社会中，并没有所谓的"统治的界限"，有的是一种多元化的权威，即存在多种基于不同社会角色和礼制要求的权威。一种与麦金太尔相似的观点认为，统治活动针对的是具体的时间、地点与传统，并不包括任何中立过程。接受了这种认为世界上可能存在一种重要的道德结构的想法，就会使个人成为其自己的叙述者，这样才能支持并维持这些道德结构不断创新。③ 一个农民在耕作方面很出色，那么他就会成为一个"权威农民"，而后，当他成了一个正直的父亲，那么他作为父亲也同样具有权威性。权威从来不是封闭的，而是在不断地创造、解读以及在人类的礼制活动中持续变迁着。安乐哲认为："在礼制秩序社会中，特定个人所处的关系是由创造力而非权力决定的，创造力与权力的区别在经典儒家学说里面

---

① Hall and Ames, *Thinking Though Confucius*, p. 17.

② 这种含混不清的观点涉及的两个暴君，就是桀和纣："齐宣王问曰：'汤放桀，武王伐纣，有诸？'孟子对曰：'于传有之。'曰：'臣弑其君，可乎？'曰：'贼仁者谓之贼，贼义者谓之残，残贼之人谓之一夫。闻诛一夫纣矣，未闻弑君也。'"（《孟子·梁惠王下》）

③ MacIntyre, *After Virtue*(Notre Dame：University of Notre Dame Press, 1981), esp. chapter 15.

是非常重要的。"①

当权威更多地被理解为一种人类艺术而非权力时，就会产生一种"所有社会关系向人际关系的转化"。② 这种个人创造力的提升使统治的实践以及礼制的实施，都成了一种非常个人化的事务。个体被理解为是与公共利益紧密联系起来，而不仅仅是在一个建构起来的中立空间里与他人相处。然而，这种空间的缺失则使另一种矛盾显现出来，个人的道德礼制社会削弱了经验主义或理性集权的可能性和必要性，从而在某种程度上挑战了创造力。如果活动仅仅是在礼制与传统角色界定方面削弱了活动的参与者，那么创造力的空间何在？

与其他关于威权主义的考量相比，这可以说是西方人最难以理解的传统儒家学说要素。孔子坚持认为，个人并不是傀儡，而是"道"的活跃甚至独立的参与者（"人能弘道，非道弘人"）。孔子的这种坚持，使自治观念的拥护者们难以调和儒家思想传统的影响。对于这一问题有两个回答，第一个是伽达默尔（Hans-Georg Gadamer）：无论喜欢还是不喜欢，接受传统还是拒绝传统，我们所有人都是我们自己历史传统的产物。对历史的"偏见"赋予了我们一个世界，在其中，我们可以思考、行动、判断、批评或是与他人一起选择一套信仰。如果没有语言和历史结构，任何创造性或重要的思想都不可能出现。将我们每天对世界的解读进行精简是真正认识这个世界的唯一途径，否则我们就只有在一大堆信息中间做无谓的挣扎。如果不保持一种对历史传统的敏感性，我们识别"相符"与"不符"的能力就会大打折扣。③

第二，有人也许会说，这里存在误解。一个人在生活中的地位（作为儿子、美国人、母亲、医生、学生等等）不会妨碍其创造力，因为这

---

① Roger T. Ames, "Rites and Rights: The Confucian Alternative," in Leroy S. Rouner ed., *Human Rights and the World's Religions* (Notre Dame: University of Notre Dame Press, 1988), p. 201. 关于从儒家角度思考创造力的文献，参见 Antonio S. Cua, *Dimensions of Moral Creativity: Paradigms, Principles and Ideals* (University Park: Pennsylvania State University Press, 1978)。

② Antonio S. Cua, "Confucian Vision and Human Community," *Journal of Chinese Philosophy* 11 (1984): 227.

③ Hans-Georg Gadamer, *Truth and Method*. 2nd ed., Joel Wensheimer & Donald G. Marshall trans. (New York: Crossroad Publishing Company, 1990), pp. 265 – 307. 伽达默尔的"释性政治"与麦金太尔及查尔斯·泰勒关于社群主义历史和解释学进行了直接比较，见 Georgia Warnke, *Justice and Interpretation* (Cambridge, MA: MIT Press, 1992), chapter 6.

些都不是他们自觉的"表演"，而是他们被要求的"表演"。一个人可以成为一个好女儿，但这并不是因为她选择屈从于自己的某个特性而进行的"卓越演出"。创造力是一项集体的事业，其所创造出来的不是社会需求而是社会意义。经典儒学思想中对德的内在探寻消除了一部分人的身份与作为之间的差别，因为人没有什么事是真正单独去做的。罗思文（Henry Rosemont）这样写道：

> 在早期儒家学者看来，"我"不能单独存在，抽象地来看，"我"就是我在与他人的互动关系中所扮演角色的集合，而且，这些关系紧密相连，我相对于一些人的角色往往直接影响我相对于另一些人的角色。在这一层面上，如果说我在"表演"这些角色就是一种误导，对孔子来说，我就是这些角色……需要明确的一点是，在一些重要的意义上，我没能实现自我身份认同，而且我也不是唯一要为实现这种身份认同负责的人。当然我们为了成为一个好人付出了很大的努力，但是，我们的身份与角色是由我们与之互动的人决定的，正如我们的努力实际上也同时决定着他们的身份与角色。在这方面，个人的特质与身份认同基本上是他人赋予我们的，正如我们也赋予了他人。再次强调，这个观点是很明显的，但儒家的理解使我们需要换一种说法，我的教师生涯只因我的学生才有意义；我要想成为别人的朋友就必须先去结交朋友；我作为丈夫的身份需要我的妻子来赋予；我作为学者的身份也需要其他学者的认同。①

权威和活动有以下基本联系：在一种内在道德的世界中，意义与身份认同是由活动创造出来，而非通过调查发现的。这些有意义的行动丰富了个人也丰富了社会，它们不仅仅是多种社会参与的产物，同时有赖于权威将其治下的人民归入各种角色。这就发展出了道德权威的多种来源，随着活动的发展，人们也发展出了对他们所处社会地位的不同理解。然而，西方人也许会质疑这种社会权威在毫无规范的情况下分配社会资源，也许还会担心权力的滥用。无论一个人处于何种社会地位或哪一层次的社会权威，如何才能阻止自利的弊端？孔子的著述显示这是他最大的担心：如果礼不能被很好地理解，权威就会变得不可信赖。他意识到，如果要求一个人在遵从礼的同时不受名利的诱惑，就必须"克己"。克己在儒家的权威观中十分重要，这涉及个人对"仁"的修养。

个人修养与社会秩序

"仁"是《论语》的核心思想，但这并不表示它易于理解。一般而言，"仁"被翻译为"仁爱"、"人道"、"宽容"甚至"爱"。这可能是由于翻译者追求哲学化的倾向导致的理解上的困难，但这并不意味着"仁爱"不是其正式的翻译，"仁"还包含其他。还有人认为"仁"代表着特定的一类人，彼得·布德博格（Peter Boodberg）观察到：

> 虽然"人"与"仁"在字形上差别很大，但二者不只是衍生词的关系，而是同一个词。这不仅是一种双关语，二者的同质性在某种程度上是中国人语言意识的基础，这一点必须在翻译上体现出来。①

"仁"和"人"都与人有关，但指的是完全不同的两种人，即道德的人与广义的人②，这两种人并非无法相连，无论身处何种社会地位，只要经过礼的教育，人就可以成为"仁"。这就解释了儒家人道主义教育的重要性，即人经过系统的、对礼的学习就可以理解事物的内在特性，并发展出一套适宜的、对世界历史的认知。受过教育的人对礼的理解超出了字面含义："恭而无礼则劳，慎而无礼则葸，勇而无礼则乱，直而无礼则绞。"（《论语·泰伯》）如果没有很好地进行传统教育，生活在礼制社会中将会是令人窒息的，使人多疑而不满足，这正是孔子努力去避免的，他建议人们："博学而笃志，切问而近思，则仁在其中矣。"

认为"仁人"的存在是特别的、自发的，这一观点再次表明了"仁"作为一种道德权威是内化于人们的活动之中的，"仁是因环境而异的"。③

---

① Peter Boodberg, "The Semasiology of Some Primary Confucian Concepts," *Philosophy East and West* 3（1953）：328.

② 狄百瑞写道："人（Ren）"可以被理解为人民，指代宇宙空间内的所有人。见 De Bary, *The Trouble with Confucianism*（Cambridge, MA：Harvard University Press, 1991），p. 19。

③ Hall and Ames, *Thinking Through Confucius*, p. 115.

更重要的是，并不是所有的仁或者权威的人都是一样的。在儒家社会里，有一种"对个人生活风格的尊重，因为这只是对共同文化的不同反映形式"。① 或如孟子所说，对仁的追求涉及许多不同的路径，无论如何，孔子明确了一点，即这些受教育程度高、正直的、拥有了仁的人才是权威的所在。这些仁爱的、权威的人在礼制社会和社会活动中具有一种特殊的地位，使他们互相联系起来。这些人无疑对社会的权威负有更大的责任，但这并不是一种社会等级体系，孔子拒绝将人划为各个等级，受教育并不是精英阶层的特权，无论多么穷困、社会地位多么低下的人，都有可能成为"仁"。孔子的观点，简单地说，就是在社会中，权威应该也必将被分化，而且人们对于公共利益的理解和贡献在很大程度上决定了社会权威是否应该受到尊重。

简言之，传统儒家社会秉承一种平等的观念。通过礼仪活动，每个人都各安其位，无论何时何地，每个人都有展示自己德行的潜力，通过对社会活动的参与，权威将整个社会联系在一起，最后的结果就成了一种所谓的"信托社会"。达梅尔作为一名参与者描述道："人们维持着多样化的社会地位，通过互相尊重和保持信仰和谐相处。"② 事实上，数百年来，儒家学说沦为一种支撑那些忽视道德的等级制政府的工具，这一点虽然富有悲剧色彩，但与孔子及其弟子的理论观点无甚关联。③ 被滥用的权威（指为了个人私利而积聚力量的权威）其实已经不再是权威，由此扩展，任何统治者（包括父兄）如果不能以仁爱行事，他们与"天"合作的能力以及与"天"的关系都会受到削弱，而权威与天的互动关系是儒家系统内在的基础。史华兹认为，上述情况的结果就是，经典儒家学说代表了

---

① Antonio S. Cua, "Competence, Concern and the Role of Paradigmatic Individuals in Moral Education," *Philosophy East and West* 42 (January 1992): 54.

② Fred Dallmayr, "Humanity and Humanization: Commernts on Confucianism," in *Alternative Visions: Paths in the Global Village* (Lanham, MD: Rowman & Littlefield, 1998), p. 138.

③ 这让我们想起了吴经熊的观点："孔子将重点放在了礼制和礼仪规矩上，但他的注意力实际上还是放在了潜在的精神而非表面的形式上……最可惜的是，从汉朝开始，孔子的道德教育就被扭曲、僵化成一种官方系统，从而失去了活力"。C. H. Wu, "The Status of the Individual in the Political Traditions of Old and New China," in Charles A. Moore ed. , *The Chinese Mind: Essentials of Chinese Philosophy and Culture* (Honolulu: University of Hawaii Press, 1968), p. 344.

"一种对国家社会性倾向的长期持续抵制"。①

与之相关，孔子曾断言，自利与自我膨胀的态度（"予无乐乎为君，唯其言而莫予违也"）将会导致一个国家的毁灭。郝大维和安乐哲还发现，"社会中的上层阶级有一种'人民之中的利益'。在儒家社会既有的个人、社会、政治现实共同发展的情况下，这种'人民之中的利益'存在的可能性取决于社会中地位较低者的共同富裕"。② 但我们也需要区分一下"人民之中的利益"与"利益"。传统礼制下的大众道德体系不会要求社会中的所有人都屈从于一个客观真相。这种假设存在的问题就是误将超验的目的论当成了人们探寻道德秩序的核心。这就忽略了一点，即一般的东亚人民"都会认为秩序是内在于自发变化着的世界之中并与之密不可分"。③ 对道德秩序的提倡，必然包含对不道德行为的不齿，但这并不意味着社会应该对放任不羁的人施以高压。一个人是"仁"还是"不仁"都可以从其个人的历史传统中看出来，即判断一个人是否有妥当的权威性行为以及他是否弥补了社会的不足。《论语》中关于这种判断的描述使人联想起亚里士多德所说的"实践的智慧"，即对传统与历史的谨慎的尊重，但儒家首要关心的还是个人的修养。

> 子曰：麻冕，礼也。今也纯，俭，吾从众。拜下，礼也。今拜乎上，泰也。虽违众，吾从下。

这种对传统的现实态度证明了孔子"权"的思想，即对于道德的斟酌或是在特定环境下的权宜、妥协。柯雄文（Antonio Cua）认为，关于某件事是"可容许的还是绝不允许的"，孔子拒绝持有一种预定的观念，而是每次都需要在实践中"面对不确定的、紧急的状况做出判断。正因为如此，儒家信徒们从来都不会偏向于任何'主义'提供的解释"。④ 这些观

---

① Benjamin Schwartz, "Chinese Culture and the Concept of Community," in Leroy S. Rouner ed., *On Community* (Notre Dame: University of Notre Dame Press, 1991), p. 126.

② Hall and Ames, *Thinking Through Confucis*, pp. 144 – 145.

③ David L. Hall & Roger T. Ames, *Anticipating China: Thinking through the Narrative of Chinese and Western Culture* (Albany: State University of New York Press, 1994), p. 146.

④ Antonio S. Cua, "The Idea of Confucian Tradition," *Review of Metaphysics* 45 (June 1992): 827, 830.

点都指向一种理想的统治，即不仅依从内在的道德来实施统治，而且还具有明智而审慎、务实、保守等优点。用比较明确的政治术语来说，儒家社会相对分散而且需求较少。① 这种社会的领导者过多地关心他们自己的道德以及礼制地位，而不是社会中每个特定个体的活动。如同爱德华·希尔斯（Edward Shils）所指出的，根据《论语》中讲舜帝垂拱而治的部分可以看出，孔子认为领导者对于统治本身应该是不感兴趣的。② 安乐哲进一步说道：

> 在儒家的道德理论中，道德完全是自然的、固有的，因此统治者不需要积极提高其臣民的素质来谋求社会秩序与政治秩序的建立。但重要的是，统治者要与臣民们一起努力感悟到最初的天赋美德，他们都在追求通过不断交流实现自然的潜在价值。在理想的关系中，凡是不符合一个人自身自然发展的事，都不能强加于他，也不能引诱他。③

这样，权威的个人就成为"模范"，社会的荣与耻都要根据模范者来界定。④ 显然，这种情况下，无论哪个领域的权威者都必须将他们的角色所赋予的自然、内在的利益置于自身利益之上。举例来说，一个农民一心想通过生产最大化获得个人利润，我们就会说他是个自私的农民；另一个农民关心的是耕作质量的真正提高，那么我们就称这个人为权威的农民，二者的差异是很大的。这里有一个问题，就是在这样的社会中，工具主义的考量能够影响对仁的修养，一旦没有仁，礼仪活动的改造力、社会组织力也就无从谈起。对孔子来说，无论是个人还是社会都不应该：

---

① 孔子写道，一个仁慈的政府应当减轻刑罚和税收，而一个暴戾的政府则会离人民越来越远。

② Edward Shils, "Reflections on Civil Society and Civility in the Chinese Intellectual Tradition," in *Confucian Traditions*, p. 46.

③ Ames, *The Art of Rulership*, p. 29.

④ 一些儒家学者甚至认为，"仁人"应该像先知一样，传达天的旨意，来告诫不道德的统治者。Bary, *The Trouble With Confucianism*, chapter 1 and 6; Julia Ching, *Confucianism and Christianity*: *A Comparative Study* (New York: Kodansha International, 1977), p. 102.

以一种工具主义的方法服务现实，但它们是相互蕴含的。任何社会和国家秩序的风貌都可以最终归因于个人秩序的整体表现……社会政治秩序本身则可以归因于人民中每个个体秩序的一致。孔子在很多时候都会强调社会政治秩序与个人秩序的相互依赖……对于社会与政治和谐的追求必须从个人修养开始。①

在这里，我们所探讨的"秩序"是一个创造性的概念。社会的治理应该是由每个人内心的秩序生发出来，并最终反映在外在社会之中的。如果一个人能看到孔子的艺术天分，那么他就能更好地理解孔子对多元论的态度。孔子的著述中表现了他对和谐的尊重，以及认为礼并非具有约束性："礼，与其奢也，宁俭；丧，与其易也，宁戚。"在孔子看来，一个达到仁的境界的人应该去追求一种"和而不同"的和谐一致，既尊重不同，又提倡相异。当我们将这种对不同的尊重与孔子关于不同的论述结合起来理解时，就会发现一种后现代的话语体系："儒家的话语体系……提倡的是一种现实的实践以及由传统实践过程中总结出来的道理的积累，谋求以此为基础，在传道者、信众以及权威文本之间建立一种恭顺的关系。"② 对于一种理论抽象的确定以及一致性的指责困扰着现代自由主义者，但这对于孔子的学说并不适用，正如孔子所说："毋意，毋必。"

从上面的论述中，我们能够看到一种对与他人和谐一致的强调。每个人都处在与内在道德世界的相互关系中，这种关系是创造性的、社会性的，并非以权力为中心，也不是竞争性的。当然，隶属于一个集体会有诸多限制，但只要我们每个人都按照规范行事，那么秩序社会的优势就会显现出来。西方艺术家的创作灵感往往来源于反抗，而儒家艺术家的创作灵感则来源于团结。这样的艺术家不会故意去批判，也不会渴望去反抗，真正达到了一种"世界之友"的无我境界。③ 于是，我们又回到了文章开头赫施的抱怨，他也许是对的：典型的儒家社会至少是一个拒绝以利益为中

---

① Hall & Ames, *Thinking Through Confucius*, pp. 159 - 160.

② Hall, "Modern China and the Postmodern West," in *Culture and Modernity: East-West Philosophic Perspective*, p. 66.

③ Fred Dallmayr, *The Other Heidegger* (Ithaca: Cornell University Press, 1993), pp. 195 - 197.

心、其政治领域里充满了伙伴关系甚至是爱的社会。

社群主义与"后现代儒家民主"

综上所述，经典儒家学说真的能够与社群主义一起去批判自由主义吗？事实上，儒家学说在现实层面和理论层面都做到了这一点。

内在的观念

经典儒家学说的世界观避免了罗伯特·所罗门（Robert Solomon）所说的"超验的虚伪"。儒家思想不可能与唯物主义或原子论的世界观相适应，它的整个观点都包含着社会的相互依赖。在西方世界为儒家世界"着迷"之前，内在道德在西方传统中并非没有。正如泰勒指出的那样，任何一个共和或社群主义政权都"需要一种区别于原子论的本体论"。①

对权威角色、礼制与传统的接受

现代自由主义倾向于将"角色"的观点简化为一种"陈规陋习"，认为它已经因个体教育和启蒙有所动摇，许多传统实践也受到贬低甚至压制。尽管如此，简单地从权威使个人的独立性复杂化这一角度对权威本身进行挑战，无疑等同将所有活动都归于统治，而忽视了角色、责任与实践有可能团结并完善人类的存在，甚至可能直接为人类带来某些利益的现实。社群主义与儒家学说都认为人类的存在是一种"嵌入"现象，更多地依赖社会与继承的意义，而非个人主义。如果孔子在世，他一定会同意以下观点："在公共生活的传统与实践中，本来就存在着一种权威的义务与对它的期望，而这些终将会使个人的德行得到提高。"②

---

① Taylor, "Cross-Purposes: The Liberal-Communitarian Debate," in *Liberalism and the Moral Life*, p. 170; Robert C. Solomon, *Continental Philosophy Since 1750: The Rise and Fall of the Self* (Oxford: Oxford University Press, 1988), pp. 1 - 7.

② William M. Sullivan, "Institutions as the Infrastructure of Democracy," in *The New Communitrian Thinking*, p. 175.

对公共活动转化力的信仰

社群主义者不会认为任何社会礼仪（无论是政治礼仪、宗教礼仪等等）是"有魔力"的。他们认为，除了具有约束力的社会行为，哪怕是已经发展成熟的、历史赋予我们的、日常生活中的社团活动，或是自治等社会责任都可以被大规模删减。只要社会中保有一定程度的文明，个人世界与公共世界中的个人活动与公共活动都可以被视为一种互利关系，而这种关系有时也是具有限制性和义务性的。[①]

无私公正与社会奉献

儒家思想中，在自然内在的人类存在之下，对某种利益的迁就与纵容都是对"道"的侵犯。孔子的理想社会中，所有"仁人"都会在各自的领域努力为社会服务。与之相似，作为社群主义者的谢尔顿·沃林也认为，公民"都应有一种全面的观点，即整体地、综合地思考问题，思想不能具有排他性"。[②]

这是一些主要的相似点，儒家思想与社群主义的其他交叉点包括强调转变应该通过集体行动来实现，而不能依靠程序机制；对于羞耻心的认识；对文明与道德教育的强调；等等。毫无疑问，这些交叉点只是二者相近点的一部分，但经典儒家学说并不是支持社群主义者所有的观点，一方面是前文提到社会"波谱"。儒家文化的内在本体论将会使儒家社会不受抽象、程序思维的影响，也能防止社会权威产生超越现实的信仰，即成为西方人理解的宗教社会。这种社会与经典的儒家世界观完全不符，也会给儒家社会造成麻烦。[③] 另一方面，因为经典儒家思想将其价值置于对礼制活动的参与之上，所以它无法使个人之间形成一种竞争关系。那种认为人

---

① Andew Oldenquist, *The Non-Suicidal Society* (Bloomington: Indiana University Press, 1986), p. 157.

② Sheldon S. Wolin, "What Revolutionary Action Means Today," *Democracy* 2 (Fall 1982): 27.

③ 托克维尔就强调在平衡政治自由与社会道德的过程中，宗教起了核心作用。Tocqueville, *Democracy in America*, George Lawrence trans., J. P. Mayer ed. (New York: Harper & Row, 1969), pp. 442 – 449. Glenn Tinder, "Can We Be Good without God?" *Atlantic Monthly* (December 1989): 68 – 85.

的生活应该以政治为中心、与他人进行斗争、必要时需要以一己之力改变社会的想法，从根本上说，在儒家学说里是不存在的。①

经典儒家学说能否支持一种集权威与活动要素于一体的社群主义民主呢？正如本文开头所说的那样，儒家传统下的亚洲民主人士需要走一条"跨界"的路，儒家学说的重建需要艺术性而非超验性，政治活动应是务实的，而非程序性的。这样的民主模式将会是一种全新的东西，但这并不代表它一定是不民主的。

这是一个紧迫的问题，原因在于"包括自由个人主义和民主机构在内的每一个与现代化紧密相连的具体活动和机构都要依靠现代意识的逻辑为生，但这种现代意识目前正面临着危机"。② 在这个日益发展的后现代世界中，儒家的前现代思想无论是对于焦虑的西方自由主义者还是金大中等东方的民主人士都具有重要意义。谨慎地重建本文所说的儒家政治理论总比抱着毫无生命的后现代主义观点要好，比他们认为自由民主的时代已经一去不复返了要好。如果自由民主人士不继续努力解决最基础的合法性问题，他们就无法呼吁全世界去渴望自由。李承焕（Seung-hwan Lee）也表达了上述担忧，他指出，让社群主义者去回应现代社会面对儒家亚洲时的困境"并不妥当，这会使他们无法认识到修正其传统政治与实践的迫切性"。③

郝大维与安乐哲将我们现在的状况定义为现代化的儒家亚洲与后现代西方世界的对话，这场对话中不会有胜利者。④ 但只要经济问题继续将我们之间的差距与差别缩小，这场对话就会一直持续下去。在当今自由民主的霸权之下，寻找可以包容"不同"的空间就是呈现儒家学说独一无二

---

① 汉娜·阿伦特认为"革命精神"是自由社会所能呼吁的唯一一道德来源，因此我们必须在日常的政治活动中为保有这种精神而奋斗。Arendt, *The Human Condition* (Chicago: University of Chicago Press, 1958) 以及 *On Revolution* 中的论文 (New York: Viking Penguin, 1963); Benjamin Barber, *Strong Democracy: Paricipatory Politics for a New Age* (Berkeley: University of California Press, 1984)。

② Hall, "Modern China and the Postmodern West," in *Culture and Modernity: East-West Philosophic Perspective*, p. 56.

③ Seung-hwan Lee, "Was There a Concept of Right in Confucian Virtue-Based Morality?" *Journal of Chinese Philosophy* 19 (1992): 257.

④ David L. Hall & Roger T. Ames, "Dewey, China, and the Democracy of the Dead," in *Justice and Democracy*, p. 276.

的复合路径的重点。同时，儒学的学生不能忽视儒学如何转变了人们身份与行为的关系。在社群主义民主（也是儒家亚洲的发展方向）之中，个人将变得更加社会化。杜维明认为，"东亚社会各个层面上的政治生活的普遍影响导致了社会中个人与公众之间没有明确的界线，这一点与西式民主完全不能相符"。但也许自由民主思想的分歧是可以调和的，假设后现代的儒家民主是存在的，那么公众与个人的关系实际上仍隶属于特定的道德权威，这种权威来源于一种由政治社会中的所有参与者共同建立起来的集体联系，包括对家庭、与集体的关系和个人活动的重视，也包括文明社会中固有的标准等，这种联系将发展成为一种完全具有替代性的现代化模式来应对现在的分歧。①

在文化不断冲突与变化的时代，能够产生一种包容性模式是很重要的。这种模式使人意识到，在理论层面，自由民主思想与经典儒家学说都不会是一成不变的。毕竟，经典儒学并没有否认关于公共利益的分歧或者代表对公共利益不同解读的党争存在的可能性（矛盾只有在公共原则而非利益的基础之上才有可能弥合），而这正是自由主义的美德。② 在学习并适应现代自由主义的过程中，儒家亚洲也找到了应对西方自由民主困境的办法。比如，黄百般（David Wong）认为，儒家的礼所展现的内在道德同样可以服务于西方文明准则的宗旨，即创造一种权威的仲裁机制来解决"和"与"不同"的紧张关系，以此代替人与人之间的法律诉讼。③甚至福山也建议儒家民主也许可以借用"社群主义的社会习惯"来制衡现代世界中"分散化的倾向"。④

当然，没有一个亚洲国家愿意囫囵吞枣似地接受儒家政治思想与社群主义民主，因为那样的话就会忽略儒家思想的复杂性及其与当代社群主义思想之间尚未解决的问题，并最终走向如今李光耀所乐于接受的威权主

① Tu Weiming, "Introduction," in *Confucian Traditions*, pp. 7 – 8.

② Wiiliam A. Galston, "Liberal Virtues," *American Political Science Review* 82（December 1988）：1277 – 1289；Peter R. Moody, Jr. , "The Political Culture of Chinese Students and Intellectuals：A Historical Examination," *Asian Survey* 28（November 1988）：1140 – 1160.

③ David B. Wong, "Community, Diversity and Confucianism," in Nancy E. Snow ed. , *In the Company of Others：Perspective on Community, Family and Culture*（Lanham, MD：Rowman & Littlefield, 1996），pp. 32 – 33.

④ Francis Fukuyama, "Confucianism and Democracy," *Journal of Democracy* 6. 2（April 1995）：30 – 33.

义。然而，本文所展示的是一种对于传统儒家思想谨慎的重构支持了社群主义对自由主义的批判，与此同时成功避免了挑战那些当初赋予自由民主意识形态巨大吸引力的核心假设。

翻译：于　媛
校对：邹宇欣

自由主义是通向民主的唯一途径吗？

——儒学与民主

布鲁克·阿克利 （Brooke A. Ackerly）

这篇论文旨在为儒家思想中的民主政治观确认一种基础。其所关注的三个方面均具有争议性，但又能在儒学政治思想和实践的历史争论和发展过程中得到肯定与支持。本文指出，对于儒家政治思想的民主解读，将会导向三个方面：首先，是对所有人都拥有"仁"的能力的期望，从而所有人都可以成为政治生活中潜在的道德贡献者；其次，是对政治、社会和经济生活制度能够运作的期望，由此作为一个完人所具有的道德才能够得以发展；第三，是对公共空间的期望，此一空间，可以容纳政治批判和持续的争议。这些争议则锁定在个体领导者和公民的职责、行为及其行为教化机制的运行上。

一 导言

在当前的政治环境下，对自由民主主义的拥护者和批判者而言，民主与自由主义相伴而生。在他们看来，不管文化与民族背景如何，"民主"就意味着"自由民主主义"。（当然，"自由民主主义"本身含义即甚是宽泛！）近期关于非西方背景中的民主化研究表明，如果必须与自由主义和西方自由民主制所依托的价值观联系在一起，民主化可能并不具有持续性。其中，最成问题的是西方自由派假定的拥有权利的自主的个体公民。在西方历史上，个体权利曾为共和政府不加考量的政治权威的滥用进行了把关。但是，资本主义和消费主义却使自主变为对于威胁社会凝聚力的个人私利之追求的象征。①

如果说比较政治学可以帮助我们思考新型民主的制度选择②，那么比较政治学理论则揭示了不同背景下使民主理论化的资源。

比如，是否存在除自由主义以外的理论可以指导制度上可能的发展，在防止政治权利滥用的同时，又能支持民主的发展？是否存在不必让某些个体为团体牺牲而促进团体联结的方法？③

西方自由主义和儒学在其悠久的历史中均对各阶层进行了划分。如果民主是一个以政治平等为基础的政府体制，自由主义和儒学则都是民主不寻常的伙伴。英美理论家们已从历史上发现自由主义与民主的关系是一个有趣的研究领域。同样地，儒学与民主的关系也是一个具有不同价值的有趣研究领域。但鉴于二者都属于内部充满争议的、在文化交织中严肃对待其他文化传统的动态、复杂的传统，民主与儒学之间的差距并没有那么大。

抛开自由主义与民主齐头并进过程中所具有的相似政治特性不论，本文旨在讨论一种不依靠拥有权利的自主个体的民主理论元素。另外，近来关于儒学的比较性研究多集中于儒学与权利的兼容性上④，而我则希望通过对儒家思想的反思，去考察在那些自由民主制理论框架内部的讨论中，我们是否可以进一步推动已有的讨论或者发现新的问题。至少，我可以为那些英美的政治理论家提供一种关于民主的儒学式思考方法，以此来激发

---

① Gilbert Rozman, "Center-Local Relations: Can Confucianism Boost Decentralization and Regionalism," in Daniel Bell & Hahm Chaibong ed., *Confucianism for the Modern World* (Cambridge: Cambridge University Press, 2003), pp. 181 – 200; Robert D. Putnam, *Bowling Alone: The Collapse and Revival of American Community* (New York: Simon & Schuster, 2000).

② 关于跨文化的儒学，参见 John H. Berthrong, *Transformations of the Confucian Way* (Boulder, Colo: Westview Press, 1998)。关于当代中国对民主（"人民的统治"）的热情及当代儒学对它的支持，参见 Thomas Metzger, "Sources of Resistance," *Journal of Democracy* 9. 1 (1998): 18 – 26。

③ 关于儒学的老套看法是，它要求自我为群体牺牲。但此点并不在本文讨论之中。相关研究可参见 David L. Hall & Roger T. Ames, *Democracy of the Dead* (Chicago: Open Court, 1999)。

④ 有关于此的一系列不同观点的例子，请参见 William Theodore De Bary & Tu Weiming ed., *Confucianism and Human Rights* (New York: Columbia University Press, 1998); Joanne R. Bauer & Daniel A. Bell, *The East Asian Challenge for Human Rights* (Cambridge: Cambridge University Press, 1999); Michael C. Davis ed., *Human Rights and Chinese Values* (Hong Kong: Oxford University Press, 1995); Chenyang Li, *The Tao Encounters the West: Explorations in Comparative Philosophy* (Albany: State University of New York Press, 1999); Daniel Bell, "Human Rights andSocial Criticism in Contemporary Chinese Political Theory," *Political Theory* 32. 3 (2004): 396 – 408; William Theodore Bary, *Asian Values and Human Rights: A Confucian Communitarian Perspective*

对于中国民主充满活力的理论探讨的好奇心。①

从比较政治理论的角度对儒学民主化意义进行阐释，除了能够为因情境而异的政策发展提供一个文化上更具敏感性的途径，还对政治理论做出四项贡献。第一，儒学在西方民主实践的自由民主制历史上，为民主理论家们提供了另外的选择以及一系列可供参考的价值观念，它或可用作在西方政治民主制度中发展新的政治共同体。儒学提供了一种尊重机制，以及对于政治保护的正当理由，这是一种使人们不需与支撑人道存在的家族及社会连接断开的人道。②

第二，某些理论家已经意识到，个体并不是一出生就是完成的，相反，却是在家庭、团体和国家社会化的进程中不断发展成为公民，而在这之前，个体远远不能对这一进程的设计和运行产生任何影响。③对于这些理论家来说，儒学对于民主理论的思考，无疑是发人深思的。儒学所提供的，乃是一条阐释、再阐释和教化的未尽之路。

(Cambridge, Mass. : Harvard University Press, 1998); Stephen C. Angle, *Human Rights and Chinese Thought: A Cross-Cultural Inquiry* (Cambridge: Cambridge University Press, 2002); Michael Davis, *Human Rights and Chinese Values: Legal, Philosophical, and Political Perspectives* (Oxford: Oxford University Press, 1995)。

① 康有为以来的中国民主活动家和制度改革运动（1895—1898）已经使用儒学价值为民主改革提供合法性，中文语境下的当代讨论包括邓小军的《儒家思想与民主思想的逻辑结合》，在此亦感谢 Li Mingyan 同我讨论这些文本。我对知识分子文化的重视与郝大维、安乐哲的 *Democracy of the Dead*，福山（Francis Fukuyama）的 "Confucianism and Democracy," *Journal of Democracy* 6. 2 (1995): 20 - 33，以及 Ronald Inglehart 与 Wayne E. Baker 的 "Modernization, Cultural Change, and the Persistence of Traditional Values," *American Sociological Review* 65. 1 (2000): 19 - 51 是一致的。我的认识论假设是，关注文化价值需要关注文化传统下的不同声音，并且承认历代以来的文化守护者皆具有精通文学的能力，没有这种能力的人则不能用它来与将来的对话者分享他们的观点。

② 有人可能会认为这正是桑德尔（Michael Sandel）在 *Democracy's Discontent: America in Search of a Public Philosophy* (Cambridge, Mass. : Harvard University Press, 1996) 中所要探索的。自由与平等在自由民主理论中既互补又相互竞争。罗尔斯用公平来解读正义提供了一个协调这些互相竞争的观念的方法，此可参见 John Rawls, *Political Liberalism* (New York: Columbia University Press, 1993) 和 John Rawls, *The Law of Peoples* (Cambridge, Mass. : Harvard University Press, 1999)。相比之下，珊泰尔·璐福（Chantal Mouffe）为二者之间的张力在当代民主理论中所起的作用提供了一种有效的表达，此可参见 *The Democratic Paradox* (New York: Verso, 2000)。

③ Michael Walzer, *Spheres of Justice* (New York: Basic Books, 1983); Seyla Benhabib, *The Claims of Culture: Equality and Diversity in the Global Era* (Princeton, N. J. : Princeton University Press, 2002); Susan Moller Okin, *Justice, Gender and the Family* (New York: Basic Books, 1989) 及 Sandel, *Democracy's Discontent.*

　　第三，尽管儒学政治思想与精英主义、排他性、经济和政治分层或威权主义曾有政治性"结社"，但对儒学政治思想内民主成分的探寻为核实文化传统对民主化的潜在贡献提供了例证。这洞察，可能会在那些似乎满足于不去厘清精英主义、排他性、经济和政治分层及当代新自由资本主义代议民主下的威权主义的理论家中，激发自我反省。

　　第四，更加综合地讲，儒学对民主的思考解释了为什么民主始终是一个本质上极具争议的概念。这是因为，民主是在与其他社会和政治价值的理论和实践的对话中运行的。其对话的背景，可以是自由主义的、儒学的，也可能是其他的。这一概念的不统一性衍生有关其内部关系的争议。人们对这种不统一性也尚缺乏进一步的理论研究。① 在存在内部争议性的背景下，各个社会讨论制度的形式、互补与竞争并存的价值观念的优先权以及互补而又矛盾的实践的有效性。重要的是，认识到民主理论的争议性，本文不会通过试图协调自由主义与儒学去达到研究的目的。② 正如张云时（Chang Yun-Shik）所言，自由民主制与儒学某些价值不一致，而且被证明导致了韩国权力主义，而儒家民主则在发展注重相互性的民主制度上拥有巨大前景。③

　　我的研究方法是观察历史中的政治思想和政治思想的历史。在对比较视野下及儒学历史中的民主理论进行简明介绍后，本文的主体部分将致力于描述一系列有利于政治平等并能促进社会、经济、政治制度发展的儒学观点，进而使政治平等更具有实质意义。

二　通向民主理论的"道"之途径

　　与将民主的最佳实现形式认定为自由民主主义不同，我在此提供一个

① 珊泰尔·璐福批判自由民主制的特征或者互补或者敌对，并认为自由主义与民主主义视为互相"染污"地协同运作。用璐福的话来说，儒学染污了民主正如自由主义染污了民主，民主染污了儒学正如民主染污了自由主义。与之相比，李晨阳（Li Chenyang）在 The Tao Encounters the West 中认为儒学与民主可以作为独立的价值体系共存。

② 郝大维与安乐哲的 Democracy of the Dead，以及 Sor-hoon Tan 的 Confucian Democracy: A Deweyan Reconstruction（Albany: State University of New York Press, 2003）均主张儒学支持杜威式的民主。贝淡宁描述了一种制度上的创新，它好比 19 世纪初的代表机构，精英通过这些机构来调解民主冲动；参见 Daniel A. Bell, East Meets West: Human Rights and Democracy in East Asia（Princeton, N. J.: Princeton University Press, 2000）。

③ Chang Yun-Shik, "Mutual Help and Democracy in Korea," in Bell & Chaibong, Confucianism for the Modern World, pp. 90 - 123.

非自由主义的民主理论（或其基础）。为实现这一目的，我们需要从一个没有自由主义包袱的民主思想入手。在我看来，"民主"至少意味着是一种与政治平等相一致的、不停留在形式上而能真正运行的管治形式。（被社会经济实践和制度逐渐破坏的形式上的法律平等是不具有实质意义的。）就其本身而言，"民主"并未告诉我们何种制度能够最好地保证政治平等（指在理论上或在一个既定的背景下）。但有一点可以确定的是，单纯的承诺是无法换来真正的政治平等的。

简单多数主义的、一人一票的民主决策所产生的政治决策，会维持政治经济社会制度中产生的一系列不平等，这些不平等危害了在数量上占少数的人群的政治平等权，并且面对这样的不平等，他们显得无能为力。进一步而言，任何把形式上的政治平等在含义上加以改变的努力，不能仅建基于政治平等这一论证本身。任何进一步去定义民主以使其能够描述实质的政治平等的尝试，都需要诉求于其他论证。

普遍自由主义的一个观点认为，个人权利和自由可以为可能的简单多数主义民主施与的民主授权的压迫提供把关。但是许多自由民主制理论家们并不那么确定。比如，约翰·罗尔斯让我们注意到公平是建基在社会经济政治生活基本结构上的。[1] 罗伯特·达尔（Rober A. Dahl）则认为当代的基本结构实际上破坏了民主，因为它倾向于"在社会经济资源上产生巨大的不平等，以致对政治平等产生严重的危害，从而进一步对民主进程产生危害"[2]。苏珊·奥金（Susan Moller Okin）认为，社会、经济和政治生活中的性别秩序乃相辅相成的。[3] 对于很多自由民主人士来说，基本结构制度所造成的政治平等障碍是很成问题的，并且他们也意识到了日常实践维持这些制度的途径。[4] 然而，正如多元文化主义与女权主义之间的紧张状态所表明的那样，单是自由主义本身，似乎并不拥有条件去评价我们所观察到的不公：个体珍惜其社会联结与经济生活方式，他们的行为方式不但支撑了那些社会联结和经济生活方式，还维系了那些

---

① Rawls, *Political Liberalism*，以及 Young 尚在审稿中的 *Perspectives on Politics*。

② Robert A. Dahl, *A Preface to Economic Democracy* (Cambridge: Polity Press, 1985), p. 60.

③ Okin, *Justice, Gender and the Family*.

④ Iris Young, *Justice and the Politics of Difference* (Princeton, N. J.: Princeton University Press, 1990).

限制其拥有包括平等政治地位在内的能力的等级制度。[①] 并非所有的自由民主主义人士意识到了这一问题。即使那些察觉者，在使用自由民主主义工具解决这一问题时，也遇到了困难。[②]

尽管存在着这样一个根本问题，许多人还是把自由主义的一系列价值观作为民主制度的理论基石。[③] 除此之外，理论家们还通过审查对于自由民主主义组成部分的实践来增补我们关于民主价值和制度的理解，这些组成部分在他们看来包括审议[④]、论述[⑤]、参与[⑥]和代议[⑦]。

[①] 参见 Susan Okin, *Is Multiculturalism Bad for Women?* (Princeton, N. J.: Princeton University Press, 1999) 及其相关的批判性争论。另见 Nancy Fraser, *Justice Interruptus: Critical Reflections on the "Postsocialist" Condition* (New York: Routledge, 1997) 及与 Iris Marion Young 有关的批判性争论。亦参见 Patchen Markell, *Bound by Recognition* (Princeton, N. J.: Princeton University Press, 2003); Nancy Fraser & Axel Honneth, *Redistribution or Recognition? A Political-Philosophical Exchange* (London: Verso, 2003) 及相关讨论。

[②] 比较 Charles Taylor, "The Dynamics of Democratic Exclusion," *Journal of Democracy* 9.4 (1998): 143 – 156。

[③] Ronald Dworkin, *Sovereign Virtue: The Theory and Practice of Equality* (Cambridge, Mass.: Harvard University Press, 2000); Amy Gutmann, *Liberal Equality* (Cambridge: Cambridge University Press, 1980); Ian Shapiro, *State of Democratic Theory* (Princeton, N. J.: Princeton University Press, 2003); Okin, *Justice, Gender and the Family*; Rawls, *Political Liberalism* 以及 Walzer, *Spheres of Justice*。

[④] James Bohman, *Public Deliberation: Pluralism, Complexity, and Democracy* (Cambridge, Mass.: MIT Press, 1996); Joshua Cohen, "Procedure and Substance in Deliberative Democracy," in Seyla Benhabib ed., *Democracy and Difference: Changing Boundaries of the Political* (Princeton, N. J.: Princeton University Press, 1996); John S. Dryzek, *Deliberative Democracy and Beyond: Liberals, Critics, Contestations* (Oxford: Oxford University Press, 2000); James S. Fishkin, *Democracy and Deliberation: New Directions for Democratic Reform* (New Haven, Conn.: Yale University Press, 1991); Amy Gutmann & Dennis Thompson, *Democracy and Disagreement* (Cambridge, Mass.: Blknap Press of Harvard University Press, 1996); Seyla Benhabib, "Toward a Deliberative Model of Democratic Legitimacy," in *Democracy and Difference*.

[⑤] Susan Bickford, *The Dissonance of Democracy: Listening, Conflict, and Citizenship* (Ithaca, N. Y.: Cornell University Press, 1996); Jürgen Habermas, "Reconciliation through the Public Use of Reason: Remarks on John Rawls's Political Liberalism," *Journal of Philosophy* 92.3 (1995): 109 – 131; Jürgen Habermas, *Between Facts and Norms: Contributions to a Discourse Theory of Law and Democracy*, trans. William Rehq (Cambridge, Mass.: MIT Press, 1996).

[⑥] Carole Pateman, *Participation and Democratic Theory* (Cambridge: Cambridge University Press, 1970).

[⑦] Philip Petti, *Republicanism: A Theory of Freedom and Government* (Oxford: Clarendon Press, 1997); Hanna Pitkin, *Representation* (New York: Atherton Press, 1969); Bernard Manin, *The Principles of Representative Government* (New York: Cambridge University Press, 1997). 显然，我在注释中列举的这些只是当代民主理论家的一小部分。

尽管自由主义的价值和制度是限制民主授权压迫的途径之一，但自由主义并非唯一适用于限制民主排斥或压迫的价值观念。进一步说，在另一套政治经纬中，儒家之制度和实践或许可以发展出一种不存在自由民主主义难题的有效民主。

或许其他价值和实践可以支持民主制度——诸如选举的代议制政府，政治代表间的竞争与合作，自由出版，问责机制，严谨而独立的司法系统以及多元公民社会。[1] 来自儒家思想的价值和实践包括对有教养的学术精英的尊重[2]，礼[3]，问责[4]，互助[5]，对中央权力的限制[6]，道德教育[7]及共同体内部交流[8]等。同样地，儒学历史展示了可以限制滥用权威和制度的实践[9]，

[1] Phillip Schmitter & Terry Lynn Karl, "What Democracy Is and Is Not," *Journal of Democracy* 2.3 (1991): 75 – 88; Robert D. Putnam, Robert Leonardi & Raffaella Y. Nanetti, *Making Democracy Work: Civic Traditions in Modern Italy* (Princeton, N. J.: Princeton University Press, 1993); Larry Diamond, "Foreword," in Suisheng Zhao ed., *China and Democracy: Prospect for a Democratic China* (New York: Routledge, 2000), pp. ix – xv.

[2] Daniel Bell, "Which Rights Are Universal?" *Political Theory* 27.6 (1999): 849 – 856.

[3] Hahm Chaibong, "Constitutionalism, Confucian Civic Virtue, and Ritual Propriety," in Bell & Chaibong, *Confucianism for the Modern World*, pp. 31 – 53; Russell Fox, "Authority and Activity: The Politics of Puritan and Confucian Communities" (2004 年 9 月于芝加哥举办的美国政治科学学协会年度会议上递交的论文)。

[4] Hahm Chaibong, "Constitutionalism, Confucian Civic Virtue, and Ritual Propriety"; Mo Jongryn, "The Challenge of Accountability: Implications of the Censorate," in Bell & Chaibong, *Confucianism for the Modern World*, pp. 54 – 68.

[5] Chang Yun-Shik, "Mutual Help and Democracy in Korea," in Bell & Chaibong, *Confucianism for the Modern World*, pp. 90 – 123.

[6] Gilbert Rozman, "Center-Local Relations," in Bell & Chaibong, *Confucianism for the Modern World*, pp. 69 – 89.

[7] Geir Helgesen, "The Case for Moral Education," in Bell & Chaibong, *Confucianism for the Modern World*, pp. 161 – 177.

[8] David L. Hall & Roger T. Ames, *Thinking Through Confucius* (Albany: State University of New York Press, 1987); David L. Hall & Roger T. Ames, *Democracy of the Dead*; David L. Hall & Roger T. Ames, "A Pragmatist Understanding of Confucian Democracy," in Bell & Chaibong, *Confucianism for the Modern World*, pp. 124 – 160.

[9] Chen Albert H. Y., "Mediation, Litigation, and Justice: Confucian Reflections in a Modern Liberal Society," in Bell & Chaibong, *Confucianism for the Modern World*, pp. 257 – 287; Chan Sin Yee, "The Confucian Conception of Gender in the Twenty-first Century," in Bell & Chaibong, *Confucianism for the Modern World*, pp. 312 – 333.

并重新设计和利用这些权威和制度以服务于当下的民主目的①。

其他研究儒学和民主的比较学角度，往往着重于找出西方和儒学价值中的共性。② 比如郝大维和安乐哲（1999）以及陈素芬（Tan Sor-hoon，2003）以美国实用主义与儒学价值的比较为对象。另一种研究儒学与民主的方法专注于尊重自由民主价值观的儒学价值，然而，这类研究大多专注于研究权利。③ 上述方法阐明了"东方"与"西方"价值的区别和相似处，并且对描述"东方"与"西方"价值观特征的政治进行了有趣且重要的讨论。

以上引用的各篇文章中，作者们均突出了儒家思想的一两个方面，它们或者是民主的补充，或者是儒家民主的思想来源。我欣赏所有这些位于价值观体系内的个别价值观，正如我认为上述作者也会如此。发展儒家民主需要发展儒学的某些部分，正如这些作者所指明的那样。进一步说，它需要批判性地重估儒学的其他部分。为使儒家民主具有意义，必须要从其价值体系内部去发展，而非仅仅借用儒学一些关键性的特征。因此，我在本文所主张的儒家民主是纯粹的儒家的与纯粹的民主的。

尽管两千年的王朝法则和等级制的官僚结构使早期儒者的等级关系具体化为压榨性的义务，但儒学作为一种文化传统产生于帝国统治之前，并在帝国统治终结之后仍然存在。④ 我对儒学的解读建立在将其理解为一个动态的传统之上。根据这一传统，相互竞争的哲学观点通过有教养的批评家的实践最终实现政治目标。我在一个已经被界定为单一的等级化的历史

---

① Fang Jue, "A Program for Democratic Reform," *Journal of Democracy* 9. 4 (1998)：9 - 19；Joseph Chan, "A Confucian Perspective on Human Rights," in Bauer & Bell, *The East Asian Challenge for Human Rights*, pp. 212 - 237；Bell, *East Meets West*. 贝淡宁（David Bell）和陈祖为（Joseph Chan）已经为中国提供了一些民主制度上的建议。

② 邓小军：《儒家思想与民主思想的逻辑结合》。

③ 例如，陈祖为发现儒学之仁与西方的人权观相似。与之相比，李承焕（Lee Seung-hwan）更认同一种承认权利的实践，此权利与西方的权利观念一致，却也并不把这些权利看成是儒学道德理论的基础，此可参见 Lee Seung-hwan, "Was There a Concept of Rights in Confucian Virtue-Based Morality?" *Journal of Chinese Philosophy* 19 (1992)：241 - 261；Joshua Cohen, "Minimalism about Human Rights：The Most We Can Hope For?" *Journal of Political Philosophy* 12. 2 (2004)：190 - 221；及 de Bary, *The Liberal Tradition in China*。

④ 福山（Fukuyama），在"Confucianism and Democracy"的讨论注意到了描述儒家社会的系列政治环境，以及作为政治哲学的儒家，并指出，除了有一段时间对佛教的压制，儒家表现出了伊斯兰教和基督教难以企及的包容性。

中，观察到了一种批判性的动态。正如李晨阳所说，那种特征中的不少部分于近代历史中有益于那些特定或具有极权性质的议程，包括西方传教士、五四新文化运动、普遍意义上的共产党以及一些西方女权主义学术研究。[①] 未经推敲地认定儒学的特征为等级制的和静态的，过早地抹杀了其作为民主理论的一种来源的可能性。此外，考虑到实践中的民主是一种针对反民主政治的斗争，因此一个出现在非民主背景中的民主理论值得进一步发掘。

通过儒学貌似等级政治的历史，我注意到了一个进化的民主逻辑。于此逻辑的诸多方面，其中三项在我看来最为决定性。第一，我赞同将"仁"看作早期儒学的核心价值这一普遍性的解读。"仁"在宋朝和明朝被新儒家们重新确认为儒学的基本价值，在当代儒者中，它依然作为一种基本概念存在。第二，在关于人性的问题上，我暂时采用孟子"性本善"的观念。荀子对等级制度伦理的服从可以用来为政治上的等级制度辩护。较于荀子，孟子的"性本善"理论对等级制的顺从程度要求相对较少。此外，"性本善"将所有制度对个人和社会的教化都看成是重要的。社会、经济和政治制度的差异虽然可被描述，但并不具有理论上的重要性。第三，从孔子到现今的儒家学者积极分子的批判实践中，我发现了用一种当下民主理论家认为是民主基础的方式去批判政治权威的义务。[②] 儒学批评家们主要执行两项批判工作：批判没有遵从"道"——要求以人道方式待人的宇宙秩序——的政治实践，以及重释他们自己的批判性实践以回应来自外部和边缘的批判。[③] 虽然从历史上看，这种批判和政治争论的制度空间是非常有限的。儒家政治思想表明，这一空间对儒学至关重要，由此民主争

---

① Li Chenyang ed., *The Sage and the Second Sex* (Chicago: Open Court, 2000).

② Ian Shapiro, *Political Criticism* (Berkeley: University of California Press, 1990); Michael Walzer, *Interpretation and Social Criticism* (Cambridge, Mass., Harvard University Press, 1987); Brooke Ackerly, *Political Theory and Feminist Social Criticism* (Cambridge: Cambridge University Press, 2000).

③ Li Chenyang, *The Tao Encounters the West: Explorations in Comparative Philosophy*; William Theodore de Bary 在 *The Trouble with Confucianism* (Cambridge, Mass.: Harvard University Press, 1991) 中叙述了吕留良 (1629—1683) 与方东树 (1772—1851) 通过批判权力的滥用重申新儒家的正统观。参考 Walzer, *Interpretation and Social Criticism*; 以及 Shapiro, *Political Criticism*。

论的制度是儒家思想实现的结果。①

将人道、善性和政治批判三者结合是教化的有机实践。我们需要批判性地评定社会、经济和政治实践，以使其有益于每个人的发展，而儒学的民主是一个"仁"存在的社会。这一框架本身已准备好应对基本结构制度的运行——人们如何在制度内部行动。尽管有方法使反民主趋势通过这些教化的实践有所发展，但儒学对于制度和实践的反思表明，此理论本身即有对潜在的反民主实践进行反思的方法。以此三者为基础，我们可以通过思索儒家民主地理解和扶植礼、义、智、信、敬、惠、忠、思和德的方式，来推进对于儒学民主课题的研究。但在此之前，我们需要先弄清在儒学政治思想史中，这些概念是如何产生的。

三　儒学历史简介

儒学是一套有关政治和社会思想的文化传统，它早于孔子（前551—前479）产生，时至今日，在伦理学、神学、社会学、法学和政治学等领域仍充满着活力。儒家伦理思想虽然蕴含等级制观念，并且在历史上曾被用来为滥用的威权主义辩护，但是政治权利的滥用是不被这一伦理传统所支持的。在其悠久的历史中，儒学的关键元素已成为各种争论和解读的重要课题。我所主张的三个步骤，作为通向民主之儒学路径的组成部分，在早期儒家思想中即已存在，并在其发展历程中一再重现，成为这一传统内部反复争论的主题。因此，这一通向民主之儒学路径与其传统本身一样是动态过程。

孔子出身于没落贵族家庭，并曾短暂地担任过政府行政职务。作为一个公共行政人员及终其一生作为未来政治顾问的导师，孔子是一个政治和社会批评家。他教导称"道"即是依从仁、礼、义、智的传统道德去生活。由孔子看来，这些以仁为核心的道德是三王时期社会和政治稳定关键，因此亦须在当下予以重视。从这一意义上来说，儒学实际上是早于孔子本人的。

仁，意味着一种存在（人类），一种存在方式（人性），和一种存在理由（他人）。作为圣人的首要道德，仁在不同的翻译和语境下具有不同

---

① 参考 Li Chenyang, *The Tao Encounters the West*。

的意义，不是一个简单的英语词汇所能概括的。① 人人都具有仁的能力，但只有那些受过良好礼、义、信与敬教化和教育的人，才能成为君子，做到以仁治世。

对儒家"仁"之解读的早期批判来自墨子（前 470—前 391）及其追随者（墨者）。他们主张"仁"是一个普遍概念，需要每个人以同等的方式在道德上对其他人负有义务。墨家强调理性论证在无差别地教化全人类人道行为上的力量是大于礼的，这种论点对特定的关系不加区分或不去关注。

孟子（前 372—前 289）当是仅次于孔子本人的著名儒者。他反对墨家观点，认为我们是根据不同的关系与他人以不同的方式联系在一起的。② 在孟子看来，我们对他人的责任不仅仅因为他们是作为人的存在，而更加取决于人与人之间的关系特性。正所谓"父子有亲，君臣有义，夫妇有别，长幼有序，朋友有信"（《孟子·滕文公上》）。③

根据孟子所述，道要求对他人实施由不同关系所预设的行为。值得注意的是，此"五伦"及其相应的责任与仁的要求相一致，实际上是仁的关键所在，并非每一对人伦关系的前者都会在政治上压榨后者。比如说，

----

① Edward Slingerland, *Confucius: Analects with Selections from Traditional Commentaries* (Indianapolis, Ind.: Hackett, 2003), p. 238. 其他建议包括仁慈或善行；人道，共享的仁慈、同情或移情；人伦关系，社会关系或共同的目标。Arthur Waley, *Three Ways of Thought in Ancient China* (Stanford, Calif.: Stanford University Press, 1982); Joseph Chan, "A Confucian Perspective on Human Rights"; Lee Seung-hwan, "Was There a Concept of Rights in Confucian Virtue-Based Morality?" *Journal of Chinese Philosophy* 19 (1992): 252; 以及 Huang Siu-chi, *Essentials of Neo-Confucianism: Eight Major Philosophers of the Song and Ming Periods* (Westport, Conn.: Greenwood Press, 1999); Tu Weiming, "Foreword," in Robert C. Neville, *Boston Confucianism: Portable Tradition in the Late-Modern World* (Albany: State University of New York Press, 2000). 另见 Li Chenyang, *The Tao Encounters the West*。

② 孟子也反驳杨朱的观点，杨朱认为人类是不受他人束缚的自主个体。

③ 如无特别说明，本文所引《孟子》的翻译来自 James Legge, *The Four Books* (New York: Paragon Book Reprint Corp., 1996), 此书包括《论语》《大学》《中庸》和《孟子》的翻译。本文所引《论语》的翻译来自 Slingerland, *Confucius*。我极力推许此文本作为儒家思想的入门书籍。相较于直译，译者对于传统注疏的采用，使这一英语读物与文本的关系更加有趣。安乐哲与罗思文的翻译显示了对汉语的真知灼见，可参见 Roger Ames & Henry Rosemont, *The Analects of Confucius: A Philosophical Translation* (New York: Ballantine, 1998)。这些文本的作者和历史是学术的研究对象，虽有细微差别，但不会改变我对这些文本的解释。一般称呼有关孟子文本的术语为 "the *Mencius*"。

一位明君不会滥用职权，而是以其服务民众。在给滕文公的建议中，孟子说道：

> 民之为道也，有恒产者有恒心，无恒产者无恒心。苟无恒心，放辟邪侈，无不为已。及陷乎罪，然后从而刑之，是罔民也。焉有仁人在位，罔民而可为也？（《孟子·滕文公上》）

他对梁惠王的建议亦是如此。明君意味着保证百姓被养育和保护，免于遭受饥荒或者战争。孟子建议，在荒年应开仓赈粮。不这么做，便是等同于亲手杀死百姓（《孟子·梁惠王上》）。"为民父母，行政不免于率兽而食人，恶在其为民父母也？"（《孟子·梁惠王上》）

在等级制度建立之初，即蕴含了对之滥用的禁令。[①] 为了表明对"仁"作为民主道路第一步的重视，我们需对每种关系的责任进行重新梳理，以此来使之与仁的本义相符，防止其成为剥削的来源。[②]

尽管有孔子的教导，但在早期儒学中，人伦关系还是在实践中被利用，由此导致荀子（前 340—前 245）反驳孟子所声称的"性善"论。孟子和荀子均主张人类只有通过适当的教育和教化才能正确地作为，但孟子观察到未开发的人性之端（《孟子·告子上》）证明了人的本性为善。[③] 比如，若见孩童坠井，人的本能反应即是施救（《孟子·公孙丑上》）。

汉代（前 206—公元 220）儒学复兴之前，法家影响了政治实践（前 221—前 207）。根据法家思想，人性本恶，故最好由可保证公平（相较于儒学的仁与礼所观照的人伦关系来定义的偏爱）的形式结构

---

① 关于伦理学与政治学的关系，参见陈素芬（Sor-hoon Tan），*Confucian Democracy*，尤其是其第四章。

② 在西方女性主义内部，学者争论人伦关系是建立还是威胁了对于女性的公正。比较 Carol Gilligan, *In a Different Voice: Psychological Theory and Women's Development* (Cambridge, Mass.: Harvard University Press, 1982) 和 Okin, *Justice, Gender and the Family*。女性主义对于仁的研究也存在一种类似的担忧，可参见 Li Chenyang, *The Sage and the Second Sex* 中的文章。

③ 关于孟子与荀子的人性观，参见 Philip J. Ivanhoe, *Confucian Moral Self Cultivation*, 2nd edition (Indianapolis, Ind.: Hackett, 2000)。

来控制。① 在汉代法家和儒家的结合中，儒家的统治理念成为当时的统治价值观，体现于官僚系统和考试制度。有趣的是，对那些将儒学和等级制的滥用联系起来的人来说，汉代反而是废除了很多秦王朝（前221—前206）那些更严酷的规定。作为一个疆域辽阔、经济资源丰富、民族多元化的庞大并不断壮大的帝国来说，中央政府需要其行政官僚的忠诚，即使是当他们在各郡县履行职责的时候。在这一时期，儒学成为教育课程的基础，那些考试成功的人可以获得相应的职位（以及相应的地位）。

唐朝（618—907）时期，儒学官僚体系得到了进一步发展。异地官员在接受儒学教育和考察之后可以在当地获得相应的地位，却不必受到来自家族和地方精英的压力。科举考试需要应试者对儒学文本进行熟记与阐释，这种阐释的技巧对于一位官僚来说是被重视的，因为将来他为官要对来自中央的命令根据地方情况来进行阐释。

至宋代（960—1279），文官代替了地方军事首领，受儒学训练的官员掌握了更多的政治权力，与此同时政治权力本身也更向皇权集中。在11世纪和12世纪新儒家的掌控下，儒学经历首次实质性复兴，儒家思想也被重新阐述，部分是为了回应佛教，兼回应道教和法家的思想。② 这种回应采取了批判和调和共存的形式。不同于佛教对于另一世界的思考，新儒家思想家将其宇宙秩序建立在真实的当下世界。部分地批判佛教对人类关系的摒弃，他们建构了另一个以"仁"为基础的宇宙秩序。③ 新儒家学者认为人们能够并且应该与宇宙相一致，并且人们潜在的具有依此而行所需的相关知识和道德。在儒家学者承认的传统德行仁、义、礼、智基础上，新儒家学者增加了"诚"和"敬"，这些道德价值皆服务于"仁"。

根据张载（1020—1077）所述，人道不仅属于家庭关系，也具有宇宙意义。④ 同样地，程颢（1032—1085）也主张，其他价值，"义礼智信，

① Shun Kwang-loi, *Mencius and Early Chinese Thought* (Stanford, Calif. : Stanford UniversityPress, 1997); Li Chenyang, *The Tao Encounters the West*; Hall & Ames, *Democracy of the Dead*.

② Huang Siu-chi, *Essentials of Neo-Confucianism*.

③ 张载：《西铭》，第71、118页。

④ Huang Siu-chi, *Essentials of Neo-Confucianism*, pp. 70 - 80.

皆仁也。"① 早期儒家从"五经",即《易》《书》《诗》《礼》《春秋》中
汲取资源,到新儒家学者那里,《论语》《大学》《中庸》和《孟子》,即
"四书",成为其思想的经典。仁乃"四书"之价值根基。一个人的人道
即意味着作为一个道德的人,能体认他人的人道,对其施与仁慈,并认同
共有的目标。

由于"仁"被确认为是基本美德,关于人性的争论再次发生。程颢
和程颐(1033—1107)兄弟重新点燃了孟子与荀子间的争论,新儒学分
裂为心学与理学两个思想派别。前者强调孟子对人性的解释,后者强调荀
子对人性的顾虑。我将随后会指出,荀子的观点推进了对规定是非和由此
管理公众生活的道德权威的服从,但孟子的观点却不需要对等级制如此服
从。孟子思想允许并鼓励把对道德权威批判性的服从作为道德教育的一部
分,以保证发展中的人是因为理解进而实现道德行为,而不仅仅因为被告
知应当如此才去行为。

宋明时期,儒学再次成为官方哲学。然而,久而久之,要给予某些
特定的解读才能通过科举考试。官方儒学成为官僚对于权威的顺从手
段,而非大臣向权威的劝解渠道。在此意义上,儒学成为权威体制的一
部分。

由于这段特殊的政治历史,儒学因此被称为威权主义的婢女。在这一
规则下,文本被节略,删除对绝对君主政体批判的内容,② 典籍被查禁,
批判者被监禁。但是对通向民主的儒学路径很重要的一点是,尽管遭到压
制,但关于为遵循"道"的适当政治政策和实践的内部争论仍在持续。
并且,正如狄百瑞(1991)对吕留良和方东树二者的深度探讨,当新儒
家们缺乏政治宠幸时,他们也会对政治权力的滥用进行批判。③ 随着帝国
的崩溃,儒学由于与灭亡帝国存在的政治联合,其名声也在某种程度上遭
受毁坏。

当代儒家学者讨论"仁"、人性的含义以及在不湮没其核心的前提下
重新阐发儒家思想的可能性。这种为民主而去重新阐明儒学的一个关键问

---

① 程颢:《识仁篇》,第 92 页;亦见 Joseph Chan, "A Confucian Perspective on Human
Rights," in *The East Asian Challenge for Human Rights*, pp. 223 - 224.

② Huang Chun-chieh, *Mencian Hermeneutics: A History of Interpretations in China* (New
Brunswick, N. J.: Translation Publishing, 2001).

③ De Bary, *The Trouble with Confucianism*.

题在于等级制的重要性和作用。

根据一些当代儒家学者所述,儒学要求礼,它在最初历史文本中意味着子女孝顺和兄友弟恭,但并不负载等级化的特征。[1] 对其他学者而言,即使没有等级制和性别的角色,儒学本质上的见解也能被明确表达。[2] 而在我看来,压榨性的等级制,非等级制本身,是通向民主的一个重要且实际的障碍。[3] 对当代儒家学者来说,挑战是为了展现儒学的活力,而不是重新确立或具体化其与威权主义和压榨性等级制的联合。

四　儒家民主的理论基础

在这一部分,我主张儒家民主理论产生于儒学,不含任何目的论意义,而是借由解读的和内在自我批判的儒学传统的延续。由此产生的不是儒家自由民主制,即儒学与自由民主制政治思想的调和,而是一种儒家民主理论,是一种对儒学政治思想内部互补而紧张的论争的以民主为目的的解决方案。

调和这些论争,需要在维护"仁"作为基本德行的同时,对其进行再解释。这需要支持那种要求对等级制较少服从的人性观点,却把关于人性争论的双方理解为需要制度体系去教化仁。最后,对前两者必不可少的是,儒家民主将儒学看成一种对社会和政治进行批判的工具,因而,它不但允许并且需要可供持续论争的制度空间,并能提供确保民众能够使用这空间的背景条件。

---

① 例如,Neville, *Boston Confucianism*;参考 Hahm Chaibong, "Constitutionalism, Confucian Civic Virtue, and Ritual Propriety," in *Confucianism for the Modern World*。

② Joel Kupperman, "Xunzi: Morality as Psychological Constraint," in *Virtue, Nature, and Moral Agency in the Xunzi*, ed. T. C. Kline Ⅲ & Philip J. Ivanhoe (Indiannapolis, Ind.: Hackett, 2000).

③ 一些在其他方面少有共同点的西方政治思想皆认为,压榨性的等级制对于民主、自由、平等和它们的结合而言是一种挑战。参见 Walzer, *Spheres of Justice*; Catharine MacKinnon, "Crimes of War, Crimes of Peace," in Stephen Shute & Susan Hurley ed., *On Human Rights: The Oxford Amnesty Lectures 1993* (New York: Basic Books, 1993), pp. 83 – 109; Philip Pettit, *Republicanism: A Theory of Freedom and Government* (Oxford: Clarendon Press, 1997); Johan Galtung, *The True Worlds: A Transnational Perspective* (New York: Free Press, 1980)。

（一）仁

在强调作为批评家的儒家学术官员作用的同时，我将"仁"看成民主实践的价值基础。我把仁解读为"人心"对待他人的一种倾向（《孟子：告子上》）。那些强调社会规范的人，将儒学对"仁"的强调看成仅仅对于统治、家庭或友情等有直接关系的人的重视。① 根据后者这种解读，"仁"需要以牺牲民主为代价，换来并促进等级制的发展。但是，与信广来一样，我将"礼"看成在特定情况下一个人的恰当行为。②

当然，孟子教导对他人责任的重要性，以及由于特定人伦关系衍生的特定责任的重要性（《孟子·滕文公上》），但孟子也赞美了"五伦"规定外的义务。他指出，即使与对方或者其家庭没有任何个人关系的前提下，人们依然会去救助一个即将落水的孩童（《孟子·公孙丑下》），这样的一种责任即说明了仁的普遍意义。在《孟子·梁惠王上》及《孟子·滕文公上》中，孟子更是清楚地将等级关系置于更广泛的社会责任中。同样地，根据孔子所述，对亲密家人义务的重视是导向对人道重视的一种练习。

> 有子曰："其为人也孝弟，而好犯上者，鲜矣。不好犯上，而好作乱者，未之有也。君子务本，本立而道生。孝弟也者，其为仁之本与？"（《论语·学而》）

在每天对"子女孝顺"和"兄友弟恭"的实践中，人们增进了自身对人类道德义务的意识。同样地，对孟子来说，统治者的良治可以为人们的良好行为提供一个背景和榜样。特定责任在为教化对他人仁的行为及学

---

① 例如，R. P. Peerenboom, "What's Wrong with Chinese Rights? Toward a Theory of Rights with Chinese Characteristics," *Harvard Human Rights Journal* 6 (1993): 29 – 57; Roger T. Ames, "Rites as Rights: The Confucian Alternative," in *Human Rights and the World's Religions*, ed. Leroy S. Rouner (Notre Dame, Ind.: University of Notre Dame Press, 1988); Lee Seung-hwan, "Was There a Concept of Rights in Confucian Virtue-Based Morality?" *Journal of Chinese Philosophy* 19 (1992).

② Shun Kwang-loi, *Mencius and Early Chinese Thought*, p. 63; Li Chenyang, *The Tao Encounters the West*, 尤其是第一章与第四章。

习同情他人提供机会的意义上，是更大的社会福利的基础。换句话说，道教导我们将民众理解为义务分担者，而非抽离的、像墨者所主张的对所有人具有相同责任或像杨朱（约前395—前335）后学所主张的只对自己负责的抽象个体。通过对"道"的遵循，我们或可以通过教化，对那些"五伦"关系之外的人同样施与人道行为。

大多数人认为孔子不断谈及"君子"、学者型官员或批评时政的学者，对儒家来说只有受过教育的精英才能呈现仁。然而，仁意味着对全人类的责任，对等级关系之外的人的责任（《孟子·公孙丑上》），或者对那些尚未定性的年轻人的责任（《中庸》第十四章）。儒家学者发展了人道更为广泛的意义，它并不局限于指圣人、统治者、政治谏臣和学者之间。

孟子鼓励民众无需改变在等级制中的地位，而是要成为圣人的追随者：

> 杨墨之道不息，孔子之道不著，是邪说诬民，充塞仁义也……作于其心，害于其事；作于其事，害于其政……能距言杨墨者，圣人之徒也。（《孟子·滕文公下》）

一个人不需要非得成为圣人才去注重人道。[1] 在这里，孟子督促学生和所有人对杨朱提供的另一种道德标准"为我"以及墨子的"兼爱"作出批判性的反思。[2] 孟子认为，学生在思考过后将发现两种道德标准均不能维持人类关系：杨朱的标准危害团体，而墨子的标准没有认识到特殊等级关系中人与人之间的联结与义务。

---

[1]　如同几个世纪后王阳明（1472—1529）对之的进一步发展，君子和小人都有对于善的直觉良知。参见 Huang Siu-chi, *Essentials of Neo-Confucianism*, pp. 200 – 201。Legge 与 Liu 对此段的翻译与本文所引类似。然而，Ivanhoe 的侧重点有所不同，认为该段的关键在于强调其他圣人会同意他对杨墨的批判，可参见 Philip J. Ivanhoe, *Ethics in the Confucian Tradition: The Thought of Mengzi and Wang Yangming*, 2nd edtion (Indianapolis, Ind.: Hackett, 2002), p. 118。造成不同解读的原因是哲学，并非因为所采用译文的不同。亦见 Li Chenyang 在 *The Tao Encounters the West* 中关于"人"的讨论，第 146 页及其后。

[2]　Legge, *The Four Books*, p. 678.

尽管特定关系具有等级性，但责任或义务观念并不支持压榨性社会或政治等级。① 事实上，如果我们主张义务适用于全人类，那么义务的概念就能被用来批判压榨性的等级制。新儒家的张载在《西铭》中阐述了针对全人类义务的基础：

> 乾称父，坤称母……民吾同胞……大君者，吾父母宗子，其大臣，宗子之家相也。尊高年，所以长其长……圣其合德，贤其秀也。凡天下疲癃残疾，茕独鳏寡，皆吾兄弟之颠连而无告者也。于时保之，子之翼也。②

依据这一观点，尽管政治精英和学者同样应得其在早期文本中所应得的尊重，但全人类都是我的同胞。正如众所周知、影响重大的新儒家学者朱熹（1130—1200）所言，"仁者，心之德，爱之理"。③

按照新儒家学者陆象山（1139—1193）的说法，儒学与新儒家中的老师是精英分子，是那些向政府提出建议并在政府管理中起积极作用的学者型官员，但是，针对道德教化的路径却是向所有人开放的。④ 进而，他延续孟子观点指出，即使是那些不能成为圣人的人，也能作为圣人的追随者去提供批判性的意见（《孟子·滕文公下》）。

当代儒家学者关于"仁"和"礼"的相对重要程度存在一些分歧，⑤但二者均认为"仁"要求通向人道的道德行为。贯穿其中的理解是，"仁"需要对他人人道地、仁慈地和富有同情心地作为。统治者不这样做，就会丧失统治权；个人如果不这样做，就不能实现内在道德标准或遵循"道"；如果领袖和民众不能对他人人道地作为，社会就不能良好地运作。我们可以从那些修养内在德性的统治者、大臣和学者那里期许道德行为，但是，那些修养略低的人也可以认识和实践道德行为（《孟子·滕文

---

① 从非儒学的视角，奥纳拉·奥尼尔（Onora O'Neill）主张义务是权利与人类平等的基础，可参见 Onora O'Neill, *Bounds of Justice* (Cambridge: Cambridge University Press, 2000)。

② 《西铭》的全部英文文本见 Huang Siu-chi, *Essentials of Neo-Confucianism*, pp. 69–70。

③ Huang Siu-chi, *Essentials of Neo-Confucianism*, p. 158, also, p. 151。

④ Huang Siu-chi, *Essentials of Neo-Confucianism*, p. 158, also, p. 180。

⑤ 例如，Tu Weiming, "Foreword," in Robert C. Neville, *Boston Confucianism: Portable Tradition in the Late-Modern World* 与 Neville, *Boston Confucianism*。

公下》、《大学》第六章)。

虽然具有争议性，但我将仁看作一个基于对人伦关系的尊重、并要求对人道行为推展至人伦关系以外的义务体系，这是得到历史文本的支持，以及一些新儒家学者和当代儒者的肯定的。注：我并非主张单独的"仁"是通向民主的工具①，而是因为人性（下段中我将描述我理解的人性），仁能指导针对儒家民主的社会批判（下段中所描述的社会批判）。失去对人性和社会批判的信念的仁，虽有益于各种不同的政治理论，但并非所有的都可以被视为民主的。

（二）人性

儒家民主理论的第二部分站在了儒家内部历史性争论的一方，将人性视作本质上是善的。儒者们争论的是"道"教化的目的到底是发展人类本质上的善性还是反对其本质上的恶性。两种人性观念都需要考虑制度的教育作用，然而，后种观点可以为严格恪守礼作为教化的等级制实践进行辩护的工具。② 因此受威胁的是我们将知识与道德直觉和经验整合到一起的能力。

直觉与探求两者都需要教化。根据孟子与陆象山所述，我们通过直觉辨是非。然而在荀子看来，我们通过探求与学习辨是非。遵循荀子，内维尔主张，因为人类达不到仁，礼及其与等级制、结构性教育和由学者型官员对非专业人士的教化三者相结合的实践，促进了健康的社区生活与人类发展。③ 内维尔并不主张当代的等级制应该模仿历史上儒学的等级制，但他观察到了礼在指导儒家生活中的重要作用。而杜维明和白诗朗认为仁具有更大的相对重要性，它意味着要重视人类的潜能与创造性。④ 据此，他们对

---

① 参考 J. Chan, "A Confucian Perspective on Human Rights," in Bauer & Bell, *The East Asian Challenge for Human Rights*, pp. 212 – 237。

② 在西方，关于后者的担心支撑了一系列的政府保护和个人权利，有人可能会认为荀子的人性观与自由制度是一致的。

③ Neville, *Boston Confucianism*.

④ 参见 Tu Weiming, "Foreword," in Robert C. Neville, *Boston Confucianism: Portable Tradition in the Late-Modern World*; Tu Weiming, *Humanity and Self Cultivation: Essays in Confucian Thought* (Berkeley, Calif.: Asian Humanities Press, 1979); Tu Weiming, *Confucian Thought: Selfhood as Creative Transformation* (Albany: State University of New York Press, 1985); Berthrong, *Transformations of the Confucian Way*.

非专业人士的教化、其权衡儒学价值的能力，以及其批判失败地遵循"道"而误入歧途的权威的能力显示出更大的信心。尽管着重点不同，两种视角均提出对政治权力滥用的批判，我将在下文讨论这对儒学民主理论很重要。

人性的消极观点为政治压迫提供了伦理上的正当性，从这层意义来说，孟子的解释则更加民主化：为了遵循"道"，人性需要被教化，此过程是发展善的人类潜能，而非压制天生的恶性。儒家式的民主必须能够促进由礼和社会、经济及政治制度实践而教化出的儒家生活。其背后的民主含义是，当所有制度在教化"仁"（成为完善的人的最重要美德）上起作用时，它们也是在促进富有成效的公民政治平等。儒家式的民主要求不会产生压榨性等级制并由此威胁政治平等的教化实践。在对社会、经济和政治责任在民众中教化仁、在公民中教化政治平等的方式进行反思中，儒家民主理论可以得到进一步的发展。"天下为公"在理论上是对教化仁的一系列社会、经济和政治制度设计开放的。

（三）批判、教化和建模

儒家民主理论的第三部分不似第一部分那样建基在对文本的解读上，也不似第二部分建基在历史争论上。从文本和实践来看，我所理解的儒学历史是一种社会和政治批判实践。这一实践，在仁的指导和人性的教化下，是民主的。

尽管没有理由将政治生活看成不断变化的，或者将对立方看成是互补的，并以此看法作为民主规范的基础，但是将这两者与对于人道和人际关系的基本尊重相结合时，他们是可以作为民主规范基础的。一旦相结合，这些规范需要制度上的空间去维持政治决策的可争论性。它们需要的是一种政治生活的伦理结构，而不是强加于伦理生活的政治权力的使用。在对传统的此种解读下，儒学伦理和政治生活一直在进行，不断在变化，并始终是批判的合法主题。因此，儒家批评时政的学者的作用是努力去改变政治实践以使其实现对"仁"的尊重。

"仁"的含义并非一成不变的，正如欧阳修（1007—1072）更为全面的看法，认为儒家哲学同样不支持一种静态的、始终如一的政治生活观或权威。① 尽管在中国的王朝历史中，国家权威已被贴上"儒学"的标签，但作为政治哲学，儒学并不赞同权力或礼在维持政治权威中的滥用。相反，儒学促进了社会秩序体系的形成，在这一体系中，政治权威和民众遵从教授他们"人道之准"的礼而生活。② 正如以上出自《孟子》的段落所主张的那样，作为涵盖一切仁慈的天之道，道德通过伦理和政治实践来实现：通过诸如圣人的榜样作用、学者的批判关注及在正确领导和制度下对所有人性格的教化中得以实现。通过早期记述来看，儒家政治思想有哲学和实践两个维度。尽管儒家和新儒家在行政问题上存在分歧，但二者都推崇渐进的、维护行政稳定的政治改革。③

作为学者型官员的孔子和孟子都是社会和政治改革家，他们设法建议君主进行政治改革，但却不提供专制规定。相反地，他们鼓励与道德相一致的自我修身：

> 季康子问："使民敬，忠以劝，如之何？"
> 子曰："临之以庄，则敬；孝慈，则忠；举善而教不能，则劝。"
> （《论语·为政》）

这种权威体制毫无疑问地尊重等级制并可能常常最终导致等级制的滥用。如此滥用是失责。在对权威压榨性的使用中，仁被牺牲，权威（无论是家长式还是公共的权威）亦不能被看作遵循了道。然而，

---

① 亦可参见 Fukuyama，"Confucianism and Democracy," *Journal of Democracy* 6.2（1995）：20-33。

② 欧阳修《本论》，由 David S. Nivison 引用，见于 David S. Nivison，"Introduction," in *Confucianism in Action*, ed. David S. Nivison & Arthur F. Wright (Stanford, Calif.：Stanford University Press, 1959)，p.6。在 Alan Wood, *Limits to Autocracy：From Sung Neo-Confucianism to a Doctrine of Political Rights* (Honolulu：University of Hawaii, 1995) 中，Wood 提供了宋朝新儒家的这一解读。

③ Hoyt Cleveland Tillman（田浩），*Utilitarian Confucianism：Ch'en Liang's Challenge to Chu His* (Cambridge, Mass.：Harvard University Press, 1982)，pp.30-31. 亦见 Hoyt Cleveland Tillman, *Confucian Discourse and Chu Hsi's Ascendancy* (Honolulu：University of Hawaii Press, 1992)。Chen Jie 与 Zhong Yang 提供了一种当代流行观点，认为对中国民主主义人士来说，社会秩序是民主的一个重要目标，此可参见 Chen Jie & Zhong Yang, "Valuation of Individual Liberty vs. Social Order among Democratic Supporters：A Cross-Validation," *Political Research Quarterly* 53.2（2000）：427-439。

正如以上出自《论语》的段落所述，社会变革依赖好的榜样的激励，而非依靠命令。①

由于在实践中，人们尤其是统治者不足以实现仁，仁成为批判的根据或指导。儒家认为重视他人对于个人道德生活至关重要，因此儒者用仁来鼓励个人应得待遇和应该给予他人的待遇（个体的或集体的）。学者对统治者的道德教育需要对那些不能对其民众仁慈地作为的统治者进行政治批判，他们有时拒绝向那些试图滥用或不能良好管治的统治者提供建议（《孟子·公孙丑上》《孟子·万章下》）。

在维护仁的同时，儒学为基于语境的社会批判提供基础。尽管对道的遵循不能改变，但向权威提出建议的儒家学者认识到，有关正直行为需要何种道德的无语境假设是不合情境的。"子曰：'君子之于天下也，无適也，无莫也，义之与比。'"（《论语·里仁》）②

在对背景和道的重视方面，儒者提供了没有相对主义的社会变革模型（《中庸》二十七章、二十八章；《孟子·离娄上》；《孟子·离娄下》）。早期的孔子追随者推进了符合道的社会变革观念，田浩引用董仲舒（前179—前104）对此的观点说："所闻天下无二道，故圣人异治同理也。"③甚至对人性之善持怀疑态度的荀子，也赞赏社会变革的必要：

> ……其持险应变曲当。与时迁徙，与世偃仰，千举万变，其道一也。④

这意味着儒者具有一个明确的责任，即用符合时代且与仁、道相一致的社

---

① 亦见《论语》之《八佾》《颜渊》《子路》及《卫灵公》诸篇。Joseph Chan，"A Confucian Perspective on Human Rights，"持与家长式统治相似的观点。福山（Fukuyama）认为政治家长式统治主义已经成为日本儒学的一部分，可参见 Fukuyama，"Confucianism and Democracy，"*Journal of Democracy* 6.2（1995）：20 - 33。

② Slingerland 对此段的讨论颇具启发性，他写道："此处蕴含了君子的处境性反应。他们依靠自身的内在道德感，而非约定俗成的社会偏见，来评价人或事。在《论语·公冶长》中，孔子对于被传统所禁忌的女婿的接受，以及《论语·子路》中，对于未经检验的社会判断的怀疑，皆可作为……此原则的实践诠释。"*Confucius：Analects with Selections from Traditional Commentaries*，pp. 32 - 33。

③ Tillman，*Utilitarian Confucianism*，p. 29.

④ 《荀子·非相》，第28—29页。

会批判指导社会变革。

在儒学的第二个千年，新儒家的前辈们依据近期历史处理实际问题。比如，柳宗元（773—818）、杜佑（735—812）和司马光（1019—1086）通过类比，利用经典内容来促进道德修养，利用历史来"提供评估政策的更加详尽的数据及对持续不断且多样的变化进行回应。在这一点上，近期历史是最有用、最切题的"。① 新儒家的前辈因为鼓励运用传统和历史经验指导批判思想，故而相比儒家或新儒家显得更加保守。然而，他们并未放弃其批判系统。

由于来自佛教和道教的哲学威胁，以及来自异族的政治威胁，新儒家学者也同样是一批改革家。这些新儒家学者，具有不同的宇宙观，在实践、政治、行政问题上也持有不同观点。但是一般而言，在"仁"的指导下跟随并发展其师之思想脉络，新儒家学者通过改变习俗和教育来促进社会变革，从而使实践与"仁"一致。当新儒家通过直觉或经验发现政府措施不足时，他们就会转向社会和政治批判。②

新儒家批判腐败，也批判具体实践。作为政府行政人员，朱熹是一位包括婚姻和教育在内的社会风俗的改革者。根据朱熹的观点，道德应遵循过去但不应该受制于过去，我们应该用批判的思维去反思。尽管陆九渊并不同意朱熹对于知与行作用的观点，在社会变革必要性这一点上，他将我们引向了相同的结论。③ 沿袭孟子，他主张除非学以致用，否则知识就是无用的：

> 徒善不足以为政，徒法不能以自行。（《孟子·离娄上》）

社会要遵循道，就需要法律、优秀的管理者和有道德的政府顾问。这意味着为了发扬道，即使是对抗权威，学者顾问也要大胆地发声。

狄百瑞甚至认为，社会批判是包括黄宗羲（1610—1695）在内的新

---

① Hoyt Cleveland Tillman, *Utilitarian Confucianism: Ch'en Liang's Challenge to Chu His*, p. 34.

② 张载（1020—1077），早期新儒家学者，因为批判王安石（1021—1086）的新政而丢掉官位。见 Huang Siu-chi, *Essentials of Neo-Confucianism*, p. 59。

③ Huang Siu-chi, *Essentials of Neo-Confucianism*, pp. 125、154、181.

儒家学者最高的政治服务。① （他把中国历史上极具压制性的明朝时期新儒家学者的活动解读为政治批判对新儒家重要性的表现。） 在这一时期，学者和官员大声对抗专制，他们的言论可能无效且导致了对批评家的惩罚。比如王阳明（1472—1529）的例子，他由于为两名揭露当权太监刘瑾（卒于1510 年）腐败的监察御史官辩护而被投入狱中。② 然而，其他批评家并未受阻，批判实践的行为已被肯定为新儒家传统的一部分。进一步，他们的角色被以都察院的形式制度化："都察院，其作用是调查和告发官员权力的滥用或当权者对法律的违反。他们的作用是'大胆发声'。"③

　　虽然有时批判和体制均声称支持儒学的价值观，但处于压制体制下的社会批判对于民主实践来说，充其量是一片贫瘠的土壤。当然，也有些人曾经利用批判的角色去为压制性的政治权力及思想镇压辩护。比如1093年至1125 年，当权者用王安石（1021—1086）的观点为查禁苏门（苏东坡及其门生）和司马光（1019—1086）作品的文字狱提供合法性。问题的重点并非是说在压制性的政体下，如果反对的声音能够被听见（哪怕是短暂的），那它就是民主的。我所强调的是，尽管充满着个人危险，但自儒家政治哲学之始，来自学者型官员的批判即是一种值得尊重的实践。在仁和不需要依赖政治权威来进行伦理发展的人性观的支撑下，这一历史实践表明儒学政治思想需要批判和争论的政治空间。

　　尽管政治批判与权力主义似乎是居于一个政治谱系下的对立两极，但二者实际上是互补的。④ 如果批判行为只是自由的言论，权力主义只涉及极权主义权威，那么协调这些政治活动或许并不可能。然而，有对人性是善的理解，社会批判教化领导者对民众的人道实行最仁慈的统治和尊重。即使是权力主义的、封建专制的和皇权的，儒学统治也意味着人道的统治。儒学政治批判涉及评价政府政策，特别是地方与区域管理，以及军事策略，以使其更加符合仁这一道德德性。通过一个庞大的官僚结构，儒家学者既是批评家，也是帝王与国家的公务人员。威权体制需要批判来提升

　　① De Bary, *The Liberal Tradition in China*, p. 3.

　　② Huang Siu-chi, *Essentials of Neo-Confucianism*, p. 192.

　　③ De Bary, *The Liberal Tradition in China*, pp. 91 - 98；亦见 Mo Jongryn, "The Challenge of Accountability: Implications of the Censorate," in *Confucianism for the Modern World*.

　　④ 借用璐福的概念，它们互相"染污"了对方。见第 158 页注①。

管理和道德，而批判使威权统治更加人道化。

当批判腐败时，精英学者与官员不是在为自己谋求利益，而是通过引导权威遵循道来为全人类谋求利益。尽管某些等级制与礼对当代儒学实践依旧重要，[1] 但当代儒家学者——包括那些在全球思维（非囿于种族层面）下思考儒学适宜性的学者——把某些等级制解读为具有文化上和历史上的特殊性，因此与儒学的实践不再相干，借此进一步发展了儒家内部的社会批判观念。[2] 对等级制滥用的持续批判是儒学实践的基础，它可以应用于使等级制压榨成为可能的政治、经济和社会实践，包括性别化实践。批判实践服务于仁并促进了道的发展，但是同其他依靠批判话语的政治思想形式一样，儒家政治思想也要求一套理论方法来推动其持续的反思。[3] 在政治学中，这意味着重视为持续批判行为和争论创造公共空间的体系。

我已描述的儒家民主三要素——仁、善性和政治批判行为——都是存在争议的概念。谁能践行仁，又对谁来施行？什么是人性？何种政治批判该被行使？这些问题都能以明确的非民主方式回答。在儒家民主理论中，民主主义者重视其他观点的同时，认为仁虽然是所有人面向所有人的行为，但这些行为却是发生在人际关系背景下。尽管认识到等级制能成为自我修身的重要工具，但民主主义者并不依靠它去决定民众的意志。因此，尽管政治批判也可以被引向其他方向，但它至少能对潜在剥削等级制提供一种监督。

（四）儒学式的民主基础

我并非主张说儒者或新儒家学者是向民主的方向上提出上述三种观念，但这样做确是符合儒学的。此外，认真对待这些儒学概念同样也是民主的。

首先，仁作为圣人的首要德性，对全人类来说是潜在可实现的，这就意味着制度的内涵可以是民主的。即使有人认为只有少数学术精英才能真

---

① Tu Weiming, "Foreword," in Robert C. Neville, *Boston Confucianism: Portable Tradition in the Late-Modern World*.

② Neville, *Boston Confucianism*.

③ Ackerly, *Political Theory and Feminist Social Criticism*.

正有能力实现仁，这一可能性亦意味着社会、经济、政治制度不应以限制任何人潜能的方式运行。进一步说，制度体系不应该对所有人的潜在贡献做预先的判断。

此外，仁是一个社会性概念。正如安乐哲和罗思文描述的那样，"仁"是一个相当简单的图像，根据《说文解字》，仁由"人"和数字"二"组成。这种词源学的分析强调了在儒学观念看来，人不能依靠自己成为一个人——我们，从我们未成形的开始，就有不可简化的社会性……虽然作为基本关系的聚焦点，人类最初"性相近"（《论语·阳货》）。但仁首先是将这些人伦关系"生"成为人类社团中具有活力的、强健的、健康的组成部分的过程。①

当全人类被理解为具有修养仁的潜力时，仁的社会维度即意味着，没有使全人类得到发展的制度条件，仁是无法实现的。

专注于新儒家对佛教②阴阳概念的重新研究，陈茜仪认为儒家对于在社会和政治上阻碍女性参政、获得工作机会以及妨碍男性在培养孩子方面发挥积极作用的因素持批判立场。③ 再次申明，这种对仁的解读所蕴含的是，有助于全体发展的制度体系是更加符合儒学的。

第二个要素使我们更加紧密地注意到所有制度在发展人类潜能中起到的整合作用。关于人性争论的两方均重视道德教化，但性善论的解释鼓励我们对潜在的压榨性等级制要更具批判性。进一步，儒家思想给了我们很多理由去理解社会、经济制度和实践对于政治生活的影响。因此，儒家民主理论的第二部分在制度上的含义是，家庭、工作、社会和政治生活的制度应该有效运转，而不会创造出限制任何人潜力发展的等级制。正如第一个元素一样，此种观点将所有这些制度看成一种资源，基于这一资源来发展出对他人义务和责任的理解。对此，西方的自由式解读可能会主张应该有制度上的机制去抑制歧视。而儒学式解读是，我们应该建立远离歧视的制度，因为歧视行为抑制了人类潜能的培养。④ 然而，儒学建立在政治传统之上，儒学民主化的制度规划并非白手起家。因此，我们可能需要通过

---

① Ames & Rosemont, *Analects*.

② 原文 Buddhist，似有误，参见陈茜仪书中相关表述，疑应为"儒家"。

③ Chan Sin Yee, "The Confucian Conception of Gender in the Twenty-first Century," in *Confucianism for the Modern World*.

④ Ibid., pp. 323 – 325.

清除发展全人类潜能的障碍，让现存制度更加儒学化。

所以，批判行为的第三个实践是至关重要的，不能只有意地用于政治制度。在社会、经济和政治体制中，批判实践需要培育。此外，对社会经济实践进行批判分析以对政治讨论产生影响的可能性，也需要通过制度化渠道予以发展。再一次，一种对于此种实践制度化内涵的西方自由式解读，或将之理解为对于批评家言论或集会自由的制度化保护。然而，这种制度化的内涵并非仅仅是保护性的。儒家民主不仅仅是允许批评或者防止镇压，它会有培育批判实践的制度。

上述三要素形成了儒家民主理论的基础，但仅有这三点是不足够的。这一理论存在其他问题及制度化的内涵需要去考虑。其中，与此基础有关的待考虑问题有三个。第一，在评估一个等级制是否具有压榨性上，儒学理论资源有多优秀？第二，在确保责任以一种支持儒家民主的方式实践时，儒学的理论资源是什么？在持续地对社会、政治和经济行为可能滥用等级制的评估上，政治批判是一个充足的工具吗？第三，天道的概念被理解为超越的，对儒学来说有多大重要性？如果儒学依靠的是一个超越的概念，是否只有当这一世界观被普遍认同的情况下儒家民主才是适当的？儒家民主理论需要解决这些问题。本文提出的儒家民主理论的基础，提供了解决这些问题的资源。但是，我并非是将它看作唯一的儒家民主理论，而是相对低调地将它看作一种思考儒家民主基础的历史和理论的方法。

五　结论：通向全球民主理论的重要途径

各类批评家（包括非专业人士、学者型官员、活动家和理论家）在持续不断的对话中，始终认为民主化是一种充满生气的生活方式，而不仅仅是一系列既定的、被边缘批判而又被中心虚伪维护的价值观或制度。西方自由思想为生活、价值和制度只提供了一套传统背景，而儒学政治思想则提供了另外一种。如果把民主化想象成批判实践，它通过与互补的、不纯粹的传统的接触得到明确和深化，那我们可以在民主理论的进一步发展中，通过这些接触学到丰厚的经验。

我这篇文章所涉及的儒学，并不与任何特殊的政治纲领或政府形式相结合。并且，它与政治权力的关系是随时间不断变化的。由于这两点，儒学是动态的，也因此它赋予了政治哲学研究同哲学家、神学家和宗教学者的研究同样的深度。①

　　有了异议与变革的经验，每种文化与政治传统都为通过批判建立一种民主理论提供了重要信息。批判和慎思民主的理论家们已经开始在西方传统中发展这一民主思想的脉络，而比较政治思想对于这一课题的发展是至关重要的。② 其目标并不是为已存的西方模式增加"外来"的见解，而是通过跨文化阐释来发展出一种民主理论，利用不同传统的长处，借鉴来自内外部反对的声音，将其各自对民主化的认识转变为集体可认识的实践。如果说我们的哲学观念与文化意向会受到文化、智力和实际经验限制，那么跨文化对话则提供了扩展人类想象力的希望，由此我们可能在人们重视民主价值的地方实现民主生活，而在只有游离于政体边缘的民众重视民主价值的地方，也能具建设性地支持民主的发展。

翻译：孙庆娟

校对：李晨阳　李　薇

---

　　① 　例如，如前所引 Ames, Berthrong, Li Chenyang, Huang Chunchieh, de Bary, Hall, Ivanhoe, Neville 与 Tu Weiming 之文本。以及 Irene Bloom, *Knowledge Painfully Acquired: The K'unchih chi by Lo Ch'inshun*, trans., ed., and intro. Irene Bloom (New York: Columbia University Press, 1987) 和 Alan K. L. Chan, *Mencius: Contexts and Interpretations* (Honolulu: University of Hawaii Press, 2002)。

　　② 　参见 Fred Dallmayr, "Beyond Monologue: For a Comparative Political Theory," in *Perspectives on Politics* 2.2 (2004): 249 – 257.

论儒家思想中的平等与不平等观念

李晨阳（Chenyang Li）

　　平等的理念是社会公正的必要条件。不同的社会形式有其不同的平等理念。即使在乍看起来很不平等的社会也有其自己的平等理念。比如，在等级森严的传统婆罗门教的社会里，现实社会的极度不平等是由前世平等的造业机会为理论基础的。也就是说，现实社会中无可争议的不平等的"公正性"是以所谓前世的平等机会为论证基础的。了解一个社会或者文化传统的平等观念有助于我们更深刻、更准确地了解这个社会或者文化传统，也有利于对现实社会的改造与改进。同时，我们也必须认识到，平等有不同的形式，而且任何形式的平等都有随之而来的其他形式的不平等。本文考察儒家思想传统在经济、伦理和政治维度的平等与不平等观念，认为，儒家平等观念的主要特征是比例性平等，以及随之而来的相关方面的不平等。儒家的平等思想是其理想社会的重要部分。本文的结尾部分探究这一观念的当代意涵。

一

　　平等是现代文明社会的基石之一。很少有人质疑它的价值和有效性。同时，它也存在着各种相关的问题。首先，平等有其内在固有价值，还是仅仅有工具性价值？不少人主张平等有其内在价值。哈瑞·夫兰克福特（Harry Frankfurt）则认为，平等本身没有内在价值。[1] 如果他是对的，那么我们就不应该为了平等而追求平等。如果我们追求平等是因为它的工具

---

① Harry Frankfurt, "Equality and Respect," *Social Research* 64. 1 (1997): 5–15.

性的价值，这就需要探讨什么样的平等值得和应该追求。同时，平等的观念多种多样。有道德方面的平等。即所有人都有平等的内在价值，平等的尊严，应该对人有平等的尊重。有政治方面的平等。也就是，所有人拥有相同的公民权利和政治权利。也有经济方面的平等。也就是，人们有权平等地分配社会财富。平等分配，又可以涉及机会的平等，资源的平等，或者福利的平等。在这里，我不会深究这些问题，因为已经有大量的著作讨论这些问题。作为本文讨论的前提，我在这里首先想要表达的观点是，不管人们持有什么样的平等观，追求什么样的平等，何种形式的平等，都不可能避免带来不平等。也就是说，没有不平等，平等就无法实现。例如，资源平等会导致社会福利的不平等；人们从平等的资源出发，由于各种原因，往往到达不同水平的福利。促进机会平等，将不可避免地导致结果的不平等。因为人们在各方面条件和努力程度不一样，同一起跑线上出发的人不会同时到达终点。在这一意义上，"机会平等"是结果不平等的许可证。不平等不一定导致平等，然而平等的任何形式都不可避免地带来其他形式的不平等。从这个角度上说，平等与不平等是绑在一辆车上的两个兄弟。没有不平等，将不可能实现任何平等。不平等是人类社会在追求平等中所付出的必然代价。

除了任何形式的平等都伴随某些形式的不平等，我们也必须认识到一些特定的不平等形式不仅合情合理，而且在社会中发挥着重要的积极作用。正如肯斯勒·戴威斯和威尔博特·穆尔（Kingsley Davis and Wilbert Moore）很久以前指出的那样，任何一个社会制度都会产生社会的分层，其目的是激励人们去做那些社会所需要的，但是不受欢迎的工作。社会的分层就是一种不平等。我要进一步指出，即使是那些受欢迎的工作，社会的分层也会刺激人们把这些工作做得比其他人更好。公民间某些不平等的形式对一个健康且运作良好的社会来说是必要的。例如，贫富不均刺激人们争取较好的经济地位。这不只是要比别人好，而且也是在超越自己的意义上争取做得更好。追求平等可以是一件好事，然而某些种类的不平等是必需的，合理的，而且从整体而言对社会有利的。比如，一般的社会正义的理念要求给应得不同报酬的人不同的回报。因此，虽然我们不应该为了不平等而去提倡不平等，不平等也不应该被视为社会中固有的恶。对那些提倡平等的人来说，重要的是不只考虑要促进任一单一维度（机会、资源，或其他方面）方面的平等，同时也要考虑，为了建立一个良好的社会，如何在平等的不同需求与不平等的后果之间取得适当的平衡。也就是说，这里有一个不同价值观念之间的协调问题。

在讨论儒家平等观念时，我按照亚里士多德的思路，区分比例性平等（proportional equality）与一对一平等（numeric equality）。① 一对一平等是不加选择地平等待人，不考虑个人具体情况的平等。例如，在全国人口普查中，每个人被看作一个个体，不多也不少。比例性平等是对相关方面不同的人，按照同样的尺度做出相应的而又有区别的对待。在亚里士多德那里，这即是"各得其所"（"to each according to his desert"）的原则。② 例如，在一个实行计件工资的工厂里，每个工人的报酬取决于他或她所生产的产品的数量（与质量）。如果某甲的产量是某乙的两倍，那么某甲的工资就会是某乙的两倍。然而，本文所理解的比例性平等超越了简单的"贡献与回报"的模式。一个人的所得是他应得的或者说是与他相称的，不只是取决于他的贡献或所得。例如，我们可以说，在一个良好的社会，一个肢体残疾的人，即使他什么事都没做，也应该得到特别设施的供给。一般说来，我们可以认为这样做是为了实现残疾的人与其他人的平等。然而，就个人而言，这是比例性的平等。比例性平等要求社会给予残疾人提供特别设施，非残疾人士则不会得到同样的特殊待遇。这种待遇表面上看来是不平等的，但是在比例性平等的意义上看则是平等的。单从一对一平等的角度来看，比例性平等是一种不平等的形式，因为它认可了多样不一的待遇，甚至多样不一的资源分配。但是，从概念上来讲，我们不能将比例性平等与不平等混淆。比例性平等的目的在于达到一种平等，而不是不平等，尽管它会带来不平等这一副产品。但是一些不平等（例如，任意的种族歧视）只是不平等而已，不是比例性平等的副产品。

儒家思想既包含了一对一的平等，也包含了比例性的平等。这两种平等表现在社会的不同层面上。儒家的一对一平等主要表现在两个方面。首先，所有人都生而具有相同的道德修养潜能。孟子主张，所有人都拥有仁、义、礼、智的品德四端。由于每个人都拥有这些自然禀赋，所以"人皆可以为尧舜"（《孟子·告子下》）。应该指出的是，首先，孟子所

---

① Aristotle, *Nicomachean Ethics*, 1130b – 1132b（New York：The Bobbs Merrill Company. Inc，1962），pp. 116 – 123.

② Ibid. , p. 118.

谈论的是人们道德上成善的能力，而不是技巧或体育等方面的才能，或者工作的技能。在尧舜之道的教育上，孟子探讨的是伦理德性，如"孝"和"悌"。他认为人们在道德上成善成圣有相同的潜力。此外，平等的道德禀赋并不意味着事实上每个人都能平等达到至善。道德潜能并不等同于实现了的道德品质。以孟子的话来说，"求则得之，舍则失之"（《孟子·尽心上》）。这四种潜质是天生的。但是，如果我们对之不进行培养和扶持，就有可能失去它们，正如缺少了适当培育的植物会枯萎一样。最后，即使有相同的禀赋，不同情境下的人们或许需要不同的功夫来进行道德修炼。潜在的平等并不一定会转化为事实的平等。现实生活中，人们在道德修养上是不平等的。在人性论方面，荀子经常被看作孟子的对立面，但是荀子在这方面也赞同一对一的平等。在《荀子·性恶》篇中，荀子不仅坚称所有的人，包括圣人在内，生性一样，而且每个人都有成为圣人的潜能。孔子对人性讨论不多。但是他确实说过，"性相近也，习相远也"（《论语·阳货》）。"性相近"有接近平等的意思。

　　这方面的平等概念并不是儒家思想所要追求的价值，而是一假设，或者说是一种"道德形而上学的预设"，是儒家道德哲学的地基。孟旦（Donald Munro）将这种平等称为"自然"平等——"所有人天生具有的共同特性或特征"——而且这在本质上是描述性的[①]，而不是指导性的。在当今的社会，道德潜能上的平等可以成为人类尊严基本线的基石。很明显，如果每个人都有成为道德存在的潜力，并且如果有道德的存在是一个积极的人类价值，那么，每个人都应该得到一定程度的尊重。

　　除了道德潜能方面的平等，儒学中一对一平等的第二个方面体现在人们的社会角色里。人们在社会里有各种角色。但是，不同的人可以有同样的角色。儒家认为，拥有相同的角色的人，如做父亲或丈夫的，拥有同种的责任和"权利"。或许我们可以称这种平等为"基于角色的一对一的平等"。例如，孔子通过强调"君君，臣臣，父父，子子"来推动其"正名"理想。在儒家传统中，人们的各种角色所拥有的义务是很明确的。比如，孟子认为，父子有亲，君臣有义，夫妇有别，长幼有序，朋友有信。"基于角色的一对一平等"与"基于道德潜能的一对一平等"不同。

---

① Donald Munro, *The Concept of Man in Early China* (Palo Alto, CA: Stanford University Press, 1969), p. 2.

第一，它普遍适用于相同角色的人们。所有的父亲有义务去抚养、照顾和教育他们的孩子；所有的孩子有责任去尊敬和孝顺他们的父母。这些要求不会因为具体的人而改变。在相同的社会角色里，在权利和责任上每个人都是平等的。第二，"基于角色的一对一平等"是一个社会伦理规定。它有价值成分并具有规范功能。也就是说，它意味着相同角色下的所有人应该履行同种责任。

与比例性平等相比，一对一平等只在儒学中起次要作用。比例性平等，或"在应得基础上的平等"，是儒学的基本原则。这是儒家哲学在经济的、伦理的和社会的平等的基石。现在，我们转向讨论儒家比例性平等。儒家比例性平等基于这样一个信念：一个有序的社会必须实行有效的社会分工，分工会带来社会分层。但是劳动分工不是任意性的，也不是基于家庭出身，而是基于人们的能力。尽管孔子提倡"有教无类"的原则，但是他也意识到这样一个事实，即人有不同的自然禀赋，并且在修养中有着不同程度的成就。因而，人们的修养、能力和奉献方面也存在着三六九等。在人类社会中，社会分层是一个常态现实。在人身修养方面，儒家强调个人功夫。《中庸》里记载孔子说："人一能之己百之，人十能之己千之。果能此道矣，虽愚必明。"一个人天生有自然天赋，但是如果不下苦功夫也不会成功；一个人没有特别的自然禀赋，但有刻苦的努力或许仍能取得进步。但是，这并不排除最终人们会有不同的成就水平的事实。我们必须承认这样一个现实，当人们朝着一个目的地赛跑时，总有些人会超前，有些人会落后。原因有很多；不同的自然禀赋只是其中的一个。成功者应该给予奖励，不只是作为一种鼓励形式，也是一个应得的认可形式。

在古代儒家哲人中，荀子对良好的社会和社会分层之间的关系给予了最细致的论证。他认为人类是社会性的存在。他也认为，为了社会有效地运转，劳动分工是社会的必然。他认为，适当的社会分层最初是由圣王设立的。荀子写道："故先王案为之制礼义以分之，使有贵贱之等，长幼之差，知愚、能不能之分，皆使人载其事，而各得其宜。"（《荀子·荣辱》）"贵"与"贱"表明人们所达到的社会地位。长幼之差别取决于生命的自然过程。知且能，与愚且不能的区别取决于人们的能力与努力。荀子将这些区别看作一个良好、有序且有效的社会的基本特征。在将社会的不平等追溯到文明的起源时，荀子的解释和对社会不平等的评价在很多重要方面不同于卢梭。在《论人类不平等的起源》中，卢梭将人类不平等的起源归结到想超越他人的欲望上。他区分了两种人类情感，"自爱"（amour de soi）和"虚荣"（amour-propre）。"自爱"是自我保存。它使人们能够照管好自己的物质财富。"虚荣"则促使人们寻求他人对其自我优越感的认同。① 对卢梭而言，不平等起源在于人们希望超过别人的欲望。这一欲望会引起竞争，竞争会产生社会不平等。荀子认为欲望会导致资源竞争。离开适当的社会组织，竞争便会导致混乱和贫困。适当的社会组织能够预防混乱和贫困，也使社会阶层的存在成为必然，因而便有了社会组织的不平等。在荀子那里，不平等作为社会组织的一部分，是社会有效运作的一种有效机制，是必要的。只有建立了适当社会分层的社会，才能成为一个良好有序的社会。只有这样的社会才会是和谐的。他总结道，"是夫群居和一之道也"。荀子所描述的理想社会是这样的：

> 故仁人在上，则农以力尽田，贾以察尽财，百工以巧尽械器，士大夫以上至于公侯，莫不以仁厚知能尽官职。夫是之谓至平。（《荀子·荣辱》）

当社会基于人们实际的能力而有了合适的劳动分工，并且人们尽职尽责地履行各自的任务时，那么他们就应该获得相应的报酬。这就是比例性平等。荀子将这种社会称为"至平"。"至"意为"完全的"或"最大的"。"平"意为"平等"或"公平"。从荀子用此术语的上下文来看，"至平"意为最大化的平等。为了支持他自己的观点，荀子引用了《尚书》中的"维齐非齐"概念。王志民（John Knoblock）将之译为"只有在不平等时才有平等"。② 这一句的另一个可能的解释是"完全平等并不是平等"。③ 完全平等或绝对平等，如同一对一平等那样在劳动分工和分配上不去考虑

① Jean Jacques Rousseau, *The First and Second Discourses and Essay on the Origin of Language*, trans by Victor Gourevitch（New York：Harper & Row Publishers, 1986），p. 226.

② John Knoblock, *Xunzi：A Translation and Study of the Complete Works：Vol. I*, Books. 1–6（*Palo Alto, CA：Stanford University Press*, 1990），p. 96.

③ 我很感谢艾文赫（P. J. Ivanhoe）让我对这一解释加以关注。尽管这些解释的基本意思是一致的，但是在《尚书》中的句子本身并不明确。我倾向于艾文赫的解释，因为这和同文中的前两句意思是平行的。荀子说过，"执齐则不壹，众齐则不使"（《荀子·王制》）意思是当所有的社会职位都平等化了的时候，社会就没有统一性；当所有的人都是平等了的时候，没有人可以指使他人。这里"不"是否定术语，和"维齐非齐"中的"非"一样。

人们的不同能力和贡献，从荀子公平和公正意义上说并不是真正的平等。正如在本文开头所讨论的，任何形式的平等总是会带有某些形式的不平等。相反，在某些方面存在不平等时才可能在另外一些方面存在平等。荀子清醒地认识到了这种必然性。

二

儒家的比例性平等主要表现在经济、伦理道德和政治社会三个方面。首先，在儒家看来，在经济报酬上的比例性平等依据人们的应得。如荀子所说，在这样一个系统里，人们是"斩而齐，枉而顺，不同而一"（《荀子·荣辱》）。平等通过不平等的形式表现出来。合理而有效的社会体系将不同的人纳入正常的运作。"不同而一"的"一"字这里含有平等之意。意思是说"不平均但平等"。对荀子来说，这样的制度是最合理的社会制度。他说："故或禄天下，而不自以为多，或监门御旅，抱关击柝，而不自以为寡。"（《荀子·荣辱》）如果人们基于能力在社会中各司其职，因而做出不同的贡献，那么他们也就应该得到相应的报酬。这种经济分配上的不同认可与比例性平等的原则是一致的。① 在分配政策方面，荀子提倡基于贡献上的比例性平等原则。

关于经济方面的平等，孔子对经济分配的观点是否是（以家庭为单元或者以个人为单元的）一对一平等？抑或是比例性平等的观点？《论语》说，"子罕言利"（《论语·子罕》）。"利"包括经济"利益"。但是他的确谈到了分配，并表现出了平等主义倾向。孔子说道，"不患寡而患不均，不患贫而患不安。盖均无贫，和无寡，安无倾"（《论语·季氏》）。② 在字面意义上，"均"可以理解为"平均"或"分配平均"。这段文字似乎表明孔子认为经济分配上应该采取平均主义观点。如果是这样的话，他就和荀子的立场不同。但是，"平均"是一个相对性概念。多大程度上的"均"可以被看作足够平均，这有很大伸缩性。萧公权先生将

---

① 应该指出的是，荀子比例性平等的社会体制由社会福利政策对之提供补充，即"收孤寡，补贫穷"（《荀子·王制》）。

② "不患寡而患不均，不患贫而患不安。盖均无贫，和无寡，安无倾。""寡"和"均"在首两句中看起来似乎有错位。它们转换下会与后文一致的。

孔子的这个观点解释成"相对平均"。① 按照他的观点，尽管孔子比荀子在经济报酬上更倾向于平均立场，但是孔子并不是一个平均主义者，将孔子解说成在社会中宣扬绝对平均分配财富是不合适的。孔子提倡"富民"政策。他相信当人们富裕了，即可对他们进行教育。《论语》中记载，"子适卫，冉有仆。子曰：'庶矣哉！'冉有曰：'既庶矣。又何加焉？'曰：'富之。'曰：'既富矣，又何加焉？'曰：'教之。'"（《论语·子路》）在孔子的时代，各国有人口稀少之忧。人口众多便已经是政绩了。很显然，孔子关心人们的生活和道德操守。他并没有认为人们生活困苦是可接受的。② 当孔子提倡富民哲学时，他也明白现实中的事情并不是平等的。《礼记》中记载，孔子提倡一种政策来确保"民富不足以骄，贫不至于约"。郑玄在他的注中评论道，"谓农有田里之差，士有爵命之级"。正如不同的政府岗位上有不同级别的官员，因田之产量等级的不同，农产也有好差之分。孔子意识到，在社会里，有（相对的）富人和穷人。其原因很多，例如农民拥有肥田或贫瘠之地。《礼记》中也记载孔子说，"家富不过百乘"。"百乘"当然是一个很大的数，绝大多数人远远不能达到拥有那么多的财富。这或许不是意味着孔子认为一些人应该拥有那样的财富。但是，这确实表明孔子接受财富不均的事实，他并不是平均主义者。综合起来考虑，我们可以将孔子有关"平均分配"的那段话语解释为反对在社会中的贫富巨大差异，而不是提倡平均主义。后来的儒家学者将孔子"平均"思想解读为与比例性平等相一致的思想。例如，汉代儒者董仲舒将孔子所说解释为："使富者足以示贵而不至于骄，贫者足以养生而不至于忧。以此为度而调均之，是以财不匮而上下相安，故易治也。"（《春秋繁露·度制》）［宋代儒者朱熹本着比例性平等的精神，进一步将"均"直接解释为"均，谓各得其分"（《四书集注·论语集注》）。］据此可以总结，孔子并不反对经济方面的比例性平等的观点，但是他不主张贫富之间的巨大差异。

　　儒家比例性平等的第二个方面是伦理道德方面的平等。道德平等事关两个方面。第一，是否每个人都值得尊敬；第二，我们是否应该给予每个

---

　　①　萧公权：《中国政治思想史》（沈阳：辽宁教育出版社1998年版），第61页。
　　②　《孔子家语》也记载道孔子倡导富民理想。"省力役，薄赋税，使民富且寿。"（北京：中国文史出版社2003年版）。

人同等程度的道德关心。尊敬是儒家一个重要的道德价值。这一价值反映在"敬"概念中。"敬"可以指敬畏（对祖先和父母），或通常意义上的对人的尊敬。《论语》记载，当孔子弟子子路不能展现高超音乐技巧时，其他弟子没有"敬"子路。[①] 这里的"敬"是尊敬或尊重的意思。也在这个意义上，《礼记》记载道，孔子鼓励人们"敬"妻子和子女。他认为爱和敬是仁政的基础。他也说过，习"礼"的最重要方面是要"敬"。孔子坚称有道德修养的人"敬"每个人，包括职位较高和职位较低的人。在所有这些的例子中，"敬"表达的意思是尊敬。[②]

在整个现代西方文化的主流中，对全人类的平等尊敬原则已经成为最基本的行为标准。然而，毫无疑问的是，在现实中，我们并不平等地尊敬所有的人。斯迪芬·达尔威（Stephen Darwell）区分了两种尊敬：认可性尊敬和评估性尊敬。[③] 认可性尊敬基于适当考虑对象本身的某些特点。从这个角度看，每个人都应该得到同等的认可性尊敬。而评估性尊敬则是基于对一个人或他的能力的正面评价和其实现程度的评估。在某种程度上，达尔威的观点接近儒家的尊敬观。就道德尊敬而言，儒家赞同对每个人的基本的尊敬。所有人都有成就道德修养的潜力。所以，所有人都至少应得到最基本的尊敬。在这方面人与动物之间存在着质的不同。但是，儒家也认为道德修养程度高的人应得到格外的尊敬；不同道德成就的人应该得到相应不同的尊敬。在某种意义上，我们可以说这是两种尊敬：基于天生道德潜力的尊敬和基于道德成就的尊敬。我们可以称前者为天赋的，是"坐享其成"的尊敬，后者则是通过努力来换取的尊敬。

但是，从儒家的角度看来，达尔威的分类还是有问题的，因为"认可"其实已经包含了"评估"，基于认可的尊敬也成立于评估的基础之上。孟子说，"天下有达尊三：爵一，齿一，德一"（《孟子·公孙丑下》）。出自社会等级和年龄的尊敬是建立在（宽泛意义上的）社会关系和伦理关系基础上的（下面将要讨论）。这些是出自对他们社会地位的尊敬和社会关系上的尊敬，与个人的品质无直接关系。这种尊敬是根据比例性平等的尊敬。一个国家的总统出国访问时受到的应得的尊敬程度不同于

---

① "门人不敬子路。"（《论语·先进》）

② "爱与敬，其政之本与！""所以治礼，敬为大。""君子无不敬也。"（《礼记·哀公问》）

③ Stephen Darwell, "Two Rinds of Respect," *Ethics* 88（1977）：36－49.

外交部的一般官员。这种不同与评估有直接的关系。在儒家文化中，年龄（如林语堂所述）和道德品质（作为道德成就的一种形式）也是如此的。孟子说的第三种尊敬（"德"）是对道德品质的尊敬，是一种一般意义上的道德尊敬。

在儒家的观点看来，尊敬是一种特殊的评价形式。尊敬某人（或某事），是认为他值得尊敬，是认可他的价值。在这个意义上，尊敬不可避免的是一种价值判断。尊敬某个人即是认可他的价值。如前所述，人的价值存在于潜在的或实现了的道德品质之中。一个人的价值的增高，是因为他道德精进、品质上变得有修养。当他失去了道德潜力，因而成为"禽兽"（按照孟子的说法）时，他的人类价值也会变小甚至丧失。① 如果不考虑个人在道德修养中的表现，那么就无法评估一个人是否丧失了他的道德潜力。所以，对人的尊敬，不管哪种，都存在认可的程度。在社会中，儒家尚贤。贤人博学且有高超的道德成就。这样的一个人在社会中受到高度尊敬是应当的。在儒家看来，坚持平等的尊敬，不考虑一个人在修养中达到的道德价值，就会忽视道德领域中的比例性平等，因而便会导致待人不平等。一个社会若对贤和不贤都不加差别地尊重，那么这个社会就是一个无序的社会。这样的社会既不够公平也无助于养贤。所以，合理的做法是让人们享有在基本尊敬线之上或之外的应得的尊敬。

有人可能要问，我们该如何判定一个人是否取得了较多的道德成就，因而应该得到比别人更多的尊敬？如果这个问题不能得到解决，那么儒家的有差等的尊敬便没有实际意义了。但是这个问题并不像它乍看起来很难回答。看看日常生活中在我们周围的人们。我们不知道谁更值得信任，谁做了更多贡献，谁更有道德修养吗？这些品质不能表明道德水平吗？反观这一事实，难道我们不知道谁更值得尊敬吗？我想答案是很清楚确定的。当然，在具体判断中我们可能会犯错误，就像在其他任何事中一样。但是那并不证明这个哲学概念无效。

道德平等中的另外一个问题是，一个有能力的道德行为者是否对每个

---

① 当某人成为"禽兽"时，通过恢复他的"放心"（依据孟子）他仍然还可以再重新获得他的人性，所以仍然确保了一个基本的尊重线。即使一个人失去了善性，我们仍然可以给予他一定的尊敬，就像对死囚一样，我将之称为"残余影响"。按照这种观点，我们对一个人的尸首表示尊重，就是因为考虑到它曾经是一个人（的一部分）。虽然人已经死了，他的尸首仍然保存着其"残余影响"。

人的需要都应该给予同样的考量。在儒家文献中，这关系到我们是应该同等地关爱所有人还是有差别地关爱。儒家倡导"爱有差等"。一个人应该首先爱他自己的家庭和与自己有亲密关系的其他人，并胜过爱其他人。在道德考量中，这意味着在不同关系中的人对我们有着不平等的拉力。这并不意味着远离我们的人不是好人，或者我们对他们没有道德责任，也不意味着离我们近的人必定是更有道德修养的。儒家认为人类在本质上是社会性存在，其存在和身份定位都根植在社会关系中。这些关系占我们身份定位中的大部分，并且是我们存在的本原基地。所以，我们对与我们关系近的人负有更多的道德责任。在这个意义上，所有的人在道德上对我们而言并不是平等的。

以上的问题之所以属于道德平等问题，因为儒家的"伦理道德"概念比在康德伦理学中的道德概念要广。基于这种理解，儒家"伦理"包括维持人与人之间适当的关系。从儒学的角度看，康德意义上的"道德"不能独立于"伦理"。在儒家看来，基于关系上的尊敬不一定是严格意义上的个人性的。在宽泛的意义上，例如在君臣间，也有一种关系，这种关系确立了有差别的尊敬。在孟子"老吾老，以及人之老"的哲学里，我对自己父亲的尊敬可以被延伸至普遍地尊敬长者。然而这种尊敬是基于关系上的。在这种方法下，我们认为孟子提出尊敬的来源之一是人的年龄这种论断也是说得通的。

平等的第三个领域是政治平等。借悉尼·沃巴（Sidney Verba）的话来说，政治平等指的是"公民对于政府决策拥有的同等的发言权的程度"。政治平等意味着每个公民可以平等地进入制定政治决策的进程，介入政府管理，这包括选拔政府官员、制定法律和政策和为政府服务方面。这是一对一的平等。儒家则主张在政治领域中的比例性平等。正如在社会其他领域中一样，政治领域中的比例性平等会带来不可避免的不平等。

政治运作和行政管理需要知识、道德、经验和技巧。很显然，并不是每个人都平等地具备这些条件。人天生便有不同的天赋并且在自我修养中付出不一样的努力。即使是主张"有教无类"的孔子，也曾经抱怨说有些人是"朽木不可雕也"。由于这些原因，孟子认为进行适当的社会分工是"天下之通义也"。这一原则包括政治劳动的分工。孟子有言，"或劳心，或劳力。劳心者治人，劳力者治于人"（《孟子·滕文公上》）。有些人从事的工作主要依赖脑力，例如政治事务的运行与管理，而其他人则从事的是体力劳动。虽然当今劳动分工复杂化，然而一般原理始终未变。不管一个社会是如何组织的，往往人们最终会有不同的社会地位，执行不同的社会任务，从事参与不均衡的政治过程。在这方面儒家持既现实且诚实的态度。

悉尼·沃巴说："真正的政治平等，在其中所有的普通公民有平等的影响力的平等，是不可能达到的，或许还是很坏的。"① 儒者认为这或许会很坏，因为无知之人甚至不正当之人会误导政治方向。美国学者布莱恩·卡坡兰（Bryan Caplan）揭示，美国人在投票时常常做出错误的、不合理的选择。他的研究表明，源于无知和偏见，投票人在经济政策问题上时常做出愚蠢的决定。如果投票人在经济政策问题上都做了坏的选择，那么，谈及非经济问题如教育和外交政策时，这些都离人们关心的钱包很远，他们的选择就只会更糟糕。卡坡兰的研究也表明，投票者的教育水平与他们做出合理选择的能力之间存在着正面相关性，即受教育程度越高的人更可能做出正确的选择。他提议一个更加精英化的选举方法。② 这也是儒家所认同的想法。在儒家观念中，真正的问题不是要不要采取政治不平等——不管它以什么方式存在——而是哪种政治不平等。在一个有序的社会里，政治劳动分工不仅不可避免，而且可以合乎情理。儒家哲学中的政治劳动分工是指让君子贤人领导政府的工作。只有有品德的且有才能的人才可以扮演管理角色，只有这种人才有资格为社会做决定。

儒家使得有品德且有才能的人服务政府的理想可以追溯到古代。《尚书》提倡"野无遗贤"。其信念是当这些人都在政府里工作时，社会就好治理，国家就会安宁。这样的社会被描述为"朝多君子，野无遗贤"。在当今观点看来，这样的一个目标不仅过于理想化，也有很大缺陷。所有有品德且有才能的人都在政府中工作的社会不可能是一个好的社会。相反，充满无知甚至邪恶的人的政府也不是一个好的政府。儒家认为政府政策的制定必须是明智的，且有利于社会的全部的共同的善。为了这样的目标，无知和有道德缺陷的人在政府中是没有位置的。

---

① Sidney Verba, "Thoughts about Political Equality: What Is It? Why We Want It?" http://www.hks.harvard.edu/inequality/Summer/Summer01/papers/Verba.pdf.

② Bryan Caplan, "The Myth of the Rational Voter," online essay at http://cato unbound.org/2006/11/06/bryancaplan/themythoftherationalvoter.

毋庸讳言，儒家基于才能和道德的政治方面的比例性平等会导致某种政治不平等。儒家并不赞成为了不平等而推行政治不平等。然而一些不平等是合理的，因为它们不仅是在追求比例性平等中不可避免的，而且是因为它们是建立在人类有限性的现实基础上的，对整个社会而言是合情合理的。在儒家观点中，比例性的政治平等允许有教养、有品德和有才能的人制定政府决策，为社会的共同利益做明智的决定并领导社会。同时，儒家能容纳有限的普遍性的政治参与。在社会的政治舞台上，儒家的平等追求主要表现在给人们创造机会接受教育，成为有品德的人，并且发展才能，使他们有资格在政府中工作，以有意义的方式参与政府决策制定。

从以上研究和分析中可以清楚看到，在不同的维度上，儒家思想传统既包含一对一平等，又包含比例性平等。相信个人在道德完善、潜能和实现才能中的差别的不可避免性，儒家提倡劳动分工的必然性、合理性和有效性。儒家在经济、道德和政治方面所提倡的主要是比例性平等。儒学的经典思想家并没有为了平等而促进平等。他们并没有将平等看作内在固有价值的东西。他们对平等的辩护，主要从比例性平等上而言，是社会和谐和社会的完善。平等的价值，不管是一对一的，还是比例的，和不平等一样，是深深植根于它的建设良好社会的功用中的。

三

那么，从儒家的平等观念中我们可以为当今社会得出怎样的启示？

在经济上，在两种情况下儒家可以接受不平等。首先，人们通过合法手段获得财富。因为一些人工作的更努力或者比别人更幸运一些，他们变得比别人更加富有。儒家鼓励个人努力；也不否认个人运气在人们生活中扮演一定的角色。其次，贫富间不应该有巨大差距。即使富人是通过合法的手段富裕起来的，社会也不应该让穷人陷于贫困。在接受和容忍经济方面的不平等的同时，儒家的主要着力点是避免或减少巨大的经济不平等。与那些关注个人权利的自由派相比，儒家更关心社会整体的和谐。在儒家哲学里，社会和谐是最重要的目标。贫富的巨大差距不利于社会和谐，所以应该受到限制。

就道德平等而言，儒家接受对人类普遍尊敬的基本线。但是儒家主张一些人比其他人更值得尊敬，也会改善社会体系去将这种有差等尊敬落实到社会实践中。例如，达成并体现着特殊品德的人会被给予特殊的尊敬。儒家高度重视教育，强调老师应该成为学生的道德楷模，所以应该有更高的道德成就。就个人而言，儒家主张不但要"老吾老，以及人之老"，而且要"师吾师，以及人之师"，使教育职业变得比其他职业更受人尊敬。儒家会设立"教师节"去尊崇老师，给予他们应得的尊敬。这可以和美国对老师的待遇形成对比。在美国，老师不会受到特殊尊敬，有时甚至可以说得不到基本的尊敬。他们收入很低，当有大幅度的预算紧缩时，经常会遭受各种财政裁减。他们不得不和其他社会组织一样去争取利益，有时不得不举行罢工，这使得他们在学生和学生父母的眼中更缺乏尊敬。儒家会将教师放到一个较高的道德标准上，给予他们相应的特殊尊敬，给他们提供应得的经济保障。本着"老吾老，以及人之老"的原则，儒家也会给予长者更多的尊敬。为此，儒家会提倡诸如"敬老日"等尊重老人的社会活动。

这并不是说所有的老师和长者必定比社会中的其他人更有道德修养。儒家社会对老师和长者会有额外的期待，这些人的行为应该与之相应。当儒家的这一理想得以实施时，老师和长者是好的楷模，也应该相应地被尊敬。然而，这种额外尊敬主要是建立在人的社会关系基础上的尊敬。在儒家看来，一个人同他老师的关系在人生中有着特别的重要性。这是因为人通过学习而"成人"。"无师"是"成人"的一大障碍。因为这个原因，老师应该得到特别的尊敬。同样这也适用于长者。儒家倡导将对自己父母的尊敬扩展到对其他人父母的尊敬（《孟子·梁惠王上》"齐宣王问曰"章）。年纪大的人往往都是父母或祖父母。源于儒家提倡的从孝敬自己的父母、祖父母扩展到孝敬其他人的父母和老人的思想，我们可以推展此种尊敬老人的理想。

在政治方面，儒者相信政府应该聘用有道德、有知识和有才能的人。儒家的政治纲领包括使有道德、有知识和有才能的人进入政府职位上工作并参与立法等重要社会议程。但是，这并不是说，没有知识、缺乏道德和才能差的人在社会事务中没有发言权。相反，他们在社会里应该有自己的声音。因为这些声音反映了社会存在的现实，所以在政府决策制定和政府运行中应该被考虑进去。

基于儒家政治平等观，我提出两条儒家政治运行原则。第一个是普遍参与原则。这是一个包含性原则。政府领导人和立法者在所有层面上应该通过普选而产生。所有的公民应该有机会参与普选。很显然，古典儒学中没有这样的原则。普遍参与原则可以被看作对人类的普遍的基本尊敬的延伸。这一原则符合对于人类基本尊敬的概念。同时，政府领导人和立法者不仅制定政治决策，而且代表公民；被代表者应该在谁代表他们这个问题上有发言权。所以，他们应该参与选择自己的代表。最后，这一原则也有实用的考量。即便我们不考虑这些政府官员的代表性角色，儒家也并没有其他任何一种在产生政治领导人上既更可靠又更可行的方法。① 正如陈祖为（Joseph Chan）所说的，如今儒家可以视民主为次优选择。②

　　第二个原则是资格原则。所有候选人在被选之前必须取得相应的资格。通过设立标准来防止没有足够资格的人担任政府公职。不同于第一个原则，这是一个排除性原则。通过这一原则，候选人必须通过能力审查，包括知识、技能和道德品质。毋庸讳言，"有知识的"、"有道德的"和"有才能的"都有其相对性，取决于社会中与他们相比的其他人的造诣和能力。而且，每个社会在某个特殊时期有自己测量这些能力的标准。但是，没有一成不变的标准并不意味不可能有标准。每个社会都可以有自己当时的标准。在实际操作中，立法者与政府官员候选人必须展示出足够的知识水平，必须有好的信用记录。也许可以有无党派资格委员会负责审查过程。候选人的判定可以基于他或她的教育水平、工作经验和成功记录或者失败记录，以及道德品质等等因素。

　　当然，证明一个人的道德品质是困难的。或许这是当今儒家"贤能"政治哲学最大的挑战点。儒家在当代的成功与否，关键在于建造完善的社区。孟子认为，"天下之本在国，国之本在家，家之本在身"（《孟子·离娄上》）。"家"在这里指的是卿大夫领地，一个扩大的家庭。③ 这一放大的家庭大致可以当作如今社区的古代对应物。儒家社

_____

　　① 在另一篇文章《民主的形式与儒家的内容》中我讨论过这个问题。载于《中国哲学与文化》2012 年第 10 期。

　　② Joseph Chan, "Democracy and Meritocracy: Toward a Confucian Perspective," *Journal of Chinese Philosophy* 34.2 (2007): 179 – 193.

　　③ 赵岐注：家谓卿大夫家。《孟子注疏》，《十三经注疏》（北京：中华书局1980 年影印版），第 2718 页。

会自古重视个人和国家之间的中间环节，不管是家族、封地，还是乡社。在当今时代，在 20 世纪 30 年代，被称为"最后的儒家"的梁漱溟将他生命的大部分致力于建立儒家乡村生活。按照孟子的逻辑，我们可以说现今一个健康的社会必须建立在有效运行的社区上。在一个重要意义上讲，儒家贤能政治的可行性取决于儒家社区的可行性上。当代学者论证现代儒家社会的一个重要因素是建立有效的社区。借用杜威的社区概念，郝大维和安乐哲（David Hall and Roger Ames）提出，杜威的民主就"是社区生活本身"。① 他们认为，对儒者来说，如今的"问题是如何保证道德劝服成为确保和谐社区生活的主要途径"。② 陈素芬（Sor-hoon Tan）也将社区看成建构儒家民主的重要环节。③ 儒家贤能政治取决于有效的社区生活。

当然，在这些具体的方面的任何提议都是初步的，并且会遭受质疑和挑战。人们可能会问，这种设想在极端党派化的社会里如何可以运作？老实说，在失去文明礼仪和社区意识的社会里，这种理想是行不通的。当社会生活遭到严重破坏时，民主不可能建立起良好的社会。儒家目标恰恰是通过建立有效社区生活来防止社会滑入这样的可悲的境况。

我的双重原则与贝淡宁的两院制系统不同。④ 在贝淡宁的系统里，立法机关由民主选举的下院和儒家的称为"贤士院"的上院组成。下院代表的是人民的愿望，"贤士院"代表的是儒家"圣贤之治"的理想。对比之下，我的提议在两方面更儒家化。第一，在通过排除性原则决定谁可以在政府机构中服务这方面有更为严格的权衡，这体现了儒家精英管理哲学。第二，它坚持对政府官员和立法者的道德品质方面的要求。我的提议一方面比贝淡宁更加民主，另一方面更不民主。贝淡宁的"贤士院"是不用选举的。我并没有这些例外。贝淡宁

① David Hall and Roger Arnes, *The Democracy of the Deacl*（Chicago and Lasalle, I L.: Open Court, 1999）, p. 124.

② Ibid. , p. 214.

③ Sor-hoon Tan, *Confucian Democracy*（Albany: the State University of New York Press, 2003）, Chapter 3.

④ Daniel Bell, *Beyond Liberal Democracy: Political Thinking for an East Asian Context*（Princeton NJ: Princeton University Press, 2006）, pp. 165 – 179.

下院的候选人不必经过严格的"儒家式的"道德审查；我的是需要此举的。① 我希望我的提议能够补充由贝淡宁的提议激起的相关有意义的讨论。②

翻译：李晨阳

———————————

① 对贝淡宁模式的批评，参看 Li Chenyang "Where does Confucian Virtuous Leadership Stand? —A Critique of Daniel Bell's *Beyond Liberal Democracy*," *Philosophy East & West* 59. 4 (2009)：531 – 536.

② 本文的基本思路与作者 2012 年发表的 "Equality and Inequality in Confucianism" (*Dao：A Journal of Chinese Philosophy*) 大体一致。在写作本文的过程中，作者受到南洋理工大学哲学博士生李记芬小姐的协助。在此表示感谢。

唐君毅与儒家民主思想

安乐哲（Roger T. Ames）

在当下的历史时刻，中国——直到现在仍被称为"茧"的大陆——正以惊人的速度不断推进民主化。但我们切实想要知道是，在经过蜕变之后，破"茧"而出的将是怎样一只"蝴蝶"？近年来，很多人都在谈论"儒家民主"，并且出版了很多有重要意义的著作，对"儒家民主"这一有争议的词语发表了不同意见。

有一种极端的看法是，多疑而理智的历史学家和政治学家将这个有特点的词语（儒家民主）忽视了，不仅仅因为它的不合时宜，更是因为它的自相矛盾。这些学者强调儒家思想包含等级制、族长制的因素，这是与现代民主观念相对立的，由此造成"儒家民主"在用词上的自相矛盾。① 在他们看来，中国如果能够实现民主，毫无疑问这将是后儒家所主张的一种转型。②

与此同时，另一种极端则来自一些偶尔是福音主义的，有时是不加批评的，通常是浪漫主义的儒家思想的辩护者。他们要么反对自由

---

① 参见亨廷顿（Huntington）《第三波：20 世纪末的民主化》。阿里夫·德里克（Arif Dirlik）也是这派的代表，认为"通过将儒家思想和起源于欧美的现代价值观相联系来拯救儒家思想的学术努力，只不过进一步削弱了儒家思想作为一个具有内在联系的哲学体系的完整性"（《边缘的儒家》*Confucius in the Borderlands*）。

② 白鲁恂（Lucien W. Pye）认为儒家思想没有个人自主观念，因此要为传统独裁主义负直接责任。（《亚洲强权：国家和个人》*Asian Power, State and Individual*）

自治是民主必要条件的设想，要么为被视作自由民主①必要条件的平均等观念寻找充足的理由，这些都是通过对孟子的性善论和其名言"人皆可以为尧舜"②的扼要阐释表现出来的。

总之，现代中国的最好诠释者带给我们的是自相矛盾的消息。儒家思想并非与民主格格不入，相反，它是早期儒家民主成长的沃土。上文最后的分析留下的疑问是：坚持等级制的儒家传统以家族关系来解释一切社会关系——一种不平等的秩序模式——并且将"孝"作为人类道德的终极根源，如何与密切关注自由、平等、自主等观念的当代政治理想相适应③。

新亚学院的唐君毅——当代中国最伟大的哲学家之一，尽管已经去世几十年，但他的一些言论对于回答"儒家民主如何可能"这一问题仍然是令人信服的。我认为，唐君毅对世界哲学最重要的贡献在于他对文化哲学概要式的把握：他善于甄别和表达，具有敏锐的洞察力，在西方形而上学思考方式的假设和那些连续不断的中国式的种种宇宙论假设之间做了一种清晰的对比。毋庸置疑，形而上学的思考方式在西方哲学中扮演着重要的角色，而中国哲学中的宇宙论则不断地塑造并改变着中国文化中的世界观。他能够有效地论证一系列不同寻常的假设，即如果我们认可中国文化独特性的话，就能揭穿启蒙普适主义同质化的谎言。事实上的确如此，我们只有承认文化的差异性才能正确评价中国应对当代问题——包括不可避免地迈向民主的进程——是否合理。

---

① 陈素芬（Sor-hoon Tan）叙述了这场当代论战。华蔼仁（Irene Bloom）读《孟子》时注意到："孟子可以与我们相关联的，是他的普遍人性观，他的关于人人具有的普适性道德潜能的发现……"陈荣捷（Wingtsit Chan）更具体地指出："当孟子宣称'人皆可以为尧舜'时，宣告了两个最重要的原则：一个是每个人都能成为圣人，另一个是人人平等。"

② 《孟子·告子下》。

③ 这正是陈茜仪（Chan Sin Yee）在批评唐君毅关于中国传统文化包含民主思想萌芽观点时提出的问题："尽管儒家思想相信人们在精神上是平等的，但这种精神上的平等与政治上的平等不同，而和民主紧密相关的是政治平等。的确，儒家思想因为对等级制度和独裁原则的赞同而常常被批判，而这些正是民主的对立面……为了证明儒家传统中包含民主思想的萌芽，唐君毅必须解释为什么政治上的等级制度甚至一般等级制度对儒家思想而言不是必需的，或者说明等级制度是如何与民主思想相一致的。"［Chan Sin Yee, "Tang Junyi: Moral Idalism and Chinese Culture," in Cheng Chungying and Nicholas Bunnin eds., *Contemporary Chinese Philosophy* (Oxford: Blackwell, 2002), pp. 322 – 323］

　　美国哲学家杜威在他所处的时代，提倡一种对于民主的宇宙论意义上的理解，并将之用作纠正美国自由民主不幸的发展趋势——越来越背离它的正确含义——的试金石。我们在研究"唐君毅认为儒家民主的标志是什么"这一问题时，可以将其和杜威类比。杜威试图以一种不同于常规的方式寻找民主的实质——他从具体群体中人与人之间的关系和他们的日常生活里寻找民主的实质。

　　杜威发现宇宙论意义上的民主理念和作为一种政治形式的民主之间的确存在着一种的紧张关系，并对此十分重视。在《公众及其问题》（*The Public and Its Problems*）一书中，他这样定义"普通社会理解层面上的民主思想"：

　　　　从个体的角度来看，民主思想包括两个方面：个体依照组织与指导其所处社群活动的能力而定之职分；个体根据维系团体价值观的需要来参与。从团体的角度而言，它要求激发大家的潜能，并使大家在共同的兴趣和利益的基础上相互协调。①

在这里，我们必须小心，因为如果产生了误解——其实它常常被误解——杜威的语言就无法表达出其真正内在的意义。在杜威看来，"个体"和"团体"不是彼此独立的，它们是不可分离的整体。他将经验的整体性作为思考的逻辑起点，具体的情况相对于抽象的机构更具优先性，并且相互的关系也优先于抽象的个体性。他的洞见其实很简单：我们不是进入某种关系而是被完全嵌入并且由种种关系所组成。在杜威看来，民主是对下面这个问题的宇宙论层面的回答：我们如何壮大这些初创的、建构性的、社群中的人与人之间的关系，以使之最大限度地发挥作用？

　　杜威的民主观念不是众多方案中一个可行的选择，而是相当难实现的、非常完美的一种理想。正如他所坚持的那样，民主的理念"就是社会生活本身的理念"。② 它是这一"大社群"中每个人的"行动

① 杜威：《杜威著作精华》（第一册）（印第安纳大学出版社1998年版），第294—295页。
② 杜威：《杜威著作精华》（第一册），第295页。

和经历",而这对于杜威而言,正是民主的真正源泉和实质:焦点式、全体的个人之间理想的艺术化的关系就是每一个个体独特地、共同合作地塑造其所属社群,同时被其所属的刚刚形成的社群所塑造。

杜威的逻辑很简单。人是关系中的存在,因此如果我们的邻居做得好,我们就做得好。民主从根本上说是一种道德、审美和宗教上的渴望。从积极的角度说,民主是一种使社群关系发生最大功效的策略。从消极的角度说,人们有一种共识:社群关系中蕴含的任何强迫性都会削弱社群的创造性。

按照杜威的理解,关于民主人们熟知的,甚至已经成为惯例的民主形式——宪法、总统办公室、投票站、投票箱等等——并不是对政治秩序的保证,相反可以成为胁迫的来源。民主观念开始于对每个人和每一情况独特性的承认,于是它需要任何政治形式都对必不可少的重组和调整保持开放,这种重组和调整能够适应持续出现的个体差异。它承认生命的形式和生命的流动性之间存在着日神式和酒神式的张力。正式机构——虽然肯定是必要的,但通常是对传统认可的政府形式的继承,然而这种传统不但不能体现民主,而且随着时间流逝,即使不危害民主思想本身,它的惰性也会阻碍民主的发展。

例如,在几百年前正在进行大变革的美国,它的宪法非常合理地保证每个人拥有武器的权利。但是在我们当代不同的环境中,这种不合时宜的权利可能成为胁迫之源。只维持表面上的自由却不考虑情况变化,恰恰可能仅仅有助于那些无耻的个人对蓬勃发展的团体造成巨大的损害,而杜威认为这种团体正是实现民主的一个必要条件。政治形式在本质上是保守的,对它的变革必须要等到反对顽固不变形式结构的、鲜活的、富于变化的、具有解放性质的民主思想在一个繁盛的团体中逐渐流行开来之时。

在这一章里,我将讨论唐君毅为我们提供的儒家宇宙论,这是一个与杜威民主理念类似的概念。随着中国继续探索其前进之路,他能使我们对儒家式民主的核心价值——而不是对其详细轮廓的描述——有所期望。这将是儒家宇宙论思想而不是任何肤浅的平等主义主张,我认为如果认同唐君毅的儒家思想前提的话,他将主张民主之路会沿着中国式的循环进化之路前行,这里有一层潜在的意义。我想说的是民主不是一件已经完成的事情,像一些现代西方专利产品,它们可以打包出口到别的文化那里。我坚持认为当下活跃着的作为一个特定族群持有的文化愿望的儒家思想，与唐君毅的中国自然宇宙观——被概括为"生生不已观"和杜威式达尔文主义的适者生存观念，是一脉相承的，它在民主化进程中发挥着决定性作用。定义儒家式民主不仅仅是寻找儒学中符合以前历史中关于民主的解释，然后将儒者的长袍裁剪成细条纹的双排扣西服。我们可以进一步想象当体现中国的特殊性时，当前的可塑的民主模式自身将会变得更好还是更坏。

　　第二层潜在的意义是：全面地理解杜威民主观念中的宇宙论已经使我们更充分地看到杜威在西方哲学叙述中激进的分裂的深奥之处。也许更好地理解唐君毅宇宙论设想将会同样为我们在阅读和欣赏他的众多著作时提供一个试金石，使我们对他的理解更为清晰。在某种程度上，唐君毅会断言这些预设是对儒家世界观的定义，而他也是这一世界观的信奉者，它们提供了一套如何说明唐君毅对传统贡献的基本标准。

　　类似杜威，唐君毅的政治哲学必须符合宇宙论假设，他认为这种宇宙论假设归因于中国传统文化。唐君毅再三强调儒家思想和与它具有历史渊源的封建制度、君主制、族长制等政治形式的联系都是偶然的、短暂的。他将部分和整体之间全息的、相互依赖的、富有成效的关系——这一有机的关系论让我们立即想到杜威关于民主基本前提的假设——视为中国文化的显著特征和最重要的贡献。正如唐君毅所赞同的中国文化精神："中国文化之根本精神即'将部分与全体交融互摄'之精神；自认识上言之，即不自全体中划出部分之精神（此自中国人之宇宙观中最可见）；自情意上而言，即努力以部分实现全体之精神（此自中国人之人生态度中可见）。"①

　　当这种基于中国宇宙论思想的部分和整体之间的相互影响、相互依赖关系——可更好地解释为点和面，或生态事件和环境的关系——被运用到更为具体的社会和政治竞技场时，它成为一种价值观：包容，协商，最富有成效的合作。这种价值观被杜威确定为民主思想。

　　杜威重新定义民主的激进显现在他对最熟悉词语的反常使用上，

---

　　① 这一命题是对中国宇宙论中无所不在的阴阳关系的一种表述，"体用合一"是最抽象的表达方式之一。当然，"体用合一"可以直接应用到生活和政治改革之间的关系中。

下面列出一些主要的术语："经验"（experience）、"个体性"（indi-vidualty）、"习俗"（habits）、"自由"（liberty）、"平等"（equality）和"民主"（democracy）本身。的确，这种哲学术语和日常语言用法的不符已经成为阅读和理解杜威著作的主要障碍，而这种情况将其影响的发生推迟了将近一个世纪。我想接下来阐明一些杜威发明的用来清晰表达他对民主的宇宙论性质洞见的基本词汇意义，然后将这些词汇和唐君毅用来描述中国自然宇宙论的命题相比较。毕竟，正是这些中国宇宙论中持续讨论的命题，在更为具体的儒家政治敏感性中起着基础性作用。我们会在比较中发现杜威提倡的社群主义民主和唐君毅的儒家思想一样，是拥护等级的，历史主义的，具体的并且是自然而然发生的，但同时它比程序上的自由民主——美国近代取代了其更早的更微弱的共和主义政治形式的民主——更为民主。① 关于民主，杜威和唐君毅持有相同的洞见：应该避免严格的定量式的平等，和不加判断地认为等级与民主是互不相容的。

　　"经验"是杜威宇宙论的基本词汇，而宇宙论是其社会和政治用语的基础。杜威选择运用的术语"经验"并不会分解为我们熟悉的二元论分类的范畴，例如"主体"和"客体"，或者"事实"和"价值"。事实上，主体和客体的不可分割性是杜威所理解的人际关系固有本质性的一种功能，事实和价值的不可分割性则是对作为人际关系真正基石的"感情"欣赏而引起的。

　　在杜威看来，身临其境的体验比任何抽象的概念更重要。经验，例如生活、历史和文化，是人类有机体在社会、自然和文化环境中与之相互作用——主动和被动的——的过程和结果。正如杜威所说："经验……包括人们所做的和所遭受的，人们所为之奋斗的，爱，信

---

　　① 参见桑德尔（Michael Sandel）在《民主的不满：寻找公共哲学的美国》（*Democracy's Discontent*：*America in Search of a Public Philosophy*）中对我们今日的民主社群主义的批判。桑德尔在回应由于明确提倡回归本地具体情况，生活变得越来越复杂的争论时说：街坊间的政治事务越来越多，而不是越来越少。人们将不再保证效忠于巨大而遥远的实体，无论它们多么重要。除非那些组织以某种方式体现了与参与者身份的政治安排发生了联系（第343页）。他为美国开的药方让我们想起了杜威关于民主的主张：民主更多的是通过态度而不是体系得以表达，民主制度通过教育来逐渐形成并得以加强。桑德尔主张提升经过本地教育形成个人身份。这些身份能够在一个非强制的自主社群中得以保障，并且扩展到更复杂的生活领域。

仰，和所坚持的，也包括人们如何行动和行动的依据，人们如何做和如何受苦，渴望和忍受，看见，相信——总而言之，是体验的过程。"①

人类经验的整体性和过程性特点也体现在唐君毅对中国自然宇宙论的描述中。首先，他肯定了经验的真实性和自足性，并不试图超越它。在"无定体观"命题中，他彻底否定了任何本质的观念，这就意味着对气流动性的肯定，气处于不断的流动变迁之中。② 没有任何抽象的本质——事物之所以成为该事物的绝对根据——意味着经验是由变动不居的独特的气（万物万有）而不是由可解析为各类不可再解析的自然之"物"构成。考虑到关联性的特性，"物"实际上是一连串独特的互为条件的事件，构成每一个"事件"的永远变动的关系网是对全体的一个新颖独特的解释——它聚焦于经验领域。使用更传统的汉语词汇，我们可以将这些事件的全体称为"道"，每个独特的事件自身是具体的焦点或者说是构成"道"的"德"，它们是从自己的角度解释全体的。

具体事物的独特性带来的是不存在严格的同一性——没有两个事物是完全相同的，因此事物之间的各种关系从性质上来看一定是具有等级性的。在任何一种或所有的关系中，就具体的天赋或能力来看，杰克在和吉尔的比较关系中，要么是阴，要么是阳。

经验的流动过程没有开始也没有终结，唐君毅将之概括为"生生不已"。③ 在没有形而上学或超自然起源诉求的意义上，经验是持续的、历史的和自然而然的。当代哲学家庞朴对"派生"和"化生"这两个概念做了明确区分，"派生"是一个事物生出另一个独立的个体，就像母鸡生蛋，橡树结子一样；而"化生"则是一个事物转变为别的事物，就像夏天变成秋天，秋天变成冬天那样。"派生"的意义着重于"引出"，鸡蛋将成为另一只鸡，橡子将成为另一株橡树；然而"化生"的意义着重于"转化"，鸡蛋变成了煎蛋卷，橡子被松鼠

---

① 杜威：《杜威晚期著作集》（第一卷）（南伊利诺伊大学出版社 2009 年版），第 18 页。

② 唐君毅：《唐君毅全集》（第十一卷）（台北：台湾学生书局 1988 年版），第 9—11 页。

③ 唐君毅：《唐君毅全集》（第十一卷），第 20—22 页。

吃掉变成了松鼠有机体的一部分。

　　"生"的这些意义都和中国的宇宙论相关。重要的是，"派生"所具有的独立性和不连续性是由"化生"所具有的过程性所限定的；"化生"的连续性可以分解为"派生"所产生的一个个独特事件。独特性和连续性势不两立，互不相让。关系论一方面考虑到具体事物的独立性和特殊性，另一方面考虑到它们之间所产生的连续性，由此关系论改变了"部分—整体"的分析模式，将之彻底转变为"焦点—场域"式的思考模式，在这种模式中"部分"和"整体"是面对同一对象时采取的不可解析的前景和背景两个透视角度。

　　在对"派生"和"化生"区别的分析中，庞朴提醒我们进一步弄清在不间断的过程中，什么发生在前，什么发生在后。考虑到人类的特殊经验，我们通常会倾向于将祖先和后代的血统视为一个系列，在系列中后者是独立于前者的。中国早期宇宙论将"派生"和"化生"结合在一起，认为祖先的消亡是让位于后代独特的个体，同时他的生命在后代生命中得以延续。孩子当然是独立于父母生命的个体，同时父母的生命通过孩子以及孩子的孩子得以延续。

　　在儒家思想中，家族连续性的意识占据主导地位，后代被视为特定个体生生不息的生命之流的显现。一个人的姓在身份认定中占有首要的位置并显示出家族的连续性。而一个人除了被给定的名，还有字、号以及表示家族亲缘关系的称呼，如"二叔"、"三婶"，此外在一个人的一生中还有职业称谓，如"老师"、"主任"，死后还有追加的谥号——所有这些不同的名称都反映了一个人为他的家庭和社群所做的独特贡献。

　　唐君毅对生生不息的认识必然推论是儒家宇宙论与任何宿命论无关——他称之为"非定命观"。[①] 经验是一个自然而然、充满偶然性的世界，它根据自己创造过程的内在节奏，而无任何固定模式和方向指引，处于永无止境的变化之中。重要的是，在这一过程中，时间是与由独特事物构成的新兴世界不可分的。唐君毅认为一个预先被决定的宇宙可能是没有时间性的。的确，真正的变化，即在构成事物的独特关系中，新奇之物的自然形成正是另一种说明真正时间的方式。

---

　　① 唐君毅：《唐君毅全集》（第十一卷），第17—19页。

杜威也认为时间概念依赖独特的个性和与之伴随的创造性，他说："真正的时间，如果存在的话，它是与作为个体生存的个体相关的，是具有创造性的，是不可预期的新奇事情的发生。"① 换句话说，像唐君毅一样，杜威将暂时的连续性视为个体性。他说："个体性是事业生涯的独特性，并不是一经给定就一成不变的，它像一个解开的纱线球那样不断展开。"② 的确，时间正是世界中独特个体（德）按照在它们的生态环境中转变和更新自己的倾向。"道"不可以理解为最终的、确定的"一"，而是凭借组成它的各种各样的事物的唯一性和不确定性，在众多组成部分的支流交汇时形成的总系统。这个世界的自我转化是一种创造性的发展过程，这使得具体的事物在它们相互间的新奇关系中不断生成（即所谓的"物化"）成为可能。"物化"的过程是相互创造的过程。时间仅仅是这些众多事物的改变和在相互关联中被改变的能力。在这种宇宙论中，时间和关系的创生性都不能被否定。

摇摆不定的不确定性将处于变动中的宇宙秩序弄得十分混乱，这意味着以前的形式和功能使得任何事物都处在形成和运行的连续性过程中，所有的形式都不断地调整以保持功能的均衡，并且最终容易受到过程本身的影响并为过程所超越。任何事物都得给变化让路，唐君毅用两个命题来描述中国宇宙论的这一特点："无往不复"（事物的发展并不是一味向前，它也要向原点回复），和"合有无动静观"（在确定性和非确定性、运动和静止之间存在着连续性）。③

我们可以从这组命题中看出，正如杜威的经验概念是以民主思想为基础的，唐君毅的宇宙论是基于儒家思想的，是具有差别性的、历史主义的，是具体的并且是自然生成的。理解了这些较为抽象的宇宙论假设，现在我们可以开始讨论更为具体的杜威用来阐明他的民主思想的政治术语了。

正如杜威对"经验"一词做出了不同常规的解释，另一个对日常语言超常规运用的例子是"个体性"。对杜威而言，"个体性"一词

---

① 杜威：《杜威著作精华》（第一册），第 225 页。
② 杜威：《杜威著作精华》（第一册），第 220 页。
③ 唐君毅：《唐君毅全集》（第十一卷），第 11—16 页。

的意义不仅与我们通常对"个体性"、"个人主义"的理解迥然有别，甚至在许多方面与之相对。个体性起初是不定量的：它既不是没有社会性的某种本质或潜能，也不是一种孤立的离散状态。个体性远非一种现成的给定的东西，而是一种社会的产物——高效沟通生活的果实，从本质上来说，是由人们的日常经验引起的。一个人个体性的形成是通过其对于社群独特的贡献实现的，只有当他的贡献达到一定的量，获得足够的敬意而成为卓著的个体时，他才能成为社群中杰出的一员。

用杜威的话来说，"个体性"就是"我们区别于他人的特殊之处的实现"，[①]"形成区别"只能发生在繁盛的公共生活环境之中。个体性，正如性格，是一种成就，自从它出现在公共生活中就远非独立，而是和自我领域有着复杂的牵连。"个体性并不是与社群相对立的"，杜威说，事实上，"它通过社群获得自己的个体性"，并且"通过社群锻炼个体性"。[②] 这样，"个体性"不能解释为"事物"而应解释为"模式化事件"，它当然可以用稳定的语言描述其唯一性和所实现的成就，但是更可以依据正在扩大的敬意模式予以更加动态的描述，正如"仁"始自对邻人之"爱"而又不断推广延伸。

杜威关于社会性建构对人的作用的认识到底有多么异乎寻常？正如我们所见，他当然反对人类的完善是外在于人与人的联系这样的观点。但是当杜威宣称对于人类而言，"离开与他人的联系，他什么也不是"时，[③] 是不是在另一个方向走得太远了？正如詹姆斯·坎贝尔（James Campbell）评论的那样，这篇文章"很容易而且常常被误解为是在否定个体"。[④] 然而，正如我们所看到杜威关于自然而发生的个体性观念主张的那样，个人不是简单的社会化。他的这一观点并不否认人的自足性、独特性和差异性；恰恰相反，这一观点肯定并赞同这些条件是个体成为个体的成就。个人不是离散的、自治的个人，但他们是独一无二的人，处在自己独特的领域和关系中：某人的配偶和另一

---

① 杜威：《杜威早期著作集》（第三卷），第304页。
② 杜威：《杜威论文集》，第38页。
③ 杜威：《杜威晚期著作集》（第七卷），第323页。
④ 詹姆斯·坎贝尔：《理解杜威》（La Salle, IL.: Open Court, 1995），第53—55页。

些人的朋友；某人的老师和另一些人的同事。

坎贝尔在评论杜威和创造人之为人的社会历史过程时，使用了大家熟悉的亚里士多德的术语"潜能"和"现实"：

> 杜威的观点并不是说当提供了适当的条件，潜能就会变为现实，好像有时我们对于种子长成植物那样去理解。他的观点毋宁说是：在正在发展的社会环境生活进程中，个体离开了使之形成和发展的社会就是不完整的——作为群体一员的个体，社会是其形成自我的基础。①

一个人将成为什么样子，总是由他偶然遇到的和他不断和其所处独特环境间的互相影响来决定的。

杜威自然生成的个体性观念（"依境而生"）的另一种表述可以诉诸唐君毅的"一多不分观"：② "一和多不可分离，唯一性和多义性不可分离，连续性和多样性不可分离"，唐君毅将"一多不分观"视为中国过程性宇宙论的总特点。重要的是，这一关系论的观念是中国自然宇宙论的一个方面，它与上面描述过的宇宙论的其他命题有机地关联在一起。这样的描述不过是以另一种方式肯定"派生"（独特的个体的衍生）和"化生"（在变化的进程中转化成另一种东西）的不可分离性。

从宇宙论方面来说，这个命题说明了我们经验领域中的任何现象都可以从很多不同的角度加以审视。一方面，他是一个特殊、持久的具体事项；另一方面，他又涵容整个宇宙，和宇宙万物有深入而广泛联系。人们在最初的一和多关系中开始他们的生涯。这就是说，人们在生命的最初区别很小，在大多数情况下人们被动地顺从亲友。随着时间的流逝，他们有机会成长为越来越有个体性的人，形成越来越宽广和越来越深入的关系圈。无论是就他们正在生成的独特个体性，还是他们与其周围的人不可分割的联系性，他们都是"一"；然而同时，

---

① 詹姆斯·坎贝尔：《理解杜威》，第40页。
② 我非常感谢 David McCraw，他指出《华严经》第 34 章能够与唐君毅之"一多相依，互为本末"的观点相互印证。此章关于一多关系这样说："非一非异，不即不离。"

他们在自我领域中又是分离的，甚至有时是自相冲突的"多"，这主要通过他们具有的多种角色展现出来：他们是某些人的父亲和另一些人的孩子，某些人的同事和另一些的对手，某些人的老师和另一些人的爱人，某些人的恩人和另一些人的法官。我们可以用儒家的话这样来描述：一个群体中佼佼者出现的过程，是一个由质朴的人成长为一个具有"仁心"的大人的过程。

唐君毅还强调中国宇宙论的另一个特点：重视人类经验的方向性和偶发性。对其而言，正如达尔文和杜威那样，"人的本性"是持续受环境影响而不断形成的一种倾向性——一种暂时的倾向，它既是稳固的又是常常在与其他事物的交互作用中不断修正的。用唐君毅自己的话说，中国宇宙论强调这样的观念："人的本性什么也不是，只是自然过程本身。"此即性即天道观。他这样阐明这一动态过程："中国自然宇宙观中，共相非第一义之理。物之存在的根本之理为生理，此生理即物之性。物之性表现于与他物感通之德量。性或生理，乃自由原则、生化原则，而非必然原则。……盖任一事相之生起，必由前之物与他物之交感，以为其外缘。……非由任一物之本身所决定……因而一物之性之本身，即包含一随所感而变化之性。"①

为了阐明"偶然发生"这一观念，唐君毅使用了《中庸》中的一个注解："天命之谓性。"他还引用《左传》中的"民受天地之中以生，所谓命也"来予以说明，他明确声明："所谓'天命之谓性'，非天以一指定命运规定人物之行动运化，而正是赋人物以'多多少少不受其自己过去所习惯之机械支配，亦不受外界之来感之力之机械支配，而随境有一创造的生起而表现自由'之性。"②

正是在这个意义上，《礼记》提出了"人者天地之心也"③ 的命题。所有的目的论解释和基因说假设都必须接受复杂环境中自发生成的新奇事物之出现和使情况不断改进的创造力的检验。这样，对唐君毅来说，人类的本性就是在时间之流中人类呈现出来的累积的和永无止境的倾向性，以及依据内在的天道不断修习仁德的表现。

---

① 唐君毅：《唐君毅全集》（第四卷），第98—100页。
② 唐君毅：《唐君毅全集》（第四卷），第100页。
③ 《礼记·礼运》。

在唐君毅大量的关于人性的论著中，展示出对古典儒家式人之概念的有关存在性质的敏感性。对唐君毅来说，"即言其有性，则重要不在说此存在之性质性相之为何，而是其生命存在之所向之为何……吾人可说一物有生即有性。"① 万物之中，人是特殊的一类。人类之"性"并不可能用探求其他事物之性质的方式去揭示，因为人类具有对其自身建构的内在觉察能力，而这种自省能力是其他事物所不具有的。唐君毅在思考经验与概念之间的关系时断言："欲知人之可能性，亦不能如人之求知其他事物之可能性，而本推论与假设以客观知之；而当由人之内在的理想之如何实践，与如何实现以知之。既对人性有知，自亦必有名言概念加以表达。然此名言概念，乃顺此所知，而随机以相继的形成。此中可无人之先持名言概念加以悬拟、预期或构作假设等事。"②

因此，唐君毅强调人类愿望的实现较之对其的概念化和整合更为重要，并对愿望实现过程中个人的地位予以充分的重视。他将中国古代哲学家们对"性"的谈论与当代心理学对"本性"的认识区别开来，后者有一种将人视作客观事物的渴望。对唐君毅而言，对"存在"的强调是中国古代儒家"性"的概念的最基本最显著的特性。实际上，唐君毅恰恰将创生变化不明确的可能性确定为"性"的最显著特征。他说，当说某物之"性"时，它可能指某种确定的特征、性能、习性或本质："吾人若由人之面对天地万物与其所体验之内在理想，而自反省其性自何所是时，是否可言人有定性，则大成问题。因人之所面对之天地万物与理想，皆为变化无方者。……中国思想之论人性，几于大体上共许之一义，即为直就此人性之能变化无方处，而指为人之特性之所在，此即人之灵性，而异于万物之性之为一定而不灵者。"③

人"性"中与生俱来的东西中最重要的是具有生长、教化、文雅的倾向。那么"性"就表明人具有改变的能力，这种能力正是性质上的可塑性。

---

① 唐君毅：《唐君毅全集》（第十三卷），第 28 页。
② 唐君毅：《唐君毅全集》（第四卷），第 22 页。
③ 唐君毅：《唐君毅全集》（第十三卷），第 24 页。

　　在唐君毅关于"性"的概括性讨论中，他注意到"性"通常具有两层含义：一是指一个独特事物自身的持续性存在，二是指存在于一个事物之中的使其他事物生命得以延续的东西。[①] 他引用《左传》中的一个例子来说明，土之性不仅仅取决于它自身的条件，也取决于其所适宜种植作物对人们生活的有益程度。[②] 这一点贯穿于唐君毅的分析之中，尤其是关于人的分析，他强调"性"之根本的关联性："依吾人之意，以观中国先哲之人性论之原始，其基本观点，首非将人或人性，视为一所对之客观事物，来论述其普遍性、特殊性或可能性等，而主要是就人之面对天地万物，并面对其内部所体验之人生思想，而自反省此人性之何所是，以及天地万物之性之何所是。缘是而依中国思想之诸大流，以观人之性，则人虽为万物中之一类，而不只为万物之一类。"[③]

　　在人们及其各自环境间的持续性关系方面，唐君毅关于人性的定义证明了他的"一多不分观"，同时挑战了人们通常对"性"的解释，即将"性"视为一种给定的本质或终极目的，也就是某些与生俱来的天赋或某种试图实现的理想。

　　杜威提供了相似的关于人性的过程性理解，他将密尔（John Stuart Mill）的个人主义作为陪衬并大量引用了密尔的论述。密尔主张："所有的社会现象都是人性的现象"，这就是说，"除了产生于和可分解为个人本性的法则之外，社会中的人之本性别无内容"。杜威试图挑战密尔关于个人和社会之间关系的交互性模型的假设。对杜威而言，脱离具体的社会条件来谈人性的抽象含义是没有意义的，因为"它一点也不能解释部落、家庭、人群之间的不同——也就是说，就人性之内或就人性本身而言，人性不能解释任何社会现象"。于是，杜威说道："我们不能认同人性不变的观点。尽管人性中的某些需要是恒定不变的，但它们产生的结果受现存文化状况（科学、道德、宗教、艺术、工业和法规等）的影响，会对人性的原初成分起反作用，进而将其改造为新的形式。因此整个模式就被修改。对每个人来说，

---

① 唐君毅：《唐君毅全集》（第十三卷），第28—29页。
② 唐君毅：《唐君毅全集》（第四卷），第29页。
③ 唐君毅：《唐君毅全集》（第四卷），第21页。

仅仅诉诸心理因素来解释发生了什么和将要采取什么政策，正如解释什么应当发生一样，显然是无用的。某些不同立场的团体或派别将心理手段视为制定'合理化'政策的方便措施，已经被证明是无效的。"

在杜威看来，人是一种社会化的产物，是通过社会智力运用实现的适应能力的成功。考虑到变化的实际情况，这种成功往往是暂时的，我们囿于自身的局限，常常要面对因环境变异带来的新挑战。然而，这一成功还是进步性的和前瞻性的："我们运用我们过去的经验来建构未来新的和更完善的经验。"① 正是在这个意义上，自由远非脱离社会关系束缚的个人之自主性与独立性，自由"只有通过与他人的丰富而多样的联系才能发生，以保障个人潜能的释放与实现：成为能够创造独特贡献的个人能力，以某种自得其乐的方式享受这种联系的成果"。②

杜威还提供了一套新颖的方案来代替目的论的经典形式——通过手段与目的的辩证法来下定义。为了代替那些预先决定和安排的设计（这种设计方式是目的论的经典形式，只从目的本身考虑如何设计方案——译者注），杜威的理想观念需要志向高远的想法，此想法以社会行为的优化为目标，"这种社会行为，当其重塑条件时，它获取自身的内涵"。③ 正如坎贝尔评论的那样："对杜威来说，在人类生活中，正义、美或平等这样的理想所具有的力量，正如那些'抽象'、'固定'或'长远'等理念的支持者所宣称的那样，它们也具有无所不能的力量。他认为，后者的问题是，将理想视为某种完成的、不变的、外在于饥饿和死亡的、自然世界之外的实体，安稳地远离每日存在的问题和困扰。我们的理想与正在进行中的生活过程息息相关：理想由生活中具体的困难所引发，并运用假设尝试解决。"④

在杜威的世界中，如果没有固定不变的理想，那么一个当下的倾向如何变成实际的行动？在杜威看来，不是理想最后要达成行为，而是行动的方向来自一个具体的问题和它的解决办法，有时极致的经验

① 杜威：《杜威中期著作集》（第十二卷），第 134 页。
② 杜威：《杜威著作精华》（第一册），第 295 页。
③ 杜威：《政治著作选》（Indianapolis：Hackett，1993），第 87 页。
④ 坎贝尔：《理解杜威》，第 152—153 页。

正出现于问题解决的过程中，正是在这个过程中的环境里理想得以被揭示。这种极致的经验——可预见的成就——当它们的确发生时，正是对付具体状况时一种社会理性的表现，这种社会理性发生于相互沟通的社群内部。

社群是如何培养它的成员的呢？杜威和儒家思想广泛地研究过语言中心论和其他对话交流的模式——包括符号、象征、仪态和儒家称为"礼"的社会体系。正如杜威所说："一个明显言行一致的人不是在连续的生活阶段，而是在当下既定的同一出戏里同时扮演多种角色。这样，心灵就产生了。"① 对杜威而言，心灵是"情感生物具有的一种的特有属性，当此种生物有组织地和其他生物互动时，这种属性就显现为语言和交流能力"。②

于是，对杜威而言，"心"是在认识世界的过程中生成的。在思考杜威的生成之"心"时，罗伯特·威思特布鲁克（Robert West-brook）评论道："他们不是因为有心才有语言，而是因为有语言才有心。"③"心"正如世界一样，是生成的而不是既定的存在，问题是我们怎样使这个创造性过程富有成效而又让人有愉快感。心和世界变化的方式并不仅仅与我们的态度有关，更是与真正的成长、生产和参与此过程的效率和愉快有关。反之，对于一个不能有效交流的社区，易受到"非人"的无情的暴力和无心的暴行影响变得凋敝。

有趣的是，杜威"心"之概念，涵摄了认知和情感，有点像儒家的"心"。这与唐君毅儒家思想的对应是显而易见的。最初定义人类心灵的条件——仁义礼智——是对那些原初性关系概括，勤勉自修就是为了塑造社群中理想的人的性格和习惯。"性"的成就，就是个人的和社群的"心"的诞生、成长和生活。唐君毅对"人性"的过程性理解认真思考了"性"的两方面："心"和"生"。我们或许可以这样说，在儒家传统中，心被视作初始的情况（我们通常将"心"视为固有的本性），"性"则被视为是有效社会生活作用的结果（我们

① 杜威：《杜威晚期著作集》（第一卷），第 135 页。

② 杜威：《经验与自然》，第 133 页。

③ Robert Westbrook, *John Dewey and American Democracy* (Ithaca: Cornell University, 1991), p. 336.

通常将"性"视为第二性），这样人之为人的道理就非常明确了。这里的要点是儒家思想强调第二性是文化的重心和教育后代的资源。当我们问诸如父母与子女、教师和学生哪一个先出现时，答案肯定是这有关联的二者是同时、以同结构出现的，就像彼此不能分开的上下文一样。这就如同第一性与第二性的同时出现。

我们可以看到，杜威的民主观和唐君毅的儒家思想，都是立基于关于"人"、"关系性效力"和"世界"的宇宙论假设，试图寻找类似的在持续的民主化进程中的促进因素。那么他们各自的思想有什么不同呢？

他们二者都要求我们适当关注语境，但是我们不得不将杜威的民主观视为"达尔文式的危险思想"的政治表述，是对其所处文化、道德和宗教价值观念更加激进的挑战。在文化意义上，杜威的思想是决裂性的——实际上是彻底革命性的——整整一个世纪之后哲学界才开始全面评价他的贡献。另外，唐君毅的儒家思想不断地将家庭视为实现社群和谐的最佳模型，对儒家传统采取肯定的态度而不是挑战。因为唐君毅对传统价值没有提出任何真正的分裂性观点，这样我们就不能给他加以像加之于杜威身上的激进标记。相对而言，唐君毅仍可能提出关于如何实现最佳民主社群的更渊博和更有希望的洞见。至少，他重新利用了社会和政治秩序资源，而这种资源为杜威和其先驱所忽视。

正如我们所知道的那样，唐君毅的儒家思想并非植根于某种排他的唯心主义或特殊的发现。相反，这种思想诉诸对每个人都适用的具体理论，这在《论语》中更简洁的表达为"下学而上达"（《论语·宪问》）。人们都具有特定关系性之焦点—场域的本质，而这是社群中每个人致力于实现最高理想的通则。正如杜威所认识的那样，组成社群的个人卓越而特殊的贡献使得繁荣的社群生活中民主成为可能，唐君毅的儒家思想也是一种实用的自然主义，它指导社群中的个人在文化、道德和精神中综合成长，从而达到最高境界。他将社群和谐理解为"为仁由己"（《论语·颜渊》），儒家的圣人与普通人没有什么不同，他们在各种关系中坚持诚信和勤勉的原则，学会以超凡的方式做平凡的事。

儒家名言"人皆可以为尧舜"通常被本质主义地解读为圣人具有

普通的天赋潜能，如果实现了这些潜能，就变为非凡的天赋，就能以无可比拟的方式影响世界。我们可以看到唐君毅对人性的过程性理解否认了这种可能性。事实上，对唐君毅而言"人皆可以为尧舜"可以解读为，日常生活中自然生发出的重要意义是"仁"的内容和意义。在日常生活中真正实现了生命意义的人即是圣人，而且我们都有机会过这样有意义的生活。

如此看来，杜威和唐君毅可能意见并不一致。不过这里有一个重要的误解，在儒家看来，最理想的关系被表述在"礼"的观念中，而"孝"是"礼"的起源。唐君毅这样描述"礼"的功用："《礼运篇》在说大同之世之理想时，人所念者，唯是人人之得其所。……在人之实现此志之历程中，则必须通过人对人之礼义，然后有此人与人之各得其所。"[1]

唐君毅在这里重复了《论语》的说法，"礼"的调节作用被认为是实现适宜而富有成效的社群和谐的必要条件："礼之用，和为贵。先王之道，斯为美；小大由之。有所不行，知和而和，不以礼节之，亦不可行也。"（《论语·学而》）

毕竟，儒家式的和谐要比无差别的强制性社会秩序好多了。最终目标是形成具有自我调节能力的社群，在这样的社群里每个人都有羞耻感并且对其他人具有责任感："道之以德，齐之以礼，有耻且格。"（《论语·为政》）

从不拘礼节和具体的个人角度来看，充分参与礼治的社群要求将流行的习俗、制度和价值予以内化于心并重新赋予意义。这一过程使得礼深刻地内化，使得传统成为自己的一部分，而不同于法律或规则。拉丁文 proprius 的意思是"使某物成为自身的一部分"，类似于"占有某物"或"拥有财产"，这使我们获得一系列同源的表达法，而这些表达法正是翻译儒家哲学术语的"钥匙"，它有助于我们捕捉参与性和内化于心的意义："义"不是服从某种外在神圣意旨的"正义"，而是在某一特定的社群环境中，对我而言"什么是合适的"感觉。"正"不是"改正"或"正确行为"——再一次强调，不是对某种外在标准的趋近——而是在特定语境中由个人决定的适当的行为。

――――――――――――――

[1]　唐君毅：《唐君毅全集》（第十五卷），第99页。

"政"不是简单的管理，而是恰当地管理；"礼"（礼节得体）也不就是礼节正确，而是指个人觉得适当的礼节行为。

精读儒家经典文献可以使我们了解到一种精心安排的生活方式，从适当的面部表情到合适的动作姿态，在这个世界里充分注重细节的表演。重要的是，这种礼建构的表演始于一种洞见：人格修养的提升只有通过符合礼的角色和行为的训练才能实现。没有经过内在化的创造的形式就是强制性的和非人的律令；缺乏形式感的个人创造性表现，往好处说不过是杂乱无章的随意表现，往坏处说是放荡无礼。只有恰当地结合了形式和内在化，才能使家庭和社群变得可以自我调节和提升。

唐君毅认为西方哲学和中国哲学叙述的一个深刻的不同之处就是中国文化基于人们的日常生活以及对家族生活的自然顺从。① 对唐君毅而言，家庭关系的意义和价值不仅是社会秩序的重要基石，它还含有宇宙论和宗教性的意蕴。正确认识家庭关系的约束可以帮助我们理解每一个人在不断扩展的关系网中的道德责任，这个扩展中的关系网远远超过我们自己对自己的定位。② 正如我们在《大学》中所看到的那样，家庭是宇宙秩序的中心，所有的秩序涟漪都同心扩展并返回滋养这一首要源泉。《中庸》第二十章明确地告诉我们，家庭情感是通过仪式化角色和制度培养礼仪的情感源泉："仁者，人也；亲亲为大。义者，宜也；尊贤为大。亲亲之杀，尊贤之等，礼所生也。"

与之形成鲜明对比的是，家庭制度没在广泛的西方世界的哲学文化中形成对制度设计的重要启发。我们的确很难找到任何家庭中心论的哲学观念，而"孝"对儒家哲学具有至关重要的意义。如果我们审视那些重要的哲学家做出的贡献，就会发现很少有人将家庭作为组织人类经验的有效模式。典型的例子如：柏拉图在《理想国》中否弃了家庭，亚里士多德将家庭视为匮乏的源泉加以诋毁。虽然杜威认可民主也"符合历史悠久的中华民族精神"，并忠于它自身的主流传统，但他认为中国的民主化必须以逾越传统家庭系统为前提条件。

或许，由于这些哲学家普遍地将道德推理视为道德秩序的最终源

---

① 参考《唐君毅全集》（第四卷），第219—302页。
② 《唐君毅全集》（第四卷），第210—215页。

泉，将正义视为伦理行为的外在制约，因此对家庭情感生发出的总是带有偏向性的关系很是漠视。西方漠视将家庭关系作为秩序建构指针的做法，与儒家世界观中将家庭视为主导性隐喻从而实际上使得所有的关系都是家庭化的做法，形成鲜明对比。儒家思想的标志是将道德视为家庭情感的直接表达——唐君毅称之为"生之理"。《论语》开头这样写道："其为人也孝弟，而好犯上者，鲜矣；不好犯上，而好作乱者，未之有也。君子务本，本立而道生。孝弟也者，其为人（仁）之本与！"（《论语·学而》）

家庭的重要性已经浸透到现代汉语中。在英语中，我们会说"每个人，请站起来"（everybody, please stand up），用"身体"（body）和"一"（one）来指称个人，由此显示出我们认为独立的个人是组成社会的最小单位。在中文中，则会说"请大家站起来"——家是家庭的意思，这意味着家庭关系是由我们每个人构成的，而构成社会的最基本单位是我们具体的家庭而不是单一的个体。在中国的语境中，一个人或许会认为这是合理的：我当然有活生生的肉体，过着自己独特的生活，但同时我是邦妮的丈夫，奥斯汀的父亲，萨福恩的老师，戈尔的隔壁邻居，这些角色和关系伴随我一生，相比于我有时瘦弱的和越来越令人失望的身体更为真实和长久。事实上，那些著名的人物死去之后，他们的角色和关系依然长久的存在。成长对于儒家来说重要的不是身体的生长，而是我们每个人角色和关系所提供的机会的增多。

儒家传统的根本智慧在于唯有家庭制度才是人们最有可能彻底奉献自己的制度。依据儒家式的情感将世界转变成一个家庭是为了促成所有最基本关系发挥最大作用这一目标的实现，而它的实现遵循这样的逻辑：你的邻居做得更好，你也会做得更好。

我们发现早从《论语》和《孟子》开始，儒家就进行"义""利"之辩，儒家传统也在道德行为和正义之间表面的必要关系上尽最大努力予以说明。儒家传统不是引用某些卓越的道德标准或某种客观理性的作用作为实现正义的策略——这种策略常常遇到意外情境而难以实现——而是忠实于家庭这个隐喻。由关注个人"主观"的"利"扩展到关注公众"客观"之"义"的过程，实践上需要有"正义"观念的参与。儒家的"忠""恕"准则是由扩展关注范围来决定什么是道德的另一种方式。

当然，儒家倾向于将家庭作为组织人类经验的譬喻并不总是合理的。尽管在重新思考真正民主基石时，家庭的譬喻是对中国传统文化最意义深远的洞见，但它也是民主化进程中的主要障碍。我们已经看到，杜威在论述民主时遇到的首要问题是如何克服形式僵化所积聚的惰性，这种惰性可以扼杀社群的民主生活。如果儒家思想将实现民主作为自己的目标，其所面临的问题则恰好相反。由于过多关注家族关系的亲密性和非正式性，儒家传统开始阻碍产生正式的、更为客观的、能够维持儒家式民主的制度，即使它生成了民主制度也往往是妥协性的，最终毁于过多的个人关系的干涉。

尽管诉诸普适原则将被实践运用的模糊性所制约，儒家仍试图考虑所涉及的所有因素，但这种做法往往被理想（诸如公平和正义）对抽象性的要求所破坏，这种理想正是判断某一想法是否正确的标准。事实上，随着民主在中国的出现，治疗儒家民主病症的方案将是通过法治和建立正规的民主机构来遏制过度的家庭情感的参与。

翻译：牛　军
校对：邹宇欣　田辰山

作为实用主义经验的儒家民主：
"好学"与"好古"的结合

陈素芬（Sor-hoon Tan）

20 世纪初的中国知识分子，试图用民主与科学来拯救内忧外患的中国，而儒家学说是他们最主要的敌人。其所鼓吹的新文化往往试图打破旧习，儒家的"好古"在他们眼中是传统教化的缩影，正是这些教化在几个世纪间不断削弱着中国的实力。① 《儒家民主：杜威式重建》（*Confucian Democracy：A Deweyan Reconstruction*）② 指出，杜威（John Dewey）的实用主义学说和儒家学说在理解个人、团体、公平、权力和自由等概念上显示出紧密的联系。由此，一个受杜威主义影响的实用主义者对儒家学说的重新诠释，为我们提供了一个儒家民主的哲学基础，它与中国传统经验所误解的儒家反民主截然不同。

这篇文章试图从不同的角度解说杜威的实用主义哲学和儒家学说的

---

① 新文化运动倡导新文学，以白话文代替文言文；倡导新思想，重新解读科学精神和探究真理的自由意志；评鉴中国传统文化，学习西方文化。对五四运动的研究往往也会探讨新文化运动。有些学者认为新文化运动是五四运动爆发的原因之一；有些把二者视为同类，或者互涉的；剩下的认为二者有着非常明显并值得注意的不同处［Chow T'se-tsung, *May Fourth Movement：Intellectual Revolution in Modern China*（Cambridge：Harvard University Press，1960），pp. 2 - 3]。关于那个时期批判儒家学说的文章，请参看陈独秀《孔子之道与现代生活》［载于狄百瑞、陈荣捷编《中国传统文化资料汇编》（*Sources of Chinese Tradition*）（纽约：哥伦比亚大学出版社 1960 年版）卷二，第 153—156 页。原文发表于 1916 年］和吴虞的作品（《吴虞文录》，上海东亚图书馆 1922 年版）。胡适为《吴虞文录》做的序言便是"打倒孔家店"这一口号的来源。

② Sor-hoon Tan，*Confucian Democracy*（Albany：State University of New York Press，2004）.

关系。当前中国学者的观点非常多元，甚至被认为是混乱而破碎，特别是在中国哲学领域。在这种情况下，为什么儒家的实用主义民主会同时对希望儒家传统复苏和追求民主的两种人产生吸引力？我认为，中国哲学家如果希望看到儒家作为中华文明的积极组成部分再次繁荣起来，就需要从实用主义和民主层面去感知它，否则这些哲学家就会因为其"好古"而固执于传统（拒绝接纳新的学说与理论），使孔子所建立起来并珍视的"好学"遭到破坏。另一方面，希望那些渴望民主的中国哲学家也能够从那些以西化来打破旧习的革命者的失败中吸取教训，并认识到不论是出于有意还是无意，忽视儒家传统这一中国历史的重要组成部分，都不可能发展出中国的民主。想要建立中国的民主，最好的契机在于在避免破坏的同时，对儒家传统做出有创造性的改变，并审慎地吸收他人的传统。渴望学习别人必须与深刻了解自身的过去结合起来，以此将民主融入我们自己的生活方式。

恢复传统：会阻碍民主化吗？

儒家在有关民主和中国未来的讨论中到底扮演什么样的角色？五四知识分子认为毁灭儒家传统，全面的改观中国文化就能带来民主。有的人可能还会进一步推断中国之所以缺乏民主是因为中国文化中保留了儒家的因素。[1] 那些渴望民主的人应当更加努力的根除儒家影响吗？对于那些相信民主在中国实现之前，儒家就已遭到严重打击（如果不说致命）的人来说，他们也许会坚持认为儒家不是中国实现民主的唯一障碍，而很多文化上的或者其他方面的先决条件，都会维持民主在中国缺失或匮乏的状态。但那些"五四"反儒家的继承者仍然会把儒家的复兴看作民主化的噩耗。在中国的"帝国"时代，专制政府和儒家正统观念长期联系在一起，因而这种看法并不奇特。此外，从中华民国早期

---

① 上述说法的一个例证见于陈耀光（Chen Yaoguang）著作［"Cultural Factors in the Process of China's Modernization," in Hirano Ken'ichro ed., *The State and Cultural Transformation* (Tokyo: United Nations University, 1993), pp. 18–22］。在陈先生的理解中，中国现代化进程包含了对民主的实践。

试图恢复君制到蒋介石"儒家、法西斯相混合"的一党制①，这些试图妨碍或毁坏中国 20 世纪民主成果的举动，经常会寻求儒家传统的帮助。

五四运动对儒家学说的态度影响了中国整整一代人。毛泽东就批评孔子是不民主的。② 在"文化大革命"中，儒家学说被视为等同于封建并遭到了暴烈的打击。但是，随着邓小平在改革中提出"思想自由"，对儒家思想重新评估的呼声被提出来。从《光明日报》上发表的一篇文章开始③，各个领域传来越来越多不同的声音。在 1980 年代中叶，对儒家学说的研究从重新评估转化到对民主的重建④，那些曾断言儒家学说是中国传统文化中心的 20 世纪中国哲学家重新引起学界的研究兴趣。当儒家传统和文化邂逅了西方民主思想，他们中的一部分人便尝试在儒家基础上对民主进行重新解释和建构⑤，包括一些提倡儒家学说与自由民主兼容的学者，例如杜维明。但并非所有参与 1980 年代论述的中国人都欢迎儒家学说的复兴，很多人仍视其为传统和阻碍，对现代化，特别是民主进程的阻碍。⑥ 改革开放的时代政策带来了中华人民共和国内儒家学说的复兴和相应反抗力量的兴起，而这二者正是对能被感受到的，既要学习西方又要保护"中国传统文化"的两难处境的不同解答。这些最终导致了 1980 年代的"文化热"。据宋先林最近的研究，新创造的"儒家话语"帮助人们在后毛泽东时代的中国社会重建或言重新想象了一个儒家的理想，而后充当了 1990 年代"国学热"的催化剂。⑦

一些与报刊学人有联系的知识分子，在反思那些广泛参与运动的新启

① F. Wakeman, Jr., "A Revisionist View of the Nanjing Decade: Confucian Fascism," *China Quarterly* 150 (1997): 395 – 432.

② 马振铎、徐远和、郑家栋：《儒家文明》（中国社会科学出版社 1999 年版），第 363 页。

③ 庞朴：《孔子思想的再评价》，《光明日报》1978 年 8 月 12 日第 2 版。

④ Song Xianlin, "Reconstructing the Confucian Ideal in 1980s China," in J. Makeham ed., *New Confucianism: A Critical Examination* (New York: Palgrave Macmillan, 2003), p. 85；宋仲福等：《儒学在现代中国》（郑州：中州古籍出版社 1991 年版），第 356 页。

⑤ Tu Weiming, "Toward a Third Epoch of Confucian Humanism," in I. Eber ed., *Confucianism: The Dynamics of Tradition* (New York: Macmillan, 1986), pp. 3 – 21.

⑥ 甘阳：《传统、时间性与未来》，《读书》1986 年第 2 期；高旭光：《论传统观念》，《中国论坛》(311)，1988 年；朱日耀、曹德本、孙晓春：《传统儒学的历史命运》，《吉林大学社会科学学报》1987 年第 3 期。

⑦ Song Xianlin, "Reconstructing the Confucian Ideal in 1980s China," in J. Makeham ed., *New Confucianism: A Critical Examination*, p. 81.

蒙派知识分子，对中国历史知之甚少或者毫不关心。① 强调中国历史背景和它与现状之关联，和二者对绘制中国未来蓝图的共同重要作用的结果，导致人们对一门新的学科——20 世纪前中国文学、历史和哲学的综合——国学产生了新的兴趣。新保守主义者、新民族主义者，甚至新左翼知识分子和后现代艺术家，一大批不同类别的知识分子分享着这个对中国传统的新兴趣。甚至那些一贯批判传统文化缺乏科学和民主的自由主义者，也开始强调当中国哲学邂逅了西方哲学，它就被净化了，而净化以后的中国哲学是能与最现代的科学模式高度协调的。同时，一个不能在自身的文化传统中找到其现代化根源的国家，是不能成功地实现现代化的。国学热不仅仅是单纯对过去现象的学术兴趣。盛洪先生试图寻找先秦中国思想与西方经济思想相对应的地方，包括私人属性和公共角色。继此之后，一系列探索儒教与当代问题关联的文章便像潺潺溪流一般，稳定的出现在各类期刊上，研究的当代问题如经济、管理、环境问题、体育、教育，甚至法律的执行。② 在儒家思想与这些特定领域和实践相关联的同时，其与现代化和民主在整体上的兼容性问题也得到了广泛关注。③ 对传统文化和思想的兴趣不一定非要是保守的或者反民主的，而以一个更平衡的方式去看待东西方的比较可能比单纯将西方传奇化更有建设性。

　　对这个新兴的对传统的兴趣而言，其危险在于人们容易进入另一个极

---

① Wang Hui, "The New Criticism," in Chaohua Wang ed., *One China*, *Many Paths* (New York: Verso, 2003), pp. 55 – 86.

② 回顾 1990 年代初期，探索儒教与当代关联的工作很多，其中一小部分例子包括：黄秉泰《儒学与现代化——中韩日儒学比较研究》（北京：社会科学文献出版社 1995 年版）；方克立《现代新儒学与中国现代化》（天津人民出版社 1997 年版）；汪伟信《试论儒家文化与奥林匹克精神的结合与冲突》（《南京体育学院学报》1997 年第 4 期）；路笃盛《儒家学说与中国现代化进程》（《中央社会主义学院学报》2001 年第 9 期）；曾建平、刘湘溶《可持续发展与儒家文化》[《海南师范学院学报》（人文社会科学版）2002 年第 3 期]；汤恩佳《孔子儒家思想对中国现代化的贡献》（《船山学刊》2002 年第 1 期）；赖平、李丽红《儒家教育思想及其现代启示》[《怀化学院学报》（社会科学版）2003 年第 1 期]；杨云《我国传统儒家思想对建立现代企业文化的深远影响》（《兰州商学院学报》2003 年第 2 期）；胡军《儒家"诚信"思想与政府公务员职业道德建设》（《云南行政学院学报》2003 年第 3 期）；张兆端《以人为本 修己安民——儒家哲学与现代警察管理》（《山东公安专科学校学报》2003 年第 1 期）。

③ 中国论文中有关儒教和民主的例子，请参看朱学勤《老内圣开不出新外王》（《二十一世纪》1992 年第 9 期）；刘兴邦《儒家民本主义价值观与近代民主主义》[《五邑大学学报》（社会科学版）1994 年第 2 期]；蔡报文《迷失的理想：论儒学民主科学思想的历史变迁》（《齐鲁学刊》1995 年第 6 期）；陈寒鸣《儒学与现代民主》（《天津社会科学》1998 年第 1 期）。

端，即把中国传统文化本身也传奇化，并且拒绝承认我们也能从其他文明中学到很多有价值的东西。一些长期致力于中国传统文化研究的学者担心"国学"会被盗用为一种意识形态而陷入狭窄的民族主义；他们坚持强调只有将其"真正的精神"与当代需求接轨，与发展中的世界文化潮流接轨，中国文化才能再次的繁荣起来。① 但是，由于其中构想中国与西方文化相对立的倾向，评论家们有了很好的理由，将对"国学"的兴趣与不健康的反西方民族主义和保守的政治观点联系起来。

　　这种"回归传统文化"的倾向，与新保守主义在中国的抬头有关，是 1990 年代"亚洲例外论"浪潮的一部分。1980 年代，韩国、新加坡和中国的香港、台湾地区取得了巨大的经济成就，被称为"亚洲四小龙"，它们的成功引起一轮关于亚洲发展模式可能性的讨论，使人们想起这些国家（或地区）共同的儒家文化背景，对它们的经济成功发挥了巨大的作用。② 中国和其他一些国家（亚洲和亚洲以外的）也逐渐转向亚洲模式，将其作为西方模型外的另一种选择和补充，以寻求能够规避西方发展问题和最能保护自身文化传统的发展战略。③ 对东方价值观（特指亚洲）和西方价值观不同之处的争论被应用于抵抗某些观念，比如民主、个人自由意

---

① 汤一介：《"文化热"与"国学热"》，《二十一世纪》，1995 年 10 月号，第 32—35 页。

② P. L. Berger & M. Hsiao Hsin-Huang eds., *In Search of an East Asian Development Model* (New Brunswick：Transaction Books, 1988)；H. Kahn, *World Economic Development* 1979 *and beyond* (New York：Morrow Quill, 1979), pp. 121–123, 329–383. 除了韩国、日本和中国台湾和香港地区，那些由占少数的华裔控制着经济的东南亚国家，比如马来西亚、印度尼西亚、泰国等，也发展得相对较好。在美国，相对而言，华裔美国人比其他族群经济状况更好。

③ D. Bell, "Democracy in Confucian Societies：The Challenge of Justification," in D. Bell, D. Brown, K. Jaayasuriya & D. M. Jones eds., *Towards Illiberal Democracy in Pacific Asia* (New York：St. Martin's Press, 1995), p. 34. 中国的期刊中经常出现有关韩国、日本和东南亚国家儒教与现代化关系问题的讨论文章，比如刘志东《论儒家文化对韩国崛起的影响》[《辽宁大学学报》(哲学社会科学版) 2000 年第 4 期]；廖艺萍《新加坡现代化与儒家思想的创新》（《理论与改革》2002 年第 1 期）。相关专著包括 G. Rozman ed., *The East Asian Region：Confucian Heritage and Its Modern Adaptation* (Princeton：Princeton University Press, 1991)；Tu Weiming ed., *Confucian Traditions in East Asian Modernity：Moral Education and Economic Culture in Japan and the Four Mini Dragons* (Cambridge：Harvard University Press, 1996)；于铭松《理想与现实：儒家价值观与东亚经济发展》（北京：开明书店 2000 年版）；许远和《儒家思想与东亚社会发展模式》（南宁：广西人民出版社 2002 年版）；刘述先、林月惠主编《现代儒家与东亚文明：问题与展望》（台北："中研院"，中国文哲研究所，2003 年）。

志和人权——或者说至少是抵抗西方思想霸权下的这些观念。① 一些西方学者加入了亚洲官方和专业学者的阵营，以抗拒用西方标准作为国际准则的强迫性要求。其他人采取了更中庸的立场，指出在相对不民主不自由的亚洲社会，想要有更大的政治参与度和更自由的表达要依赖于两方面，首先是"同意不应该仅仅用西方的术语理解或界定人权；更确切地说，它是不断生长的，可扩展的，可以因为学习和体验多种不同文化而被提升的概念"，同时亚洲学者比如大沼保昭则要求"文明相容"的人权观念。②

　　中国文化到底能生成几分民主，以及其他相关概念如自由、平等、权利呢？他们是不是能兼容呢？白鲁恂（Lucian Pye）教授把儒家政治文化看成是专制的，以其为亚洲民主进程的阻碍。③ 亨廷顿（Samuel Huntington）更进一步认为儒家民主是一种"自相矛盾的概念"。④ 在这种解读下，儒家社会，如日本、韩国以及中国台湾，正是成功在其民主进程并未受儒家学说影响；在民主化过程中，他们的儒家成分渐渐减少。相比之下，狄百瑞（Wm. Theodore de Bary）（1983）和杜维明（1986）解释说儒家哲学是人性化和自由的。⑤ 杜维明等又为儒家的生活方式辩护，同时舍弃了它所承担的政治包袱。⑥ 胡少华（Hu Shaohua）最近主张儒家学说既没有自身包含民主，也不是民主化不可克服的障碍。他的这种说法介于把儒家极端地解释成具有自由民主趋向的人本主义和坚持认为儒家是封建

---

　　① 在 1993 年三四月份曼谷举行的亚洲区域会议上，一些亚洲国家的代表大胆地批评了占主流的国际人权观念，认为其太"西方化"，同时表达了想要建立"亚洲标准"下的人权概念的意向。

　　② 也可见 W. T. de Bary, *Asian Values and Human Rights* (Cambridge：Harvard University Press, 1998), p. 54；李铁映《论民主》（北京：人民出版社 2001 年版）。

　　③ L. Pye, *Asian Power and Politics* (Cambridge, MA：Belknap Press, 1985), pp. 55 – 89.

　　④ S. Huntington, "Democracy's Third Wave," in L. Diamond & M. F. Plattner eds., *The global Resurgence of Democracy* (Baltimore：Johns Hopkins University Press, 1996), p. 21.

　　⑤ W. T. de Bary, *The Liberal Tradition in China* (Hong Kong：Chinese University Press, 1983)；Tu Weiming, "Toward a Third Epoch of Confucian Humanism," in I. Eber ed., *Confucianism：The Dynamics of Tradition*, pp. 3 – 21.

　　⑥ Tu Weiming, *Confucian Ethics Today：The Singapore Challenge* (Singapore：Curriculum Development Institute, 1984), p. 90；Ying-shih Yu, "The Idea of Democracy and the Twilight of the Elite Culture in Modern China," in R. Bontekoe, & M. Stephaniants eds., *Democracy and Justice* (Honolulu：University of Hawaii Press, 1997), p. 208.

专制主义两种观点之间。①

　　一些对儒家价值观和民主价值观的比较更强调了二者巨大的不同。刘述先教授坚持认为儒家学说必须放弃一些东西,并在其他方面做出根本转变以容纳民主。也有一些学者主张儒家价值观和自由民主先天不和。在这个基础上,李晨阳指出两种价值观在未来中国可以共存②,与此同时,罗思文(Henry Rosemont)教授利用这些不同去评论西方的自由民主。那些排斥儒家民主的人通常以"自由"的概念理解民主,把儒家学说解释成先天便是集体主义的并由族长控制和专制的。但是,正像民主在西方哲学论述中众说纷纭一样,儒家学说也不是一种单一的传统。一些人相信它不能容纳个人的自由意志,然而他们可能没有看到儒家学说与拥有社会性个人观念的民主是可协调的。杜威哲学中就有这样的个人观念。安乐哲(Roger Ames)和郝大维(David Hall)曾指出杜威提倡的"社群性"民主观念,是沟通中国儒家文明和民主未来最好的桥梁。③ 作为一个杜威哲学的实践者,我抵制任何对自由主义和社群主义的二元分裂,但是就杜威民主对儒家的呼应而言,我同意他们的观点。

　　在我们目力所及的范围内,对儒家学说和民主兼容性的辩论无休无尽。对于那些希望中国实现民主化,同时以某种形式保存儒家传统的人来说,极重要的一点就是要去劝说那些对中国未来发展有所期待并对其有影响力的人,使他们相信儒家在新的千年能够并且应该拥有民主精神。在这篇文章剩下的部分,我将通过展示"将儒家的好学(love of learning)和好古(love of antiquity)相结合"可被看作实用主义经验,来延伸本文儒家民主的论点。在接下来的章节中,我将从《论语》中引用一些阐明好学与好古二者重要性的段落,较着重于好学的相关文献。然后通过(可能被称为)创造性阅读文本中的相关段落,进一步表现实用主义民主对结合《论语》中好古与好学这对双胞胎是怎样的有效。

---

① Hu Shaohua, *Explaining Chinese Democratization* (Westport: Praeger, 2000), pp. 23 – 26.

② Li Chenyang, *The Tao Encounters the West* (Albany: State University of New York Press, 1999), chapter 7.

③ D. Hall & R. Ames, *Democracy of the Dead* (La Salle: Open Court, 1999).

《论语》中两种紧密相连的热爱：好学与好古

　　儒家社会极其重视教育是人们的共识。对中国人而言，孔子可谓万世师表。《论语》以讲述践行所学的快乐作为文段开篇，而学习的主题延续到整个文本。《论语》并非仅仅是孔子的学生向其学习的内容记录，更包含了儒家对学习的本质和其重要性的看法。学习不只具有工具性的价值，它是值得热爱和为之献身的生活目标。孔子这样描绘自己人生的关键阶段，他说："吾十有五而志于学"（《论语·为政》2.4），极力主张他的学生"笃信好学，守死善道"（《论语·泰伯》8.13）。一个"有教养的"或言"文雅的"人是好学的人，可以被称为"文"（《论语·公冶长》5.5），好学也是君子的特点（《论语·学而》1.14）。

　　颜回在孔子的学生中显得更为突出的原因之一，便是他对学习的真正热爱，这是孔子在其他学生身上没有发现的（《论语·雍也》6.3）。在《论语》中"好学"并非指对学习仅有一点点兴趣。人类从出生便开始学习，并在人生的头几年以相当快的速度学会了大部分的事情，而这个过程没有依靠任何刻意的努力。当一个人的爱好随着时间的推移逐渐积累，而且适应这个惯例后，他对学习的热爱可能会衰退。但是，对学习有一点点热爱的人不可能像孔子所说的那么罕见。真正罕见的"好学"是把学习当成第一要义：不断地付出孜孜努力，做好为学习的信仰付出高昂代价的准备，并同时发现不同于煎熬和抱怨学习代价的愉快感受。那些可以被称为好学的人"食无求饱，居无求安"。颜回有着对学习的伟大热爱，他在孔子的学生中虽然最为穷困，其穷困可说有因可循，但完全不能影响他享受学习乐趣和践行儒家式的极善之道：

　　　　子曰："贤哉回也！一箪食，一瓢饮，在陋巷。人不堪其忧，回也不改其乐。贤哉回也！"（《论语·雍也》6.11）

　　正是这样一份对学习的非凡热爱才十分稀有，孔子也为自己拥有它而自豪：

　　　　子曰："十室之邑，必有忠信如丘者焉，不如丘之好学也。"

（《论语·公冶长》5.28）

孔子似乎看重好学多于忠和信，因为前者更为稀有而难以达到，这是有深意的。忠和信是孔子所行四教中的两个，是君子的重要品德。孔子曾劝告他的学生"主忠信"。他又指出要以忠信主导一个人去"积累德行"。孔子的学生曾子尊崇忠信，一日三省其身，他还曾向孔子的其他学生阐明"夫子之道，一以贯之"无非"忠"和"恕"。尽管忠信占有重要地位，但孔子仍为别人在忠信方面更容易和自己齐平而在好学方面不如自己感到自豪。

除了指向"忠"和"信"不如"好学"重要，孔子曾明确地对身手敏捷，但恐怕是所有弟子中最不好学的子路解释说，德行中（包括儒家最基本的"仁"德在内），如果缺了"好学"，将是有缺陷的：

> 好仁不好学，其蔽也愚；好知不好学，其蔽也荡；好信不好学，其蔽也贼；好直不好学，其蔽也绞；好勇不好学，其蔽也乱；好刚不好学，其蔽也狂。（《论语·先进》11.25）

好学以外，孔子还以"好古"闻名，尽管他与学生讨论前者比后者更频繁。出于对"好古"的信心，孔子自比"德高望重的老彭"。他将"好古"与自己的"好学"联系起来：

> 子曰："我非生而知之者，好古，敏以求之者也。"（《论语·述而》7.20）

虽然有非常优秀的生而知之者，但绝大部分人要通过后天学习来获得知识；孔子蔑视那些即便被困难烦扰也不付出任何努力去学习的人，他对古代知识的寻求是因为他"好古"，抑或因为他"好古"使他能够敏于求之，这是有歧义的，可能的情况是两种含义都存在。孔子"好古"因为他能从中获益；"好学"因为学习能将自己与他所热爱的古义联系起来。（所以）"好古"与"好学"相互依赖又相互加强。对孔子来说"古"代表着知识的海洋。很多章节提到"古"都与学习过去的经验有关。

将孔子解读为拒绝所有革新的守旧传统主义者的倾向，经常导致一种错误的结论，即孔子的"好学"原本（如果不是"专门"）是为了学习古代知识：这种解读在《论语·述而》7.1 中找到了可参考的依据，其中孔子在声称自己"述而不作"后讲到其"好古"。① 此外，孔子经常在将他同时代的表现与古代相应的表现作对比时指出今者之不适宜。例如他评论说，"古之学者为己，今之学者为人"（《论语·宪问》14.24，《阳货》17.16 中也有类似例证）。他尤其称赞周朝的文化成就，称自己要"从周"。毫不奇怪，孔子在一些人看来是一个回顾逝去的黄金时代，并忠于恢复周代破裂的社会和政治秩序的人。② 一旦儒家学说成为国家正统观念，孔子被抬升到圣人的地位，在儒家变成国家官方学说，孔子被抬升为圣人之后，又对先师的教导加以越来越缺乏创造力而教条保守的解读和使用。这在历史上更加为以上看法提供了支持。学习被简化为"承习"古代，甚至当他们创造新知识，新理解，或进行改革时，儒家学者习惯性地将其作品呈现为对古圣人——尤其是孔子——的学习。这种用某人的作品冒充新发现的"古代文本"的传统主义做法，与注释传统的优势相比之下，对原创作产生过低评价。

基于这一传统的历史发展，对传统儒家的评论通常把儒家教育看成机械学习就不奇怪了：这一学习方式主要包括记忆陈旧过时的文本，这些文本跟不上现代化脚步，其对古代的忠诚被指责阻碍现代化的进展。但是，我认为像这样对创造精神的压制和学习的减弱以便承习古意，是基于对《论语》偏颇地解读。除去"孔子的学习总是学习古代"这一预先假设，对文本的仔细审视显示出好学出现的频率远大于好古，且当提及"学习"

---

① Chan Wing-Tsit, *A Source Book in Chinese Philosophy* (Princeton: Princeton University Press, 1963), p. 31. 其他关于"作"的翻译有"innovate"，"invent"，"make up something new"，分别出自 Lau D. C. trans., *Confucius: The Analects* (Harmondsworth: Penguin, 1979); S. Leys trans., *The Analects of Confucius* (New York: Norton Co., 1997); A. Waley (Trans.), *Confucius: The Analects* (Ware, Hertfordshire: Wordsworth, 1996)。安乐哲和罗思文将这句话译成"遵循固有的方式，我不另辟蹊径"[R. T. Ames &, H. Jr. Rosemont trans., *The Analects of Confucius: A Philosophical Translation* (New York: Ballantine, 1998)]。

② A. C. Graham, *Chuang-tzu: The Inner Chapters* (London: Unwin, 1986), p. 4；李泽厚：《中国古代思想史论》（台北：三民书局 1996 年版），第 7 页。参见 H. Creel, *Confucius: The Man and the Myth* (New York: John Day, 1949), pp. 143 – 144; H. Fingarette, *Confucius: The Secular as Sacred* (New York: Harper & Row, 1972), p. 60; J. Ching, *Mysticism and Kingship in China* (New York: Cambridge University Press, 1997), pp. 69 – 74.

时，指涉其他学习形式（或无具体所指）的情况也比指涉研究或承习古
代情况出现得更多。如果孔子采用了"学习古代"这种对学习狭窄的看
法，即便在其时代，也是对学习的不充分理解。要达到孔子对个人修养和
创造更好政府的探求，不可能靠局限于承习古代。我认为《论语》中的
迹象表明孔子对学习的理解远远宽阔于"习古"，可使其对当代儒学起到
更大作用。

结合"好学"与"好古"的实用主义实验

　　传统主义者对孔子教诲的保守解读忽视了夫子的好学，同时没能以
儒家的视角意识到学习在后天求"知"中的重要性和"知"的实用主
义本质。① 孔子教给他的学生从所遇问题中学习，且不重复别人错误的重
要性（《论语·学而》1.8，《子罕》9.25，《卫灵公》15.30，《季氏》
16.9）。把儒家学说实践成为因循死板的惯例和专制政治的正统观念，
这种不能让人满意的结果激励了现代儒家学者对孔子教诲进行不同的诠
释和展现。我会向读者证明真正忠于孔子的"好学"，同时并不放弃其
"好古"需要在当今世界对儒家学说进行民主诠释而非复兴保守的传统
主义。② 在这种民主的理解中，儒家民主是一种实用主义实验。根据杜
威的实用主义构想，民主是一种生活方式，这种生活方式应用有组织的
智慧的方法进行"人类最伟大的实验——以某种方式生活在一起，使我
们每个人的生活能同时在最深层的意义上有益，对自己有益，并有助于
增强他人的个体利益"。③ 我认为这实验之一是儒家对"仁"的实践，参
与一个"己欲立而立人，己欲达而达人"的社群（《论语·雍也》

---

　　① 术语"知"被译作智慧或知识（明智、知晓、精通等）。尽管"智慧"，特别是实践意
义上的智慧，是我通常喜欢的译法，但我此后应当从"知识"方面作出说明，因为它在这篇文
章中对我的诠释的尝试而言是中立的，因此提出更为棘手的挑战。

　　② 根据前文意思，作者在这里似乎有一个提前预设，即当代儒家学者，尤其是作者面对的
西方儒家学者，普遍认为放弃主张孔子"好古"，而单纯说孔子"好学"，才是对儒家和孔子的
民主理解。因此作者题目为"好古"与"好学"的结合，以此体现其文章所针对的问题。——
译者注

　　③ J. Dewey, *Democracy and Education in the World Today* (New York: Society for Ethical
Culture, 1938). Reprinted in *John Dewey: The Later Works*, by J. A. Boydston, ed. (Carbondale:
Southern Illinois University Press, 1991), Vol. 13, p. 303.

6. 30）。

在杜威的实用主义构想中，民主是一种取代暴力的生活方式，通过社会探究中相互的学习与理解，安置社会生活中不同的行为和意见。作为一个实用主义者，杜威把所有思想都看成解决人们所遇到的现实问题的工具；民主即是其一。它试图解决以下问题，康德称之为"人们不善交际的社交性格，即，人们在社会中聚集的倾向既是联结的，又与一个随时威胁分裂这个社会的持续阻力并存"。① 杜威不认同康德"每个人都是自主的个体"的看法，对他来说，人类个体具有社会性。② 但是，由于个体和群体在分享的共同空间中含有多种多样的性格，信仰，愿望，兴趣，等等，杜威应该会同意康德关于"社会生活之内在张力"的观点。为了成功共享这一空间而不产生暴力，群体中的成员需要抱有一些共性，即，他们必须形成一个社群③，其中不同的行为和意见可以通过交流和理解而非暴力来解决④。

杜威用以取代"理性"的"智慧"，作为理解民主生活所涉及想法的核心概念，比其他受"形体与精神，理性与感性"二元论影响的民主理论更有益于儒家思想。"智慧"在杜威哲学中"不是教科书中推崇而其他地方忽视的智力上的才能，人们对未来可欲的与不可欲的有各种冲动、习惯、情绪、经历和探索，并由此努力实现设想的善。这些活动和经历的总

---

① H. Reiss ed. , *Kant: Political Writings* (H. B. Nisbet, trans. , 2nd ed.)   （Cambridge: Cambridge University Press, 1991）, p. 45.

② J. Dewey, "Outlines of a Critical Theory of Ethics" (1891) . Reprinted in *John Dewey: The Early Works*, by J. A. Boydston, ed. (Carbondale: Southern Illinois University Press, 1969), Vol. 3, p. 335. J. Dewey [Contributions] . In Paul Monroe ed. , *A Cyclopedia of Education* (New York: Macmillian, 1912 – 1913) . Reprinted in *John Dewey: The Middle Works*, by J. A. Boydston, ed. (Carbondale: Southern Illinois University Press, 1985), Vol. 7, pp. 339 – 345。更多关于杜威"社会性的个人观念"的细节说明，请见 J. Campbell, *Understanding John Dewey* (La Salle: Open Court, 1995), pp. 38 – 44。

③ 当作者用 community 时他强调这一群体的有序性，与前文 group 作为客观描述对照。——译者注

④ J. Dewey, "Creative Democracy-The Task before Us," 1939. Reprinted in *John Dewey: The Later Works*, by J. A. Boydston, ed. , Vol. 14, p. 228.

和才构成智慧"。① 在西方模型中，实用主义民主对儒家社群最有用，因为它并非指那些不顾文化特性的普遍的、绝对的理想。实用主义者摘引实际存在的社群生活中令人满意的特征或形式，然后利用它们去评论那些令人不满的特色并提出改进建议，以此建立真正的社会理想。② 这些理想指引我们的行动；他们"通过想象产生，但并不由空想的东西制造出来"③，作为一个实用主义实验，儒家民主能且应凭借蕴含其传统的儒家社会切实经验，发展自身文化独特的民主实践形式；只要社群生活能促进它所有成员的发展，并利用来自经验的智慧这种方法解决日常生活中的问题，它即是实用主义民主。它的成员通过自由平等参与的社会探究解决问题，在此，自由意味着"确保个人潜能得到释放和履行的力量，这只有在与他人丰富且多样的平等交往中才能实现"，而"平等"意味着"在相关行为的影响下社群成员所拥有不受阻碍的分享的机会"。④

杜威应该会以这样的理由劝说一个儒家学者接受实用主义民主，即主张孔子的好学只能在如上社群中得到满足。作为一种实用主义实验，民主是社群生活中最具教育意义的，它做到了对过去所积累资源的最佳运用，使人在当下更善于生活，也创造一个更好的未来。对杜威来说，民主社群是一个能通过一系列的社会探究解决现实生活问题的组织，此探究被赋予教育性和智慧性。民主生活具有教育意义，是因为满足民主的道德理想的"不是所有的人都跟社会最高的善完全一致。即使人们不能实现这样的一致也不是什么大问题"。⑤ 以这一洞察力审视人类成长的道德终点，对民主生活的实用主义理解将与儒家信仰相协调，即对社群的建设有赖于

① J. Dewey, "The Need for a Recovery of Philosophy," in *Creative Intelligence: Essays in the Pragmatic Attitude* (New York: Henry Holt and Co, 1917). Reprinted in *John Dewey: The Middle Works*, by J. A. Boydston, ed., Vol. 10, p. 48.

② J. Dewey, *Democracy and Education* (1916). Reprinted in *John Dewey: The Middle Works*, by J. A. Boydston, ed., Vol. 9, p. 89.

③ J. Dewey, *A Common Faith* (New Haven: Yale University Press, 1934). Reprinted in *John Dewey: The Later Works*, by J. A. Boydston, ed. (Carbondale: Southern Illinois University Press, 1989), Vol. 9, p. 33.

④ J. Dewey, *The Public and Its Problems* (1927). Reprinted in *John Dewey: The Later Works*, by J. A. Boydston, ed. (Carbondale: Southern Illinois University Press, 1988), Vol. 2, p. 239.

⑤ J. Dewey, *The Ethics of Democracy* (University of Michigan Philosophical Papers, 1, 2nd series) (Ann Arbor: Andrews & Co., 1888). Reprinted in *John Dewey: The Early Works*, by J. A. Boydston, ed., Vol. 1, p. 243.

"仁"于个体自身的体现（《论语·颜渊》12.1，《宪问》14.42），个人的培养需要在社群中自主的为自己而学习（《论语·宪问》14.24）。① 民主方法是智慧的方法，因为它用过去的经验集合新的经历以改善当下，并设计一个更好的未来。此处牵涉的智慧是"一个共用而协调的社会性智慧，不仅仅是零散人群中散漫而个体化的智慧，不论这些人的智商能有多高"。② 社会性的智慧在合作探究的"给"和"取"中显露出来，它是参与者们沟通的产物，体现他们得以利用的"人类积累的知识，思想和意志财富的宝库"。这样的社群将儒家的好学和好古在其生活方式中结合起来。

人们可能会对杜威之"人类积累的知识，思想和意志财富的宝库"与"古"之等同有所犹豫。杜威很少提到"古"，且在一些情况下对基于"古"的教育给予蔑视的评论，在西方语境中"古"指古希腊和古罗马文明。如果"古"被理解成"现成学问的假定形式，已经学习过的人们又据此在消极的默许中休息，并鹦鹉学舌一样异口同声地背诵"，那么它就成为智慧的探究的障碍。对儒家思想的某些传统解读也落此窠臼。但是，如果我们时刻记住孔子赞赏古代是因为他相信在那个时代世界更加美好，他想要学习古代是为了改善他所生活的世界，那么我们就不是在讨论经院派学者"陈腐的古代"；继而认为把孔子所热爱和学习的"古代"，与杜威之"人类积累的知识，思想和意志财富的宝库"对应起来十分合理，

---

① 儒家核心品德"仁"有各种的翻译，像仁慈、仁爱和仁威的举止。我个人最喜欢的是 Peter Boodberg 提出的"相互仁爱"［Peter Boodberg, "The Semasiology of Some Primary Confucian Concepts," *Philosophy East and West* 2（1953）: 317-332］。更多关于"仁"如何基于个人成长而团聚社群的细节描述，请见 Sor-hoon Tan., *Confucian Democracy*（Albany: State University of New York Press, 2004), pp. 35-39, 82-88。那种"践行自身源发方式并为己而学"的观点，在《孟子·离娄下》第十四节中"自得"（找寻于自身）的概念里有详尽说明［Lau D. C. trans., *Mencius*（London: Penguin, 1970), p. 130］。参见狄百瑞书中举"自得"，以此说明新儒家思想强调个体的"为自身学习"［W. T. de Bary, *Learning for One's Self: Essays on the Individual in Neo-Confucian Thought*（New York: Columbia University Press, 1991)］。译者注：《论语》14.24："子曰：'古之学者为己，今之学者为人。'"《孟子·离娄下》："孟子曰：'君子深造之以道，欲其自得之也。自得之，则居之安；居之安，则资之深；资之深，则取之左右逢其原，故君子欲其自得之也。'"

② J. Dewey, *Reconstruction in Philosophy*（1920）. Reprinted in *John Dewey: The Middle Works*, by J. A. Boydston, ed.（Carbondale: Southern Illinois University Press, 1988), Vol. 12, 134. J. Dewey, "The Economic Basis of the New Society," in J. Ratner ed., *Intelligence in the Modern World*. New York: Modern Library, 1939）. Reprinted in *John Dewey: The Later Works*, by J. A. Boydston, ed.（Carbondale: Southern Illinois University Press, 1991), Vol. 13, p. 320.

而后者正是改善我们当下世界的工具和手段。

　　杜威经常把智慧和科学方法相联系。另外，将对于科学知识的关心归因于儒家的想法无疑有时代错置之嫌。儒家对于学习的理解真的能容纳用以概括"实用主义立场"的"创造性智慧"吗？对于"科学主义"把一切化约为科学，或不理会任何科学之外的事物，不能归罪于杜威。① 他的"科学方法"是指全面的思考方式而非专门性的技术。在教育中采纳科学方法起码暗示着承认我们是从经验中，从亲身参与的实验中学习；而实验并非仅仅指发生在实验室的那些，还包括任何系统连接我们的经历与作为，行为与结果的活动。一方面理解事件与行为之间的联系，另一方面知晓其在诸多特定环境中会产生各样结果，这使我们能通过行动指引未来事件，尽管在相当错杂的遍及人类存在的偶然性和不确定性中，我们不能完全建立掌控。将事件和行为与其结果连接起来赋予它们额外的意义，为取得满意结果而指引未来事件，即解决问题处境，这便创造出价值。对杜威而言，教育是对经验的重建或重组，从而成就意义和价值；这些意义和价值超出科学，关乎人类经验。他希望能使"人类所积累的知识、思想和意志财富"更易被大多数人享受，这样他们就能创造更智慧的生活，并由此更民主地运用人类在艺术与科学两方面皆有建树的文化遗产。②

---

　　① "科学主义"的问题尤其重要，因为一些学者把它看成五四期间杜威的影响在中国的遗产 [D. Kwok, *Scientism in Chinese Thought 1900 – 1950* (New Haven: Yale University Press, 1965), Chapter 4; Lin Yu-sheng, *The Crisis of Chinese Consciousness: Radical Antitraditionalism in China* (Madison: University of Wisconsin Press, 1979), Chapter 5]。对于把杜威民主学说诠释成科学性的反驳，见 Sor-hoon Tan, "China's Pragmatist Experiment in Democracy: Hu Shih's Pragmatism and Dewey's Influence in China," in R. Shusterman ed. , *The Range of Pragmatism and the Limits of Philosophy* (Oxford: Blackwell Publishing, 2004), pp. 43 – 62.

　　② 这是"文化"众多含义中杜威经常涉及的一点 [J. Dewey, "American Education and Culture," *New Republic* 7 (1916): 215 – 216. Reprinted in *John Dewey: The Middle Works*, by J. A. Boydston, ed. , Vol. 10, p. 198. J. Dewey, "The Crisis in Culture," *New Republic* 62 (1930): 123 – 126. Reprinted in *John Dewey: The Later Works*, by J. A. Boydston, ed. (Carbondale: Southern Illinois University Press, 1988), Vol. 5, p. 99]。尽管杜威有时会进一步细分"文明最终的版块"，包括文化类别中哲学、政治学、法学、经济学和运动（科学），在科学与艺术分别构成人类经历中助益阶段和完成阶段的范围内，这些版块可以看成或属于科学或属于艺术或属于二者的结合。想更好地理解这种对艺术和科学的观点，请参考 J. Dewey, *Experience and Nature.* (La Salle: Open Court, 1925). Reprinted in *John Dewey: The Later Works*, by J. A. Boydston, ed. , Vol. 1, pp. 1 – 326. J. Dewey, *Art as Experience* (London: Allen and Unwin, 1934). Reprinted in *John Dewey: The Later Works*, by J. A. Boydston, ed. (Carbondale: Southern Illinois University Press, 1989), Vol. 10。

　　杜威不但不附和科学主义所声称的科学之万能，反而非常惋惜"现在对科学和建立在科学基础上工业的执着是灾难性的"。① 在推动科学方法发展的当儿，他对科学的理解从根本上离开了狭窄的纯理性假设，而正是后者构成"科学主义"的基础。他坚持认为科学"必须作为'在原因和结果中都与人类其他兴趣和事业相联系的一种人类关怀与事业'的方式被看待及放置"。对杜威来说，科学是"人类活动向焦点的集中，这些活动可以是艺术、政治、法律、经济，甚至于运动和娱乐一类的事物"，但它不能取代这些其他人类成果中的任何领域。② 如果我们没有认识到艺术在自由、圆满和丰富的人生中所占有的地位，科学甚至不能完整领会它在人类事务中的价值。尽管二者在技术性和专门性上有所不同，科学和艺术在本质上仍被结合成人类经验互补的侧面，以及对人类有机体之需要的不同回应方式，以获得和自然环境的平衡关系。二者皆非完全理智、有认知力或感知的。它们都包括为了"创造有机体与其生活状态的新关系"所做的"实践上的调整"，这些调整"像其运作的其他阶段一样，被需要、愿望和逐步发展的乐趣所操控"。③ 科学和艺术都是智慧的表现形式，艺术就其教育意义而言不次于科学，而无疑在杜威经验哲学中占有更基础性的地位。

　　组成经验的行为和苦难（在经验是智慧的并充满意义的程度内）是"不确定、新奇与不寻常伴随着稳定、确信而有规律"的集合，又是"阐明艺术的和审美"的集合。④

　　"科学主义"并没有内在的问题阻止儒家对杜威哲学的实用主义民主做出改变，从而使其适用于自身。杜威的实用主义和儒家学说间也没有不

---

　　① J. Dewey, "Art in Education-And Education in Art," *New Republic* 46 (1926): 11 - 13. Reprinted in *John Dewey: The Later Works*, by J. A. Boydston, ed. (Carbondale: Southern Illinois University Press, 1988), Vol. 2, p. 112.

　　② J. Dewey, "Has Philosophy a Future?" *Proceedings of the Tenth International Congress of Philosophy* (Amsterdam: North Holland Publishing Co., 1949), pp. 108 - 116. Reprinted in *John Dewey: The Later Works*, by J. A. Boydston, ed. (Carbondale: Southern Illinois University Press, 1991), Vol. 16, p. 366.

　　③ J. Dewey, "Affective Thought," *Journal of the Barnes Foundation* 2 (1926): 3 - 9. Reprinted in *John Dewey: The Later Works*, by J. A. Boydston, ed., Vol. 2, p. 106.

　　④ J. Dewey, *Experience and Nature*. (La Salle: Open Court, 1925). Reprinted in *John Dewey: The Later Works*, by J. A. Boydston, ed., Vol. 1, p. 269.

可逾越的鸿沟，因为在杜威眼中，智慧的表现形式超出科学并包含着其余的人类文明成就；同时孔子认为学习不仅限于学习古代本身的文化制度等。基于杜威为科学和技术这些文明方面所指定的角色，对现代儒家而言，孔子的教诲中没有要求拒绝科学技术的因素，只要它们能够有助于人们的普遍幸福，关注"博施于民而能济众"（《论语·雍也》6.30）的儒家就应该对科学表示赞成。孔子"人不应当僵化学习"的积极主张，为现代儒家对教育主题的开明通达提供了支持（《论语·学而》1.8，《子罕》9.4，《宪问》14.32），再次引入孔子时代的"六艺"课程去帮助儒家学说有意义的复兴肯定有些不切实际。尽管近年来在一些亚洲社会中再次向塾生介绍中国经典文本似乎是个时尚，但这只是"丰富知识"的形式，而非取代大量基于科学的现代教育课程。现代儒家需要调整自身以适应科学探索的同时，科学中那些杜威认为极坏的倾向也可能被综合性审美教育的儒家传统缓和下来，知识在儒家传统中很大程度上是整体性的实践，从而得以避免杜威所批判的困扰西方传统的智力、情感和实践的分离。儒家教育中审美的元素，被以强调学习快乐的方式——孔子认为诗、礼、乐之所以重要的所在——清晰地凸显出来，（这些元素）与杜威对学习和知识的实用主义理解融为一体，便会把科学和艺术都认作智慧的活动。①

对于实用主义民主将儒家之好学与好古相结合而言，认识到好古并没有把儒家局限于学习古代思想和实践本身，或者刻板地模仿古代是非常重要的。孔子称赞子贡没有仅仅引用古代文献《诗》，而是用于发明其自己的理解，这显示子贡能"告诸往而知来者"：

子曰："温故而知新，可以为师矣。"（《论语·为政》2.11）

用实用主义的读法理解"知新"（realizing the new），即如上所译，其文句指出，人们习古，是为了将之与新的东西联系起来从而用过去的资源

---

① 子曰："兴于诗，立于礼，成于乐。"有关典礼教育和表演的审美的部分，见 Tan S. -h. , "From Cannibalism to Empowerment: An Analects-inspired Attempt to Balance Community and Liberty," *Philosophy East and West* 54.1 (2004): 61 – 63。相比于理性主义，郝大维和安乐哲书中充满了对审美的强调，提供了对儒家世界观中审美秩序的首要性的清晰讨论 [D. Hall & R. Ames, *Thinking Through Confucius* (Albany: State University of New York Press, 1987), pp. 131 – 138]。

改变现在并塑造未来。这样的教育观念是杜威对"智慧"典型的定义方式：用过去的经验应对新经验的需求，以期重组经验而达到更好的结果。如果我们用非实用主义的认识论解读"知新"，人们可能会以为这段话包含这样的暗示，即就我们所知道的"古"而言，某些方面在现实中依然没变，而这是因为对"故"而言的真理对"新"而言仍旧真实，所以"温故"可以使人"知新"。但是，我认为这种解读较不具有说服力，因为如果学习或教学的核心问题在于抓住那些没有变化的事物，则何以要用"新"作为"故"的对比，为什么不用"温故而知今"？"故"和"新"的对比凸显了其中的改变。教学（其中也暗含学习）的挑战在于使古的东西适用于新的情境，这一挑战直接被"智慧"的实用主义观念解决了。①

　　实用主义解读也适用于《论语》中有关"知"和"学"的一些其他篇章，即那些将"知"描述成"动"（《论语·雍也》6.23）的文段，因为知识并不是纯然指智力上的，它也是实践的一种类别。如看一个人的行为即可判知他是否"知礼"（《论语·八佾》3.22，《述而》7.31）。一个"知"的人"务民之义，敬鬼神而远之"（《论语·雍也》6.22）。孔子从一个人应当采取的行动上回应了讲解"知人"的请求，他说："举直错诸枉，能使枉者直"（《论语·颜渊》12.22）。一个人是否学会由其实践决定：

　　　　子夏曰："贤贤易色，事父母能竭其力，事君能致其身，与朋友交言而有信。虽曰未学，吾必谓之学矣。"（《论语·学而》1.7）

　　适时的实践所学使人愉悦，而这是纯智力的学习所不能达到的（《论语·学而》1.1）。"学道"给每个人的建议是其实践的重要性："君子学道则爱人，小人学道则易使也。"（《论语·阳货》17.4）

　　孔子的学习并不局限于古代，他也从自身和周围人的经验中学习。他

---

　　① J. Dewey, "Individuality and Experience," *Journal of the Barnes Foundation* 2 (1926)：1-6. Reprinted in *John Dewey：The Later Works*, by J. A. Boydston, ed., Vol. 2, pp. 55-61.

说他的知识基于"多闻择其善者而从之，多见而识之"（《论语·述而》7.28）。① 孔子把这些源于经验的知识看成"较低级的层次"，大概是相对于"生而知之"而言（《论语·季氏》16.9）。在接受后者存在这一点上，《论语》和杜威对知识的实用主义观点不同，但这种非实用主义的知识在《论语》中极罕见，只是顺带提及；孔子和其弟子最关心的还是通过学习而获取的知识。除了直接经验以外，那些与之发生联系的人也可被视为重要的知识来源。我们通过倾听他们的言论，同时又观察和反思他们的行为而学习：

> 子曰："三人行，必有我师焉。择其善者而从之，其不善者而改之。"（《论语·述而》7.22）

孔子的好古也是实用主义的。他建议弟子去学习古代作品，如《礼》和《诗》，并不仅仅因为它们古老，还因为有益："不学《诗》，无以言……不学《礼》，无以立。"（《论语·季氏》16.13，也见《阳货》17.9，17.10）

> 子曰："诵《诗》三百，授之以政，不达；使于四方，不能专对；虽多，亦奚以为？"（《论语·子路》13.5）

古代为处理现实问题提供了丰富的资源。在《论语·述而》7.15中，有一段子贡与孔子关于孔子心目中的古代圣贤伯夷、叔齐经历的讨论，子贡以此提取出对他所处时代一个政治敏感问题的判断。这个"温故而知新"的例子同时也是"运用过去的经验理解当代，从而试图解决疑难现

---

① 在《论语·为政》2.18中孔子又将"学"和"见"、"闻"联系起来。安乐哲和罗思文把"闻"译成"学习"。"聪"字，意为在听觉和智慧上都非常敏锐（如聪明），其"耳"旁在语义上连接了智慧与听觉。同时，听觉在"圣"（圣人之品性）的文字结构中，在孔子对其追求圣性的学习历程的描述中与圣相连（《论语·为政》2.4）。译者注：《论语·述而》7.28："子曰：'盖有不知而作之者，我无是也。多闻择其善者而从之，多见而识之，知之次也。'"《论语·为政》2.18："子张学干禄。子曰：'多闻阙疑，慎言其余，则寡尤；多见阙殆，慎行其余，则寡悔。言寡尤，行寡悔，禄在其中矣。'"《论语·为政》2.4："子曰：'吾十有五而志于学，三十而立，四十而不惑，五十而知天命，六十而耳顺，七十而从心所欲，不逾矩。'"

状"的实用主义智慧的一种。类似的，如果对儒家文献的研究，例如《论语》，不能使我们理解现在的疑难处境并解决当代问题，我们就不能真正效仿孔子的"好古"。

孔子的好古并没有导致唯唯诺诺地模仿或者一成不变地墨守古代的行为方式。孔子有选择地接受古礼的改革（《论语·子罕》9.3）。他提倡为父母戴孝三年不只是因为他相信这是古人的通例，还由于只有"不仁"的子女才会不这样做（《论语·宪问》14.40，《阳货》17.21）。他建议说，一个邦国要想长久存在，它应该"行夏之时，乘殷之辂，服周之冕"，而非全盘接纳所知的最古的惯例。对 Mark Lewis 而言，这句话意味着"夏商周三朝，并非为了显示政治无常，也不是为了扮演模范的角色，而是作为礼仪在不断调整的证明而代续出现，并成为后人可利用的资源"。① 周拥有丰富的文化并非因为它是夏商的翻版（如果是，则孔子没有理由相比于夏商更喜欢周），而是由于它对之前的两个朝代有所借鉴，从而具备了深刻的洞察力，以在古代的基础上创造新的意义和价值。② 孔子并非以徐复观所谓"低等级传统"的形式珍爱古代，这一形式指向的是缺乏自我批判和自我转化能力的固结的被动继承。③ 他所热爱的是古代的成就，是古人生活方式中智力和精神的结晶，而这些并非固定不变的，在一定意义上也是孔子的创造，因其产生于孔子对古代独特的理解；这一独特的理解有代表性地连接了古代与现在、未来，并有效地促进了经验的增长。尽管有其自我评价，孔子的好古和从中所学都是具有创造性的。

孔子在好古与师古中具有创造性并不使人惊讶，因为他在"温故而知新"的过程中已经显露出实用主义的智慧。根据杜威的说法，"智慧本身即是所有新奇事物中最具潜力的，是对作为每时每刻之现实的'将过

---

① M. E. Lewis, *Writing and Authority in Early China* (Albany: State University of New York Press, 1999), p. 109.

② "鉴"字与另一个意为"镜子、反映"的"鑑"字属同语系字，后者又通常含有"像镜子一样使用某物（传统意义的金属镜子以外如水、人），去扩充在物质性的视野以外，更为重要的智力与精神的洞察力"的意思。例见《书经·酒诰》引文，"人无于水鉴，当于民鉴"。

③ 徐复观：《论传统》（1962），黄克剑、林少敏编《徐复观集》（北京：群言出版社 1993年版），第619—622 页。

去转化成未来'的意义揭示"。① 在实践中,最好的儒学家在对儒学的理解、应用及发展中表现出了他们的创造性,就像孔子本身删改校订和"有序化"古代所传文本本该具有创造性一样。这些文学性的劳动看起来可能缺乏被称作"原创作"中的创新(尽管原创作也依赖经验和传统);然而它们仍需要创新的诠释和审慎的拣选,这二者都是从考量基于实际经验的实用主义效果中得知的。后者是实用主义智慧的创新性,但其并非"无中生有的创造"或"从头"创造,而是基于经验,将过往、当下和未来连接起来,因此促进了经验的成长。上述创新性需要过去的材料,并通过加入一个传统中,使"学习者的才能得到展现和指引"。②

　　孔子与其弟子的交流中例示的教与学的过程是具有创造性的。孔子要求学生"举一反三"(《论语·述而》7.8)。在未经具体规定方形大小时,所举的"一隅"不能使人充分判定其他"三隅":有无数"三隅"的集合可被举为合适的答案。虽然隐含的要求为四个角(隅)必须来自一个方形,这避免了"任意可能"的混乱,但相对于通常在儒家传统中得到的认识而言,上述情境根深蒂固的不确定性仍为创新留下了更多空间。孔子以为自己不及颜回,因为后者能"闻一以知十",这需要在一件"所闻"的事与十件所知的事中建立有意义有价值的联系。站在实用主义的立场,如果所建立的联系无意义且无价值,则意味着对知识的宣称为假,因为那些宣称可想见的结果不会有效,这就是说实用主义创新不仅包括在精神和实践中皆建立联系,且要求通过这些联系,使最初所闻的"一"在其自己的方式下实现重建。这样的重建是创新"在所有生活形式中"的显露,没有"束缚于被风俗和惯例所建构的部分……并给践行者带来清醒的精神,成长和满足的快乐"。③

　　为了在民主途径中重建孔子的教诲,使儒家学说作为儒家民主的实用主义实验具有新的活力,我们用生活中的新方式表现孔子的好学和好古。

---

　　① J. Dewey, "The Need for a Recovery of Philosophy," in *Creative Intelligence: Essays in the Pragmatic Attitude* (New York: Henry Holt and Co, 1917), pp. 3 – 60. Reprinted in *John Dewey: The Middle Works*, by J. A. Boydston, ed., Vol. 10, p. 47.

　　② J. Dewey, "Individuality and Experience," *Journal of the Barnes Foundation* 2 (1926): 1 – 6. Reprinted in *John Dewey: The Later Works*, by J. A. Boydston, ed., Vol. 2, p. 57.

　　③ J. Dewey, "Foreword. In The Unfolding of Artistic Activity," 1948. Reprinted in *John Dewey: The Later Works*, by J. A. Boydston, ed., Vol. 15, p. 315.

为了实用主义地理解民主，我们回避了儒学种族中心主义的内容，以使其可能参与到与传统真正自由平等的交流互动中去，而非在其最初显露的种族优越感中与传统沟通。儒家民主需要更多的民主与中国哲学的碰撞，只有通过这样的交流互动，民主才能根植于不同的土壤，生出多样的枝叶，结下鲜美的新果。

翻译：李梦溪

校对：邹宇欣　陈素芬

民主与儒家价值

肖恩·奥德怀尔 (Shaun O'Dwyer)

  自由主义的民主制社会、东亚专制及非自由社会间意识形态的碰撞，向当代自由主义政治哲学家发出了颇有意味的挑战。一些东亚政治领导人将显著的经济成就和社会稳定归功于一种概念模糊的东西——"亚洲价值观"。根据这一观点，东亚社会诸如新加坡、韩国和日本的成功，归功于它们独特的道德传统，例如对诸如孝和敬重权威等以家庭为中心的道德品质赋予很高价值的儒家思想。

  在我看来，对东亚政府通过曲解儒家哲学为其意识形态服务的怀疑是有理有据的。不过尽管如此，如果探索在东亚背景下实行民主的途径，我依然主张认真对待所谓"亚洲性"，或更确切地说是"儒学"的价值观。严肃地看待该观点或许能帮助我们理解为什么西方政治领导人向东亚领导人发出的实施更加自由主义的民主制度的呼吁往往得到冷漠的回应以及东亚的民主活动家所面临的困难。如同贝淡宁（Daniel Bell）等人所指出的，尝试在东亚社会论证民主的合理性，必须要承认他们的道德传统，因为诉诸西方的个人主义观念在东亚往往是行不通的。然而在此我将提出一个比贝淡宁等人更彻底地用以在东亚社会证明民主制的策略，该策略受到美国实用主义哲学家杜威（John Dewey）的影响。贝淡宁为民主进行了有效的辩护并提出一个具有代表意义的主张，即"民主政府能保护和促进社群主义生活方式"。[①]

  某种程度上来说，我所设想的策略更为激进，因其不仅仅局限于对社

---

① Daniel Bell in Daniel A. Bell, D. Brown, K. Jayusuriya & D. Jones, *Towards Illiberal Democracy in Pacific Asia* (Oxford: Oxford University Press, 1995), p.36.

会政治制度的改革。我认为，在当前的社会和经济转型时期，对社会和组织生活的民主改革以及公民自由的制度化，有益于保持诸多东亚社会所珍视的儒家道德传统的延续性。这一设想并非一种自由主义的民主制理想，而是关乎在东亚社会培养民主道德观的潜在好处。这些国家或正处于政治和社会制度民主化的进程中，或正在对这一民主制的复兴进行深刻的思考（例如，韩国、新加坡和日本）。

本文拟分为四个部分。在第一部分里，我将简略探讨西方政治领导人极力向东亚推荐的古典自由主义关于代议制民主和自由的概念。在这些概念中，代议制民主、个体自由的自然权利基础以及相应的合理性论证，都将纳入考虑范畴。第二部分将探讨东亚专制领导人反驳西方在东亚推行自由主义民主制建议时所倚赖的儒家价值观。第三部分关注实用主义者对民主的理解及公众参与在民主实践中扮演的角色。我将思考实用主义者与现代儒家思想者产生分歧的可能原因，这些分歧涵盖了对民主和公众概念的理解，以及专家和知识权威在公共政策制定中的角色等。最后一部分将通过具体例证阐述一种更具社群主义形式的民主实践是如何形成对儒家道德传统社会的吸引力。

建议东亚自由主义民主制的背景

西方领导人向非自由主义政府提出的民主政策建议背后有两个经典的自由主义政治理想。（1）自由的理想，承认所有个体都拥有基本的自然权利，包括生命、财产权利、公民的结社自由——如演讲和宗教，以及选择政治领导人的自由。这些权利在一切个体面前有效，即他人有义务不得强制干涉这些权利的行使。（2）权利平等的理想，承认所有个体，不论是性别、种族、宗教还是政治地位，都有权平等地行使上述权利。换句话说，强制干涉个体行使上述权利的行为是没有道德基础的。

值得一提的是，这两点在自由主义的不同分支间仍然具有讨论的空间。美国前总统克林顿 1998 年在北京大学演讲时曾说，这些权利是"世界的——不是美国权利或欧洲权利——是任何地方的人们生而拥有的权利"。[1]

---

[1] President Bill Clinton, Remarks by the President to the Students of Beijing University（The White House：Office of the Press Secretary，29 June 1998）.

一些古典自由主义者，比如哈耶克（Friedrich A. von Hayek）认为，上述权利已经逐渐演化为一种自由主义社会习俗的基础，[①] 但同前辈洛克（John Locke）等人一样，哈耶克也认为，这些个人权利及相应的义务，较家族和社会团体专有的义务、价值、道德更为重要。当团体、家族或组织强加给成员的关于正确生活的义务和观念与个体自由发生冲突时，后者压倒前者。事实上，随着财产权和结社自由获得承认，所有个体在尊重他人权利的基础上，（1）可以在双方同意的情况下自由加入或退出团体；并且（2）可以自由自愿地承担或停止承担作为这些团体成员应尽的道德义务。

研究自由主义思想的历史学家普遍认为，16、17 世纪，当西欧人在宗教狭隘、政治暴虐和商业阶级的新兴抱负中挣扎时，上述主张逐渐得到清晰表达。然而，克林顿总统等西方政治领导人为自由主义民主制辩护时，并未参考这些历史渊源。时至今日，这些辩论的出发点通常是所有人的自然权利和个人及组织的经济权利。人们相信，通过定期自由公平的选举、独立的司法，以及保护民权和经济自由的公正法律，代议制民主政府最有利于实现个体自由和平等权利的主张。波普（Karl Popper）在《开放社会与其敌人》（*The Open Society and Its Enemies*）中，对古典自由主义政治问题做了如下阐述：问题并不是"谁应当统治"，而是"我们应当怎样组织政治制度，以防止不称职的统治者造成巨大损失"。波普认为代议制民主是解决此问题的最佳方案，他解释说："在民主政体中，统治者……可以被被统治阶级以和平方式解除职务。"[②] 代议制民主为权力的和平转移提供了途径，它允许撤换不能称职的或公正治理的统治者，而这在非民主政体下是不可能的。

另外，独立的司法体系保证了法律规则的公正，这是论证自由主义民主制合理性的另一要点。一个真正独立的法官能够在阐释和执行法律时确保个人权利得到公正平等的保护。从理论上说，不会受到政府和大多数民众威胁和干涉的法庭才能保护不受欢迎的少数群体或个人的自由。

---

① Friedrich A. von Hayek, *The Constitution of Liberty* (London: Routledge, 1960).

② K. R. Popper, *The Open Society and Its Enemies* (London: Routledge and Kegan Paul, 1963), vol. 1, p. 121; vol. 2, pp. 160 – 161.

　　以上这些支持代议制民主和法治的论点有一个预设前提，即对个体自由和平等权利主张的认可。但是，在什么样的背景下，个体自由和平等权利的主张才是合理的？对此，西方政治领导人提出了两个典型论证：自然权利论和结果正当论。第一，自然权利论——我们已经知道并非所有的自由主义理论家都支持该观点——确信，个体自由被平等地、普遍地赋予所有个人，只因人之为人的地位。因此，对所有政体来说，不论文化的特殊性，一个根本要求是其自我组织的方式能使这些权利得到平等的尊重，而上述自由主义的民主制政府和司法模式最好地适应了这些要求。

　　第二，结果正当论通常用于补充自然权利论。它从促进诸如社会和谐、进步、繁荣等当代东亚社会所尊重的价值目标的能力角度，论证个体自由和平等权利的正当性。在西方社会组织的旧有模式中，社会和谐在一种主导性的、通常带有宗教性质的良好生活概念的庇护和引导下得到提升。这类社会组织模式在其他与之竞争的关于美好生活的概念出现时遭到瓦解，并在缺乏公正法律和治理体系的情况下导致民间冲突。

　　在现代规模庞大的"大社会"里，构成个人和团体关于美好生活的观念多种多样，有时还会相互矛盾，令社会组织形式不再让人满意，甚至难以存在。在这一环境中，社会和谐通过公正地实现个体自由得以维护，确保不论个人追求的道德标准如何不同，其权利都能得到平等地保护，这也是当前政府和法官在公民事务中应当体现的中立裁决者的功能。

　　与此同时，对个人自由的保护为社会与文化进步做出贡献，因为它使个人从单独或者是群体的角度，自由选择追求不同的生活计划。比如在经济上，它允许企业家、劳动者和消费者在互动中自由建立和调整自己的偏好，这意味着此时市场上的劳动力和商品价格是由供求变化而非政府调控决定的。

　　最后，公正地尊重个体自由和法律规则是当前被视为社会繁荣关键的自由市场能够进行有效运转的根本条件。对经济自由的一贯尊重意味着让"看不见的手"发挥作用，允许无数普通个体任意为彼此需求服务的同时，行为也受到法律约束以防止强迫和欺诈。另外，其他关于繁荣的观点认为，它有赖于政府干预和管理公民经济生活的能力，但该观点因为政府从来不能预测中央计划政策的副作用而遭到反驳。

对自由主义民主制论点的"准儒学"回应

那么，对于这些主张，东亚的知识分子和政治领导人做何感想？1980和1990年代，"亚洲四小虎"的经济成就处于巅峰，一批东亚领导人和知识分子对以上主张提出了批评性回应，这些回应渲染了"亚洲价值"概念。新加坡内阁资政李光耀（Lee Kuan Yew）是一个代表人物，其他政治领导人和知识分子，如日本作家、政治家石原慎太郎（Ishihara Shintaro）也加入其中，而对在东亚推行自由主义民主制提议的哲学性批驳则来自贝淡宁等学者。这些批评观点围绕着两个中心论断。第一，这些社会的经济繁荣与和谐建立在具有公有社会特征的"亚洲"（通常是儒家思想）价值基础上，这些价值与西方的自由主义有明显差异。第二，这些价值取向下的政治组织、自由、社会责任等观念，必然与西方自由主义者持有的观念大相径庭。

诚然，当前许多现代东亚政权对儒家思想采取了非儒学的投机主义路径，只是利用其为专制的意识形态及政策进行合理辩护。然而，我同意贝淡宁的论断，即儒家道德观念也是传统东亚社会（如中国、韩国、新加坡等地华人社会，有些情况下还包括日本）结构中不可或缺的组成部分。借用历史学和人类学的研究，贝淡宁认为尽管儒家思想"起源于知识分子和文人官僚构成的精英阶层"，但其数百年来在这些国家的广泛传播有赖于"在家族内和地方学校实行的伦理教育，即采取一种并非由国家精英直接决定的方式"。①

接下来我将引用《论语》来简述儒学的一些中心思想，这些思想与当前反驳在东亚社会实行自由主义民主制建议的声音紧密相关。相关论述可以从对比总结儒家思想产生的历史政治及道德背景与自由主义产生的历史背景说起。如前所述，自由主义是在试图对抗政治专制、宗教冲突和市场秩序的出现等方面问题时产生的；而儒家思想是公元前6—前5世纪时，在中国社会政治混乱日渐扩大的背景下产生。在这一内部不稳定的时代之前则是一个半传说性质的统一繁荣时期，

---

① Bell, in Bell *et. al.*, *Towards Illiberal Democracy*, p. 20.

其显著标志是一群道德高尚的统治者。对孔子来说，所处时代的政治问题不是如何限制业已建立的政治权威的权力，也不是如何确保为个人行为提供一个不受独裁威胁的、受保护的环境，而是对未来的统治者、官员及官吏实行正确的道德教育，以培养他们"模范"或"绅士"（君子）的品质，以及作为良好、仁慈政府所必须具备的情操和道德水平。相较于强调法律原则和限制政府权力的西方古典自由主义，儒家思想重视仁慈的"道德统治"。同时，与波普不同，对孔子来说，"谁应当统治"才是最重要的政治问题。

事实上，孔子也不希望个人从等级森严的社会地位及相应的社会责任中解脱出来。在他看来，正是这类改变最先给中国社会带来混乱和冲突。只有当人们的行为相互协调，遵从那些优秀而值得遵从的人，并忠实地履行与自身社会地位相应的责任，才可以防止冲突和混乱的发生。因此，孔子提出一个由精英领导、秉承和谐理念的社会等级制的理想体系，人们在该体系中遵守自身的社会职责。这种社会等级制能够促使富于智慧且德行高尚的人进入公职部门。

儒家关于自我的概念，与古典自由主义所主张的、形式更为通俗的"自我"相冲突。后者强调个人对自由和财产的基本权利以及尊重其所产生的相应责任义务，以此作为社会和政治秩序的依据。这些权利和义务具有普遍性，使得自由社会的全体公民在一种互动关系中始终平等地享有这些权利和义务。专有的道德利益和义务（比如家庭生活中的道德利益和义务）通过支持负责的权利实践从而受到古典自由主义者的认可。然而，当特殊的和根本的权利及义务之间发生冲突时，前者必须礼让后者。

相反，儒家思想中，所有道德和政治责任义务都是在特殊的亲属关系中考虑的，这些特殊关系对儒家式地理解政治和道德秩序具有核心意义。这其中，最重要的义务和责任不是对某个个体单独行使，而是针对其父母、子女、兄弟姐妹、统治者以及被统治者。这些义务所具有的道德力量并不是因为这是他人所要求享有的权利或自愿承担角色的一部分，而是对其履行关乎道德性情的培养并由此"成己"过程中不可或缺的条件。这意味着一个人要成其为人，需要道德和智力的品性，这些品性通过贯穿一生的各种与他人持续的不同互动关系形成。

正是通过对孝、智、勇等品德的培养——这种培养本身由于人天生的善良和仁慈（仁）成为可能——儒家伦理的"模范"或君子的道德理想才得以实现并在良好的政治环境中得到实践。如孔子所说，智慧由努力决定，通过恰当的日常行为方式，"务民之义，敬鬼神而远之"。仁爱而智慧的执政者或统治者会为了美德本身不懈追求，而不是为了从中谋利。

于是，儒家思想反复强调的一个论点是，仁爱而有胆识的执政者或统治者并不倚赖法律或刑罚来维护有效统治，取而代之的是，通过树立美德典范以及建立恰当的日常行为准则进行治理（《论语·为政》2.3）。但是，正像现代东亚专制统治者一再强调的，孔子认为只有极少数人能对政治事务深思熟虑从而有资格进行统治。学习"道"需要特定的天生条件以及一定的文化、教育环境和持续不断的努力，但这超出了大多数"凡人"的能力范围（尽管儒家也强调，低微的出身并不是通往美德与智慧的障碍）。因此说"民可使由之（道），不可使知之"（《论语·泰伯》8.9）。在被经常引用的一章中，孔子说理想的统治者应当是"子欲善，而民善矣。君子之德风，小人之德草。草上之风，必偃"（《论语·颜渊》12.19）。相应的，一般人则被要求不得在政策制定中扮演任何角色，这就是所谓的"不在其位，不谋其政"（《论语·泰伯》8.14）。

人们或许好奇，现代东亚政府能靠儒家伦理博取多少声望。儒学试图献策农业封建社会的统治者，但号称继承儒家传统的现代东亚政府，其成功是建立在现代商业和经济增长的基础上。解决这一明显悖论的方法在于广泛应用以下策略，比如工业化进程中的东亚社会设计了一个家长制的"官僚国家管理"概念，对公民道德和经济生活进行善意的干预和引导，于是儒家理想的社会和谐、礼仪，以及道德高尚的政府都被应用在了这个设想中①；再比如政府官员和公务员被视为"君子"的现代化身，较之在追求由政府确立的国家经济和社会利益的过程中对集体的和谐参与给予的重视，对个人权利的尊重只能退居其次。

当然，这些政府根本不需要通过独裁来实现或保持上述目标。比如过

---

① 对这类政治组织的长期研究，参见 Bell *et. al.*, *Towards Illiberal Democracy*, pp. 1 - 16.

去十年，反对党在韩国比在新加坡获得了更多自由，并且这些反对党在选举中获胜；而日本的立法和行政机构尽力效仿西方国家，个人自由则得到法律保护（尽管战后的日本政府并未明确将其自身与儒学联系起来）。对于这些社会中的多数，贝淡宁的"民主管理模式"论点大抵是正确的，在该模式下，诸如选举等民主制度得到采纳，但个人自由等自由价值一旦对社会和谐产生威胁，或多或少都会被轻视。这意味着在由英明的专家和政府官员引导的社会中，和谐与繁荣比个人主义的自治观念更具有优先地位。

在执行符合以上策略的政策过程中，东亚政府利用并强化了一直存在于民间的儒家价值观。在这个问题上，李光耀评论说："我们有幸拥有这一文化背景，相信节俭、努力、家族中的孝顺和忠诚……以及对学问和学习的尊敬。"① 即使在公司管理的层面上，一些东亚经济体的成功也被断定是依靠了儒家价值观中的和谐、忠诚以及员工与雇主之间的相互尊重。依据石原慎太郎的说法，"工厂和办公室是家庭的延伸：雇员是家庭中忠诚和受尊重的一员……就像儿女知道他们应当为了家庭利益放弃个人快乐或目标，一个公司的员工……知道妥协能比冲突创造更多价值"。②

从古典自由主义立场来看，这种政治道德观念所产生的两个后果是不可接受的。第一，如果某一特定政府被认为是准儒家的，即具有品德高尚、仁慈等特质，随之而来的是只要政府对公民道德和经济生活的干预能促进繁荣、社会和谐以及经济增长等利益，就会被认为是可取的。以此为依据，政府可以在经济事务中运用仁慈的"看得见的手"实施经济干预政策，而这恰恰是古典自由主义者完全反对的。我们可以看到，在东亚现实生活中，一些政府行使权利干预公民的道德生活来强化和维持其于社会利益的承诺。此外，新加坡等国家的司法体系远非独立，而是政府干预政治事务的手段。

第二，东亚政府并不像许多西方国家那样重视个人自由的观念。针对如克林顿总统提及的个人自由的自然权利论，一些东亚领导人持有的观点

① F. Zakaria, "Culture Is Destiny—A Conversation with Lee Kuan Yew," *Foreign Affairs* 73. 2（March/April 1994）：114.

② Ishihara Shintaro, in Mahathir Mohamad & Shintaro, *The Voice of Asia：Two Leaders Discuss the Coming Century*, trans. Frank Baldwin（Tokyo：Kodansha International, 1995）, p. 110.

得到一些社群主义哲学家如麦金太尔（Alasdair MacIntyre）的支持。他们声称，"自然权利就像人的假发，是 17 世纪欧洲人的发明"①，附带论断现在的美国领导人是自然权利最热诚的拥护者。对此，李光耀曾明确表示："美国人相信他们的理想是普适的——个人自由的、不受约束的自我表达是至高无上的，但事实上它们不是——从来都不是。"②

李光耀、吴作栋等新加坡领导人对个人自由结果的正当性进行了严厉批评。我已经替古典自由主义者说明，平等地尊重个人权利对社会凝聚力、进步和繁荣十分重要。但李光耀和吴作栋认为，对个人自由无条件的尊重事实上未能在许多西方国家实现这些社会福祉，因为它首先损害了家庭生活。按李光耀的说法，在美国"个人我行我素或者行为不端权利的扩大，是以损害有秩序的社会为代价的"，它导致家庭破裂、毒品滥用蔓延、贫困及暴力。③ 类似地，吴作栋认为美国和英国社会"在 60 年代早期，是秩序井然、保守的，家庭是社会的核心支柱。在那之后，美英两国都出现了家庭破裂、私生子、青少年犯罪、肆意毁坏公共财物、暴力犯罪等现象的急剧上升"。④ 因此新加坡领导人认为，家长制的政治体系、对特定自由有选择的认同以及基于家庭的社会及经济政策是合理的，其目标是建设"一个秩序井然，每个人都可以最大限度地享受其自由的社会"。⑤

不过近来的亚洲经济和政治危机动摇了东亚这种自我评估的信心。1995 年，贝淡宁就东亚和南亚社会被管理的公共空间写道，"国家……的功能类似于看门者，批准民众的话题和讨论用语"。⑥ 大多数公民并不质疑政府的家长制、专家式的规则，只要政府兑现其关于物质繁荣和安全的承诺。但 1997 年经济危机带来的觉醒，使曾经边缘化的公共领域在许多东亚和东南亚社会急剧扩张。越来越多的民众通过投票选举、游行、罢工

① 参见 Alasdair MacIntyre, *After Virtue* (London: Duckworth, 1989)。

② Interview with Lee Kuan Yew, *New Perspectives Quarterly* 13.1 (Winter 1996): 4.

③ F. Zakaria, "Culture Is Destiny—A Conversation with Lee Kuan Yew," *Foreign Affairs* 73.2 (March/April 1994): 111.

④ Goh Chok Tong, "Strong Values the Backbone of Success," *The Australian*, September 1994.

⑤ F. Zakaria, "Culture Is Destiny—A Conversation with Lee Kuan Yew," *Foreign Affairs* 73.2 (March/April 1994): 111.

⑥ Bell, in Bell *et. al.*, *Towards Illiberal Democracy*, pp. 166 – 167.

和前所未有的公开辩论表达对政府的不满。

如果我们仅仅局限在亚洲背景中，克林顿总统在北京大学所讨论的民主和个人权利的概念还会有吸引力吗？即使是在不断增加的不满中？我认为恐怕不会。东亚社会的许多人睥睨西方社会家庭生活显而易见的销蚀以及许多西方人对家庭和社会责任的个人主义态度。然而一个不可绕过的问题是，自由的代议制民主是当今民主生活唯一的途径吗？

实用主义者的社群主义民主观念以及实用主义和儒家社会哲学间潜在分歧的根据

关于（尽管并不限于）实用主义者支持的更多人参与的民主形式，现在我将介绍我的观点。实用主义关于民主的观念在东亚并非无人知晓，20 世纪 20 年代，杜威的政治与社会哲学受到许多中国知识分子的欢迎，特别是他的弟子胡适。当时，杜威思想的诉求部分地体现在他对社会生活在个人发展成民主社会因子过程中所产生的塑造性和教育性影响的分析。对古典自由主义者来说，最佳的公共关联形式是"大社会"。但在杜威看来，政治哲学的一个重要问题是如何从"大社会"转变为"大集体"，其中"任何公共活动的不断扩大和复杂交错的结果都应该在该词的完整含义下被知晓，以便一个有组织的、有关联的'集体'成为现实"，[1] 其间的民主思想"必须感染所有形式的人类关系、家庭、学校、产业、宗教"。[2]

我在这里并不打算解释杜威的观点，而是想思考杜威和当代实用主义关于民主参与的一些思想含义，一种表达清晰的公众性质，以及针对本文所考察的问题——为保持东亚社会中的文化延续性，专家在政策制定中所承担的角色。读者无须惊讶从我对这些观点的陈述中察觉到一种更加保守，甚至是儒家的特点，我无意提出纯粹以"大师"来当作不同文化下的政治和经济问题的解决之道，相反，我承认古典保守主义和当代儒家思想都对我运用实用主义政治哲学思考这些问题产生了影响。

---

① John Dewey, *The Public and Its Problems* (Athens, Ohio: Ohio University Press, 1954), p. 184.

② Ibid. , pp. 143, 147.

对参与制民主的实用主义理解在东亚社会被接受的可能性看起来微乎其微。将传统的等级制和顺从式的家庭、工作、教育关系变得更为民主的念头，似乎暗示着荒唐（也是最具破坏性）的社会工程。然而事实并非如此，相反地，民主制度被认为是一种卓越的"关联模式"，其中，（1）关联的成员最大限度地运用他们的能力，参与商讨和管理其所属关联的事务；（2）这类关联自身担负起教育不同成员的职责，目的是提高他们参与管理关联事务的能力；（3）在一个集体的不同关联中有越来越多的互动，与之相伴的是各个团体间相互的、对自身行为后果意识的提高以及依据这些意识调整其活动的意愿。

现实中，这种类型的民主正在得到实践。例如，家庭成员在一起商讨怎样最好地照顾上年纪的父母、祖父母，同时减轻家庭成员的负担；公司雇员和管理者讨论批准产假及丈夫的陪产假，因为他们对超时工作对家庭生活的损害享有共识；政府资助开展包括来自家庭、企业、一般大众、立法者及咨询专家代表的调查，以研究减轻长时间工作对家庭生活影响的方法。在所有这些例子中，讨论所采取的形式是考察所有可能的行动方案。它评估各方案的可能结果并获取预期结果的手段及目的的同质性，同时还在有证据表明选定的行为路线产生了非预期的、有问题的后果时，通过对这些手段及目的重新估值来对方案进行评估，而对符合这些标准行为的思考被实用主义称为"智慧"。

以上这些观点虽然能够自圆其说，但批评者仍会抱怨这样的审议模式过于理性主义。诚然，民主审议的某些自由理论有一个缺点，即它们在定义和限制应进入审议范围的潜在合理行动方案时，对传统规则和习俗的作用没有给予足够考虑。有些习俗不言而喻；其他的则在政治和商业活动中，逐渐以法律（包括普通法）形式得以清晰阐释。它们是智慧逐渐进步的产物，能预见轻视存在已久的禁律和义务可能带来的消极后果，而仅仅通过思考可能难以预见这些后果。因此，在上述情况中，将年老家庭成员安置到养老院，或者利用国家管理的养老院和儿童照看服务，可能被认为不值得讨论，因为这些方案被看作对备受重视的传统家庭生活道德和目标的严重破坏。

上文讨论显示，民主代表了一种社会组织的理想模式。在该模式下，人类能够认识到他们在获得共同利益的过程中以不违反传统行为和习惯为原则进行智慧合作的能力。在这类关联中，各成员不仅有能力对自己及他人行为的可能后果保持警惕，还能依据对这些后果的判断相互合作，反思其原因，并重新规划或放弃那些带来问题的活动。

但是，这一关于民主设想可行的前提在于大众必须具备"通过一般事务来判断他人所提供知识相关性的能力"①，至少能够从广义上理解政策制定者的论点，并且从政策提案将如何影响他们的需要和利益的立场对其进行评判。

那么，这样一群训练有素、表达清晰的公众如何产生？从某种程度上说，这一问题的答案是亚里士多德式的（Aristotelian）。灌输和培养一个社会有效的道德与政治知识体系、审慎地思考价值和道德的能力以及理解和评判观点的能力，不能依靠机会和运气（指足够富裕的人到教授这些能力的学校学习）。众所周知，个人只有在一个相互关联的社会媒介中才能自我发展。在这个媒介中，父母、老师及其他同龄人的鼓励促使个体选择性地将宽泛的、无方向的冲动塑造成特定的行为习惯和信仰。思维方式，包括思考和产生新的习惯和信仰的创造力，并不是独立个体的成就。相反地，如杜威在《民主与教育》（*Democracy and Education*）中所说："通过社会交往及在信仰活动中的分享，（个人）逐渐塑造自己的思维方式。"② 这一观点在某种程度上成为亚里士多德学派、实用主义和儒学的共识。根据该观点，重要的社会关联，如家庭、朋友、学校、工作及志愿组织、宗教组织和政治组织都具有教育功能，不断影响其成员性格的形成。而这些关联如何教授上述能力和智慧品德，以及这些能力和品德如何在一个"大集体"内的不同关联之间分享，依然是一个严峻的问题。但正如我要指出的，我们有足够理由对这一问题给予严肃认真的思考。

最后，我想思考专家如何融入这种参与式民主，这一观念绝不是反精英的。我们需要专业技术人员利用立法或大众不具备的知识来制定政策，也需要专家来调查分析这些政策可能的政治、道德、医学、伦理、环境后果，在此基础上提出修正案。最后——这一点有时被实用主义者和其他自

---

①   John Dewey, *The Public and Its Problems* (Athens, Ohio: Ohio University Press, 1954), p. 209.

②   John Dewey, *Democracy and Education: An Introduction to the Philosophy of Education* (New York: Free Press, 1916), pp. 296 – 297.

由主义者忽略，因为他们被专家形象迷惑——我们还需要通才。这一类人对过去以及现在的知识都非常了解，可以在一个完整的政治文化环境中审视这些政策的合理性及其预期结果和衍生后果。

这些公认的需要唯一欠缺的是一套专家和通才与公众之间沟通及评论的机制。对公众来说，它必须能够同那些制定和评估政策的人交流其需要和问题，能够总体上理解后者所开展的针对公众福利的相关调查结论，并根据自己和其他团体的利益需要对这些结论作出评价。对专家及通才来说，他们必须设法使其政策规划和评论被公众理解：实用主义一直希望大众媒体能够承担这一职责。① 关于公众、专家和通才之间沟通评论机制的具体建议是公民顾问委员会，在该委员会中，由抽签产生的公民议会为公众福利相关事务进行集会，听取、询问并评价专家、通才、立法者和利益集团代表所做的陈述。这样的审议结果随后可以通过新闻媒体传播并递交政府部门，以辅助政策的制定和修正，同时在紧急情况下，促进全民公决问题的确定。

现在我要针对民主思想在东亚背景下的适用性和适当性提出两个论点，这两点与实用主义所提出的相类似。第一个论点指出，在关于经济、道德、政治问题的政策研制和评价中，在政治和经济上受过教育并有权参与的公众能够做出一些贡献，这是家长制和传统代议制民主体系做不到的。这一点将涉及一些关于实用主义和当代儒学看待专家或模范人物与公众或"大众"之间关系的关键性区别的讨论。第二个论点尝试表达上文所提的"民主"概念指导下，公民和道德品质民主化概念的确切含义。我希望这两个论点有助于支持本文的整个讨论：表达力强、有学识的普通公众成员，通过彼此之间以及与政策制定者之间的交流，能够保护目前面临威胁的重要文化传统的延续性。

亚洲经济危机和所谓的世界市场全球化突出了与实用主义对民主进行评估有关的两个问题。其一，许多普通民众对其生活中显然无法控制的经济转型感到困惑并愈加不满；其二，值得怀疑的"认识的绝对正确性"经常与负责维持经济和社会秩序的专家、官僚联系在一起。从实用主义的观点看，面临这些问题的社会中，不论古典自由主

---

① 也有一些积极的态势。例如，澳大利亚联邦及高等法院已经对电视和平面媒体公布了一些涉及重要市政事务决策的细节。

义还是当代准儒家，其当下观点对重建与维持社会稳定性所需条件的理论构建都裨益不大。

西方和东方的政策制定者之间共同的主导观点是，政策的制定和评价最好交给专家或者官僚。此外，制定和讨论政策的过程必须与缺乏信息又目光短浅的大众、立法者们从众的观点以及政治集团的局部利益隔离开来。政策制定者，比如财政部门和储备银行，有时需要做出长期的宏观经济决定，这或许会产生短期经济调整的阵痛。如果受到只关心其特定选民与支持者利益的立法者和特殊利益集团的干涉，这样的决策权可能会被扭曲。

有充分证据表明，被立法者和特殊利益集团代表的不知情民众及狭隘情绪，对政策和法律制定有不利影响。问题在于，不管怎样，他们已经逾越对权力的制度性和习惯性审查并施加影响。今天，对西方——以及东方——社会的许多公民来说，伴随着市场自由化和全球化经济与文化变迁而逐渐被证实的是他们巨大的不安全感，不解和不满的源头之一是因为他们通常不具备有效理解这些变化的能力。由于政策的制定者和改革者与公众之间缺乏足够清晰的沟通机制，公众无法向政策制定者表达其利益、评价政策提议或理解其他受这些政策影响团体的利益，公众的不安全感和不满依然在寻找出口。在许多西方国家，公众表达对政治机构和政策制定过程日益增长的不满和不信任，或者走民族主义的路，将移民、难民和其他弱势的少数群体当成"替罪羊"，谴责他们加重了经济和社会弊病。这种民族主义论也对政府和司法机构的独立政策和决策权愤愤不平，使该独立权力越来越被视为妨害了多数人的利益。而东亚社会也没有从普遍的不满中幸免，例如在新加坡和马来西亚，有证据表明极端伊斯兰主义正在一些被排除在国家政治经济政策之外的马来人中滋长。

对自由主义的民主制来说，关于自由、言论自由和权利平等的自由主义观点非常重要，它们能有效制止针对脆弱的个人和少数群体的独裁专制统治。但其自身并不能保证关于公共事务的有根据的自由言论和有效的审议过程在公民中产生，也不能缓和坚称多数人利益高于特定政治和司法机构独立性言论的上升趋势。在政策制定者、专家与公众之间，以及在公众的不同团体和组织之间建立有效的讨论和审议机制，也需要将权利的自由平等概念作为有效手段。但是对我这样的实用主义学者来说，这些实践取得成功的前提假设是，存在稳定的集体或关联，公众可以在其中安身并表达自我。在组织和机构中，如果没有某种持久的当地社区生活（或者"虚拟的"电子社区生活）的"依恋"，推广调研传统的可能性就更小，获取更广泛政治和经济问题知识的机会也更小。稳定的社会生活为人们所需要，使其有时间去教授他人调研的实践，培养和推广道德及智力行为的典型，更特别地，去告诉彼此要理解和评论专家声称的知识所需要的判断习惯。

伴随对个性的理解，以及在承认表达清晰的社会基础前提下扩大对个人自由随意谈论的意愿，实用主义者对当代儒学的政治和哲学导向持许多赞同意见。但在实用主义学者与部分当代儒家学者之间，就后者提倡的家长制统治理念还存在很大分歧。其中之一是"君子"的形象，儒学将其树立为大众在道德和智力上遵从的目标。这一分歧的原因可以在上文关于专家与政策制定者的论述中找到。在一个缺乏能够同政策制定者交流其自身需要和利益的知识公众社会里，政策制定者被塑造成绝对正确的认知权威。这里引用杜威在其政治哲学的主要论著《公众及其问题》（*The Public and Its Problems*）中的观点："专家的政策被假定为大多既明智又有益……为保护社会的真正利益而提出。"然而，"当大众缺乏一个清晰有力的声音时，最好的不再是最好的，明智的不再明智……当他们成为特殊阶层时，（专家）不再了解他们原本应为之服务的需求。"①

但是，这种老套的评论跟现代准儒家所理解的这一为东亚社会官僚管理的"君子"模式有什么关系？实用主义和一些当代儒家学者对"君子"概念的分歧，关键不在该理想本身，而是与其相对的"大众"或者"民"。关于此，我将先来介绍一下郝大维（David Hall）与安乐哲（Roger Ames）在《通过孔子而思》（*Thinking Through Confucius*）中的论述。

依据郝大维与安乐哲的观点，君子的重要价值在于接受和传播他所继承的传统，以及运用这些传统并更新和赋予其新内涵的能力。通过修养、道德及智力的自我培养，君子在体现其社会传统和文化遗产的判断行为中成为权威，同时实践恭敬地、有创造性地改造传统的能力："作为礼仪行

---

① Dewey, *The Public and Its Problems*, p. 218.

为的具体体现，也作为个人和社会政治秩序的典范……都是传统持续性的来源和创新性的土壤。"① 君子的社会价值在于其接收和传播传统文化遗产的能力，并将该遗产作为资源进行阐发：通过合理的判断和行动，在特定环境下为传统贡献新的内涵。此外，以这种方式进行自我修养时，君子同样对社会利益做出贡献。通过接收、传递和创造性地对社会传统做出贡献，君子成为和谐文化持续性的代言人以及革新的重要来源，由此丰富了传统所体现的意义。

而大众或者"民"在儒家社会秩序中扮演的是相对被动的文化和政治角色，他们受到政府中君子仁慈的统治和道德的管理。如郝大维与安乐哲所说，根据儒家学者的观点，"他们应当服从那些地位在上、管理时摆出宽宏大量监督姿态的人"。② 产生被动的原因在于身处大众的地位，缺乏个性这一事实。他们没有经历文化上的自我修养这一作为君子标志的艰难过程，因此无法成为新的内涵与价值的创造者，更不用说文化传统的接收者和传递者，所以说，"大众依赖领袖的文化获得有意义的生活模式"。他们可以被仁慈地引导着遵循"道"，但意识不到"因为他们缺乏必要资源来批判性地思考可选择的生活方式"。郝大维与安乐哲指出，对孟子来说，"统治者与民之间的关系被再三地描述为与父母和孩子的关系相似"。③

郝大维与安乐哲坚持认为，"大众"身份有积极的一面。因为在君子仁慈的引导和教诲下，"民"形成了能够产生"模范人物"的社会环境。统治者的任务是通过在普通民众中促进文化教育提升社会环境，鼓励模范人物的产生。值得一提的是，儒家社会秩序由精英领导，因此如郝大维和安乐哲所言，"如果大众打算挖掘自身潜力作为产生特定人群的资源，文化的上层干预是必需的"。④ 此外，尽管郝大维和安乐哲没有明确陈述，有一点不言而喻，即那些缺乏天分和能力成为模范的人，依然会作为"大众"处在君子的指导之下。这一点与实用主义构建一个更具表达力的公众群体的愿望显现出分歧。

---

① David L. Hall & Roger T. Ames, *Thinking Through Confucius* (Albany: State University of New York Press, 1987), p. 192.

② David L. Hall & Roger T. Ames, *Thinking Through Confucius*, p. 143.

③ Ibid. , pp. 143 – 144.

④ Ibid. , p. 144.

现在，根据儒家思想，那些从更智慧和仁爱的人那里获益的人们，正确的态度是"恕"，在英语中通常被译为恭顺，而这也是实用主义学者和当代儒学者之间可能分歧的第二个源头。对许多西方人和东亚社会中越来越多的年轻人来说，英语中的"恭顺"一词与"屈从"有着令人厌恶的联系，表现为朝臣对绝对专制君主的奉承态度，或者霸道的丈夫向妻子提出对其惟命是从的要求。对此，儒家学者做了大量的工作翻译和阐释"恕"这个概念，并向读者表明它并不只是屈从。

在《通过孔子而思》中，郝大维和安乐哲讨论了恭顺及其维持精英与大众之间和谐社会等级制关系的功能。我在此要批驳这一讨论。显然，对郝大维和安乐哲来说，恭顺应当同时以大众对君子的态度，以及君子对文化和智力上成就更高的人比如圣人的态度为标志。根据他们二人的观点，"恭顺是对得到认可的优秀的回应"。它是一种建立在对一个人自身优秀和其他人不同优秀的适当理解上的态度。恭顺者认为其顺从的人具备引导其"从内在并通过"这类人"体验"优秀的价值，与此同时，被顺从者"体验自己作为价值之所在"。① 对于谁应当顺从谁的理解与两点相关，"首先是将自己和他人清晰地区别开来，其次在人际关系中，或者展现自身的优秀，或者恭顺他人的优秀。于是，恕既是顺从这一行为本身，又是对顺从的要求"。②

郝大维和安乐哲认为，当代西方社会已经用粗浅的平等主义取替了一种社会秩序，这种秩序能够平衡对"精英"与"大众"本质不同的认识。进步的技术和制度化的自由主义的民主制增强了大众的权力与安全感，但未预期的后果是"可能存在于这两个社会元素间的遵从关系似乎被生活水平的整体提高抵消了"。受这些改变的鼓舞，大众开始认为他们与其他任何人都是平等的。他们不再遵从那些文化传统的传递者以及在政治、艺术或智力成就上优秀的人，而是"被认为并且认为他们自己成为权力和决策之所在"。③ 此外，社会和经济回报更多地向有限的理性专家、"对越来越少的东西知道得越来越多"的人，以及那些不能反思和意识到自身

---

① David L. Hall & Roger T. Ames, *Thinking Through Confucius*, p. 181.

② Ibid., p. 289.

③ Ibid., p. 155.

行为对社会利益是否有任何贡献的人倾斜。① 郝大维和安乐哲指出上述态度的结果之一，是肯定受拥护的统治权应高于包括法庭在内的非选举产生的"精英"官方的独立决策权。

关于这一批评可以补充的是，西方社会存在一种呈上升趋势的，对传统权威的知识及文化观点，特别是与公共福利相关的科学、宗教、法律和政治权威的专家意见过分怀疑的态度。这种质疑似乎被广为流传的丑闻和丢失了的诚实证实，强烈削弱了过去对权威绝对正确性的深信不疑。与此同时，对政治、经济、科学阴谋论、"新时代"医学等的轻信有所增加，这一点，在对传统政治和科学权威的讥讽中部分地得以体现。然而，催生这一现象的还有对专家、政治家、顾问和广告商们关于道德和知识林立丛生的言论理解和批判能力的缺乏，这些人在"信息过量"的时代愈加鱼龙混杂，通过大众媒体吸引消费者和市民的认可。

上文所述都是当前西方"大众"社会的弊端，但受儒学强烈影响的社会也有其自身缺陷。郝大维和安乐哲所说的"恭顺"可以轻易转变为屈从。个体对其所信任的、能代表自己利益的政治和文化领袖赋予的高价值期望，常常伴随着不愿意对领袖行为进行批判性思考。尊敬和过度信任，与把某人的行为及言论与其知识与道德区分开来并进行批判性评价的需要并不相容。最终的结局是，这种关系对顺从者和被顺从者都没有好处。对恭顺的一方来说，如果要对权威的行为进行评价和批评，即使对他们造成了损害的时候，也会拖沓缓慢；被顺从的人往往不能从受其行为影响的人们的批评中获得益处，不能从中得到引导。这些批评对保持专家持续关注可能受他们政策影响的人的利益是有益的，同时也能够引导专家适时调整政策。一旦失去，专家就会处于"失去对其按需服务的人们的了解"的危险中。

对这一观点的回应之一是儒家传统已经欣然接受了对权威的批评。如果父母行为有错，孝子并非不能批评；统治者也不是高高在上不容有合理的反叛。然而，有一点很清楚，对政治权威的批评只能是那些事务专家的事情，这意味着只有君子才有资格进行这种批评。

我认为，这里存在一种思想上的不负责任。其特征是，一方面对专家和知识或道德权威持过度的、无差异的质疑态度；另一方面则对精英毫无

① David L. Hall & Roger T. Ames, *Thinking Through Confucius*, p. 155.

批判地顺从。前一种态度限制了人们对立法提案、科学家和经济学家宣称的成果，或关于道德权威和利益团体代表的公众讨论进行有效评估的能力，即评估这些提案、争论和成果是否有充足理由和证据。换言之，人们很难断定这些专家或权威的调研结果是否有证据充分的说服力。这样的质疑态度还使人们容易受煽动论者、阴谋论者和江湖骗子的影响。这三者的蛊惑力都建立在对精英和传统权威的攻击上。

另外，对专家或精英权威的顺从态度，可能源于一种过于强烈的意愿，即对任何专家或权威所宣称的事实真伪、道德正误、政治利害深信不疑，轻易地信任那些缺乏有效理由和证据支持的论断。这种顺从限制了人们全面评估专家观点和提案的能力，进而影响其提出适当的改进意见以使这些观点和提案更符合潜在受影响群体的利益。它还限制了人们评判那些自诩专家者的道德和智力的能力。郝大维和安乐哲了解这种危险，提醒我们，孔子曾告诫要警惕那些伪装优秀并借此要求他人顺从的行骗者，① 但顺从在人们身上激发的性格特点，使这种对伪权威的易感性很难根除。用儒家的话说，顺从行为的持久危害在于"礼"（礼节）会无视"仁"（仁慈、仁义）而存在；顺从专家的规范和习俗，在后者受到不恰当或不公正行为威胁时仍大行其道。②

更大的忧患是，在当代国家政权建立儒家的"君""民"关系前景黯淡。我们知道理想上君子以仁治，以己为道德模范，因此不需要依赖法律或暴政。古代中国的某些统治者曾近乎实现这样的理想，然而，当今东亚的某些政治领导人，强调在统一的"好的"（good）理念下维持社会的和谐稳定，无视社会多元化和民众受过良好教育的事实，采取对策应付"好的"理念的反对者。因此，事实上，那些统治者声称要实现儒家理想的道德抱负，已经被现实政治用强权镇压反抗的态度抵消了。

在对顺从的多数"以仁治"加之最低程度的政治强权的同时，强权被保留以针对那些威胁社会和谐的反对派，这是战后宣扬儒家正统的东亚政权固有的经验。③ 由于这些政权至今享有来自大多数的服从，少数的暴

---

① David L. Hall & Roger T. Ames, *Thinking Through Confucius*, p. 310.

② 关于此问题，参见 Tu Weiming, *Confucian Thought: Selfhood as Creative Transformation* (New York: State University of New York Press, 1985), p. 13。

③ 关于在战后独裁政权韩国实行儒家理想的尝试的批评性讨论，参见 D. M. Jones in Bell et. al., *Towards Illiberal Democracy*, pp. 69, 73。

政行为至少在一段时间内可以被广泛容忍。但反对派是潜在的文化进步和革新的宝贵力量，出于改进社会的理想，他们通常表现出很强的公民义务和责任感并致力于对其进行传播，因此，强权镇压反对派的代价是文化贫瘠和公民缺失归属感。①

一些西方学者曾试图为未来的民主中国建议一些民主政治模型，使儒家的知识精英型政府理想和自由主义者的政府为选民负责的理想和谐共生。

近期，郝大维和安乐哲尝试利用杜威的理论构想未来能在中国发展的、尊重其文化价值观的民主形式。② 基于上文的讨论，该尝试可能显得突兀。从之前有关"君""民"的论点，到近期杜威理论的民主，我不知道郝大维和安乐哲打算如何将二者结合起来。但任何情况下它们都有相容的空间，无论实用主义者还是儒家思想者都乐于承认知识、政治或艺术精英们在汲取、传播和创造意义和价值方面的文化重要性。举例来说，胡适早期的文章《易卜生主义》就结合了（可能是无意识的）实用主义和儒家思想的论断。前者认为个体的创造性影响着社会改革，后者则认为通常与"君子"相联系的、具有社会责任感和教育意义的行为影响社会改革。③

然而，对于将大众定义为广大被动地接受君子英明领导的受益人，或孕育潜在模范个体的无个性群体，实用主义者和儒家思想者可能会产生严重分歧。从一个审慎的角度看，实用主义者会说社会大众最好学会清楚地把自己定义为公众。这看起来是一个理想的提议，但现阶段，考虑到排外性的政治运动和发生在包括亚太地区在内的许多国家不断增加的集体暴力事件，该提议有待考察。

个性鲜明的现代领导者，如李光耀，会反对智力上有责任感的参

<hr>

① Daniel Bell 指出，这些问题在当前的新加坡社会中都具有鲜明特征，参见其 "A Communitarian Critique of Authoritarianism: The Case of Singapore," *Political Theory* 25（February 1997）: 6 – 32。

② David L. Hall & Roger T. Ames, *The Democracy of the Dead: Dewey, Confucius, and the Hope for Democracy in China*（Chicago: Open Court, 1999）.

③ 胡适:《易卜生主义》（"Ibsenism"），摘自 Elizabeth Eide, *China's Ibsen: From Ibsen to Ibsenism*（London: Curzon Press, 1987）, pp. 155 – 168，艾德（Eide）在此文中对儒家影响的评论，见第 24—29 页。

与性公众概念。他会辩称，相对而言极少有人能拥有匹配这种责任感的能力和德行，而那些确实有才干者也总能在政府、官方和企业管理层中找到位置。他会引用最近发生在东南亚一些国家的政治叛乱、集体暴力和恐怖组织活动作为其观点的佐证。特别是在这样的危机面前，他会说政府应该有力地控制易于恐慌、不明真相却带有偏见的民众。在这样的危机中，儒家理想倡导的政府的仁慈和美德将受到考验。在这里我不否认在西方或东亚国家社会都存在着根深蒂固、狭隘且有偏见的思想，但从实用主义的观点看，培养和发展一个社会的道德和习惯，并对影响社会和组织的问题进行探究，才是该顽疾可能的解决之道，这就牵涉道德和现世智慧的民主化。

我认为，实用主义者对道德品质的利用确实引起了儒家思想者的注意。它不是指老套的、认为以权利为基础的契约义务优于效忠关系的道德概念，因此，对那些"坚持认为自由的人应以优秀的品质和对美好生活的愿望作为行使权利前提"[1] 的儒家主义者，实用主义怀有一定同情。诚然，我们可以说优秀的品质和美德，比如同情，是行使权利的道德前提。这些美德使我们能够做出判断，何时主张权利并拒绝他人欲强加的不正当要求是道德上妥当的，而何时主张我们的权利并拒绝我们对他人的道德义务会被视为缺乏同情心和自私的。

根据实用派的自然主义理论，美德是人们借与社会环境互动并在其间传播和促进善行的倾向和习惯。这个环境包括制度、社会和个人所交际的人群。美德是我们根据愿望和理想改造这些环境因素，同时改造我们自身的行为方式。它是我们影响环境的理想行为，同时依据我们认同的该环境合理的道德要求进行自我调整的道德手段。为获得这些知识和道德品质，我们不断实践并在家庭、学校、工作和日常社会生活的交往和探究中深入思考它们的方式和目标。道德品质表现为习惯和能力的灵活复合体，理想地，这两者通过与他人及制度的需要相互影响，不断变化和进步。

然而，这并不是说所有人都能在人品和习惯上变得同等优秀，或者偏见和恶习总能被克服。在这一点上，实用主义通过调查研究和民

---

① Seung-Hwan Lee, "Liberal rights or/and Confucian Virtues?" *Philosophy East and West* 46. 3（July 1996）: 370.

主行为来消除偏见的愿望过于乐观了。近期在世界不同地区出现的伦理冲突，凸显了在过去相当长的一段时间内，偏见已深刻地根植于不同民族的价值观并影响他们传统中其他方面的程度。但在本文前面构想的民主环境中，改良的影响总是能平衡这种恶习。于是，实用主义和儒家思想关于教育功能的关键区别就此显现。对儒家主义者来说，大众教育是为了改善环境，使模范个体或潜在的服务公众利益的领袖和统治者顺利产生。但实用主义者认为，大众教育不仅是为了模范个体的出现，更是为了人们能最大限度地获得思考什么是道德和政治上的正确行为的能力。

　　然而，人们共同判断其社会行为方式及目标的能力，是以广泛的现世智慧和一定程度的民主参与为前提假设的，但该假设远远超出了当前西方社会的现实。那些仍然对民主在东亚社会前景持高度怀疑态度的读者肯定想要更深入地讨论这一问题的成因，因此我想回到本文开篇的假设：在社会转型期，上文讨论的调查研究和民主实践的习惯可以作为维持宝贵道德传统的重要手段。下文将讨论该假设可能的检验基础。

在东亚社会协调子女孝顺和妇女解放

　　东亚社会工业和技术快速发展一个意想不到的结果是产生了一代比父辈受到更良好教育、更有话语能力、经济更加独立的年轻女性。李光耀在一次关于西方单身母亲的讨论中曾表达过对这代人的担忧："当我们让女性接受教育、经济独立并不必再接受不幸的婚姻时，我们同时也会面临社会变化的问题。"①

　　某种意义上，李资政有充分的理由担忧。这些女性不太可能做"孝女"，如果其定义为遵从孟子推崇的来自母亲的忠告："往之女家，必敬必戒，无违夫子。"（《孟子·滕文公下》）面临繁重的职业压力和抱负，许多女性不愿独自承担照顾年迈公婆的任务来替丈夫尽孝。此时就可能引发传统和现代的过度对立：或者传统和家庭生活的完整性应要求保持不

　　① Zakaria, Culture Is Destiny—A Conversation with Lee Kuan Yew," *Foreign Affairs* 73. 2 (March/April 1994): 111.

变，或者子女孝道逐渐消失，正如西方个人主义力量导致家庭生活的分裂。家庭生活中不断增加的压力源于对男女同样在提高的职业要求，这点毋庸置疑。

但是显然，在家庭中蛮横地强加传统孝顺行为只会使婚姻破裂，并成为更具政治意识的这一代女性不满的合理来源。李资政承认，今天的女性愈加能够主动离开不幸福的婚姻和专制的丈夫。那么这个对儒家伦理有核心重要性的道德标准，是不是注定要消失？对此我认为孝道确实是同美德一样宝贵的道德标准。它提倡照顾老人使其幸福，向子女教授这种照顾所体现的美德，并为个体的人生意义提供一个重要支点。在一个长辈与晚辈共处的家庭模式中，它还是一种重要的道德手段，具有广泛的社会意义和价值，包括社会的代际和谐、对老人良好而有尊严的照顾及社会凝聚力。在那些年老的家庭成员常被子女遗弃、忽视，去世后被遗忘的社会，儒家思想很好地推行了这一道德标准。

我认为，对所有那些希望调节和控制经济变化对家庭生活影响的人，无论专家、知识分子还是普通家庭成员，都有保留"孝"的方法。这涉及对孝的理解的适当改变以便使孝顺行为民主化，从而保留家庭传统并保证对老人的照料。通过调整道德行为，家庭成员得以共同研究怎样在面对影响他们尽孝的不利环境下最好地履行义务。

按照政策术语，这个道德标准在这些社会继续存在的条件潜藏于家庭劳动性别分工的变化中以及工作行为里依赖和保持这一分工的变革中。政府、企业和社会的大量思考应该用于决定这种变革的性质和范围。① 在家庭生活层面，这样的变革能使家庭成员在必要时共同协商子女义务的履行，兼顾男女成员应平等地承担情感、精神和物质上照顾老人的义务。讨论可以周期性地以建设性的方式进行，同时保留道德传统。如果可行，这样的行为也会重申儒家关于道德品质是在家庭和社会生活的延续中发展起来的论断。一个杜威和儒家的评论者曾说，"按照儒家思想，对公众和个人领域的绝对分离是一个谬误"。② 由此，一个民主的、跨越家庭和社会

---

① 这些变革或许包括对男女雇员的弹性工作制的引入，以便他们照顾年迈的家人，以及因家人疾病而请假的条款。当然，政府引导采用这些条例来维护家庭的完整还有可考虑的空间，比如对公司提供税收优惠以使其实施这些条例。

② Joseph Grange, "The Disappearance of the Public Good: Confucius, Dewey, Rorty," *Philosophy East and West* 46.3 (July 1996): 352.

生活界限发展起来的道德品质就成为可能。

最后，我想用以下思考作为总结。像我这样的实用主义者认为，公众"乐意定位和认识自我"的前提是稳定的社会生活，然而在西方国家，社会生活的稳定被许多西方政府追求市场民主化的政策损害了。① 东亚社会不断增加的既企望政治自由又想要保留家庭和社会生活完整性及文化传统的人群，通常清楚地知道这一事实。这一思考并未均衡地分布在所有东亚国家。但是否有这样的前景，实用主义者构想的民主形式将复苏，它并不存在于西方的自由主义的民主社会，而是存在于东方的民主化社会中？

翻译：李　阳
校对：邹宇欣

---

① 对于东亚和西方（特别是美国）社会关于这一问题的一些有趣的比较，参见 John Gray, *Enlightenment's Wake：Politics and Culture at the Close of the Modern Age*（London：Routledge, 1995），pp. 86 – 119。

儒学与自由主义法治民主是相容的吗?[①]

陈弘毅 （Albert H. Y. Chen）

前 言

1958 年 1 月，唐君毅、牟宗三、徐复观和张君劢四位儒学大师在香港和台湾地区联合发表了《为中国文化敬告世界人士宣言》（下称《宣言》）。[②]《宣言》肯定了儒家的"心性之学"是中华文化中精神生命的主体，表达了这四位儒学大师对中华传统的热诚和坚持，认为此传统充满活力，定能适应未来的挑战，主张从西方思想中多加学习。对中华文化本身，《宣言》指出：

> 这亦就是说明中国需要真正的民主建国，亦需要科学与实用技术。中国文化中须接受西方或世界之文化。但是其所以需要接受西方

---

① 本文转载自《国学学刊》2023 年第 4 期。

② 《宣言》原于 1958 年在香港和台湾地区分别发表于《民主评论》和《再生》。中文全文后来以附录形式（题为《中国文化与世界》），收录于唐君毅《说中华民族之花果飘零》（台北：三民书局 1974 年版），第 125 页（本文以下援引的中文版《宣言》均以本书的页数为依据）。《宣言》亦收录于唐君毅《中华人文与当今世界》（台北：台湾学生书局 1975 年版）；《唐君毅全集》（第四册），第二部分（台北：台湾学生书局 1991 年版）；张君劢《中西印哲学文集》（台北：台湾学生书局 1981 年版），第 849 页。有关《宣言》的英文浓缩版收录于 Carsun Chang（Zhang Junmai），*The Development of Neo-Confucian Thought*, vol. 2（New York：Bookman, 1962），p. 455，题为 "A Manifesto for a Re-appraisal of Sinology and Reconstruction of Chinese Culture"。有关以英文写成的《宣言》摘要和评论，见 Hao Chang，"New Confucianism and the Intellectual Crisis of Contemporary China," in Charlotte Furth ed. , *The Limits of Change*（Cambridge, Mass：Harvard University Press, 1976），Chapter 11。

或世界之文化，乃所以使中国人在自觉成为一道德的主体外，兼自觉
为一政治的主体、认识的主体，及实用技术活动的主体，而使中国人
之人格有更高的完成，中国民族之客观的精神生命有更高的发展。①

    《宣言》本身表明了它所拥抱的"世界之文化"是指西方社会的自由
民主以及现代科学和技术，因此，不少学者都以《宣言》为起点，研究
儒家与自由、民主的关系。②

    迄今为止，《宣言》已发表了48年，四位联署的儒学大师都已相继
辞世。在此期间，整个世界和中国都发生了令人刮目相看的改变。中国大
陆经历了"反右"运动和"文化大革命"的动荡，其后的经济高速发展
在中国近代史上是史无前例的。香港由殖民地统治，回归至中国主权之
下。韩国原来同样深受儒家思想影响，最后也走上自由民主的道路。③

    除了上述的政治发展，当代学者逐渐热衷于研究儒家、现代化和民主
化的关系。在中国大陆，有关儒学的研究有如雨后春笋；而有关儒家文化
有否影响东亚地区经济迅速发展的问题，在国际学术界亦不乏讨论；不少
学者在"亚洲价值"与人权的关系、儒家思想与人权、民主及世界伦理
的关系等议题上交流意见。新加坡曾尝试把儒家思想编入学校的课程范围
内，虽然试验计划并不成功。④

    纵使时代不断转变，当今的中国仍未如《宣言》作者所期盼的完全实
现民主。究竟民主是否与中国传统相容？特别是，这是否与儒家传统并行
不悖？这个问题在今天一如48年前一样具有争议性。本文的目的便是在当
今的学术气氛、48年来的学术发展基础上，重新审视1958年发表的《宣
言》。本文首先会叙述《宣言》中提及的论点，然后从《宣言》本身、《宣

---

   ① 参见 Carsun Chang, *The Development of Neo-Confucian Thought*, vol. 2，第469页。

   ② 参见李明辉《儒学与现代意识》（台北：文津出版社1991年版），第1—18页；李明辉
《当代儒学之自我转化》（台北："中研院"中国文哲研究所，1994年），第1—21页；李明辉
《孟子重探》，（台北：联经2001年版），第143—150页；何信全《儒学与现代民主》（台北：
"中研院"中国文哲研究所，1996年），第1—11页；林毓生《政治秩序与多元社会》（台北：
联经1989年版），第337—349页；以及陈祖为有关这一辩题的文章。

   ③ See Hahm Chaibong, "The Confucian Political Discourse and the Politics of Reform in Ko-
rea," *Korea Journal* 37.4（winter 1997）：65.

   ④ See Neil A. Engelhart, "Rights and Culture in the Asian Values Argument: The Rise and
Fall of Confucian Ethics in Singapore," *Human Rights Quarterly* 22.2（2000）：548.

言》的作者及其见解和其他学者在其后出版的著作，分析《宣言》带出的
讨论焦点。文末会重新评估《宣言》在现今社会的价值，并尝试勾画出一
套以儒家思想为基础的政治哲学，并探索中国政治思想的前景。

理解《宣言》

《宣言》的中心思想指出，就中国的政治发展而言，中华传统（特别
是儒家传统）中不但潜藏着民主的种子（下称"命题一"），在中国建立
自由民主更是中华传统文化的内在要求（下称"命题二"）。"命题一"
指出儒家思想与自由民主是相容的；"命题二"则是，若中国发展自由民
主，会如文首援引的《宣言》段落所述，"使中国人之人格有更高的完
成，中国民族之客观的精神生命有更高的发展"。"命题二"的理据因此
看来较强，徐复观亦曾说过：

> 所以我常说凡是真正了解中国文化，尊重中国文化的人，必可相
> 信今日为民主政治所努力……这是中国文化自身所必需的发展。①

有关"命题一"，《宣言》作者引述了不少中国传统思想和实例，指
出这都与民主精神相符。引用的传统思想包括"为政以德"和天命反映
民意的想法，统治者要听取人民的意见，行使政治权力时，以人民的利益
为依归；天下为公，不属于任何一个人，而每人都有能力成为圣人，可见
儒家思想接纳人人平等的概念。《宣言》中亦有提及远古时代已确立的禅
让（指尧、舜）和反抗暴君统治的思想。引用的实例包括：臣子向君主
进谏、史官的秉笔直书、宰相和御史制度、招揽贤能之士为官的征辟制
度、选举制度和科举制度。

支持"命题二"的论点颇为复杂，散见于《宣言》的第八部和第九
部分，② 笔者把它重新整理如下：

（1）中国传统的政治制度百病丛生，每个朝代有规律地由盛转衰，

---

① 徐复观：《学术与政治之间》（台北：台湾学生书局1980年版），第126页。
② 第八部分题为"中国文化之发展与科学"，第九部分题为"中国文化之发展与民主建
国"。

最终被另一个皇朝取代；"欲突破此循环之唯一道路，则只有系于民主政治制度之建立"。①

（2）有关上文提到中国传统中的民主种子："这些制度，都可使君主在政府内部之权力，受一些道德上的限制。并使政府与社会民间，经常有沟通之桥梁。……只是这些制度之本身，是否为君主所尊重，仍只系于君主个人之道德。如其不加尊重，并无一为君主与人民所共认之根本法——宪法——以限制之。……即反照出中国政治制度中，将仅由政府内部之宰相御史等，对君主权力所施之限制，必须转出而成为：政府外部之人民之权力，对于政府权力作有效的政治上的限制。仅由君主加以采择与最后决定，而后施行之政治制度，必须化为由全体人民所建立之政治制度，即宪法下之政治制度。中国政治必须取消君主制度，而倾向于民主制度之建立。"②

（3）禅让、反抗暴君统治的革命和天下非一人独有等传统理念，反映出政治权力是可以转移的。然而，"过去儒家思想之缺点，是未知如何以法制，成就此君位之更迭，及实现人民之好恶"。③

（4）君主制度有违上述"人人平等"的概念，因为这个制度在政治和道德上都不认为人民和统治者享有平等的地位④；只有在民主政体中，人民与统治者才是平等的。

（5）在《宣言》中论述民主的部分，作者在最后一段指出"此种政治上之民主制度之建立，所以对中国历史文化之发展成为必需，尚有其更深的理由"：⑤ 即使君主施政时依循"为政以德"的理念，人民"只是被动的接受德化，人民之道德主体仍未能树立"。⑥ 因此只有君主可建立起道德主体。值得注意的是，作者进一步论述，在此情况下，君主并非真的"圣君"，未能树立起真正的道德主体，除非他能开放"统治者"的权位，让所有人也有机会成为"统治者"，并肯定所有人拥有平等的政治权利。因此，《宣言》得出以下结论：

---

① Carsun Chang （Zhang Junmai）, *The Development of Neo-Confucian Thought*, vol. 2, p. 471.

② Ibid., pp. 472 – 473.

③ 唐君毅：《说中华民族之花果飘零》（台北：三民书局 1974 年版），第 164 页。

④ 唐君毅：《说中华民族之花果飘零》，第 165 页。

⑤ Carsun Chang, *The Development of Neo-Confucian Thought*, vol. 2, p. 472.

⑥ 唐君毅：《说中华民族之花果飘零》，第 165 页。

　　然本于人之道德主体对其自身之主宰性，则必要求使其自身之活
动之表现于政治之上者，其进其退，皆同为可能。此中即有中国文化
中之道德精神，与君主制度之根本矛盾。而此矛盾，只有由肯定人人
皆平等为政治的主体之民主，加以解决；而民主，亦即成为中国文化
中之道德精神自身发展之所要求。①

　　《宣言》尊崇人的道德良知，其内容假设中国传统文化的主体是道德
主体，并认为要"道德的主体"扩展成"政治的主体"和"认识的主
体"，在中国发展民主和科学，是中国文化在现代发展的内在要求；这与
作者对儒学的坚持如出一辙。在这方面，《宣言》的作者之一牟宗三发展
了一套"良知的自我坎陷"（自我否定）理论，指出若要在中国文化传统
中"开出"民主和科学，良知必须经过短暂的"自我坎陷"过程。②《宣
言》指出，人要成为"认识的主体"，就必须暂时忘记道德主体。③

　　纵使《宣言》已发表了48年，当中的内容却毫不过时。《宣言》触
及的问题不只是半个世纪前的中国社会要面对的问题，也关乎现代的中国
社会。部分论据在不少现代著作中找到呼应，现代的儒学学者均接纳当中
的基本原则，即使是提倡自由主义的学者（例如林毓生、张灏），④ 他们
也认同儒家思想中有支持自由民主的元素。李明辉指出："当代新儒家与
中国自由主义间的争议可说已成了历史。……'在新儒家与自由主义底
基本信念之间并无不可调和的根本矛盾。'"⑤

---

　　①　唐君毅：《说中华民族之花果飘零》，第166页。

　　②　参见牟宗三《政道与治道》（台北：台湾学生书局1991年版），第55—62页。有关这套
理论的摘要和评论，可参见王大德《牟宗三先生良知坎陷说之诠释》，收录于李明辉主编《牟宗
三先生与中国哲学之重建》（台北：文津出版社1996年版），第399页；蔡仁厚《所谓"开出
说"与"坎陷说"——有关"民主、科学"出现内因与外缘》，收录于杨祖汉主编《儒学与当
今世界》（台北：文津出版社1994年版），第15页；方颖娴《良知之自我坎陷与中国现代化》，
《儒学与当今世界》，第29页；颜炳罡《牟宗三先生的自我坎陷说与现代文化症结》，收录于
《当代新儒学论文集：外王篇》（台北：文津出版社1991年版），第197页。

　　③　唐君毅：《说中华民族之花果飘零》，第160—161页。

　　④　参见林毓生《政治秩序与多元社会》和张灏《幽暗意识与民主传统》（台北：联经出版
公司1989年版）；Chang Hao, "The Intellectual Heritage of the Confucian Ideal of Ching-shih," in
Tu Weiming ed., *Confucian Traditions in East Asian Modernity*（Cambridge, Mass：Harvard Univer-
sity Press, 1996）Chapter 3。

　　⑤　李明辉：《当代儒学之自我转化》，第127页。

但这并不表示，所有学者都认同《宣言》对自由民主的理解便是从儒家角度所作出的正确理解。笔者认为，我们今天要重新对《宣言》作出思考和批判，探索有关的问题，这是有必要和有意义的。就让我们先认清《宣言》中重点处理的问题。

认清重点问题

（1）在研究儒家与自由民主的关系时，我们采用的方法有什么需要留意的地方？

（2）儒家与自由民主是否相容？假使在中国发展自由民主是一件好事，为促进这一发展，儒家思想是否需要经过"创造性转化"（用林毓生的用语）？[1]

（3）中国应采用的自由民主模式，是否与西方社会实行的一样，又或会有一些分别？儒家思想能否帮助中国建立这一模式？

问题一：研究方法

我们应如何研究儒家与自由民主的关系？若要这项研究有意义，便先要解决数个有关研究方法的问题。首先，我们要小心定义何谓"儒家思想"和"自由民主"。其次，由于在中国历史上，儒家思想并未产生出自由民主，有关儒家思想与自由民主关系的问题，实为有关两者的"相容性"问题。《宣言》提出的"命题一"和"命题二"，便是两种可能对"相容性"作出的解释。"命题一"是"相容性"的狭义解释，即为儒家思想与自由民主有没有直接、明显或严重的矛盾。"命题二"则对"相容性"作出广义的解释，定出要解答的问题是："当儒家思想在历史中蜕变、进入现代的过程中，其内部发展逻辑是否如《宣言》所言，必然地要求中国发展自由民主？"我们应该如何处理这两个意义上的"相容性"问题？最后，除了"相容性"问题，是否还有其他相关问题值得研究？

我们首先对"儒家思想"和"自由民主"做出定义。陈祖为曾指

---

① 参见林毓生《政治秩序与多元社会》，尤其是第387—394页；Lin Yü-sheng, "Reflections on the 'Creative Transformation of Chinese Tradition'," in Karl-Heinz Pohl ed., *Chinese Thought in a Global Context* (Leiden: Brill, 1999), p. 73。

出，①"自由民主"可以被视为一套政治哲学（自由、平等、自治、人权、法律和民主这些理念连贯地组成的哲学），又或是一个运行的政治制度。就现实而言，视自由民主为一个政治制度，来研究儒家思想与自由民主的关系或相容性（至少作为一个起点），会较有意义。因为自由民主不单在拥有西方文化传统的国家实行，还传到整个世界的不同角落，在东亚地区包括日本、韩国。由于实行自由民主的国家拥有不同的文化背景，自由民主可算是一套与众多不同文化、传统和宗教相容的政治制度。

然而，要对"儒家思想"做定义便较难。社会学家金耀基便区分出"帝制儒学"（imperial Confucianism）或"制度化儒学"（institutional Confucianism）和"社会性儒学"（social Confucianism）。前者早已消失，但后者仍潜藏于现代社会中，见于家庭和其他社会伦理关系，规范着人的行为。② 李明辉指出，中国社会中存在着一种"深层化儒学"，中国人的思想模式和行为方式被此不自觉地影响着。③ 社会心理学家的科学研究亦指出，儒家思想仍深深地影响着中国人的人际关系和道德思维。④

笔者认为，林安梧作出的分类更为有用。林安梧⑤划分出"生活化的儒学"（lively Confucianism，指人在日常生活中采用的道德价值和原则）、"帝制式的儒学"（imperial Confucianism，即以儒学作为统治的工具）和"批判性的儒学"（critical Confucianism，例如臣子向统治者进谏）。他指出传统儒学原属"生活化的儒学"和"批判性的儒学"的类别，但在汉朝以后，"帝制式的儒学"成了主流。

儒家思想在不同层面中影响中国的传统政府、社会和哲学，当中又包含多元化（甚至是互相矛盾）的学说，因此本文有必要厘清"儒学"的

---

① 参见陈祖为就这一辩题发表过的文章。

② 金耀基：《中国社会与文化》（香港：牛津大学出版社 1992 年版），第 166 页；有关讨论金耀基的理论，参见李明辉《当代儒学之自我转化》，第 6—10 页。

③ 李明辉：《当代儒学之自我转化》，第 8 页。

④ 参见黄光国的以下著作："Two Moralities: Reinterpreting the Findings of Empirical Research on Moral Reasoning in Taiwan," *Asian Journal of Social Psychology* 1 (1998): 211; "Filial Piety and Loyalty: Two Types of Social Identification in Confucianism," *Asian Journal of Social Psychology* 2 (1999): 163; "Chinese Relationalism: Theoretical Construction and Methodological Considerations," *Journal for the Theory of Social Behavior* 30.2 (2000): 155。黄教授把这些著作的单行本寄予笔者，笔者谨此致谢。

⑤ 林安梧：《中国近现代思想观念史论》（台北：台湾学生书局 1995 年版），第一章。

定义，分析其组成部分和不同的支派。这种对儒家支派分类的做法，对初步分析儒家思想与自由民主的关系很有帮助。例如"帝制式的儒学"和"政治化的儒学"便有违自由民主；而《宣言》似乎认为，其尊崇的"生命儒学"不单与自由民主相容，更要求自由民主得到发展，令个人的道德主体得以提升。

这是否意味着，在研究有关儒学与自由民主思想是否相容的问题时，我们可以把儒学思想的部分支派（例如"帝制式的儒学"、"政治儒学"和"政治化的儒学"）搁在一旁不理呢？这种态度不仅隐约见于《宣言》中，一些较近期的研究也如是。这些研究主要引用先秦的儒家经典（包括《论语》和《孟子》），尝试证明儒家思想承认人的尊严和人人平等，反对暴戾，主张以"民本"的理念施政，政府应尽量避免使用威逼的手段，从而指出这与现代西方的人权、民主思想相符。① 这是否在"走捷径"？若我们把儒家思想狭隘地理解为先秦思想，并从中抽出一些文字以论证儒家反对暴戾、提倡"民本"施政，那么我们又是否正确地对待儒学？

有学者十分推崇"政治儒学"，认为当中的资源极其丰富，可以用于为

---

① 参见 Carsun Chang, *The Development of Neo-Confucian Thought*, vol. 2，第 469 页提及的著作和以下著作：邓小军《儒家思想与民主思想的逻辑结合》（成都：四川人民出版社 1995 年版）；Lin Yü-sheng, "Reflections on the 'Creative Transformation of Chinese Tradition'," in Karl-Heinz Pohl ed., *Chinese Thought in a Global Context* (Leiden: Brill, 1999), p. 73, esp. pp. 91 – 100; Heiner Roetz, "The 'Dignity within Oneself': Chinese Tradition and Human Rights," ibid, p. 236; Heiner Roetz, "Confucianism and Some Questions of Human Rights,"（英文文章）收录于刘述先、林月惠主编《现代儒家与东亚文明：问题与展望》（台北："中研院"中国文哲研究所，2002 年），第 155 页；Heiner Roetz, "Rights and Duties," in Karl-Heinz Pohl and Anselm W. Müller ed., *Chinese Ethics in a Global Context* (Leiden: Brill, 2002), p. 301; Joseph Chan, "A Confucian Perspective on Human Rights for Contemporary China," in Joanne R. Bauer and Daniel A. Bell ed., *The East Asian Challenge for Human Rights* (Cambridge: Cambridge University Press, 1999), Chapter 9; Joseph Chan, "Moral Autonomy, Civil Liberties, and Confucianism," *Philosophy East & West* 52. 3 (2002): 281; Yang Guorong, "Mengzi and Democracy: Dual Implications," *Journal of Chinese Philosophy* 31 (2004): 83; Wejen Chang, "The Confucian Theory of Norms and Human Rights," in Wm. Theodore de Bary and Tu Weiming ed., *Confucianism and Human Rights* (New York: Columbia University Press, 1998), Chapter 6; and Chung-ying Cheng, "Transforming Confucian Virtues Into Human Rights," ibid, Chapter 7. 有关旧著作中相似的立场，参见黄克剑、吴小龙编《张君劢集》（北京：群言出版社 1993 年版），第 468—482 页；吕希晨、陈莹选编《精神自由与民族文化：张君劢新儒学论著辑要》（北京：中国广播电视出版社 1995 年版），第 588—594 页。

中国建构新的政治制度，以符合中国文化传统和儒学理想，而非只是仿效西方的自由民主。纵然我们不一定赞同他对"政治儒学"的诠释和评价其关于"政治儒学"对重建当代中国政治制度的可能做出贡献的观点，但他反对狭义地理解儒家思想，质疑新儒家学者（特别是牟宗三）能否从生命儒学（有关心性之说）推论出西方式的民主——这方面的论述是有道理的。

　　要注意的是，任何理论都不是空中楼阁，而是建基于一个社会、政治和历史环境中。经典著作中表达的理念本身可能十分崇高，但这些理论背后的诠释、实践和发展亦不容忽视。一如世界主要的宗教一样，儒家是一个活着的传统，经过多个世纪，以至数千年的转变，与政治和社会制度建立起紧密的关系。权力与思想（参见"剑"与"书"的比喻）① 是人类社会的必然产物，没有一套重要思想能免受政治操纵。我们必须承认，在中国历史中，儒家思想曾辅助统治者行使政治权力。"帝制式的儒学"或"政治化的儒学"不一定是败坏的，因为政治权力本身不是邪恶的。"政治儒学"的确曾用于汉代，以巩固帝王的统治，但从正面的角度看，君主制较为适合中国当时的情况，能够维持社会秩序，符合人民的需要，为人民谋求福祉。另外，徐复观却认为，虽然儒家被封为正统，但其原有的精神在汉代已衰落，故出现了专制政治。② 徐复观的见解可以成立，因为人类历史从来不是完美的，妥协和牺牲是无可避免的，所以我们有必要探索在人类历史中尚未出现现代民主的理念和实践之前，儒家思想在被国家奉为正统时出现了什么妥协和牺牲，这亦是为何儒家思想应以广义理解的原因。

　　若要我们的研究能为中国的民主化做出贡献，我们不单要找出中国传统中有哪些元素是有利于自由民主的发展，更要认清当中窒碍民主发展的原因。即使儒家的原始经典或元典中载有的原则最为"正宗"，对儒家思想至为重要，但从上述角度看来，我们的研究范围不能局限于这个狭小的范围。

　　汉代儒学的"三纲"便是一个很好的例子。现代学者③大多都认为这

---

① See Ernest Gel lner, *Plough*, *Sword and Book*: *The Structure of Human History* (London: Collins Harvill, 1988).

② 参见 Honghe Liu, *Confucianism in the Eyes of a Confucian Liberal*: *Hsu Fu-kuan's Critical Examination of the Confucian Political Tradition* (New York: Peter Lang, 2001)。

③ 参见 Tu Weiming, "Confucianism," in Arvind Sharma ed., *Our Religions* (New York: HarperCollins, 1993), Chapter 3, 特别是第 193—194 页。

是受了法家和阴阳家的影响，背离了先秦儒学经典，因为其先秦思想十分重视君臣、父子和夫妇关系的互惠性，以及关系中彼此的责任。然而，"三纲"在儒学史中的重要性是值得我们仔细研究的。举例说，在宋明理学中，"三纲"被视为天理的一部分，与人真正的本性是协调一致的。①阶层化的社会中接受及服从权威这个道德原则（包括"三纲"），或许早已成为中国文化的一部分，并继续影响现今的社会。有人说在儒家文化中，人们较倾向服从权威（不论是在政治、家庭还是社会方面）；这真的是儒家思想的一部分吗？在中国建立民主的过程中，这是否是一个需要解决的问题？儒家思想中还有没有其他类似的障碍？

有学者研究中国现代化要面对的挑战，他们提倡中华传统要经过"创造性转化"（林毓生的用语）②，又或要"以现代人的眼光，重新诠释、重新调节、修订或重振其生命力"（傅伟勋的用语）③。要研究儒家是否与现代民主相容，便要以批判的角度，评估儒家传统的价值，以决定儒家是否需要经过"创造性转化"；若有需要，还要研究儒家思想应该怎样转化。然而，这不是说，我们必须放弃所有违背自由民主的儒家原则或价值理念。笔者十分赞同李晨阳的说法：

> 有人说，因为民主是好的，所有不民主的概念便必然是坏的。这个推论未免过于简单，结论也是错的。在美国和其他西方民主社会中，类似于那些不民主的儒家价值的传统价值日渐式微，不少论据显示，这正威胁着社会的健康发展。亨廷顿（Samuel Huntington）等学者都犯上了相同的错误，以为民主价值既然是好的，人们必须摒弃不民主或非民主的儒家价值，或把它们取代。④

---

① 参见 Chang Hao, "The Intellectual Heritage of the Confucian Ideal of Ching-shih," in Tu Weiming ed. , *Confucian Traditions in East Asian Modernity*。

② Lin Yü-sheng, "Reflections on the 'Creative Transformation of Chinese Tradition'," in Karl-Heinz Pohl ed. , *Chinese Thought in a Global Context*, p. 73.

③ Charles Wei-hsiun Fu, "Philosophical Reflections on the Modernization of Confucianism as Traditional Morality," in Charles Wei-hsun Fu and Gerhard E. Spiegler ed. , *Religious Issues and Interreligious Dialogues* (New York: Greenwood Press, 1989), Chapter 13, p. 303.

④ Chenyang Li, "Confucian Value and Democratic Value," *Journal of Value Inquiry* 31. 2 (1997): 183 – 189.

因此，我们要考虑的问题不单是儒家传统的"创造性转化"，以面对启蒙运动和现代化的挑战，[①] 儒家价值（即经得起创造性转化过程考验的价值）能否和怎样与现代的民主理念和制度共存？以下会讨论其中一些问题。

问题二：儒学的创造性转化

正如上文所述，《宣言》的论点是儒家思想与自由民主是相容的（在狭义和广义上均是）。近年来不少学者对"相容性"问题作出了多方面的研究，取得不少成果，例如关于以下课题的研究：儒家与民主的相容性（参见李明辉[②]和陈祖为[③]的著作）、儒家与权利的相容性（参见李承焕[④]和成中英[⑤]的著作）和儒家与人权的相容性（参见余锦波[⑥]、陈祖为[⑦]、Roetz[⑧]、黄俊杰[⑨]和李明辉[⑩]的著作）；现在我们或可更进一步，考虑儒家（以广义理解，包括"制度化的儒学"和"政治儒学"的元素）与自由民主整体的相容性，尤其是有可能妨碍此相容性的元素。儒家思想中有些元素可能被疑为有违自由民主，它们可以归类为以下几种情况：

---

① 参见《儒家与自由主义——和杜维明教授的对话》，收录于哈佛燕京学社、三联书店主编《儒家与自由主义》（北京：生活·读书·新知三联书店 2001 年版），第 1 页。

② 李明辉：《儒学与现代意识》《重探孟子》。

③ 参见陈祖为有关这辩题的著作。

④ Seung-hwan Lee，"Was There a Concept of Rights in Confucian Virtue-based Morality?" *Journal of Chinese Philosophy* 19（1992）：241；Seung-hwan Lee，"Liberal Rights or/and Confucian Virtues?" *Philosophy East & West* 46（1996）：367.

⑤ Chung-ying Cheng，"Transforming Confucian Virtues Into Human Rights，" in Wm. Theodore de Bary and Tu Weiming ed.，*Confucianism and Human Rights*.

⑥ Yu Kam Por，*Human Rights and Chinese Ethical Thinking*（Hong Kong：University of Hong Kong，Ph. D. thesis，1996）.

⑦ Joseph Chan，"A Confucian Perspective on Human Rights for Contemporary China，" in Joanne R. Bauer and Daniel A. Bell ed.，*The East Asian Challenge for Human Rights*，Chapter 9；Joseph Chan，"Moral Autonomy，Civil Liberties，and Confucianism，" *Philosophy East & West* 52. 3（2002）：281.

⑧ Heiner Roetz，"Confucianism and Some Questions of Human Rights，" 收录于刘述先、林月惠主编《现代儒家与东亚文明：问题与展望》（台北："中研院" 2002 年），第 155 页；Heiner Roetz，"Rights and Duties" in Karl-Heinz Pohl and Anselm W. Müller ed.，*Chinese Ethics in a Global Context*，p. 301。

⑨ 黄俊杰：《儒学传统与人权——古典孟子学的观点》，收录于刘述先主编《儒家思想与现代世界》（台北："中研院"，中国文哲研究所，1997 年），第 33 页。

⑩ 李明辉：《儒家传统与人权》，收入黄俊杰编《传统中华文化与现代价值的激荡》（北京：社会科学文献出版社 2002 年版），第 207 页。

（1）政治、社会和经济的转变使一些元素变得过时，因此应予摒弃；

（2）有些元素经不起启蒙运动的挑战，因此应予摒弃；

（3）有些元素能经得起时间的考验，能解答"人生为何"这类历久犹新的问题；纵使这些元素与自由民主不一定协调，但值得保留下来，甚至作为批判自由民主的论据，令人反思其限制和弱点。

儒家思想对个人、社会和政治生活的理论，其精髓见于"内圣外王"的概念，虽然这词首先并非见于儒家经典，而是出现在《庄子》。① "内圣"反映出儒家对自我修养的重视，以发挥和实现人的本性，生命得以成长（以至知天命，明白"道"）。② 儒家注重的不只是个人的"救赎"，正如孔子所说："夫仁者，己欲立而立人，己欲达而达人。"③《大学》亦提及，人的道德生活应从较小范围逐步扩大，先"修身"、"齐家"、"治国"，最后"平天下"。"外王"这个理想便是指从政者能服务社会，为人类做出贡献。所以，儒学对权力的理解是，"政治权威是由天命赋予的一种信托，统治者要为人民谋求福祉"。④ 当权者的道德水平要比一般百姓高；当其政治权力愈大，其道德责任则愈重。

在这点上儒家与现代自由民主没有什么不相容之处。纵使在自由民主中，政治权力不是来自上天，但权力仍是一种信托，权力的行使仍要以人民的福祉为依归。儒家思想要求当权者担当起道德责任，这种对当权者高尚情操的严格要求不单适用于君主和士大夫，也可适用于民选的政治家。自由民主中的政治家或"准政治家"应多加修养，提升自己的能力和道德情操，成为一个有人格和公信力的人，而不是投机取巧之士，玩弄权术、唯利是图：这既符合儒家的要求，也是现代民主社会中公众人士对当权者的合理期望。

然而，当我们的视线由当权者的道德责任，转向统治者与其人民的关

---

① 参见李明辉《儒学与现代意识》，序言第3—4页；李明辉《当代儒学之自我转化》，第v、12页。

② 孟子曾说："尽其心者，知其性也；知其性，则知天矣。存其心，养其性，所以事天也。"（《孟子·尽心上》）

③ 《论语·雍也》。

④ John C. H. Wu, "Chinese Legal and Political Philosophy," in Charles A. Moore ed., *The Chinese Mind: Essentials of Chinese Philosophy and Culture* (Honolulu: University of Hawaii Press, 1967), p. 213.

系时，儒家思想与自由民主的矛盾便浮现。康德（Kant）曾经表示：

> 政府的施政可以建基于对人民行善的原则，有如父亲对待孩子一样。在这样的家长式政府（imperium paternale）之下，人民便有如不能分辨是非好坏的幼稚的孩子一样，被要求被动地接受统治者的统治和依赖……（统治者的）仁慈。这样的政府便是最大的专制……人民……没有什么权利可言。[1]

《大学》却有以下的一段话：

> 孝者，所以事君也。……慈者，所以使众也。《康诰》曰："如保赤子。"……民之所好，好之；民之所恶，恶之。此之谓民之父母。[2]

在中国历史中，儒学的发展与家长式政府的理念不无联系，统治者和人民的关系与父母和子女的关系被认为有不少相似之处。父母照顾子女，维护他们的利益，教他们明辨是非。一个好的政府对人民而言，也应担当起父母的角色：所以皇帝被称为"君父"，官员又称为"父母官"，"臣子"和"子民"都有"子"字。[3] 在家对父母孝顺，是对国家尽忠的先决条件。《孝经》便有这样的论述：

> 夫孝始于事亲，中于事君，终于立身。…… 故以孝事君则忠。……父子之道，天性也，君臣之义也。……子曰："君子之事亲孝，故忠可移于君。"[4]

---

① Kant, *Political Writings*, transl. by H. B. Nisbet（Cambridge：Cambridge University Press, 2nd, enlarged edition 1991），p. 74. 有关这段引文的讨论，参见 Norberto Bobbio, *The Future of Democracy*, transl. by Roger Griffin（Cambridge：Polity Press, 1987），p. 149。

② 引文出自《大学·治国章》和《大学·絜矩章》。

③ 参见韦政通《儒家与现代化》（台北：水牛出版社 1997 年再版，原以《传统与现代化》为书名出版），第 51 页。

④ 引文出自《孝经》第一、五、九和十四章。

　　在帝制时代的儒家发展过程中，关于父子关系的理念和关于统治者与人民关系的理念互相影响，二者最终都发展成单向的隶属关系，由地位较高者完全支配地位较低者，后者则要绝对服从前者。这便是林安梧所说的"道的错置"①：儒家伦理中各种人际关系原有的相互性和互惠性变质成为绝对地服从。

　　林安梧的分析甚具启发性。他认为，中国传统社会中，儒家伦理和政治权力互动，消磨其原有的道德理想。② 儒家的原意是在中国社会中"血缘性的自然连结"基础上，创造出"人格性的道德连结"，这是儒家的伦理精神，强调"仁"是"人与人之间存在的道德真实感"③，人要通过道德修养，最终成为圣人。然而，当帝制建立后，一种新的社会政治制度和意识形态逐渐成型，以"宰制性的政治连结"为核心、"血缘性的自然连结"为背景，"人格性的道德连结"成了统治者的工具。④ 儒家思想中以圣人为王的理念被倒置过来，皇帝成了"圣君"。帝王、父亲和圣贤三位一体，君主（即"圣君"或"君父"），"成了中国民族心灵的金字塔顶尖，是一切汇归之所，是一切创造的源头，是一切价值的根源，及一切判断的最后依准。显然地，正因为这样的情况才使得中国文化落入一极严重的'道的错置'的境域之中"。⑤

　　林安梧指出，在这个制度中，当一个人的政治地位愈高，便被假定为更接近"道"。⑥ 由于"人格性的道德连结"这个概念被政治势力操纵（虽然这并非绝对的操纵，有人有时作出反抗），儒家伦理被扭曲为"顺服伦理"，当权者或社会关系中的上位者便得以假"天理"之名，要求下位者放弃他们的权益和欲望，最终出现"以理杀人"的情况。⑦ 上文提及，统治者与人民（或君臣）的关系、父子的关系变成隶属的关系，夫

---

　　① 林安梧：《道的错置：中国政治思想的根本困结》（台北：台湾学生书局2003年版），尤其是第 v – xii 页。

　　② 参见林安梧《儒家与中国传统社会之哲学省察》（台北：幼狮文化事业有限公司1996年版），第八章。

　　③ 林安梧：《儒学与中国传统社会之哲学省察》，第二章。

　　④ 林安梧：《道的错置：中国政治理想的根本困结》，第四章和第五章；林安梧：《中国近现代思想观念史论》，第四章。

　　⑤ 林安梧：《道的错置：中国政治思想的根本困结》，第128页。

　　⑥ 林安梧：《道的错置：中国政治思想的根本困结》，第 vii、121 页。

　　⑦ 林安梧：《中国近现代思想观念史论》，第四章。

妇、兄弟的关系也受到这种权力关系影响，变得与君臣、父子关系差不多。① 林安梧引为论证的例子是，妻子在家庭中的地位有如自己的孩子，她要称呼丈夫的父母为"公公"、"婆婆"②；妻子的贞节与忠、孝并列，成为中国传统社会中三大德行。

林安梧的洞见在于他阐释了儒家思想及其价值理念如何在中国历史中发展成为政治和社会控制的工具。除非我们相信无政府主义，或接受福柯（Foucault）对"权力—知识"（power-knowledge）的批评，否则我们无须假设凡是被用作政治和社会控制的思想必然是败坏的：因为政治和社会控制本身不是坏事，反而是人在社会中生存所必需的。我们今天要做的应该是全面和深入理解儒家思想在中国历史中真正扮演的角色，继而创造性地转化其内容，以迎接现代社会的挑战。

林安梧对此作了一些提议。他认为"人格性的道德连结"可以重振其生命力，破除专制政权的限制，瓦解"宰制性的社会连结"。"血缘性的自然连结"（原涉及上下尊卑贵贱）的纵贯轴应被横向的"人际性的互动轴"取代，以促成为"契约性的社会连结"，创造出"公共空间"和"公民社会"，并以"公民的伦理"取代传统的"天命"伦理，"宰制性的政治连结"应由"委托性的政治连结"取而代之。③

虽然林安梧的想法是以其独特的用语表达出来的，但他的主张与《宣言》的基本主张一样，就是要发展自由民主。林安梧比《宣言》更进一步之处，是他分析了传统中国社会和儒家思想中与现代民主不相容的地方，他更指出中国不但要发展现代自由民主，更要发展现代公民社会。那么，他是否在鼓吹"全盘西化"？在中国未来的政治体制和公民社会中，儒家思想可担当什么角色？儒家会否成为只关乎私人领域中个人内在修养的哲学，而西方的自由民主和公民社会的原则会被照搬至中国，主导中国人民的公共领域和社会政治生活？儒学经过"创造性转化"后会变成什么样子？

问题的症结是：中国文化中的儒家传统和中国未来的政治秩序有什么

---

① 林安梧：《儒学与中国传统社会之哲学省察》，第8—9、30页。

② 林安梧：《儒学与中国传统社会之哲学省察》，第44页。

③ 林安梧：《道的错置：中国政治思想的根本困结》，第149—155页；林安梧：《儒学与中国传统社会之哲学省察》，第九、十章。

关系?《宣言》作者之一的牟宗三先生提出"良知自我坎陷"的理论,似乎便是要解答这个问题。笔者准备讨论这个理论,为本部分有关"创造性转化"的讨论作结。

　　牟宗三认为①,传统中国只有"治道",而没有"政道"。中国文化传统(特别是儒家)已充分发展了理性在"内容"上的表现(intentional meaning)和在"运用"上的表现(functional presentation)(即"综和的尽理之精神",例如民主和尊重人权的精神的内容和实践),但就理性"外延"上的表现(extensional meaning)或"架构"上的表现(constructive presentation 或 frame presentation)(即"分解的尽理之精神",例如能保障民主和人权的制度架构)来说,中国文化传统则较为欠缺。在儒家的原则和伦理中,关于人性、人伦以至统治者应有的道德责任的论述都是"理性之内容的表现"。然而,"理性之外延的表现"却先在西方发展成熟,当中的元素包括民主、人权、人民主权、议会制度和法治,这便是"政道"。牟宗三指出,这些在西方首先出现的事物,不只是适用于西方社会及其文化,而是有广泛的意义,适用于所有理性的人、民族和文化。

　　牟宗三认为,中国过去已发展出成熟的"道统",将来需要发展出"学统"和"政统"。要发展出这两个新传统,便要经过良知的"自我坎陷"。②"良知的自我坎陷"的理论似乎试图说明以下三点:

　　(1)中国文化传统的精要之处既在于道德自觉及其自我完成,那么它如何可能发展科学和民主(即"学统"和"政统";如采用《宣言》的用语,即为"认识的主体"和"政治的主体");

　　(2)科学和政治相对地独立于道德;

　　(3)道德理性是人类所有价值的泉源、人类一切努力的基础,最终

---

　　① 参见牟宗三《政道与治道》,第55—62页。有关对牟宗三观点的评论,参见司徒港生《牟宗三先生的政统理论》,李明辉《牟宗三先生与中国哲学之重建》,第387页。

　　② 参见牟宗三《政道与治道》,第55—62页。有关这套理论的摘要和评论,可参见王大德《牟宗三先生良知坎陷说之诠释》,收录于李明辉主编《牟宗三先生与中国哲学之重建》,第399页;蔡仁厚《所谓"开出说"与"坎陷说"——有关"民主、科学"出现内因与外缘》,收录于杨祖汉主编《儒学与当今世界》,第15页;方颖娴《良知之自我坎陷与中国现代化》,《儒学与当今世界》,第29页;颜炳罡《牟宗三先生的自我坎陷说与现代文化症结》,收录于《当代新儒学论文集:外王篇》,第197页。

仍应统摄科学和政治。

牟宗三因又保留了"内圣外王"的基本构架，作为现代中国文化和儒家思想的基本格局，并把民主和科学合称为"新外王"。①

不少学者都指出牟宗三的"良知自我坎陷"说，深受黑格尔（Hegel）哲学的影响。有关道德主体与认知主体、政治主体的区分，其灵感可能来自康德对人类文化的划分［即分为科学（真理）、道德、艺术等领域②］［还有黑格尔哲学和韦伯（Weber）对"现代化"的解释，其中亦有类似的划分］。然而，康德虽然区分出纯粹理性和实践理性，但道德、政治和法律同属一个范畴，即实践理性；牟宗三的处理手法有所不同，政治（或政治科学）与道德分立，政治主体和道德主体亦分立。

牟宗三理论的独到之处在于，他指出中国传统的一个弱点是视政治为道德的延伸，没有发展出一套独立的关于政治和法律的科学（政道）。这种对儒家传统中"民本"政治、"仁政"和"德治"的自我批评，至为重要。但是，在牟宗三的理论体系中，道德理性仍是至上的，那么政治领域有多大的自主性，又能在多大程度上独立于道德理性呢？

可以肯定的是，牟宗三提出以"良知自我坎陷"来发展政治主体和民主政治，他不是在说，政治人物可以如马基雅弗利（Machiavelli）所提倡，在参与政治事务时，完全不顾道德原则。对牟宗三的理论，一个较合理的解释是，在发展中国未来的政治秩序时，我们的思维方式不应只局限于传统的道德思维，如肯定人内在的良知及其成为圣贤的能力，强调自我修养的重要性，并把希望寄托于"圣君贤相"。新的思维模式应该较为务实，承认人（包括投身政治的人士）通常以自我利益为依归，甚至是自私的，而且权力会使人腐化，所以权力分立和相互制衡的制度、法治和保障人权的机制是必需的；政治的问责性必须建基于民主制度，统治者要向选民负责，而非只向其个人的良知或上天负责。正如何包钢说：

---

① 有关牟宗三对"内圣外王"的现代诠释，参见李明辉《儒学与现代意识》，序言第4页；李明辉《孟子重探》，第164—165页。

② 有关这三个文化价值系统的区别，参见 Richard Rorty，"Habermas and Lyotard on Postmodernity," in Richard J. Bernstein ed., *Habermas and Modernity*（Cambridge：Polity Press，1985），p. 161。

在儒家思想中……政治是提升道德的工具，而非为表达个人的利益。……以道德榜样治国，其根本是反政治的；亦即是说，它不容许人们进行各种以下性质的活动，即为了不同的价值而从事权力的竞争。……民主制度的设计，其中一个目的是避免过于倚赖个人道德……需要使坏人也有为公众利益而做事的利益诱因。……制度的设计在使用德行上应经济一点。①

当代儒学学者（如李明辉②和何信全③）引用了牟宗三和徐复观的著作，指出即使在传统儒家思想中，统治者或个人用于自我修养的道德准则，有别于统治者应用于人民的道德准则。例如，徐复观强调"修己"和"治人"的道德标准有很大的差别④：有关前者，人不应该只满足于停留在自然生活的层面，而是要进一步提升自己的道德和精神修养；但当统治者"治人"时，先要照顾到人民的生活需要，而培养他们的道德是其次——这便是所谓"先富后教"。⑤牟宗三亦认为要把有关个人自我修养上的道德，和政府推行的道德区分开来：前者对个人有很高的要求，后者则只是日常生活中最低的行为规范。⑥这是因为儒家一向主张"严以律己，宽以待人"。⑦然而，上述这些关于君子对自己的道德要求与统治者对人民的道德要求的传统区分，在程度上远远不及上述关于政治领域与道德的区分。

余下的问题是：在政治领域与道德分离后，二者还有没有联系？若有，这又是怎样的关系？对此，新儒学学者（如牟宗三、徐复观和唐君毅）提出了一个答案，虽然非儒家的自由主义者不一定能接受。这个答

---

① Baogang He, "New Moral Foundations of Chinese Democratic Institutional Design," in Suisheng Zhao ed. , *China and Democracy* (New York：Routledge, 2000), Chapter 5, p. 89.

② 李明辉：《儒学与现代意识》，第 15、57—60 页；李明辉：《现代儒学之自我转化》，第 117—118 页。

③ 何信全：《儒学与现代民主》，第 127—128、149、192—194 页。

④ 徐复观：《儒家政治思想与民主自由人权》（台北：台湾学生书局1988 年增订再版），第 203—220 页；徐复观：《学术与政治之间》，第 229—245、299 页。

⑤ 参见李明辉《儒学与现代意识》，第 57—58 页。

⑥ 牟宗三：《政道与治道》，第 123—128 页。

⑦ 牟宗三：《政道与治道》，第 128 页。

案是，自由民主的秩序必须建基于一个稳固的道德基础，这个基础比政治制度设计的独立原则（如关于社会中各种利益的表达和整合和经济需要的满足的原则）更深、更伟大，并超越这些原则。在这个基础里存在的是人的尊严、良知、道德理性和儒家心性之说所叙述的人性，它要求和促使个人透过道德修养迈向人格成长、自我实现，以成全天道。因此人类最终的价值不是自由民主秩序中的"自由"［伯林（Isaiah Berlin）所指的"消极自由"（negative liberty）］和"平等"，而是在实践德行、履行责任和文化创造性的活动中，在追求真、善、美、仁爱、公义等永恒和超越的价值时，实现人的"积极自由"（positive liberty）。这并不表示在现代社会中，政府的职能包括"教导"人民如何实现"积极自由"。笔者认为，牟宗三和新儒学学者所提倡的独立政治领域的概念足以容纳这样一种自由民主秩序：政府就什么是美善或丰盛人生（the good life）维持"道德中立"，就国家权力的行使而言，权利（right）原则优于关于善（the good）的考虑，国家在社会上存在的"重叠的共识"（overlapping consensus）基础上奉行公义原则。儒家所推广的关于什么是美善或丰盛人生的价值理念的工作，应在民间社会或公民社会的层次进行。①

问题三：适合中国的自由民主模式

如上所述，儒家思想和中国文化传统在经过创造性转化后，可以支持自由民主的政治制度。但是，中国应该实行或将来会实行的民主模式却不一定与其他国家一样。奉行民主的国家遍布全球，每个国家的政治、法律制度，以至经济和社会状况都不尽相同，民主具体运作的情况也各有分别。此外，在政治哲学的层面上，也没有一套普适公认的关于自由民主的政治理论。例如，在西方世界，自由主义和社群主义（communitarianism）这两派学说多年来互相竞争。二者都支持自由民主国家的基本架构，但它们对个人、人性以至个人的身份认同有不同的理解，两者对公民在国家理应享有多少自由的态度不尽相同，对于怎样有效地推动民主，双方也有不同的方法。

因此，当代儒学学者完全可以自行创建关于中国自由民主秩序的政治哲学，并为中国度身订造一种适合它的国情和文化的民主模式。在这方

———————————

① 参见刘述先《从民本到民主》，收入刘述先著，景海峰编《儒家思想与现代化》（北京：中国广播电视出版社 1992 年版），第 17 页。

面,《宣言》的一个缺憾是，它没有注意到民主的基本理念可以容纳不同的具体模式，也没有考虑到中国能否及应否发展出一套独特的民主模式，又或中国可否或应否照搬某种西方式的民主模式。

自《宣言》在 1958 年发表以来，西方在自由民主的道路上已经走远了不少。现代自由民主的阴暗面，现在比以前更清楚地显现，包括权利主张的过分膨胀、诉讼过多、消费主义高涨、过分强调经济增长、忽略道德和精神修养、政治精英的素质不如理想、政客煽惑民心或不择手段、犯罪率上升、贫富悬殊加剧、传媒发放的资讯流于庸俗、家庭破碎的情况日趋严重、环境污染每况愈下等等。当中不少问题实与自由、民主无关，只能归咎于当代资本主义和科技文明的形式和内容。但是，这些反映一个事实，就是作为政治制度的自由民主往往对这些问题束手无策，而其中一些问题因以下现象而变本加厉：不少人以自由、人权、自主、平等和民主为名，只顾追求个人利益，从事自私自利甚至是损人利己的行为，以满足自己无穷的欲望。

当中国发展其政治制度、探索民主的具体模式时，我们应仔细考察海外国家实行民主的经验，包括其成败之处、积极和消极的方面。在这方面，儒家思想不仅如《宣言》和上文所言，能支持民主的建设，更能宣扬其他重要的理念价值，从而避免因滥于追求自由、平等所带来的负面影响。正如李晨阳指出的，儒家价值体系中某些非民主的价值不一定是坏的和应以摒弃的：

> 民主的其中一个基本理念是平等，但在儒家里平等只获得低程度的确认。……虽然人人都具有成为圣人或君子的潜能，但实际上，不同人处于这一过程的不同阶段，所以人人不可能是平等的。若要把平等价值引入儒家思想中，无可避免地会冲击到位于儒家核心的"君子"理想。……儒家价值与民主价值同样宝贵。……儒家真正的长处不在于它包含民主或可以变成民主，而是在于其非民主的传统德性。①

---

① 参见 Chenyang Li, "Confucian Value and Democratic Value," *Journal of Value Inquiry* 31 (1997): 183.

因此，中国应走的路是发展出一套适合自己的自由民主模式，在自由民主价值和那些值得保留的非民主价值（包括儒家价值）之间取得适当平衡。韩国学者李承焕（Lee Seung-hwan）[1] 曾指出，西方的人权和"消极自由"只是最低的道德标准，它是对人的自我实现的必须但并非足够的条件；人的自我实现还有赖于人的修养、培养德行，行使"积极自由"——免受个人内在的限制和低层次欲望的羁绊的自由、成就道德和行善的自由。因此，"就权利和德性的关系上自由主义与儒家思想的相互批评"[2] 是有建设性的。在制度的层次，贝淡宁（Daniel Bell）[3] 和陈祖为[4]则指出，儒家思想中的贤人治国理念在自由民主中仍可发挥重要的作用，例如通过某种考试制度来选拔某些政治人才。

结论　为当代中国而建设的儒家政治哲学

综合上述讨论，我们可以重新评价 1958 年发表的《宣言》，并思考如何能以《宣言》所坚持的儒家思想为基础，为当代中国进行政治哲学的建构。上文已表明，《宣言》的内容在今天毫不过时。当中的论述，指出中国传统内有民主的种子，而自由民主和儒家传统（至少以广义和最佳的诠释而言）之间没有根本的矛盾，这些论点经得起时间的考验，较近期的学术研究也肯定了这些观点。《宣言》认为，发展自由民主是中国文化传统自我完成的内在要求，并能促使中华文化原有道德理想更进一步的实现。一如 48 年前，这个说法在今天对我们同样具启发性，特别是有鉴于过去二十多年的改革开放，中国的经济建设成绩斐然，政治体制改革亦正在起步。固然，《宣言》的"内在要求"论是否成立甚具争议性，[5] 最终视乎我们如何理解中国文化传统的要义和儒学的历史发展。但是，即

---

[1] Lee Seung-hwan, "Liberal Rights or/and Confucian Virtues?" *Philosophy East & West* 46 (1996)：367.

[2] Lee Seung-hwan, "Liberal Rights or/and Confucian Virtues?" *Philosophy East & West* 46 (1996)：367，参见文章的末段。

[3] Daniel A. Bell, "Democracy with Chinese Characteristics: A Political Proposal for the Post-Communist Era," *Philosophy East & West* 49 (1999)：451.

[4] 参见陈祖为对这一辩题所做出的贡献。

[5] 参见拙作《二十一世纪中国政治的思想》，收录于陈祖为、梁文韬编《政治理论在中国》（香港：牛津大学出版社 2001 年版），第 12、18—20 页。

使不认同儒学的人相信也会同意，至少就长远而言，自由民主的建设应是中国政治发展的目标。《宣言》的重要性在于，它展示了这样的可能性：认同中华文化的人士和儒学学者（或新儒学学者）完全可以和应该与自由主义者和其他支持民主的人士携手合作，在中国推动民主的建设。

对中国文化、儒家思想和中国政治发展的关系，《宣言》只是进行了初步的探索，当中不无限制和弱点。虽然《宣言》指出，中国文化传统强调，甚至过分强调了道德主体，而对认知主体和政治主体没有足够的培养，但对中国文化传统和儒家思想在二千多年帝制统治下不断演化的过程中，产生了哪些阻碍民主发展的因素，《宣言》却未有全面探讨。《宣言》认定中国的民主化是中华文化自身发展的"内在要求"，甚至是很自然和无可避免的事，这样的论述似乎过于乐观。此外，虽然《宣言》对中国传统文化有所检讨，但有关批评不够深刻。必须承认，在传统中国，儒学的确曾有助于维持帝制统治，所以我们必须深入研究儒家在历史中的角色，包括它与政权的关系和它与社会的关系。除非我们可以清楚指出中国文化或中国人思维中有哪些潜藏的因素，阻碍民主发展，并明白其影响，否则我们很难清除这些障碍。大部分学者都认同中国文化必须经过"创造性转化"才能配合中国的现代化和民主化；问题是中国传统需要怎样的"创造性转化"和如何进行此转化。这个问题在今天——正如在48年前——同样具挑战性。

本文的论点是，我们必须公平地研究和评价儒学传统，从中发掘有利于中国未来发展自由民主的资源，同时认清不利民主发展的因素。这并不是说，由于自由民主是好的，所以任何有违民主或自由的东西便是坏的。我们需要不偏不倚的研究，去了解中国文化传统以及儒家思想中不同的元素和价值理念，不管那些元素支持或反对自由、自主、平等、民主、人权等理念，又或与这些理念无关。只有这样，我们才能仔细思量，中国应施行什么形式的自由民主，中国文化传统、儒学和自由民主中哪些元素和价值应该共存，以至中国文化传统应该进行怎样的"创造性转化"。

本文认为，我们需要全面认识儒家所有支派及其表现的形式，研究的范围不应只限于"生命儒学"和"生活化的儒学"。举例来说，金耀基的"社会性儒学"、李明辉的"深层化儒学"以及林安梧的"帝制式的儒学"、"批判性的儒学"都是我们值得探讨的，借以理解儒家思想、中国传统政治文化和中国将来的民主化之间的相互关系。

上文已经指出，《宣言》对中国文化传统和儒家的自我批评不算深刻。《宣言》的另一个缺陷是在宣扬自由民主时不加反省和批判，没有考虑到以此作为政治制度或政治哲学时有什么可能的弊端。在《宣言》发表后 48 年的今天，我们从一些滥用自由民主原则的现象，以至社群主义者和其他人士对自由主义的批评中，可以察觉到自由民主的流弊。现在我们可以更清楚看到，在某种程度上引入儒家思想可能有助于自由民主的健康发展。因此，儒学思想应与自由主义"相互批评"（李承焕的用语），从而发展出一种兼顾人文关怀、道德价值和心灵需要的自由民主。

最后，本文指出，牟宗三先生关于中国科学和民主发展的"良知的自我坎陷"论在今天仍具启发性。就政治哲学而言，其重要性在于说明，政治科学和政治有其独立的范围，不应从属于传统意义上的儒家伦理——虽然政治科学和政治也不应完全脱离儒家伦理。承认了政治范畴的这种相对的独立自主性，认同中国文化传统的国人便有广泛的空间，去全面借鉴和吸纳西方的政治和法律思想，以建设中国的自由民主秩序的理论基础和具体制度安排。然而，这种政治理论和制度既不需要，也应完全独立于儒家思想，因为儒家思想可以作为这个理论和制度的最根本的道德基础，肯定这个制度的最终目的是促进人的道德实践和人的心性的成长和实现。因此，牟宗三强调"自由主义之理想主义的根据"。[1] 但是，政治思想和实践既然有其相对的独立自主性，那么它与作为其道德基础的儒学之间的介面会属于什么性质呢？这类问题仍有待进一步研究。

要直觉上理解儒家伦理对自由民主秩序的意义，其实并不困难。试想在一个奉行自由民主的国家里，人民（即选民）是贪婪、自私的，而且只知追求"低层次"欲望的满足（如感官的享受和物质财富等），而政客在争取选票或行使权力时，只为追求权力、虚荣或财富。政客赢取选票的方法虽然是合法，但却不顾道义，为求目的，不择手段；在取得权力后以马基雅弗利式的做法来维持和巩固自己的权力。理论上，这种情况不是没有可能发生的，因为自由民主的制度本身并没有任何机制阻止这类事情发生。我们可以把自由民主的制度理解为一个选票市场，选民和政客作为市场的参与者都纯粹以自己的利益为行事的依归，至于这些"利益"是什

---

① 牟宗三的这篇文章收录于牟宗三《生命的学问》（台北：三民书局 1970 年版），第 207 页。

么，全由各人自己决定。

由此可见，自由民主秩序完全有可能与一个否定"人格成长"和"人文精神"等儒家价值理念的社会共存。在自由、平等、自主、人权和民主等理念中，没有一个理念能避免上述情况的发生。正是在这里，我们可以看到传统、文化、宗教和哲学（如儒家）的不可或缺。它们为人生的意义和价值以至价值的源泉等永恒问题提供答案；这不是自由民主所能提供的，它只是一种政治制度或一套政治哲学。因此，若要自由民主真的为人类做出贡献，与我们的社会一同蓬勃发展，它必须建基于某种文化、传统、宗教或哲学之上，而这种文化、传统、宗教或哲学之上又必须肯定和维护人类对人性实现、道德成长和精神修养的崇高追求。这便是唐君毅等四位儒学大师在 1958 年的《为中国文化敬告世界人士宣言》中表达的信念和睿见，也是为什么这个《宣言》能为中国未来的儒家政治哲学建构提供丰富的灵感。

翻译：陈弘毅

儒式协商:中国威权性协商的源与流

何包钢 (Baogang He)

一 导论

虽然说当代中国的协商政治可能让人不可思议,不过,西方的协商理论在中国学术界的影响力却日渐增长。[①] 许多西方人可能对此困惑不解:在威权政治体系中,为什么协商民主理论竟能吸引中国知识分子的兴趣?

有两种不同的研究协商民主的路径。一个常见的路径是将协商政治等同为协商民主架构。当在中国发现协商的鲜明特征时,它被命名为协商民主。[②] 就这一意义而言,中国公共协商的地方实验确实展示了协商民主的一些特征,[③] 这一路径可以得到部分辩护,不过,我的理论重构工作表明它却是部分错误的。当代协商实践继承和发展了儒式协商的道德规范以及中华帝国自古以来的协商制度。仅仅透过西方协商民主理论的理论透镜来理解这一实践的努力是会误读实际展开的协商实践的。

另一个常见的路径主要是从威权主义的视角来审视中国。它认为,在威权主义之下,没有协商可言,即便就最好的情况而言,也只有微乎其微

---

① 到目前为止,超过十本关于协商民主的英文书籍已经翻译成了中文,而且更多的正在策划当中。

② Ethan Leib and Baogang He, eds., *The Search for Deliberative Democracy in China* (New York: Palgrave, 2006).

③ James Fihkin, Baogang He, Bob Ruskin and Alice Siu, "Deliberation Democracy in an Unlikely Place: Deliberative Polling in China," *British Journal of Political Science* 40. 2 (2010): 435 – 448.

的协商;① 唯有在选举民主确立之后,协商民主才会发展起来。② 这一路径存在着严重的认知缺陷。它关闭了发展新种类的知识之门,忽略了把威权主义与协商独特地结合起来的可能性。这两种路径都是在现存的协商民主或自由民主的理论框架中展开讨论的,他们用各自的理论"消解"新的经验世界,很遗憾地失去了一个进一步深入理解协商政治的机会。

在本文中,我提出了一个替代性解释,即一项协商文化的理论重构:从威权性协商的历史和问题的角度,解释中国当代协商实践的繁荣以及中国共产党领导的协商实验和协商制度。这一路径独特地对西方的协商进行概念性的修正,并注重协商的本土根源。这个理论重构采取了历史—文化的视角,以及语言学的分析。

为了对中国的协商政治进行理论重构,我们需要在广义上将协商界定为"日常交流"(everyday talk),它涵盖了包括古代的协商在内的所有形式的协商。③ 我们也需要区分命令式政治协商和协商民主。④ 只要将协商界定为日常交流,或者定义为一种以说服为基础的言说,我们就会开阔视野,把握丰富多彩和错综复杂的协商世界。这一形式的协商不同于投票和民主授权。自由社会的民主协商多多少少是自由而平等的,也是公共协商发展的高级阶段。然而,它仅仅是众多协商形式中的一种,而不是唯一的一种。它也不能替代所有其他形式的协商,存在这些形式的协商的社会迥然有别于西方社会。在这些协商形式当中,有一种就是贯穿于中国两千多年的威权性协商。

威权性协商对民主协商构成了一个根本性的挑战,然而,西方的协商民主理论家们却不能迅速化解这一挑战。我的理论工作旨在考察威权性协商的历史、文化、语言及其道德资源,展示其长盛不衰的政治生命力以及它存在的问题。在之前的著作当中,我们已经原创性地简要提出了威权性

---

① Yoel Kornreich, Ilan Vertinsky, and Pitman Potter, "Consultation and Deliberation in China: The Making of China's Health-Care Reform," *China Journal* 68 (2012): 176 – 203.

② 国内学术界对选举和协商民主序列的争论,参见何包钢《协商民主:理论、方法和实践》(北京:中国社会科学出版社 2008 年版),第 2 章。

③ Jane Mansbridge, "Everyday Talk in the Deliberative System," in *Deliberative Politics*, ed. Stephen Macedo (Oxford: Oxford University Press, 1999), pp. 211 – 239.

④ Baogang He and Mark Warren, "Authoritarian Deliberation: The Deliberative Turn in Chinese Political Development," *Perspectives on Politics* 9. 2 (2011): 269 – 289.

协商的概念。① 在随后的研究当中,我们又进一步将其发展成了一套理论观念。② 通过追踪威权性协商的道德规范和语言,考察它的两种制度形式及其政治功能,揭示其为协商理论提供的历史经验,本文也构成了一项对威权性协商的研究综述。

我们需要看重历史和文化,并解释它们对协商的概念和制度的影响。这是因为何为"协商"自身的问题是非常有争议的,而且受到文化边界自身的影响。对于规范性理论而言,超越文化的边界并在其他文化中检验其规范假定是必不可少的。③ 一些政治理论家已经开始关注文化差异对协商民主的影响。蒂亚哥·甘必大(Diego Gambetta)就指出,在类似英国式的"分析性"(analytical)文化之中,发展协商民主是可能的,但在意大利式的"索引性"(indexical)文化之中,推行协商民主则存在重重困难。④ 肖恩·罗森伯格(Shawn Rosenberg)对影响中西方之间的协商的文化差异进行了一番详尽的考察。⑤ 约翰·德雷泽克(John Dryzek)则呼吁研究不同地域的文化的细微差异,他认为"与和竞争性选举或人权的个人主义观念联系紧密的对抗性政治相比,协商更容易在儒家文化中开展"。⑥

然而,现有的对协商文化的研究和分析,既没有深入地渗透到文化的内部,也没有充分重视协商的历史、道德以及语言的差异。一般而言,现行的研究,要么是对文化忽略不计,要么是在太过宽泛的意义上使用文化概念,以至于不是没有重视语言的独特性和文化的复杂性,就是太过强调特定形式的协商史的文化背景。忽视对协商的历史、道德和语言的严密考

① Baogang He, "Western Theories of Deliberative Democracy and Chinese Practice of Complex Deliberative Governance," in *The Search for Deliberative Democracy*, ed., Ethan Leib and Baogang He (New York: Palgrave, 2006), pp. 134 – 135.

② He and Warren, "Authoritarian Deliberation: The Deliberative Turn in Chinese Political Development," *Perspectives on Politics* 9. 2 (2011): 271 – 273.

③ John Dryzek, "Deliberative Democracy in Different Places," in *The Search for Deliberative Democracy*, pp. 23 – 36.

④ Diego Cambetta, "'Claro': An Essay on Discursive Machismo," in *Deliberative Democracy*, ed., Jon Elster (Cambridge: Cambridge University Press, 1998), pp. 19 – 43.

⑤ Shawn Rosenberg, Human Nature, "Communication and Culture: Rethinking Democratic Deliberation in China and the West," in *The Search for Deliberative Democracy*, pp. 77 – 111.

⑥ John Dryzek, "Democratization as Deliberative Capacity Building," *Comparative Political Studies* 42. 11 (2009): 396.

察，会导致理论肤浅不堪。

通过整合中国协商的历史、语言和道德规范，我分析了儒家对协商的具体影响，说明了威权性协商出现的原因。通过考察它与儒家传统的核心文本中阐释的理论观念之间的联系，我希望把协商的历史和活生生的政治经验概念化、理论化，从而为比较政治理论打下坚固的基础。通过考察中国政治制度史，可以追溯这些观念。我还指出，协商政治在制度化的过程中，本土的知识传统和历史实践都形塑并制约了当代的政治观念和实践。

借此，我也希望加深对协商制度及其政治的比较理解。我的理论工作首先考察了中国协商概念的丰富性，以及它与西方的协商概念的细微差异，并探究了中国丰富的协商制度实践。此外，我还对协商语言进行了一项语源学的研究，从而考证从古至今的协商"规则"的发展。此举深度描述了中国文化中的协商概念的核心特征并使之有一些历史厚重感。

当我们通过追溯中国历史上的观念和实践，寻找中国协商民主发展的文化资源时，[1] 我们也需要问一个相反的问题：中国协商的历史实践为西方的协商民主提供了哪些启示？对中国协商史的研究将为西方的协商民主理论提供一系列与协商有关的宝贵经验。

二 中国的协商概念：道德规范和语言

就历史和文化而言，中国的协商概念非常深刻，并且可以从多个方面进行阐释。儒家的民本观念是儒式协商的政治基础。由于完美无瑕的人格，孔子式的圣人受到了普遍的尊敬。他们必须倾听人民的意见，表达人民的声音，并服务于人民。甚至汉字"聖"在字面上也意指帝王应该广开言路、集思广益。儒家传统还为精英设定了商讨冲突的义务。

就协商在政治生活中的恰当位置这一关键问题而言，与法家和纵

---

[1]   Chen Shengyong, "The Native Resources of Deliberative Politics in China," in *The Search for Deliberative Democracy*, pp. 161–174; S. J. Min, "Deliberation, East Meets West: Exploring the Cultural Dimension of Citizen Deliberation," *Acta Politica* 44（2009）: 439–458.

横家对这一问题的态度相比，儒家持中庸之见。法家拒绝以言谈为中心的政治，主张强制和刑罚。与之相对，专事协商的纵横家则投机取巧地运用协商去说服甚至是欺骗他人。① 儒家则提倡一种中庸的协商理论：认为社会需要以言谈为中心的政治，但实际上权威性的纪律或控制也是不可或缺的。只有这样，协商在道德事业和政治中才会有恰如其分的位置。

在《论语》的原始文本中，"仁"、"礼"以及"君子"等概念是使用最频繁的三个术语。这些术语的支配性地位表明，在一个倡导贤人之治的政治秩序之中，义务的观念是至关重要的，道德考量胜过了政治交易，和谐盖过了冲突。议（协商）的实践应由君子主导，并受仁和礼等道德规范的约束。

在《论语·季氏》中，孔子曰："天下有道，则庶人不议"。鉴于孔子的时代礼崩乐坏，我们可以并且也应该将他的主张解读为庶人应该参与讨论，以协商如何重建大道。实际上，中国有这样一个深厚的历史传统：每当发生政治、经济和社会危机时，公共协商就会浮出水面，并且在恢复政治秩序和权威中发挥举足轻重的作用。

协商是不可缺少的。它是一种制衡专制、避免政治决策失误并促成有利于人民的政策的手段。孔子指出了谏诤（一种官方协商形式）的政治价值：

> 昔者天子有争臣七人，虽无道，不失其天下。诸侯有争臣五人，虽无道，不失其国。大夫有争臣三人，虽无道，不失其家。士有争友，则身不离于令名。父有争子，则身不陷于不义。②

基于对人性的忧虑，特别是对君主经常滥用权力、忘记管理国家事务的义务的担忧，儒学家证明了谏诤的必要性。君主和普通人一样，很容易误入歧途。在孔子的时代，包括君主在内的所有人都被视为具有与生俱来的缺

---

① Mark Edward Lewis, "Warring States Political History," in *The Cambridge History of Ancient China: From the Origins of Civilization to 221 BC*, ed. Michael Loewe and Edward L. Shaughnessy (Cambridge: Cambridge University Press, 1999), pp. 587 – 650.

② 《十三经注疏》整理委员会整理：《十三经注疏·孝经注疏》（北京：北京大学出版社1999 年版），第 48 页。

陷。君主的不端品行事关重大，经常决定了国家秩序井然，或分崩离析。[1] 因此，"谏"是必需的，由此可以纠正帝王的过错。[2] 这一点甚至反映在了谏净官职的名称上。例如，685 年设置的官职"补阙"，在字面上，它意指官员需要纠正君主的不当之举。与它相对应的官职是"拾遗"，就字面意义而言，它意指官员需要提醒君主遗忘的事宜。

纵观历史，中国人已经认识到了协商本身并不会自动生成社会和谐，它自身必须受到规制。儒家为协商发展出了一整套的道德管理体制或一系列的道德规范，其目的是避免王朝衰亡，并使得协商富有成效和建设性。以下是中国自古至今与协商有关的文化准则和道德规范的清单：

规范性排序。儒家认为，存在三种必不可少的力量：道德、说理以及强力。[3] 为了说服人，人必须首先尝试道德，说理次之，强力居末。以德服人优于以理服人，以理服人好于以力服人。为了维护道德，说理是必须的。用俗话说，就是"道理上说得过去"。在协商失败之后，才能使用强力。或者如 20 世纪哲学家方东美所言：道德修养是最重要的，文化教养屈居其次，法律居于末位。[4]

公共性原则。儒家为私利和公益设立了道德基础，并将官员和辅臣的角色定位为人民和统治者的代言人。[5] 据此，所有的公共讨论都应以促进公益为宗旨。孔子还规定"公事不私议"。[6] "公益"是引导协商实践的原则。通过协商，分歧得以展示、宽容和接纳，于是，便实现了"道"。由此，公共讨论就产生了合法性。与法家以及奉行法家理念的军事领导人

---

[1] 对这些解释的详尽讨论，请参见贾玉英《宋代监察制度》（开封：河南大学出版社 1996 年版），第 120—121 页。

[2] Virginia Suddath, "Ought We Throw the Confucian Baby Out with the Authoritarian Bathwater: A Critical Inquiry into Lu Xun's Anti-Confucian Identity," in *Confucian Cultures of Authority*, ed. Peter D. Hershock and Roger T. Ames (New York: State University of New York Press, 2006), pp. 222 – 227.

[3] Cheng Chung-ying, "Toward Constructing a Dialectics of Harmonization: Harmony and Conflict," *Journal of Chinese Philosophy* 33 (2006): 30 – 31.

[4] Marc Hermann, "A Critical Evaluation of Fang Dongmei's Philosophy of Comprehensive Harmony," *Journal of Chinese Philosophy* 34 (2007): 73.

[5] Tao Liang, "Political Thought in Early Confucianism," *Frontiers of Philosophy in China* 5 (2010): 212 – 236.

[6] Sor-hoon Tan, "Confucian Resources for Experimentation in Deliberative Democracy," *SSRN* (2011): 1 – 17, accessed February 14, 2013, doi. org/10. 2139/ssrn. 1907492.

的实践相比，这一理想的公共讨论就相对较优。因为后者不进行公共协商，就发布命令，行使权力。①

崇公抑私。宋代新儒学明确地表达这一原则。② 它为协商限定了规范性要求，塑造了个人与他人互动的方式。在协商中，它要求人们首先关注共同利益，然后再处理利益分配之类的次要问题。纯粹利己的利益是不会被摆到桌面上，它们是不会被纳入公共的考量或者共同的利益的讨论之中的。在自由民主传统中，个人坚决地维护自己的利益，并在这一意义上捍卫公平："我有权利表达我自己的利益，不管它是否有悖于大多数人的利益。我仍然可以在桌面上摊牌。"这点似乎是自由协商的主要优势。与之相对，儒家社群主义的规范促进了利益的整合与平衡：首先，个人可以谈论自己的利益，只要它们与他人的利益一致，或者是集体利益的一部分；其次，就公平而言，个人必须考虑他人的利益；最后，个人必须全面地考虑利益冲突的解决方案。在有限的资源范围内，个人必须保证公平地解决手头的争端。在公共协商的过程中，这三条要求也构成了中国人对协商性公民的理解。理想地讲，通过协商，个人会发现或者建构一种公共善，并改变对什么是自己的最佳利益的认知，调整自己的利益偏好，并强化对公共利益的关心。③

在中国，虽然社会行为是道德行为的外在体现，但是，道德规范也融入了汉字之中。汉字或词语的语源学研究能够帮助我们重新发现这些隐匿的道德规范及其寓意。以言字为例，它字面上意指"说"，它是一个独体字（简写为"讠"），它组成了416个复合字。所有使用"言"（"讠"）的复合字都与说、说的行为、著述以及道德准则有关。在汉字最初的形成期，声音与独体字的结合是偶然的。但是，在随后的发展中，它呈现出了独特的范式。④ 古人相信所有的不义之举都与说有关，这一点也反映在了

---

① Karube Tadashi, "The Confucian Concept of 'Public' and the Adoption of Deliberative Assembly in Japan: Writings of Yokoi Shōnan," *Sungkyun Journal of East Asian Studies* 3.1 (2003): 131 – 150.

② Cheng Chung-ying, "Toward Constructing a Dialectics of Harmonization: Harmony and Conflict," *Journal of Chinese Philosophy* 33 (2006): 51.

③ Baogang He, "Western Theories of Deliberative Democracy and Chinese Practice of Complex Deliberative Governance," in *The Search for Deliberative Democracy*, pp. 133 – 148.

④ 杨光荣：《词源观念史》（成都：巴蜀书社 2008 年版），第 386 页。

汉字的建构当中，例如"诈"、"诡"、"诱"以及"诬"。为了约束与说有关的恶举或者使之最小化，古人认识到了需要约束说的行为。一些复合字也说明了古人为此所付出的艰辛的道德努力。"议"字面上意指"讨论"：左边的"讠"指的是说，右边的"义"指的是"正当"。在《康熙字典》（1716）中，"议"是指恰当地讨论并决定事务，或指由贤人作出符合道德规范的讨论。① 这一定义明白无误地表明了这一汉字的原始道德含义是"义"应该约束"言"。"讨"和"论"都意指"讨论"。而右边的"寸"指的是长度单位，其延伸意义是规则，"仑"意指说理和逻辑。这两个字表示讨论需要受到规则、说理和逻辑的引导。"讼"字意指在当事人辨别是非，或由官府无可争议地处理争议，右边的"公"字指的是公益或公正。它意指公益和公正应该规范法律协商。"评"字指的是评论或判断。右边的"平"字指的是平等、公平和无私。它意指应该根据平等、公平和无私的原则，作出评论和判断。许多其他汉语词组更能说明协商的道德规范，例如，"言责"，意指臣民有责任为统治者提供建议；"言路"，意指统治者开设批评和建议的渠道；"言者无罪，闻者足戒"，意指与其责备言者，不如反思他的话；"从谏如流"，意指听从良言，像流水一样自然。

中国人的日常用语也包含了许多与协商一致的术语和措辞。这类话语的繁荣表明，中国存在一个被大众广泛接受的处理分歧、化解冲突的社会交流体系。中国的协商术语通常与合理性和公平性紧密相关。在白话文中，许多术语都说明了协商的普遍性。协商或"商量"指的是"商议和坦诚交谈"。"审议"意指询问和商榷。"恳谈"是指贴心交流。在处理分歧和冲突时，中国人经常使用"摆事实，讲道理"这类术语。在这一过程中，一个通行的说法是强调"摆平"。如果一方觉得另一方对其不公平，他经常会诉诸"说理"。有冲突的双方经常会找一位德高望重者"评理"，每一方都陈述自己的意见和理据，然后让德高望重者辨别是非。中国人相信理越辨越明。

中国人的日常用语还表明了他们对经过深思熟虑的判断的强烈偏好，例如，"三思而行"、"深思熟虑"。深思熟虑再判断的原则还反映在了"兼听则明"这一习语上。中国人的日常用语认可"沟通"有利于心平气

---

① 《康熙字典》（香港：范氏天一阁出版社1980年版），第540页。

和。1930 年代著名的儒学大师梁漱溟很好地道明了这一点："你愿意认出理性何在吗？你可以观察他人，或反省自家，当其心平气和，胸中空洞无事，听人说话最能听的入，两人彼此说话最容易说得通的时候，便是一个人有理性之时。"① 在此，梁漱溟是在交往的意义上界定理性的，并且支持实质性的理性，拒绝工具形式的理性。与当代哲学家哈贝马斯相比，梁漱溟很早就系统地阐述了交往理性这一基本构想。②

三 协商审议制度

中国的咨询和协商传统可以回溯至几千年前。《礼记·坊记》引《诗经》"先民有言，询于刍荛"，这应该是最远古的时候人民能够参与政事的记载。更为详细的则是《周礼·秋官·小司寇》，所谓："掌外朝之政，以致万民③而询焉。一曰询国危，二曰询国迁，三曰询立君。其位：王南乡，三公及州长、百姓北面，群臣西面，群吏东面。小司寇摈以叙进而问焉。以众辅志而弊谋。"根据这里的记载，我们可以得知，国人参与政治的方式是非常多样的，或决定君主的废立，或过问外交和战，或参议国都的迁徙。这些政事是社会或国家的最为重要的问题，国人都能够参与进来，国人的政治地位也于此可见一斑。他们对国家的政治有着非常大的影响，如《左传·僖公十八年》："卫侯以国让父兄子弟，及朝众，曰'苟能治之，煨请从焉。'众不可，而后师于訾娄，狄师还。"从这我们可以看出，虽然国人对于王位不能染指，但是只要国人不同意，贵族也无可奈何，不得国人同意则不能有国。所以周公旦在《尚书·酒诰》中告诫自己的子弟"人无于水监，当于民监"。

因为地位的不同，国人参与政事，就政事进行协商的方式也不同。对于担任公务的臣来说，虽然君主是处于主导的地位，但是君主必须勇于责己、虚怀纳谏，如《尚书·盘庚》所说"邦之臧，惟女众；邦之不臧，惟余一人有佚罚"。这充分体现了担任公务的臣参与国事，对君主进谏的

---

① 梁漱溟：《中国文化要义》（台北：正中书局 1979 年版），第 125 页。

② 对梁漱溟和哈贝马斯的比较研究，请参见何包钢《民主理论：困境和出路》（北京：法律出版社 2008 年版）。

③ 所谓"万民"，根据吕思勉的考证，指的是列国之民也。而众庶则指的是本国之民。

重要性，即上文所引《周礼·秋官·小司寇》中所说的"以众辅志而弊谋"。君臣之间的民主或者说协商，还表现在臣对专横暴虐、不听劝谏的国君，可以罢免和斥逐。如卫献公被大臣孙文子、宁惠子所逐，而向其祖先"告无罪"，其母则直陈其"先君冢卿以为师保而蔑之"，这就肯定了孙、宁逐君的合理性和合法性。

庶人及民发表政见的形式则有以下几种。一是统治者召集万民开会，向众庶咨询军国大事。《周礼·地官·大司徒》有"若国有大故，则致万民于王门"的记载，这种致万民于王门，即是召开国民会议的性质。二是国人直接进见国君，与国君当面对话。如《战国策·齐策》齐威王接受邹忌建议，下令"群臣吏民能面刺寡人之过者，受上赏，上书寡人者，受中赏；能谤讥于市朝，闻寡人之耳者，受下赏"。三是国人通过街谈巷议在固定场所议论朝政得失。孔子说："天下有道，则庶人不议。"朱熹注曰："上无失政，则下无私议，非缄其口，使不敢言。"而是能够提出建议或用诗谣讽刺时政，即《国语·周语》中的"庶人传语"。国君征集国人对政事的看法，还有另外一个重要的方式就是"采诗"，即《诗经·关雎·序》"上以风化下，下以风刺上"，《韩诗外传》卷三也说"人主之疾，十有二发。……无使百姓歌吟诽谤，则风不作"。①

至于国人参与政事协商的程序也有各种不同的方式，如《韩非子·外储说》"齐桓公将立管仲，令群臣曰：寡人将立管仲为仲父。善者入门而左，不善者入门而由"，这就像众议院，可否者各从一门出也。而《尚书·洪范》的"七、稽疑：择建立卜筮人……三人占，则从二人之言。汝则有大疑，谋及乃心，谋及卿士，谋及庶人，谋及卜筮。汝则从，龟从，筮从，卿士从，庶民从，是之谓大同。身其康强，子孙其逢吉，汝则从，龟从，筮从，卿士逆，庶民逆，吉。卿士从，龟从，筮从，汝则逆，庶民逆，吉。庶民从，龟从，筮从，汝则逆，卿士逆，吉。汝则从，龟从，筮逆，卿士逆，庶民逆，作内吉，作外凶。龟筮共违于人，用静吉，用作凶"。则属于多数决议的方法。

中国存在丰富的协商制度实践。在此，我只选取并关注两个重要的制度：作为国家机构的言官，以及隶属于民众、社会和共同体的书院。它们并非民主机构，但是，就参与讨论和以理性为基础的论辩而言，它们具有

---

① 参见余冠英《汉魏六朝诗论丛》。

高度协商性。我之所以选取它们，是因为它们在历史中具有重要的地位（因为在中国漫长的历史岁月里，它们强化了协商的传统）。就概念而言，它们代表了两种有天壤之别的协商制度，但是，在帝国体系之中，它们是整个国家政治制度的不可或缺的一部分。尽管术语"官"长期区别于民，[1] 但是，这两个术语总是互有重叠。二者边界的难分难解仍对当今的公共协商实践深有影响：政府倡议总是融合在公共空间里。

中国历史上的一个大传统是"谏"或"诤"的实践及其政治制度。官员可以直言不讳而又友好真诚地向帝王提出建议与批评。王朝的历史记载表明，在不同的朝代，作为政府机构内部持续交流的一部分，大量的谏议被以书面的形式提交给皇帝。[2]

存在五种形式的"谏"：讽谏、顺谏、规谏、致谏和直谏。"谏"或"诤"是一种批评性的言辞和抗议。这类抗议，反对也好，批评也罢，都是基于政治忠诚，具体表现为朝堂进谏的形式。其目标是纠正错误的决策，最终强化权威。

孟子在某种程度上是一个典型的诤友或诤臣。[3] 他直率地彰显了高贵的精神；他藐视权贵，对显赫的地位或权力与影响力漠不关心，拒绝美食，蔑视美色。孟子公开批评齐惠王太沉溺于酒色，并进谏如何成为有道德的君王。孟子终其一生诠释并力行了儒家的道德规范。

一旦在帝国制度中占据了相对独立的位置，随着时间的推移，谏官就发展成了一套谏议制度。谏官形成了一个重要的团体或共同体（明代谏官总数为二百人左右），根据惯例，他们直率地力谏统治者，倡导德治。在谏诤英雄的历史花名册中，这些英雄牺牲了他们的生命。他们相信，死后他们的生命会永垂不朽。我们发现，在谏诤的历史中，尽管不同的朝代会发生制度性变迁，但是谏官扮演的角色却是始终如一的。这些人知道自

---

① Frederic Wakeman, "The Civil Society and Public Sphere Debate: Western Reflections on Chinese Political Culture," *Modern China* 19. 2 (1993): 108–138.

② Schaberg, "Playing at Critique: Indirect Remonstrance and the For. mation of Shi identity," in *Text and Ritual in Early China*, ed. Martin Kern (Seattle: the University of Washington Press, 2005), p. 191.

③ 这一点可以与 1587 年天主教会的列圣审查官的制度化进行比较。就此而言，中国政治制度史中的协商根基，与前民主时代西方的协商的制度化同样重要。请参见 Charlene Nemeth, Keith Brown and John Rogers, "Devil's advocate versus authentic dissent: Stimulating quantity and quality," *European Journal of social Psychology* 31. 6 (2001): 708。

己在历史中的地位；他们鞠躬尽瘁、死而后已。他们决绝地批驳不义之策，在向皇帝谏议之前，他们甚至已经准备好了后事。

"谏"可以追溯至东周时期。在春秋战国时期，著名的谏官有石碏、臧僖和季梁。① 在西汉以及随后的王朝，创立并发展了"谏议大夫"制度。在唐朝，对"君"的谏官是专设的。此外，还有对"相"的谏官。这种制度的区分在宋朝都消失了，所有的谏诤机构都被整合为御史台。在宋朝，御史台成为三大帝国制度的一部分（其他两大制度分别是军事和行政构）。中央政府的有效运作取决于御史中丞相对于皇帝以及其他监察官对于朝臣的地位。儒家政治中的关键问题是御史台是应该像宋朝那样整合为一个实体，还是像唐朝那样维持两个独立的实体。虽然宋朝的御史台强化了谏诤制度，并加强了对主要部门的权力的制衡，但它对王权的制约功能却有可能被弱化了。

纵观历史，谏诤的艺术由一系列或明或暗的规则主导着。通过统计各朝各代的多少请愿，可以衡量谏官的成功；通过统计这些官员的死亡，则可以判断他们的失败。在唐朝，作为谏官，谏议大夫相当成功。他们被允许直接觐见皇帝，参加内阁会议。在唐宋两朝，谏诤官员有权觐见皇帝；皇帝则不能拒绝接见他们。谏诤官员一般会向皇帝呈送请愿书，皇帝则有义务予以回应和批示。明朝是谏诤最糟糕的时期。与唐朝和其他朝代相比，一些谏官还惨遭杀害。一个主要原因就是这一历史时期"朋党政治"的升级。单独就此而言，明朝的皇帝认为许多官员的谏诤都是偏见。然而，至清朝，谏诤者的处境得到了极大的改善，康熙皇帝制定了一系列规矩，规定皇帝不能杀害谏官。

在唐朝，唐太宗广泛地向大臣咨询，并且建立了协商机制。在重臣和皇帝之间，他赋予了协商一个重要的正式角色。就道德而言，这类大臣需要向皇帝讲真言。最著名的就是魏征的《谏太宗十思疏》。例如，他向唐太宗力谏：居安思危，戒奢以俭，竭诚以待下。② 谏官力陈他们的意见，反对一些伤及人民生计的刑罚、税收以及与边疆控

① 详尽的讨论请参见 David Schaberg, "Playing at Critique: Indirect Remonstrance and the For. mation of Shi identity," in *Text and Ritual in Early China*, ed. Martin Kern (Seattle: the University of Washington Press, 2005), pp. 194 – 218。

② Howard J. Wechsler, *Mirror to the Son of Heaven: Wei Cheng at the court of Tang Tai-tsung* (New Haven: Yale University Press, 1974), pp. 115 – 128.

制有关的政策。更加重要的是，他们驳斥唐太宗沉溺于声色犬马的生活方式。在所有 37 个谏诤当中，唐太宗接受了其中的大部分，仅仅拒绝了其中占 9% 的小部分。他拒绝的事务都与继承权的变革以及通过战争扩张唐朝的疆土有关。①

在不同的朝代，谏诤的成功率迥然有别。一项对唐朝七位皇帝的经验研究发现，皇帝和女皇采用了 171 项谏诤中的 114 项，成功率是 67%。②另一项研究发现，给事中（三级官员）提出的 70% 的谏诤都成功了，谏议大夫（四级官员）提出的 80% 都成功了，左右补阙拾遗（七级和八级官员）提出的仅仅有 37% 成功了。③谏官的职位越高，他们谏诤的成功率就越高。在明朝，谏官则非常不幸，许多都惨遭杀害。皇帝拒绝了 20 项谏诤请愿，而仅仅接受了 8 项，成功率在 30% 以下。④

另一个协商制度是书院或学院，借此，士大夫们可以讨论国家的大政方针。⑤为追寻认同、文化自主以及道德共同体，从而实现大道，士大夫们创立了书院。它们是儒家道统的制度化实现机制，由此，士大夫能够挑战统治者的政策和行为，而统治者不能在没有外在监督的条件下，宣称自己享有合法性。虽然书院或学院扎根于社会和共同体之中，相对独立于政府，不过，不少书院仍接受官方的物质和政治支持。中国著名的自由主义者胡适评论道，书院代表了时代的精神，甚至是代表了祠祀先祖和伟大思想家的精神。它是讲学和议政的场所。就功能而言，它是一项代表民意的制度。它是学者们自由地从事学术研究和培育道德情操的场所。⑥

在书院中维系协商的重要性在两千年前就得到了辩护，当时然明提议关闭乡校，叔向认为公共协商会使"人民在精神上抗争"，并且

---

① 胡宝华：《唐代监察制度研究》（北京：商务印书馆 2005 年版），第 208—209 页。

② 胡宝华：《唐代监察制度研究》，第 215 页。

③ 谢元鲁：《唐代中央政权决策研究》（台北：文津出版社 1992 年版），第 47—48 页。

④ 张治安：《明代监察制度研究》（台北：五南图书出版有限公司 2000 年版），第 168—175 页。

⑤ 陈剩勇、何包钢编：《协商民主的发展》（北京：中国社会科学出版社 2006 年版），第 79—91 页。

⑥ 胡适：《书院制史略》，卞孝萱、徐雁平主编《书院与文化传承》（北京：中华书局 2009 年版），第 1—4 页。

难以统治。① 然而，郑国的大臣子产捍卫书院的公共协商，将其视为一种聆听民意、遵从民意的有益工具。他指出，废除乡校如防民之口，甚于防川，川壅而溃，伤人必多，民亦如之。是故为川者，决之使导；为民者，宣之使言。②

书院诞生于唐朝。在宋朝，新儒学思想家朱熹毕其一生复兴并建立了几所学院。③ 朱熹意识到了帝国统治的局限，强调地方精英通过书院和乡里参与，以加入帝国的决策制定之中的重要性。④ 在书院问题上，朱熹得到了皇帝的支持和认可。但朱熹强烈地反对科举考试制度，在他看来，这一制度强化了学生学习的功利心。⑤ 应试教育会生产急功近利的人，而不会培育具有高尚道德情操的人。按照他的设想，通过切断教育与仕途之间的联系，书院代表了对"文化自主的学术追求"，预示了"道德社会的建立"。⑥ 他的理念促进了明朝书院的创办和复兴。

学院传统在明朝得以延续。作为儒家学院，东林书院就重大的政治问题展开了激烈的讨论，例如，皇位的继承，中国是否应该派军支援朝鲜抵御日本。东林书院自 1594 年至 1645 年存续了 50 年。⑦ 其衰亡的诱因是它分裂为了朋党，并丧失了它的"公共关怀"。⑧ 这一点说明了一个重要的历史教训：公共协商可能蜕变为朋党政治，它也见于当今的西方，西方过度的反对党政治就降低了协商的质量。

---

① James Legge, ed., trans., *The Ch'un Ts'ew with the Tso Chuen*, Vol. 5 of The Chinese Classics (Hong Kong University Press, 1960), pp. 609 – 610.

② See Burton Watson, trans., *The Tso Chuan: Selections from China's Oldest Narrative History* (New York: Columbia University Press, 1989), pp. 161 – 163.

③ 对学院的发展的详尽讨论请参见 John W. Chaffee, "Chu Hsi and the Revival of the White Deer Grotto Academy, 1179 – 1181 A. D.," *T'oung Pao* 71 (1985): 40 – 62; Bernhard Karlgren, trans., *The Book of Documents* (Goteborg: Elanders Boktryckeri Aktiebolag, 1950), pp. 1 – 8.

④ See Jaeyoon Song, "Redefining Good Government: Shifting Paradigms in Song Dynasty (960 – 1279)," *T'oung Pao* 97 (2011): 301 – 343.

⑤ Linda A. Walton, *Academies and Society in Southern Sung China* (University of Hawai'i Press, 1999), pp. 52 – 53, 82.

⑥ Chaffee, "Chu Hsi and the Revival of the White Deer Grotto Academy, 1179 – 1181 A. D.," *T'oung Pao* 71 (1985), pp. 58, 62.

⑦ 吴晗：《明朝大历史》（西安：陕西师范大学出版社 2010 年版），第48—92 页。

⑧ 然而，明末哲学家黄宗羲则指出，它不是"朋党"，也不是他们对时政和国家大事的协商导致了帝国对他们实施镇压。请参见刘舒曼《东林书院和东林党浅析》，卞孝萱、徐雁平编《书院与文化传承》，第100—114 页。

在晚清朝和民国早期，书院转变为大学和学校。新形式的代议和协商制度在晚清就已开始出现。这一期间，咨议局在许多重要的省份都广泛地建立起来了。就重大的议题，例如中国的宪政，谘议局的学者和绅士们都参与了这些富有批判性的公共讨论。然而，随着共和革命和接踵而至的军阀混战，这些新的咨询和协商制度很快就丧失了其适用性并一去不复返了。

四　中国协商的政治功能

上文论述的协商制度在很大程度上是为改善治理、强化权威以及增加合法性而设计出来的。这种协商的政治功能与西方理想的民主协商，形成了鲜明的对比。虽然学者们从多个方面解释了中国和西方的协商实践，在此，我的目的是仅仅强调迥然有别于民主协商的威权性协商。

西方协商民主的目标是深化民主，并授权于公民。其规范秩序是保证平等和自由的优先性，通过公共协商来改善治理则是次要目的。民主协商向普通公民授权，以增加他们对公共政策的影响力。在协商和民主之间，存在密切的关系；在这些制度的背后是相对平等的传统。就此而言，西方的协商具有强烈的民主特征。与之相对，威权性协商的规范秩序和目标则是改善治理，强化权威。对公意负责则位居其后。

自古以来，中国的协商旨在使国家权威合法化，虽然其方式则有点"矛盾"。在过去，谏官的角色是直接通过强烈的批评和驳斥，挑战皇帝制定的决策。然而，这类谏诤或协商行为并没有质疑皇帝权威自身的合法性。作为"天子"，皇帝的权威被视为理所当然的。但是，儒者通过将"天命"阐释为民意，因而要求皇帝遵循民意，并运用天理的观念挑战皇帝的不端行为。谏官还可以利用天灾来诉求更高的权威。在地震、干旱或者严重的洪灾时期，通过将灾害解释为上天警告的证据，士大夫和官员们就能够成功地向皇帝谏诤，并促成政策的变革。因此，协商的目的是造就一位贤君。

从古至今，中国的协商要么是在政治忠诚的基础上运行的，要么其本身就是在彰显政治忠诚。在谏诤制度之下，皇帝聆听由谏官们提出的竞争性意见。那些最能向皇帝表明忠心的人，也最能赢得皇帝的信任。他们对皇帝的决策制定就有最大的影响力，即便是他们对他的批评苛刻无比。毫无疑问，皇帝的既定权威和谏官忠心的显露决定了政策的变革。

简·曼斯布里奇（Jane Mansbridge）认为，中国和西方的协商政治的主要差异表现为不同类型或不同模式的抗争。西方的抗争传统明白无误地赋予了人民抵抗不公正的统治者的权利。如果统治者不是为了公共利益而统治，那么，人民就有权将其罢免。这一抗争理论深刻地影响了协商理论的主要部分，即反对权威和其他形式的统治。① 与之相对，中国的威权性协商并不支持、鼓励这类形式的大众抗争。即使孟子曾经为革命正名，他的抗争理论与欧洲的思想和历史中的地位相比，在中国思想和历史中的地位也要微弱得多。

总之，上文讨论的言官和书院都呈现出了威权性协商的特征。谏诤制度的成功取决于皇帝是否愿意接受谏诤。书院是在一位大思想家或大圣人的领导下运转的，与其同辈相比，更不用提与普通公民相比，他拥有崇高的道德，渊博的学识。这一点违背了民主协商的平等原则。简而言之，威权性协商有其内在的缺陷：帝王领导对协商的约束，精英主义的倾向，以及官员对政治过程的控制。

五　对西方协商民主的启示

中国协商的历史为西方协商民主理论家提供了一个学习机会。中国历史上的协商的兴衰反映了一系列与协商政治有关的难题。当今，民主协商面临的挑战性问题是，作为一种政治现象，它是可以永葆青春，还只是昙花一现？西方对协商民主的理论探讨毕竟仅仅只有短短的三十多年。虽然这一理论已经丰富并精致起来，而且为完善中国的协商制度和程序提供了理论启发和经验指导，他们可以从中国超过两千年的协商实践史中汲取一些重要的启示。

首先，是与治理有关的公共协商的效率问题。例如，澳大利亚的"公民议会"的试验表明，当公民被赋予控制议程的权力时，他们会提议讨论许多问题，却无明确的焦点。② 由此导致无效的决策制定。我们发

---

① 简·曼斯布里奇对本文早期版本的评论请参见她于 2010 年 5 月在复旦大学发表的演讲。

② 请参见作者与约翰·德雷泽克的对话，他是发展 2010 年澳大利亚公民集会的组织者之一。

现，在中国协商的历史实践中，中国人面临着分歧和决策制定的难题；即在公共协商之后，分歧仍然存在，因此强硬的决策仍是必不可少的。威权性强制是对公共协商效率这一特定问题的一个有效回应。政府必须以某些方式参与协商论坛，由此有效地制定政策。最后，政府必须作出一个威权性决策。从古至今，中国所有的协商都需要一个威权性权力去处理协商中出现的分歧。这是支撑威权性协商这一当代现象的文化基因。

此外，还存在许多与创建国家协商制度有关的问题。伊森·莱布（Ethan Leib）提议组建一个由普通公民组成的协商性平民机构（a popular branch），公民都由随机程序选出，但由国家付薪。① 中华帝国已经为就公共事务协商的官员发放了俸禄。在唐朝，谏官都经由科举考试制度遴选，以保证他们有丰富的历史知识，并熟练地掌握修辞技巧。② 他们甚至被授权参与内阁会议，或直接向皇帝呈交奏折。在宋朝，谏官都整合为御史台，他们监督主要的大臣。这一整合起来的制度强化了谏诤的功能，并发展成了对皇帝的有力制衡。③ 在明朝，这一制度得到了进一步的发展，此时，谏官直接涉足政治权力。由此，它引发了派系斗争，并最终导致有些谏官惨遭杀害。

协商和权威之间的适当平衡是一个关键问题。一方面，正如历史为我们所揭示的，处士横议过多可能导致空谈，最终导致国家的分崩离析。拥有最长的协商历史的齐国就是一个典型。在超过一个世纪（前374—前263）历经三位统治者的时期里，约有一千位拿着俸禄的士大夫参与了国事讨论，却不用承担任何行政责任。④ 但是，这样一项了不起的议事制度最后还是衰败了。最终，齐国被秦国所取代。秦国是一个强国，根据法家，它建立起了军事和中央集权的官僚制度。这一转变揭示了一个历史教训，即空谈误国。

另一方面，协商如果太少的话，则会导致道德说服以及合法性的缺

---

① Ethan Leib, *Deliberative Democracy in American*: *A Proposal for a Popular Branch of Government* (PA: Pennsylvania State University Press, 2004).

② 胡宝华：《唐代监察制度研究》，第240—265页。

③ 详尽的讨论，请参见贾玉英《唐宋时期中央政治制度变迁史》（北京：人民出版社2012年版），第446—453页。

④ 陈剩勇、何包钢编：《协商民主的发展》，第85—87页。

失，最终会缩短政治王朝的生命。秦朝（前221—前207）短暂的政治生命表明倚重控制、镇压和军事强力的统治是不受欢迎的，并且充满了重重危险。西汉吸取了秦朝的历史教训，在汉武帝的统治下，将儒家奉为官学。他还融合了儒家和法家，一方面重视道德说教和知识性协商，另一方面运用统治术进行高超的政治控制。

对协商的汉字进行语源学的研究为我们提供了另一项重要的启示。当代的协商民主著作大量地运用学术性专业术语，更多地是与理论家而非实践者有关。"协商"经常与民主、平等、辩论、说理以及合法性等话语联系在一起讨论。有自由主义关怀的学者使用西方的理论和话语去批评，甚至拒绝官方使用"协商"概念。① 虽然专业术语很有价值，不过，普遍运用西方的协商话语很可能是重复我们已经知道的东西。

我们需要研究其他形式的话语是如何塑造、规定并促进中国和其他地方的迥然有别的协商规范。为了使协商民主具有可操作性，我们需要超越专业术语，运用土话甚至是官方话语来促进协商治理及其制度发展的。在准备介绍性的材料和随后的报告中，融合官方和民间的话语是促进西方民主在中国发展的一个重要的条件和方法。② 尽管它也带来了一些新的问题。

中国的协商史强调道德在公共协商中的核心地位。虽然中国和西方的协商概念都强调说理的重要性，他们的差异主要表现为道德在协商中发挥的作用。例如，阿米·古特曼（Amy Gutman）和丹尼斯·汤普森（Dennis Thompson）提出了一种处理道德分歧的协商模式。③ 他们认为，协商是道德的一种规范性来源。（当然，他们持这一观点：自由和平等的道德原则是协商程序的基础。）在中国，则完全是另一种运思方向：道德扮演着举足轻重的角色，规制并指导了中国人的协商。儒家的道德不仅为士大夫提供了指摘帝王不端行径的知识权力，而且为其提供了实践指导。中国的协商概念发展出了一整套的"道德规范"。道德不仅是协商的道德资源，而且还是超乎其上的指导原则；协商必须遵循特定的道德原则。正如

---

① 金安平、姚传明：《协商民主不能被误读》，《中国人民政协理论研究会会刊》2007年第3期，第26—31页。

② 这一观察源自我的亲身参与，在2005—2013年，我协助了温岭的协商投票。

③ Amy Gutman and Dennis Thompson, *Democracy and Disagreement* (Harvard: Belknap Press, 1996).

上文讨论的，言官（谏官）提出了帝王需要遵守的道德原则；而书院本身就是一种形式的道德共同体，通过密切的学术协商，它培育了一群有道德心的知识分子。

儒式协商的历史揭示了一项宝贵的启示：任何成功的协商都必须基于以天下为公的说理。在西方，协商的理论家认为政党政治和/或派系主义破坏了真正的协商。从中国的历史经验来看，也可以得出这一启示。谏官不能为自己谋取政治权力，而只能为政策变革提出最佳的理据。当明朝的谏官派系化并涉足政治权力时，它就破坏了他们的公信力，进而引发了万历皇帝的担忧，导致他拒绝了他们的谏诤。① 当今，在英国或是澳大利亚，当政客或政党利用公民陪审团时，这类公共协商也可能面临相似的公信力难题。为了维系协商的质量，就需要一种半分离式（semi-detachment）的协商形式。

中国人的谏诤艺术迥然有别于当代的两党制。在两党制之下，为了赢得权力，反对党经常诉求公共理由通过维持、激化，甚至强力推行一些虚构的辩论，以批评主政的政党。与之相对，谏官就不能篡夺政治权力，更别说是保有这样的幻想。他们的角色相当地恰如其分：职责和专长很单纯，就是忠实地批评或建言。在西方，两党制之下的政党政治可能也需要这一谏诤精神。通过采用与古代中国的协商模式类似的东西的精神，"两党制"的民主制度可以得到完善。儒式协商可以促进对抗性治理模式向协商性治理模式发展。当然，儒式协商不可能取代现行的两党制。

六　结论

我的理论工作的主旨是避免对类似知识的重复性再生产，并且不把对协商政治的讨论简单化约为一个思想模式，由此来促进一个开放的思想空间。我的理论工作努力追求超越当前对协商的学术研究，并试图拓宽协商理论。对此，可以从以下三个方面予以说明：其一，通过走出学术性或专业性话语，推崇经常被忽视与协商有关的民间话语，并对汉字进行语源学研究，我揭示了一系列规制协商的隐匿的道德规范。其二，

---

① 张治安：《明代监察制度研究》，第 174 页。

我探讨了非西方社会的多个方面的协商，这一点通常不是西方协商理论的关注点。它也印证了协商实践的普适性，超越了文化相对主义的理论倾向。中国的协商模式表明，所有的文化都有他们自己的协商体系，或者至少可以说，民众有能力进行协商，而不管人们如何界定它。其三，就超越西方的民主协商观念而言，我梳理了贯穿中国历史的威权性协商的源与流。在我看来，威权性协商就是为了强化权威，促进统一以及公共善。尽管权威是进行协商治理的一个必要条件，然而，它给现有的主政者太多的权力，较少地赋予普通公民足够的权利，这也抑制了普通公民表达自身利益诉求的有效性。与之相对，我们不难发现，民主式的协商过重地向公民赋权，却忽视了治理与权威的平衡。① 进一步的研究可以深入探讨，能否在实践中将民主性协商和威权性协商创造性地而又矛盾性地整合起来，更为重要的是，是否可以实现由威权性协商向民主性协商的现代转型。

翻译：黄徐强
校对：刘学斌

---

① 不过，马克·沃伦对这一议题做出了杰出的贡献，请参见：Mark Warren, "Deliberative Democracy and Authority," *American Political Science Review* 90 (March, 1996): 46–60.